国家重点研发计划"综合交通运输与智能交通"专项

自主式交通系统构成

Theoretical Foundation of Autonomous Transportation System Components

蔡铭　熊宸　肖尧　徐云雯
杨炜俊　金书鑫　郑来　岑学楷　编著

中山大学出版社
SUN YAT-SEN UNIVERSITY PRESS
·广州·

版权所有　翻印必究

图书在版编目（CIP）数据

自主式交通系统构成理论基础/蔡铭，熊宸，肖尧，徐云雯，杨炜俊，金书鑫，郑来，岑学楷编著. —广州：中山大学出版社，2022.12

ISBN 978-7-306-07697-7

Ⅰ.①自…　Ⅱ.①蔡…②熊…③肖…④徐…⑤杨…⑥金…⑦郑…⑧岑…　Ⅲ.①交通运输管理—智能系统　Ⅳ.①U495

中国版本图书馆 CIP 数据核字（2022）第 250241 号

ZIZHUSHI JIAOTONG XITONG GOUCHENG LILUN JICHU

出 版 人：王天琪
策划编辑：曾育林
责任编辑：曾育林
封面设计：曾　斌
责任校对：刘　丽
责任技编：靳晓虹
出版发行：中山大学出版社
电　　话：编辑部 020-84113349，84110776，84111997，84110779，84110283
　　　　　发行部 020-84111998，84111981，84111160
地　　址：广州市新港西路 135 号
邮　　编：510275　　传　真：020-84036565
网　　址：http://www.zsup.com.cn　E-mail：zdcbs@mail.sysu.edu.cn
印 刷 者：广东虎彩云印刷有限公司
规　　格：787mm×1092mm　1/16　28.375 印张　669 千字
版次印次：2022 年 12 月第 1 版　2022 年 12 月第 1 次印刷
定　　价：78.00 元

如发现本书因印装质量影响阅读，请与出版社发行部联系调换

目 录

1 什么是自主式交通系统 ·· 1
  1.1 ATS 的背景、定义与意义 ··· 1
    1.1.1 背景 ·· 1
    1.1.2 定义 ·· 5
    1.1.3 意义 ·· 7
  1.2 交通系统的构成分析方法现状 ·· 7
    1.2.1 美国 ITS 构成分析 ··· 8
    1.2.2 欧洲 ITS 构成分析 ··· 11
    1.2.3 日本 ITS 构成分析 ··· 14
    1.2.4 中国 ITS 构成分析 ··· 17
  1.3 ATS 体系架构的解析思路 ·· 19
  参考文献 ··· 21

2 需求——用户对运输活动的要求 ·· 24
  2.1 需求概述 ··· 24
    2.1.1 需求工程相关概念 ·· 24
    2.1.2 用户需求表达范式 ·· 27
    2.1.3 用户需求通用过程 ·· 28
  2.2 用户需求研究思路 ·· 31
  2.3 ATS 基础用户需求库 ·· 32
    2.3.1 ITS 用户需求分析 ·· 32
    2.3.2 ATS 基础用户需求库构建 ·· 39
    2.3.3 ATS 基础用户需求分析 ··· 41
  2.4 基于活动理论的 ATS 用户需求推演 ··· 42
    2.4.1 活动理论基础 ·· 42
    2.4.2 ATS 用户需求体系构建 ··· 46
    2.4.3 驾车出行活动用户需求 ·· 49
    2.4.4 公共交通出行活动用户需求 ··· 51
    2.4.5 非机动车出行活动用户需求 ··· 52
    2.4.6 步行出行活动用户需求 ·· 53
    2.4.7 出租车出行活动用户需求 ·· 55

2.4.8　网约车出行活动用户需求 …………………………………………… 56
　　2.4.9　多方式出行（换乘）活动用户需求 ………………………………… 57
　　2.4.10　货物运输活动用户需求 …………………………………………… 58
　　2.4.11　ATS 用户需求演变 ………………………………………………… 59
2.5　应用实例 ……………………………………………………………………… 60
2.6　小结 …………………………………………………………………………… 61
参考文献 ……………………………………………………………………………… 62

3　服务——ATS 拥有的能力 …………………………………………………………… 64
3.1　服务集的定义、目标和现状 ………………………………………………… 64
　　3.1.1　服务集的定义和目标 ………………………………………………… 64
　　3.1.2　服务集研究现状 ……………………………………………………… 64
3.2　服务集研究思路 ……………………………………………………………… 69
　　3.2.1　ATS 服务三层体系构建思路 ………………………………………… 69
　　3.2.2　ATS 服务特色与区别 ………………………………………………… 72
3.3　自主式交通系统服务 ………………………………………………………… 73
　　3.3.1　出行者信息服务域 …………………………………………………… 74
　　3.3.2　道路载运工具运行服务域 …………………………………………… 75
　　3.3.3　道路货物运输服务域 ………………………………………………… 76
　　3.3.4　道路交通基础设施服务域 …………………………………………… 78
　　3.3.5　交通环境服务域 ……………………………………………………… 79
　　3.3.6　商用车管理服务域 …………………………………………………… 80
　　3.3.7　公共交通服务域 ……………………………………………………… 81
　　3.3.8　交通管理与控制服务域 ……………………………………………… 82
　　3.3.9　综合交通运输服务域 ………………………………………………… 83
　　3.3.10　交通安全管理服务域 ………………………………………………… 84
　　3.3.11　交通数据管理服务域 ………………………………………………… 85
　　3.3.12　交通数据安全服务域 ………………………………………………… 86
3.4　服务域研究应用实例 ………………………………………………………… 88
3.5　小结 …………………………………………………………………………… 89
参考文献 ……………………………………………………………………………… 90

4　功能——实现 ATS 服务的基础单元 ……………………………………………… 93
4.1　功能的定义、目标及现状 …………………………………………………… 93
　　4.1.1　功能的定义、属性和目标 …………………………………………… 93
　　4.1.2　功能研究现状 ………………………………………………………… 94

4.2 功能研究思路 · 97
4.2.1 功能框架分析 · 97
4.2.2 功能分析结果 · 108
4.3 功能域及其聚类方法 · 109
4.3.1 方法介绍 · 110
4.3.2 聚类结果分析及功能域描述 · 113
4.4 应用实例 · 117
4.5 小结 · 121
参考文献 · 122

5 技术——推动 ATS 功能的革新 · 127
5.1 技术的定义、目标与现状 · 127
5.1.1 技术的定义和目标 · 127
5.1.2 技术研究现状 · 127
5.2 技术研究思路 · 128
5.2.1 交通系统内、外部技术划分 · 128
5.2.2 技术的代际划分思路 · 128
5.3 技术的分类 · 129
5.3.1 交通系统外部技术 · 129
5.3.2 交通系统内部技术 · 134
5.3.3 内部技术与外部技术的关联 · 138
5.4 技术的代际划分 · 139
5.4.1 传感器技术 · 139
5.4.2 地理信息技术 · 141
5.4.3 大数据技术 · 142
5.4.4 通信与传输技术 · 144
5.4.5 计算技术 · 146
5.4.6 人工智能技术 · 147
5.4.7 控制技术 · 149
5.4.8 模拟仿真技术 · 151
5.5 技术应用实例 · 152
5.6 小结 · 153
参考文献 · 154

6 组分——ATS 的实体成分 · 159
6.1 组分的定义、目标和现状 · 159
6.1.1 组分的定义和目标 · 159

	6.1.2 各国 ITS 组分研究现状	160
6.2	组分的研究思路	166
	6.2.1 交通系统组分的基本组成	166
	6.2.2 智能设备——ATS 组分的重要组成部分	166
6.3	组分的分层树状结构	167
	6.3.1 组分框架的分层树状结构	167
	6.3.2 智能设备的层次划分	173
6.4	组分应用实例	175
6.5	小结	176
参考文献		177

7 要素属性及关联关系 178

7.1	关联关系概述	178
	7.1.1 ATS 要素关联关系及逻辑	178
	7.1.2 ATS 要素属性设置的必要性	179
7.2	ATS 要素属性研究	179
	7.2.1 要素属性设置方法	179
	7.2.2 各要素属性设置	181
7.3	要素联动机制分析	185
7.4	要素网络搭建及分析方法	186
	7.4.1 基于知识图谱的网络搭建	186
	7.4.2 网络分析指标	187
7.5	应用实例	188
	7.5.1 场景描述	189
	7.5.2 场景要素划分	190
	7.5.3 场景要素属性设置及关联关系	194
	7.5.4 场景要素网络搭建及分析	196
7.6	小结	199
参考文献		200

8 演化模型——描述交通系统的演化升级 201

8.1	演化模型的研究背景	201
8.2	ATS 演化模型研究思路	202
	8.2.1 宏观演化模型思路	203
	8.2.2 微观演化模型思路	205
8.3	基于 Petri 网的宏观 ATS 演化模型	206
	8.3.1 Petri 网研究现状	206

  8.3.2 基于 Petri 网的 ATS 演化模型描述 ……………………… 207
  8.3.3 网络节点属性量化 ……………………………………… 208
  8.3.4 基于 Petri 网的 ATS 演化规则 …………………………… 209
  8.3.5 研究实例 ………………………………………………… 211
 8.4 基于群体博弈的微观 ATS 演化模型 ……………………………… 216
  8.4.1 复杂网络上的演化博弈研究现状 ………………………… 216
  8.4.2 双层网络构建 …………………………………………… 218
  8.4.3 演化博弈过程 …………………………………………… 220
  8.4.4 研究实例 ………………………………………………… 224
 8.5 小结 ………………………………………………………………… 232
 参考文献 ………………………………………………………………… 233

本书总结 ………………………………………………………………… 236

附录1 专有名词表 ……………………………………………………… 238
附录2 符号表 …………………………………………………………… 250
附录3 要素内容 ………………………………………………………… 253
附录4 场景要素关联关系分层复杂网络图 …………………………… 435

1 什么是自主式交通系统

1.1 ATS 的背景、定义与意义

1.1.1 背景

智能交通系统（intelligent transportation system，ITS）出现之前，传统交通系统多表现出以增加供给应对交通需求、系统建设维护完全依附于用地规划的特点，其效率主要依赖于人的管理与疏导，但由于运输量的增加，道路拥堵、交通安全和环境污染等问题在传统交通系统中日益凸显[1,2]。20 世纪 70 年代，随着电子技术的发展，美国与日本相继出现了功能简单但可以应用在交通中的电子系统，产生了 ITS 的雏形。随后多个国家和地区相继成立了 ITS 发展机构和委员会，ITS 逐渐发展起来。相比于欧美国家，中国的 ITS 相关行业起步较晚，但自 20 世纪 90 年代以来发展迅速，并完成了从 ITS 第一阶段到 ITS 第二阶段的过渡。

其中，ITS 第一阶段的典型特点是面向业务，以信息化为特征，该阶段主要是以电子技术和通信技术在交通领域的应用为先导，以单项电子通信等技术产品和交通应用系统建设作为主要的发展内容，重点在于推动城市智能化交通管理系统、车载导航系统、联网不停车收费系统等方面的建设。同时，在该阶段内基于计算机领域软件系统工程方法完成了 ITS 体系框架构的搭建，并通过完善交通信息采集、处理（分析）、发布（服务）等业务构建了 ITS 的基本流程。而 ITS 第二阶段的主要特征是网联化和协同化，通过融合互联网、大数据等技术应用，产生了新的服务模式和服务内容，重点在于推动大数据集成分析、移动互联服务和智能网联汽车等方面的发展[3]。

如今，我国 ITS 经过长期发展，已在智能化交通管理、智能化交通服务和智能化决策等方面取得了进展，在多个领域得到了广泛的建设与应用。在城市交通智能化管理与服务中，我国 400 多个城市建成了智能化交通指挥控制中心、交通信号控制系统、交通诱导系统、交通监控系统、电子警察系统等；在北京、上海、深圳、广州等大城市建立了综合交通协调指挥中心（transportation operations coordination center，TOCC），实现了城市道路交通、轨道、民航以及城市停车、公交等的综合协调；智能化快速公交系统、轨道交通智能运维系统在各大城市得到普遍推广和应用，智能化停车系统正在建设推进当中。在公众出行智能化服务中，手机导航、车辆导航得到普及应用，用户总数在 7 亿以上；各类交通信息、票务服务 App 得到大范围应用；共享单车和共享新能源汽车数量全球领先。在公路智能化建设中，高速公路的收费、通信、监控系统实现了全覆盖；ETC（electronic toll collection，电子不停车收费系统）用户数量超 2 亿；"两客一危"重点运营车辆智能化监测平台已在全国完全建成；全国公

路主要节点、重点路段均安装了交通监控设备和系统，实现对主要道路运行状态的智能化监测、预警和应急处置。在综合运输方式中，铁路方面建成了全国铁路运营管理智能调度系统和铁路联网售票系统，以智能动车组、智能设施、全线数字化管理为主要特征的智能高铁建设进展顺利；航运方面实现了空管、机场、旅客服务等领域的智能化与国产化，机场协同决策（airport collaborative decision making，A-CDM）系统也已覆盖了全国100多个机场；水运方面主要围绕智能航运、智慧港口、船岸协同、黄金水道等方面进行智能化建设并取得明显成效。在自动驾驶与车路协同方面，国家较早进行了无人驾驶汽车的实际道路运行测试；出台了多部智能公路相关的标准和规范；建成了多个智能网联汽车专业测试基地。在交通安全保障、执法和监管智能化方面，建立了覆盖全国的公路安全评价体系、一体化应急交通管理系统、交通事故现场快速处置系统、事故处理与分析系统等一系列智能系统。

在此基础上，一个新的ITS发展阶段已经初现端倪，即自主式交通系统（autonomous transportation system，ATS），其特点是系统高度自动化与智能化，通过技术赋能交通系统，实现系统自主性与服务能动性的提升，从而主动满足系统管理者与用户的需求。与上一阶段相比，ATS最显著的区别是人在系统运行和服务过程中的参与程度逐渐降低。具体的，ATS将通过与自动驾驶、智慧公路等新兴技术深入关联，推动交通系统朝着自主化、智慧化的方向发展，最终实现系统的自组织运行与自主化服务。

接下来从国家战略、社会和技术3个层面来阐述ATS的发展背景。

1.1.1.1　国家战略背景

近年来，中国出台了大量支持智能交通发展的政策与规划，支撑交通行业快速成长，推动大数据、互联网、人工智能、区块链等新技术与交通行业深度融合，为交通系统的稳步发展创造了成熟的政策条件与环境。

2019年9月，国务院印发了《交通强国建设纲要》（以下简称《纲要》）。《纲要》对交通系统的发展提出了明确的要求，即到2035年，基本建成交通强国，现代化综合交通体系基本形成，使人民满意度明显提高。到21世纪中叶，全面建成人民满意、保障有力、世界前列的交通强国。同时，《纲要》还指出要开发新一代智能交通管理系统，推动大数据、互联网、人工智能、区块链、超级计算等新技术与交通行业深度融合；同时加速新业态、新模式发展，打造基于移动智能终端技术的服务系统，实现出行即服务。《纲要》明确提出要建设"安全、便捷、高效、绿色、经济"的现代综合交通运输体系，这为新时代我国交通系统发展指明了方向[4]。

在建设交通强国的目标下，国家推出了诸多针对智能交通系统升级的措施。《中华人民共和国国民经济和社会发展第十四个五年规划和2035年远景目标纲要》中提出要加快智能技术在交通系统中的深度推广应用，具体包括推进基础设施智能化升级、推动先进交通装备应用、创新运营管理模式、夯实创新发展基础，为建设满足个性化、高品质出行需求的交通系统打下基础[5]。

此外，为支撑新时代国家交通系统的研究和创新应用，我国在重点研发专项等科技计划中都设立了专项支持。例如，公安部交通管理科学研究所承担了"城市智慧出行服务技术集成应用"项目，该项目全面研究了未来城市一站式共享出行、智慧停车等自主服务的理论和技术,并将进行示范应用;由北京交通发展研究院等承担的"大规模网联车辆协同服务平台"项目研究了未来出行中网联车辆之间的自主协同服务,其研究内容包括互助出行、预约出行等网联车辆的创新应用;在"十三五"国家重点研发专项"综合交通运输与智能交通"中,本书课题组承担了"自主式交通复杂系统体系架构研究"项目,该项目针对 ATS 的顶层架构进行研究,为 ATS 的规划、设计、建设提供了指导。

综上所述,国家高度重视智能交通系统及其自主化转型建设,亟须建立一整套适用于中国国情、适应于新时代交通系统特征的 ATS 理论和方法。

1.1.1.2　社会背景

随着社会发展与生活水平的提高,人们对于出行的需求正逐渐发生改变,从简单的人与物的运输向更加安全、便捷、绿色、高效、经济转变,并由此衍生出诸多个性化、多样化的需求。ITS 的一个重要建设思路是保持系统整体最优,对于微观个体的需求大多为被动响应,因此亟须发展能够主动满足需求的自主式交通系统。以下将从智慧出行、智慧物流、综合交通几个方面介绍 ATS 产生的社会背景。

(1) 智慧出行。在出行方面,随着交通系统逐渐智能化、信息化,许多新的出行模式逐渐产生,比如出行逐渐向智能出行靠拢,包括预约出行、公交定制化出行等。同时交通服务的组织方式正在发生变化,用户出行需要更加便捷和舒适的出行体验,因此对于个性化、信息化的服务需求逐渐强烈,新的交通需求也不断促生各种新的交通服务,"出行+服务是未来交通系统的发展方向"这一观点逐渐受到交通行业的认可。从交通系统的角度来说,在保证便捷、畅通、安全的基础上,用户在效率、享受、沟通、智能等方面日渐强烈的需求,也要求交通系统主动为用户提供个性化、精细化、智能化的出行服务,从而响应人的出行需求。

随着互联网的普及,大量移动互联终端和用户的存在将为出行服务和出行模式的改变提供广泛的群众基础。然而,当前城市出行服务仍旧以相对独立的交通方式划分为主,这就造就了交通服务的割裂和各自为政的管理。因此,亟须发展能够整合协调各类交通服务主体、主动响应用户个性化需求的交通系统。

(2) 智慧物流。近些年来,高速发展的经济使民众的生活方式与理念变化巨大。同时,移动通信技术、网络技术、计算机技术等高新技术的发展使电子商务与网络营销的受众爆发式增长,促进了运输货物需求的飞速攀升以及物流的蓬勃发展,但也对物流行业运输货物的质量、速度等服务提出了更高的、不断升级的要求。传统物流行业的服务模式与运输能力已经无法完全满足现有的货运需求,因此国内外都开展了针对智能化货物运输系统的研究。

目前针对货物智能运输的研究主要侧重于道路服务水平、系统效率、运输网构建等方面,虽然取得了一定的成效,但总的来说,目前交通系统在进行货物运输时,仍然存在协同性差、运输效率低以及运输费用高的问题。因此,如何通过应用网联、通信等信息化技术,加强管理和提高物流效率、改进物流服务质量、物流资源优化配置,使货物运输从被动走向主动,完成运输过程中信息获取、监控跟踪、信息分析的主动实现,打造绿色高效的新时代智慧货物运输系统,是未来交通系统需要解决的问题。

(3) 综合交通。未来交通系统要为出行者提供有针对性的"一站式"服务，需要将火车、地铁、公交、出租车等多种交通方式之间的壁垒打通，通过让整个综合运输系统进入网联化、协同化时代，真正实现出行即服务（mobility-as-a-service, MaaS）。出行及服务概念自从被提出以来，就在国际范围尤其是欧盟和美国运输界引起了高度关注，并已经进入了具体实施阶段，其实施效果日益显示出综合智能运输系统能提供更有效、更安全、更少污染、更具有吸引力的运输服务。综合运输智能化、协同化发展是当前交通系统的发展方向，并将日益显示其是缓解交通问题的有效途径。

然而，由于我国在此前将交通系统的发展重心放在各类交通方式的独立发展与建设之中，所以在综合运输智能化方面进展缓慢。因此，新时代交通系统需要统筹各种运输方式发展，积极推进综合交通运输体系建设，提升综合交通运输系统的运营效率，实现个性化、精细化、自主化的出行集成应用和协同运行。

综上所述，现有交通系统在客流货物运输上都面临着诸多挑战，为适应这些新的用户需求与服务模式，未来交通系统也正朝着更加自主化、智慧化的方向不断发展。

1.1.1.3 技术背景

自 ITS 的概念被提出以来，人们逐渐认识到信息化技术在交通领域的应用潜力，相关技术应用和产业得到了巨大发展。而大数据、5G 通信、北斗导航定位等新兴技术的产生显著推动了交通系统功能的升级，包括交通环境感知、交通状态分析及预测、交通管理与控制、自动驾驶与车路协同等方面，为 ATS 的产生和发展提供了可能。接下来将从上述方面展开，分别介绍推动 ATS 发展的技术背景。

(1) 交通环境感知技术。交通环境感知技术，是使用计算机进行运算和分析，从传感器数据中提取、判断、决策等有用信息的技术。它通过多传感器数据融合与多设备网联协同，可采集道路、车辆周边环境数据，实现针对静态、动态物体的识别与监测。而激光雷达等高精度传感器、5G 通信等新技术的普及进一步推动了环境感知技术的发展。在智能化发展的背景下，深度学习和大数据为环境感知技术提供了前进的方向，未来环境感知技术将主要向着数据结构化、人工智能、适应更为复杂和多变的场景以及更低的成本等方向发展，使交通系统能够自主采集和识别外界信息，为系统的自组织运行提供信息支撑。

(2) 交通状态分析及预测技术。交通状态分析及预测技术，是通过对各类交通数据信息的采集整理、融合、挖掘分析，为交通相关部门提供辅助决策支持的技术，其目的是做到分析精准、效率提升、决策科学、管理精细。而随着智能交通大数据的应用，通过有效的采集和利用各类异构交通数据，能够实现更全面的需求预测、更精准的态势分析、更精细的预报预警、更高效的规律发现、更科学的决策支撑。未来交通状态分析及预测技术将依托更统一、更标准的智能交通大数据，发展到涵盖数据存储、处理、应用的新技术阶段，为交通系统提充足、准确的决策依据，有效支撑 ATS 的发展。

(3) 交通管理与控制技术。智能交通管理与控制技术，是利用计算机管理的交通控制设施对交通流进行交通组织优化，通过调节、诱导、分流以保障交通安全与畅通的技术。目前该类技术在交通控制方案优化、控制信号交互方式、信控效果评价、协同控制与诱导措施等方面得到了显著的发展，在交通系统的高效运营中发挥了重要作用。在未来，深度学习、强化学习等技术为交通管理与控制提供了新的发展方向，同时，得益于大数据技术的发展，交通系统将能够以相对微观的群体甚至个体为管控对象，为用户提供精细化、个性化的服务，降低管理者的介入程度，有效支撑交通系统的自主决策。

（4）自动驾驶与车路协同技术。自动驾驶与车路协同技术是使得载运工具自动运行的两条技术路线，前者基于单车智能实现，后者基于车辆与路侧设备配合实现，两条技术路线均在稳步发展。在自动驾驶领域，目前以摄像头、激光雷达等为感知设备的新能源车辆已经达到了L2级自动驾驶，并取得了一定的市场占有率。而在车路协同领域，目前世界各国已建立了车路协同体系框架和各种相关测试平台，突破了车－车/车－路通信、车辆安全控制及信息技术共享等关键技术。未来我国将会在自动驾驶和车路协同这两方面持续发力，推动车载感知与决策、车辆高精度定位、车路通信协议标准制定、信息安全保护等技术的深入发展，实现车辆行驶的高度自动化，助力交通系统的自组织运行和自主化服务。

综上所述，随着各类新兴技术的发展，交通系统在感知、学习、决策、响应等方面的自主化实现能力均得到了显著提升，并将在未来持续进步，这为ATS的发展奠定了重要的技术基础。

1.1.2 定义

自主式交通系统是交通系统从信息化、协同化向前发展的一个新阶段，它由大数据、自动驾驶、车路协同、5G、北斗导航定位等新兴技术赋能驱动，基于交通系统自主感知、学习、决策、响应的业务逻辑，通过自组织运行与自主化服务的方式，以更加安全、高效、便捷、绿色和经济为目标，完成对人与物的运输。其本质在于减少交通系统的人为干预、提升交通系统的自主能力，其能力主要体现在交通需求主动响应、载运工具自动运行、基础设施主动管控、外部环境主动适应四个方面。

为了区分交通系统不同发展阶段的自主化水平，将其分为辅助自主、高度自主和完全自主三个阶段。具体的，辅助自主是指人逐渐从交通系统的运行中脱离，交通系统能够辅助人类实现感知、识别、车辆控制等活动；高度自主是指在设定的场景中，交通系统能够初步实现自组织运行和自主化服务；完全自主是指交通系统应对突发事件与适应场景的能力得到加强，在绝大部分场景中均能脱离人运行。

由上述定义可知，ATS通过业务逻辑"感知－学习－决策－响应"的自主实现，达到系统自组织运行与自主化服务的目的。

1.1.2.1 自主感知

感知是交通系统通过传感器或通信技术来感知世界，从而获取交通信息的过程，这是交通系统实现自组织运行和自主化服务的前提条件。

在 ATS 中，最直观的感知环节就是自动驾驶车辆的环境感知。车辆对外界的自主感知主要分为两种，分别是自主化车辆感知和网联化协同感知[6]。自主化车辆感知主要实现方式包括车载传感器、感知单元（摄像头、毫米波雷达、激光雷达等）和高精度地图等，通过上述设备及多传感器融合技术可实现包括行驶路径、周边物体、驾驶状态、驾驶环境等内容的感知。网联化协同感知是自主化车辆感知的补充设计，是交通系统数据采集层不可或缺的组成部分。它本质上就是基于蜂窝车联网（cellular vehicle-to-everything，C-V2X）通信的数据传输技术，通过数据传输，车辆可以实现：①感知交通安全，获取交通事故/事件数据；②感知运行效率，获取交通运行数据；③感知出行服务，获取交通管理信息；④感知车辆数据，获取车辆运行状态信息。

1.1.2.2 自主学习

学习是交通系统通过对接收到的数据进行处理、分析，形成交通知识，从而支撑决策的过程。随着技术的发展，交通系统中各类终端以及中心业务应用都产生了海量的数据，通过自主学习挖掘数据蕴藏的重要价值，是交通系统实现自主化的重要基础。

交通大数据体量大、种类繁多，包括卡口、道路视频监控、交通事故、车辆定位等数据。面对如此海量、繁杂的数据，大数据、云计算等新技术的发展为交通信息的有效获取提供了可能。一方面，未来对于数据的学习将不再局限于传统统计，而是通过智能分析处理为智能决策提供辅助，包括根据既有属性数据值，预测未知属性的数据值；基于大数据技术进行多维度数据关联性分析，从而发现数据潜在的模式等。另一方面，未来对于交通数据的自主学习将要求各个交通部门打破隔阂，建立跨部门的信息资源整合平台，实现数据共享，为交通管理、决策、规划与运营、服务提供更加有效的支撑[7]。

1.1.2.3 自主决策

决策是交通系统根据特定的交通目标形成优化的执行方案，并传达相应信息或指令的过程。随着人工智能等技术的发展，计算机将能够依据已有信息来替代人类管理者或驾驶者进行交通决策并制定相应策略。

以自动驾驶汽车为例，通过一系列决策理论（包括模糊推理、强化学习、神经网络等）进行决策控制，实现包括环境预测、动作规划、行为决策、路径规划等在内的功能。而由于存在多种多样的驾驶场景，驾驶过程中所面对的路况也不尽相同，且再加上行人在复杂情况下的不同反应也会影响车辆的自主决策，因此自动驾驶车辆的驾驶决策算法需要达到非常可靠的程度。它的实现依赖于高效完善的人工智能模型和大规模的有效训练数据，这些数据需要尽可能地覆盖到各种驾驶场景，这也是驾驶决策发展的最大瓶颈所在[8]。而当未来决策真正实现自主化后，将使自主式交通系统真正具备落地应用的能力。

1.1.2.4 自主响应

响应是交通系统针对接收到的指令做出反应以完成交通服务的能力，是交通系统正常运行的重要基础。自主式交通系统区别于智能交通系统的核心差异就在于交通系统是否具备了自主执行决策方案的能力。

交通系统的自主响应对象包括云端系统与终端设备。前者的自主响应内容包括决策方案与计划指令的发送、交通信息的管理与发布等操作，而后者主要表现在设备间的协同与互操作上，例如车辆与车辆之间的自适应协调，车辆与路侧设备的交互等。此外，车辆的自动驾驶是交通系统自主响应的关键环节，这要求在保证汽车的安全性、操纵性和稳定性的前提下，完成对车辆行驶速度、位置和方向等状态的控制，其本质是自主控制技术在车辆上的应用，通过建立精确模型，将智能芯片和传统运动控制相结合，实现运动预测和决策控制的目的[9]。

1.1.3 意义

1.1.3.1 发展 ATS 有利于解决交通问题

ATS 通过交通系统的自组织运行，实现了人、车、路、货物、环境、信息等的高度协同，大大提高了载运工具的运行效率与基础设施的利用率，将有力缓解交通拥堵问题；通过降低人对交通系统运行的不确定影响，将在提高交通运输效率的同时，降低交通事故率，有效实现针对交通事故的实时监测、预警与规避；同时，ATS 将打通不同交通方式之间的壁垒，统筹各交通方式发展，进一步提高交通系统的运营效能，打造更有效、更安全、更少污染、更具有吸引力的综合运输系统。

1.1.3.2 发展 ATS 有利于满足用户需求

ATS 通过减少人对交通系统的干预，面向出行者可以实现自主化服务，面向管理者可以实现自组织运行，因此，从安全、便捷、高效、绿色、经济等角度出发，它将更好地满足交通系统的用户需求。一方面，ATS 将显著改变传统的用户出行服务模式，在保证便捷、畅通、安全的前提下，ATS 能够主动为出行者提供诸如预约出行、定制出行等个性化、精细化、智能化的"一站式"出行服务，真正实现"出行即服务"；另一方面，通过系统的自主运行，ATS 将进一步降低由人的不确定性带来的各种决策风险概率，提高交通系统管理的科学性与实时性。

1.1.3.3 发展 ATS 有利于推动相关产业的发展

技术的进步促进了 ATS 的发展，相应的，ATS 也将作为技术的试验场与孵化室，其发展将促进各类关键技术的广泛应用和交通领域新兴服务的快速落地，带动国内交通及相关的通信、车辆等多个领域的科技创新和技术发展，加速产业升级，促进我国自动驾驶、车路协同、新基建等 ATS 产业链的形成，带来巨大产值增益，带动社会和产业研发投入，构筑核心竞争力，推动我国 ATS 相关技术向国外输出，具备显著的经济效益。

1.2 交通系统的构成分析方法现状

自主式交通系统是一个跨行业、跨部门、多主体、由互相联通的多个应用系统组成的复杂大系统，其构建与发展必定会分层次、分阶段和分区域逐步实现。因而在

ATS 建设过程中，迫切需要一个宏观的、纲领性的理论体系，该体系应当能够明确 ATS 各组成部分及交互关系，同时清晰地描述出 ATS 未来发展的蓝图，以保证不同时期的 ATS 建设内容能在统一指导下得到有效集成。在这种背景下，对于 ATS 基础构成与体系框架的研究变得迫切。

正如前文所述，ATS 是 ITS 发展到高度自动化与智能化阶段的产物，其产生与发展紧密承接 ITS 2.0，因此 ITS 理论体系的相关研究能够为 ATS 的构成分析提供宝贵的经验与参考。目前，世界上许多国家都开展了符合其国情的 ITS 构成理论研究，并在研究结果的基础上制定了各自的 ITS 体系框架。从 1993 年开始，美、日、欧率先开始了 ITS 的理论研究工作，到 1999 年，这些国家都形成了各自的 ITS 体系框架。在美、日、欧 ITS 体系框架的启发下，世界上很多国家和地区都进行了各自的 ITS 理论研究工作，我国于 2000 年也开始了 ITS 系统框架的研究，并且于 2001 年正式出版了《中国智能运输系统体系框架研究总报告》，来指导我国 ITS 研究工作的开展。美、日、欧以及世界其他国家和地区的智能运输系统发展经验表明：在研究开发智能运输系统的初级阶段，开展系统基本构成与体系框架的研究工作是系统全面发展必不可少的基础，它是发展智能运输系统的指导性框架，主要用于明确智能运输系统的开发目标，为标准研究工作提供参考，避免重复研究和无计划开发。因此，接下来将分别介绍美国、欧洲、日本和中国的 ITS 构成理论。

1.2.1 美国 ITS 构成分析

美国的 ITS 研究采用了自上而下的方式，通过提出全国统一的体系框架，制定了一系列由政府推出的重要法案，如《综合地面运输效率法案》（*The Intermodal Surface Transportation Efficiency Act*，ISTEA）、《21 世纪运输平衡法案》（*Transportation Equity Act for the 21st Century*，TEA-21）等，明确 ITS 发展的方向，并联合联邦、州和各级地方政府以及私营企业共同实现大规模资源的投入。其发展模式可以总结为：顶层规划、市场引导、分步实施。

美国 ITS 的构成元素包括服务包、利益相关方、功能、物理对象等，元素与元素关系通过 ITS 框架描述，即 ARC-IT（Architecture Reference for Cooperative and Intelligent Transportation）。ARC-IT 采用面向过程的方法开发[10]，目前已更新至 9.0 版本。

1.2.1.1 服务包

ARC-IT 根据服务内容的不同划分了 12 个领域共 150 个交通服务包，并通过企业视图、功能视图、物理视图与通信视图对每个服务包进行了描述[11]，如图 1-1 所示。其中 12 个领域分别是：商用车运营、数据管理、维护与建设、停车管理、公共安全、公共交通、支持中心、可持续出行、交通管理、出行者信息、车辆安全、天气。

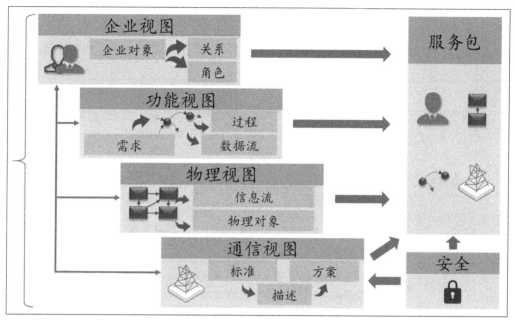

图 1-1 ARC-IT 四类视图

1.2.1.2 利益相关方

利益相关方是指参与到交通系统中的个人、团队或组织。ARC-IT 按照所扮演的角色将其分成 16 类,包括使用者、开发者、维护者等,并通过企业视图描述了利益相关方之间的关系。在架构具体建设过程中,利益相关方映射到企业视图中,将被建模成为一个个企业对象。企业对象作为企业视图的基本构成单位,是根据利益相关方在 ITS 中的作用与职责定义的,用于帮助确定各利益相关方与 ITS 系统的交互方式。例如,对于交通管理中心这一部门,ARC-IT 定义了交通管理中心开发人员、管理者、维护人员、供应商、操作员等企业对象。

利益相关方之间的关系可以分为不同类型的协作,如表 1-1 所示,它描述了多个利益相关方共同提供服务时所需的合作模式,通常以协议或合同的形式呈现,目前 ARC-IT 已经定义了包括收购、就业、提供数据等在内的 44 类模式。

表 1-1 ARC-IT 企业视图部分协议及描述[11]

协议名称	描述
收购协议	一种协议,其中一方同意向另一方提供系统(硬件和软件),通常以换取补偿
应用程序接口规范	定义在两个不同的硬件上运行的两个应用程序组件之间的接口。应用程序接口规范特定于相关应用程序

续表

协议名称	描述
设备放置和操作协议	一种协议,使物理设备的控制器能够将其安装在由另一个实体控制的固定位置(以使其正常运行)
设备使用协议	设备所有者与设备运营商之间的协议,授予运营商使用设备的权限。指定在设备故障和应用程序故障的情况下谁负责,描述使用参数(包括通信发生),并设置对设备和应用程序性能的期望
就业协议	个人与公司或政府实体之间的协议,个人同意向公司/机构提供劳动力,从而补偿员工。规定了薪酬水平、工作条件、必要设备和培训以及对员工绩效的期望
设备操作协议	与使用特定设备有关的协议,其中一方同意根据一组条件使用和/或不篡改设备
行动预期	一种期望,一方希望另一方采取特定行动,通常是响应第一方提供的数据或信息,但没有任何正式协议
数据提供的期望	一种期望,其中一方认为另一方将定期和不定期提供数据,并且该数据在接收方的应用程序上下文中对接收方有用。因此,这包括对数据字段、及时性、质量、精度和类似质量数据的一些期望

1.2.1.3 功能

为支撑服务包的实现,ARC-IT 定义了功能,形成了功能视图[12]。在 ITS 建设过程中,利益相关方会被告知需要提供的功能。而针对每一个服务的功能视图可以帮助这些群体明确各自承担的功能与传递的数据。

功能视图定义了自上而下的服务实现流程,如监控、数据处理等,并描述了支持系统功能行为的其他元素[11]。

(1) 过程:支持服务包所需的功能或活动,是作为实现服务所需操作的最小单元,包括数据收集、数据转换、数据生成等。通常过程之间存在先后顺序,即一个过程的执行结果支撑后续过程的执行。一个过程执行实现目标或支持另一个过程的行动。

(2) 过程规范:指过程的文本定义。包括对过程的简单文本介绍、对过程所需达到的功能要求以及一套完整的输入和输出范式。

(3) 终端:表示系统的外部交通对象。它不实现任何功能,但可能是信息的来源或接收器。

功能的具体分析与构建采用了自上而下的方法,从一般过程(例如"管理流量")开始,逐步分解为更详细的过程(例如,"提供流量监控""监控 HOV 车道使用")。同时在 ITS 具体建设过程中,将按照适当的需求优先级进行功能的开发,在短期内优先发展城市的交通服务,并将促进其与现有服务、将在中期和长期发展的服务之间实现良好的集成和互操作[13]。

1.2.1.4 物理对象

为了将功能与现实世界相对应，ARC-IT 定义了表示 ITS 架构的主要物理组件——物理对象[14]，并基于物理对象之间的关系形成了物理视图。如图 1-2 所示。在物理视图的核心，物理对象被划分为 48 个子系统与 106 个终端，又根据对应实体的位置、功能及对象间信息流被分为 5 类。

（1）中心子系统：该类子系统不受交通基础设施的制约，保持空间上的独立性，与其他子系统以有线通信连接。

（2）道路沿线子系统：该类子系统通常依赖于如信号灯、检测器等路边基础设施，同时要与一个或多个中心型子系统有线连接，以保证与车辆的信息交互。

（3）出行者子系统：该类子系统通常包括出行者用于在出行前和出行中获得交通服务的设备，包括出行者拥有和操作的移动/手持设备以及桌面设备，需要与多个子系统进行无线通信，以保证信息的获取。

（4）支撑设施子系统：该类子系统通常提供非运输的特定服务，例如提供通信、安全监控或设施维护管理，可与其他四类子系统进行通信。

（5）车辆子系统：该类系统特点为车载性，可根据需要与其他四类子系统进行无线通信，以完成相应车辆功能。

各类子系统通过不同通信方式进行连接，如图 1-2 所示，在确定子系统类别后，可以通过物理视图明确它与其他子系统的交互方式。

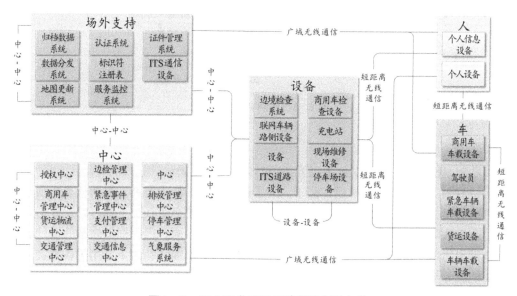

图 1-2 ARC-IT 物理子系统及其交互方式

1.2.2 欧洲 ITS 构成分析

欧洲 ITS 研究采用了区域合作的方式，通过联合各个国家与地区，发起一系列研究计划，指导 ITS 发展的方向，其 ITS 发展历程经历了分散发展阶段、统一发展阶段和面向服务高效节能阶段三个阶段。其中，在第二阶段中，欧盟开展了 KAREN（Keystone Architecture Required for European Networks）项目，开始了欧洲 ITS 基础理论与体系框架研究工作，并于 1999 年形成了欧洲的 ITS 框架 FRAME（the Frame Architecture Made for Europe）[15]，如图 1-3 所示。至今已被欧洲范围内超过 15 个国家运用。FRAME 的形成确定了欧洲互联互通、协同共进的 ITS 合作模式。

欧盟期望建立一个开放、稳定可靠的智能运输系统体系架构，提供在欧洲内部署集成和可互操作的 ITS 底层稳定框架，在保证技术独立性的同时，能支撑多种地面交通模式及不同模式之间的自由切换。因此与内容覆盖全面的 ARC-IT 相比，欧洲 FRAME 更偏重对典型系统的描述，并非以"全"为目的，其构成主要包括用户需求、功能模块、物理子系统、技术与标准等，如图 1-3 所示，各个国家在 FRAME 的基础上，可根据自身需求构建满足国情的 ITS 架构。

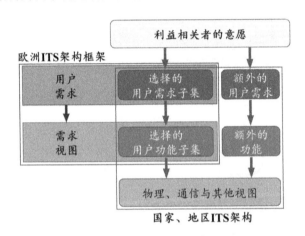

图 1-3 欧洲 FRAME 结构

1.2.2.1 用户需求

欧洲 ITS 用户需求可以分为以下三个部分。

（1）对 ITS 框架体系的设计需求。为了适应未来的技术发展，框架体系必须独立于目前的相关技术，以确保框架体系在不同技术水平的交通系统下都可以发挥指导作用；由于欧盟各个国家与地区的交通环境与发展水平不同，因此框架体系的设计必须从全欧洲的角度出发，而不应该局限于一个组织或一个地区；为了适用于各种交通服务商的服务与制造商的设备，框架体系需利于标准系统的建立。

（2）对 ITS 相关设施和服务的兼容性、质量以及安全性的需求。为了保证 ITS 框架能被应用于实际交通系统的建设过程中，对 ITS 相关设施与服务提出了如下需求：信息、设备和基础设施的兼容性；服务在时间与空间上的连续性；对不必要费用的避免；系统的可维护性与便于扩展性；系统安全性；用户友好性；等等。

（3）对 ITS 相关服务的需求。这是用户需求的主体部分，为满足此类需求，FRAME 确定了对应的用户服务，主要内容如表 1-2 所示。

表1-2　FRAME用户需求

需求	需求描述
基础设施的规划和维护	包括与基础设施长期规划、维护等有关的活动
法律约束	包括与交通法规和规章有关的活动及车辆行人违规证据的收集
财政管理	主要与支付交通及出行服务费用的活动有关，包括交易方式、国家税收的分配等
紧急事件服务	包括盗窃车辆的管理、紧急车辆的优先权及危险货物事故管理等
出行信息和导航	包括所有涉及出行前及出行途中的信息处理活动，以及出行方式的选择和换乘及路线导航等
交通控制、事故和需求管理	由与交通控制、交通事故管理与需求管理有关的活动组成，包括监控、交通流控制、意外管理、速度管理、车道及停车管理等
智能汽车系统	由车辆的功能组成，主要包括视野的扩展、横向和纵向防撞、车道保持、车队行进、速度控制等
商用车和车队管理	包括相关数据的采集和报告、订单及文件管理、规划、日程监控、操作管理、车辆和货物安全及多式联运的管理等
公共交通管理	包括公共交通需求响应、公交实时信息分发、公交车辆管理、公交调度和监控、公交优先策略实行等

1.2.2.2　功能模块

FRAME定义了一系列功能模块，并通过逻辑体系结构描述了这些功能如何与外部世界联系起来，所有功能模块都与用户需求紧紧联系在一起，它提供了功能模块与用户需求之间的通道，同时也描述了欧洲ITS建设中使用的数据。

FRAME下的功能模块可被划分为若干功能领域，分别为：提供电子支付、提供安全和紧急情况处理、交通管理、公共交通运营管理、提供先进的驾驶便利、提供出行者旅行辅助、为法律保障提供支持、货物管理和车队调度。同时为每个功能领域开发了数据流图，数据流图显示了每个领域的功能是怎样被分成高级和低级功能的。数据流图还显示了这些功能是如何联系在一起，如何与不同的数据库联系在一起，及如何通过数据流与终端联系在一起。

1.2.2.3　子系统

FRAME提供了一系列示范系统来显示逻辑体系结构是如何被用来建立一个个子系统的。FRAME类子系统分成了5个主要类别。

（1）中心：采集和比较交通数据、电子付费和货物运输清单的单位或部门，也是制定交通规则及车队管理规范的场所。如：交通控制中心、交通信息中心、车队管理中心等。

（2）辅助设施：位于公共场所的交通基础设施。

（3）路侧设备：探测交通状况、车辆、行人的路侧设备，同时负责向驾驶者和行人提供交通信息。

（4）载运工具：在路网中移动并且可以运送一个或多个人或货物的设备。如：自行车、摩托车、小汽车、公共汽车及其他各种货运车辆。

（5）行人。

1.2.2.4 ITS 技术和设备标准

不同国家的智能交通系统横跨大洲，在不同地区发挥着重要的作用。智能交通系统如何高效建设以及保持后续维护是一个关键问题，而确定 ITS 相关的标准是解决这个问题的有效方法。确定标准有利于技术的应用、设备的开发，也有利于先发国家对于交通系统亟须改造的后发国家进行指导。

在 ITS 架构构建研究初具成效时，欧盟委员会综合了各个国家及联盟的研究情况，下达了指导性的文件和标准来规范不同国家 ITS 的发展规划。常见的标准包括具体的技术标准、设备标准、通信标准和隐私安全标准[16]等。

1.2.3 日本 ITS 构成分析

日本因国土面积较小，信息化系统部署操作难度相对较低，因此其 ITS 是随先进信息化系统的更替而发展的，即利用先进技术持续不断地迭代系统功能，以及添加集成新的功能，实现日本 ITS 稳步发展。为统筹各个信息化系统、更好发挥系统优势，1998 年 1 月，日本开始了对国家 ITS 构成理论与体系框架的开发，并于 1999 年 1 月完成框架开发。

在日本的 ITS 框架中，ITS 构成主要包括用户服务、信息、功能、物理子系统等元素。日本主张：通过一个完整的智能运输系统框架保证各个交通子系统之间协同工作，实现子系统之间的协调统一，ITS 框架需要便于系统的扩展，同时制定国家 ITS 标准。日本 ITS 构成理论与体系框架最大的特点是强调 ITS 信息的交互和共享，整个 ITS 建设是社会信息化（e-Japan）的一部分。

1.2.3.1 用户服务

在"日本智能交通系统综合计划书"（The Comprehensive Plan For ITS in Japan）中共划分出 20 项用户服务内容，并在 9 个开发领域内实现这 20 项用户服务、172 项子服务。9 个开发领域为：导航系统、电子收费系统、辅助安全驾驶、交通管理优化、提高道路管理效率、公共交通支持、提高商用车辆运行效率、行人支持、突发事故车辆运行支持。开发领域内用户服务划分情况如表 1 - 3 所示。

表1-3 日本ITS框架开发领域及服务划分

开发领域	用户服务
1 导航系统	1.1 路线导航信息提供
	1.2 目的地信息提供
2 电子收费系统	2.1 电子自动收费
3 辅助安全驾驶	3.1 驾驶与道路信息提供
	3.2 危险预警
	3.3 辅助驾驶
	3.4 自动化高速公路系统
4 交通管理优化	4.1 交通流优化
	4.2 交通事故管制信息提供
5 提高道路管理效率	5.1 维护管理水平提高
	5.2 特许商用车辆管理
	5.3 道路危险信息提供
6 公共交通支持	6.1 公共交通信息提供
	6.2 公交运行与管理支持
7 提高商用车辆运行效率	7.1 商用车辆运行管理
	7.2 商用车辆自动跟车行驶
8 行人支持	8.1 人行道线路引导
	8.2 车辆行人事故预防
9 突发事故车辆运行支持	9.1 应急车辆运行支持
	9.2 应急车辆诱导与紧急救援支持
	9.3 先进信息与通信系统

1.2.3.2 ITS信息

日本ITS框架定义了交通业务中涉及的ITS信息,并在逻辑框架中通过信息模型进行了描述[17]。

信息模型阐明了ITS中所涉及的全部信息之间的关系。它通过一个分层结构将信息联系起来,随着社会需求与技术的发展,可以很方便地添加或修改信息,同时为了避免冗余信息的存在,系统中的信息将得到统一的定义。在信息分层结构中,最高层按照7个基本信息集来划分,分别是地点、路线、道路、移动体、时刻表、操作体和外部机构。此外,分层结构还组织了信息之间的垂直关系,以确保较低级别的信息能够继承更高级别信息的性质,这种分层结构被称为关于信息模型的"详细模型"。

在对信息之间的关系进行统一定义的过程中,信息模型不仅描述了信息的分层关系,而且还描述了它们之间的交互关系。通过这种方式,信息模型将给出所有ITS信息之间的关联,在此基础上,通过显示9个开发领域中共同存在的最高级别信息之间的关系，信息模型提供了一个显示整个 ITS 信息概览的视图，被称为信息模型的"核心模型"。

1.2.3.3 ITS 功能

除 ITS 信息外，日本 ITS 框架还在逻辑架构中定义了 ITS 功能，并通过控制模型进行了描述。

控制模型是在 ITS 逻辑框架中实现各项子服务所需的各逻辑功能间关系以及逻辑功能处理的信息，相当于功能模型。按照"控制层 – 信息传输 – 信息层"的模式给出了所有 ITS 子服务对应的控制模型，以信息流和功能来表示子服务的逻辑内容，从而明确物理体系结构中道路和车辆等子系统中的功能，并通过通用格式建模促进发现应该在物理架构中共享的信息和功能。

1.2.3.4 物理子系统

在日本 ITS 物理框架中，定义了不同层级的物理子系统，如图 1-4 所示。包括高层子系统、子系统、底层子系统、单个独立的物理模型、整体物理模型。其中，高层子系统以系统所处区域位置为划分标准；底层子系统是以逻辑框架中控制模型为基础提出的，基本原则是针对控制模型中每一个控制模块给出一个独立的底层子系统，也存在一个底层子系统对应包含多个控制模块的情况。通过方法选择表完成 ITS 体系框架中 172 项子服务所对应的逻辑功能和实现地点的匹配，即完成底层子系统在高层子系统中的定位；子系统则是对高层子系统下近似底层子系统组合得到的，是一种分类方式，不具有实际意义。

物理模型则是针对用户服务提出的，由底层子系统为基本单位组成。实际上，高层子系统和系统框架流一起组成整体物理模型，底层子系统和系统框架流一起进行不同组合而组成单个独立的物理模型。与美国的物理框架类似之处在于：以人、车、路、中心、环境为基本的物理系统划分原则，针对用户服务提出了相应的物理模型[18]。

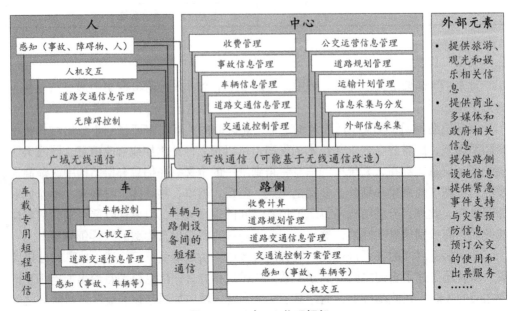

图 1-4 日本 ITS 物理框架

1.2.4 中国ITS构成分析

中国ITS的发展经历了萌芽期、启动期、发展期和创新期四个时期,虽然起步较晚,但在他国的经验之上很快建立了以体系框架为指引的ITS发展路线,通过系统建立中国ITS体系框架,明确典型系统的逻辑与物理架构,指导地方建设,保障了ITS的互联互通。"九五"期间,由国家ITS中心牵头推出了《中国智能交通运输系统体系框架》(简称《中国体系框架》)第二版[19],明确了我国ITS的主要构成元素,为我国的ITS发展提供了有效指导。中国ITS构成分析采用了面向过程的研究方法,主要由用户主体与服务主体、用户服务、逻辑功能、物理模块、ITS标准组成。

1.2.4.1 用户主体与服务主体

在中国ITS体系框架中,确定了参与ITS服务的成员,包括用户主体、服务主体、终端三个部分。

其中,用户主体表示ITS中被服务的对象,它被分为六大类,分别为道路使用者、道路建设者、交通管理者、运营管理者、公共安全保障部门和其他机构。

服务主体表示ITS中提供了服务的角色,它与用户主体以及特定的用户服务组成了系统的基本运行方式。它被分为九大类,分别为:交通管理中心、旅客运输部门、交通信息服务提供者、紧急事件管理部门、基础设施管理部门、货物运输服务提供者、产品/设备提供商、产品/服务提供商和政府执法部门。

终端表示参与ITS服务的角色,它被分为二十六大类,分别为:道路使用者、道路及交通、交通管理中心、运营管理者、公共安全保障部门、规划部门、车辆、公共交通运营部门、信息服务提供者、紧急事件管理部门、基础设施管理部门、货物运输服务提供者、货物、货主、执法部门、气象部门、媒体、服务提供者、系统操作者、通信系统、安全保障区域、多模式系统、交通管理人员、消费者、收费终端与电子支付卡。

1.2.4.2 用户服务

在《中国体系框架》(第二版)中,中国ITS用户服务是一个三层结构,具体包括9个服务领域、43项服务、179个子服务。同时,中国ITS体系框架确定了每项服务与子服务对应的用户主体与服务主体。9个服务领域分别为交通管理、电子收费、交通信息服务、智能公路与安全辅助驾驶、交通运输安全、运营管理、综合运输、交通基础设施管理和ITS数据管理。

1.2.4.3 逻辑功能

中国ITS框架通过逻辑框架定义了逻辑功能,其作用是通过功能之间的某种组合来完成特定的用户服务。

中国ITS体系框架定义了八大功能域,如图1-5所示。在此基础上形成了包括功能域、功能、过程与子过程在内的树状功能分层结构,直观地展示了逻辑框架各元素之间的层次关系,逐渐把一个庞大的复杂系统分解为具有单一功能且易于实现的处理过程。在逻辑功能层次体系的基础上,中国ITS体系框架还针对每一个逻辑框架元素（功能域、功能、过程）定义了概要描述说明，明确界定了各功能所要实现的内容。

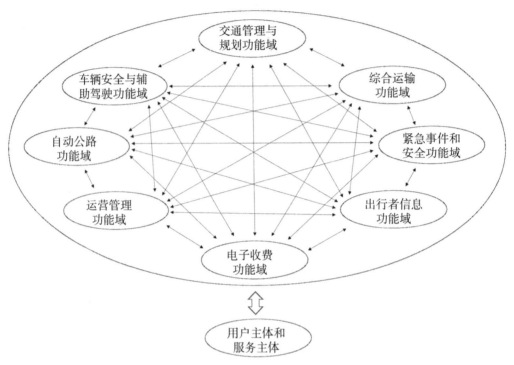

图 1-5 中国 ITS 逻辑框架顶层结构

1.2.4.4 物理模块

物理框架是逻辑框架的具体实现，也是 ITS 从逻辑功能向实际物理硬件转化的一个重要层次，如图 1-6 所示，在物理框架中，中国 ITS 框架体系定义了物理模块，并描述了物理模块的分层结构（图 1-6）。中国 ITS 物理框架元素与逻辑框架一样具有层次，分为系统、子系统、模块。从与逻辑框架对应的角度来讲，系统与功能域相当，子系统与功能相当，模块与过程相当。目前共划分了 10 个系统、38 个子系统和 150 个模块。

1.2.4.5 ITS 标准

ITS 用户服务的实现是建立在大量基础设施和设备之上的，由于通信方式多样，技术更新快，难以准确预见 ITS 适用的技术，为了确保 ITS 服务功能的实现，制定出来的标准体系必须具有一定的超前性，同时具有很大的灵活性，因而 ITS 架构标准研究的着眼点是 ITS 的综合性标准和接口标准。

针对中国智能交通系统的体系框架，确定了包括信息定义和编码、专用短程通信、数字地图及定位、电子收费、交通与紧急事件管理、综合运输与运输管理、信息服务、自动公路与车辆辅助驾驶系统标准的智能交通系统标准体系。

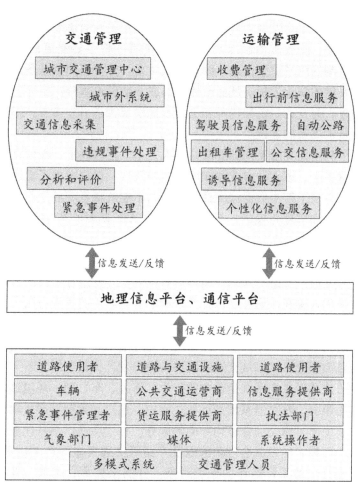

图 1-6 中国 ITS 物理顶层结构

1.3 ATS 体系架构的解析思路

系统是由若干要素以一定结构形式联结形成的具有某种特性或功能的有机整体[20]。所以，要素是构成系统的充分必要条件，交通系统也不例外。我们从 1.2 节内容中可以得知，各国政府在搭建交通系统体系架构时，皆从参与交通活动的要素出发，建立了指导宏观架构设计的技术标准。

但是，国内外都缺少对交通系统底层构成要素的科学界定和理论研究，没有深入解析要素内涵、关联关系和联动机制，难以支撑交通系统体系架构的构建，无法为交通顶层建设提供长期且全面有效的指导；并且大都采用面向过程的研究方法，不能保证体系架构的完备性，拓展能力差，且不利于后期的更新维护，在信息化不断发展的背景下，该方法已经无法满足交通的发展和管理需求；只局限于当前代际，没有考虑未来交通系统的发展规律和架构演化。

针对目前研究的不足，本书基于面向对象的系统工程思想，以构建自主式交通系统体系架构并探索其演化发展为目的，从涉及对象及关系的角度考虑，解构出交通系统的基本构成要素，阐述其内涵以及属性；通过属性将各要素更加精准地串联在一起，实现联动机制的深层识别；基于要素关联关系，分析不同驱动条件下，交通系统由无序向有序发展的演化过程。从而整体上形成一套理论基础，指导自主式交通系统体系架构的构建，为交通系统架构师和工程师提供架构指引和参考，指导有自主式趋势的交通系统技术体系的建设。

传统意义上的道路交通系统四要素是指人、车、路和环境，在信息化和网联化不断发展的时代背景下，该划分方式存在明显的局限性，仅仅考虑了交通系统中客观存在的具象实体，忽视了产生数据流的抽象模块，不能解释系统的运作逻辑，很难指导顶层体系架构设计和信息化发展，导致无法支撑 ATS 随科技发展和需求变化的自适应调整。

为了构建富有弹性且贴合未来发展方向的自主式交通系统体系架构，本书结合面向对象方法，对交通系统进行解构。面向对象强调在开发过程中面向客观世界或问题域中的事物，采用人类在认识客观世界的过程中普遍运用的思维方法，直观、自然地描述客观世界中的有关事物[21]。不同于面向过程自顶向下地将步骤流程化[22]，建立对象的目的不是为了完成一个步骤，而是为了描述某个事物在整个解决问题的步骤中的行为。结合以上理论，本书从交通系统的特性出发，将其分解为若干不同类别的对象，通过属性去描述对象在系统运作中的行为。将人、车、路、环境这些客观存在的交通实体统称为组分。在交通系统的运作过程中，用户和管理者产生需求。为了满足这些需求，就促生出了以交通业务为导向的服务。各个功能以信息化系统为基础，支撑服务的实现。而技术的发展会对功能以及车路等交通实体的自主化水平产生影响。由此解构出了参与交通系统运作的五类对象，分别是技术、需求、服务、功能和组分，也就是本书中所讲的五类交通要素。

ATS 五类要素不局限于物理层面，更侧重描述系统运作，且相互作用、缺一不可。一方面，技术和需求作为驱动要素共同推进交通系统的发展演化，服务和功能是系统内部的抽象要素，组分是物理要素，承接服务和功能且受其组织作用；另一方面，需求和服务处于系统顶层，需要系统底层技术和功能的支撑，而组分处于系统中间层，发挥交互和协调作用。这种解构方式更加全面，兼顾交通系统的外部驱动和内部组成，以及系统运作的具象实体和抽象模块，具备将交通要素串联起来的组织逻辑。

这五类要素具备面向对象的四大特征：抽象性[23]、封装性[24]、继承性[25]和多态性[26]。抽象性是指不同类别的要素具有相似的特征和行为，可以抽象成属性；封装性是指将不同要素封装成模块，使其具有较好的独立性；继承性是指新的要素可以从现有的要素中派生，子要素可以继承父要素的方法和变量，并可修改或增加新的方法使其更好地满足当前需求；多态性是指在要素继承和派生时，不同要素之间存在可共享的外部接口，从而保证属性的正确调用。基于五类交通要素构建 ATS 体系架构，并进一步搭建信息物理平台，可发挥对象的特征优势，有效指导交通建设。其中，抽象性是设置要素属性的前提条件,可明确各交通要素的内在特征和外在关联,实现小颗粒度层面上的精准联动;封装性和继承性使得维护修改带来的影响更加局部化,并且随着交通系统的演化可随时更新各要素属性,使系统架构更易于优化和升级;多态性则保证了系统模块的拓展性,增强了架构的灵活性和可复用性。相比于国内外传统的面向过程方法,此方法易于直观理解未来交通系统,并且具有更好的完备性、易维护性和可扩展性,可以设计出低耦合度且更加灵活有效的系统架构。

为了直观地展现自主式交通系统,我们以驾车出行这一交通事件的实现过程为例,描述系统组织结构及相关要素,如图1-7所示。

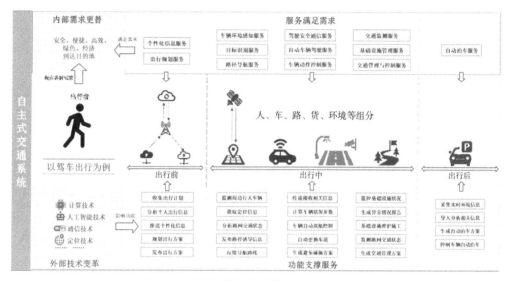

图1-7 以驾车出行为例描述自主式交通系统

本书的第2～6章会对ATS五类要素进行系统性的论述,所以在此只对其内涵进行简要描述。

(1) 技术:应用于交通系统,且对其发展具有驱动作用的一类技术总称。

(2) 需求:在具体交通场景中,为更好地满足安全、便捷、高效、绿色、经济的目标,由用户主体提出的一类要求总称。

(3) 服务:为满足交通需求而促生出的一类相对独立的活动。

(4) 功能:由交通实体或方法提供的,通过设备控制、数据处理和信息交互等途径作用于其他交通实体的,能够发挥特定作用的单个模块或若干个模块组合。

(5) 组分:在交通系统中,参与客货运输活动的各物理要素,包括人、货、车、路和环境等。

参考文献

[1] LUKACS J. A new republic:a history of the United States in the twentieth century [M]. New Haven:Yale University Press,2004.

[2] ROSE M H, MOHL R A. Interstate: highway politics and policy since 1939 [M]. Knoxville: University of Tennessee Press, 2012.

[3] 关积珍. 智能交通系统发展演进及其代际特征 [J]. 人工智能, 2022 (4).

[4] 中共中央 国务院印发《交通强国建设纲要》_中央有关文件_中国政府网 [EB/OL]./2022-09-06. http://www.gov.cn/zhengce/2019-09/19/content_5431432.htm.

[5] 中华人民共和国国民经济和社会发展第十四个五年规划和2035年远景目标纲要_滚动新闻_中国政府网 [EB/OL]./2022-09-06. http://www.gov.cn/xinwen/2021-03/13/content_5592681.htm.

[6] 黄帅凤. 基于智能网联交通系统的环境感知技术探究 [J]. 中国交通信息化, 2021 (S01): 21-24.

[7] 赵新勇, 李珊珊, 夏晓敬. 大数据时代新技术在智能交通中的应用 [J]. 交通运输研究, 2017, 3 (5): 1-7.

[8] 陆文杰, 袁建华, 罗为明, 等. 自动驾驶汽车决策控制系统简介 [J]. 道路交通科学技术, 2019 (2): 3-6.

[9] 严新平院士: 自主水路交通系统的研究和展望_发展 [EB/OL]. [2022-05-23]. https://www.sohu.com/a/www.sohu.com/a/404411429_468661.

[10] JIANG Y P, CHEN C. A novel approach for designing intelligent transportation system [C] //IEEE International Conference on Systems Piscataway: IEEE, 2012.

[11] United States Department of Transportation. Architecture Reference for Cooperative and Intelligent Transportation [EB/OL]. [2022-03-13]. https:Lolal iteris.com/arcit/index.html.2021.

[12] SUMALEE A, HO H W. Smarter and more connected: future intelligent transportation system [J]. Iatss research, elsevier, 2018, 42 (2): 67-71.

[13] GARCIA-ORTIZ A, AMIN S, WOOTTON J. Intelligent transportation systems—enabling technologies [J]. Mathematical and computer modelling, elsevier, 1995, 22 (4-7): 11-81.

[14] XU H, LIN J, YU W. Smart transportation systems: architecture, enabling technologies, and open issues [M] //Secure and Trustworthy Transportation Cyber-Physical Systems. Berlin: Springer, 2017: 23-49.

[15] FRAME ARCHITECTURE [EB/OL]. [2022-05-23]. https://frame-online.eu/.

[16] SEDJELMACI H, SENOUCI S M, ANSARI N, et al. Recent advances on security and privacy in intelligent transportation systems (ITSs) [J]. Ad Hoc Networks, Elsevier, 2019, 90: 101846.

[17] VERTIS. System Architecture for its in Japan [EB/OL]. [2022-03-13]. https://trid.trb.org/view/638011.

[18] 刘冬梅. 智能交通系统 (ITS) 体系框架开发方法研究 [D]. 北京: 北京工业大学, 2004.

[19] 《中国智能运输系统体系框架》专题组. 中国智能运输系统体系框架 [M]. 北京：人民交通出版社，2003.

[20] 冯·贝塔朗菲. 一般系统论 [M]. 北京：社会科学文献出版社，1987.

[21] BOOCH G, MAKSIMCHUK R A, ENGLE M W. Object-oriented analysis and design with applications [J]. ACM SIGSOFT software engineering notes, 2008, 33 (5)：29-29.

[22] HUSKEY H D. An Introduction to Procedure-Oriented Languages [M] // Advances in Computers. Amsterdam：Elsevier, 1964：349-377.

[23] OR-BACH R, LAVY I. Cognitive activities of abstraction in object orientation：an empirical study [J]. ACM SIGCSE Bulletin, 2004, 36 (2)：82-86.

[24] MICALLEF J. Encapsulation, reusability and extensibility in object-oriented programming languages [J]. Journal of object oriented programming, 1987.

[25] SNYDER A. Encapsulation and inheritance in object-oriented programming languages [C] //Proceedings of Conference on Object-Oriented Programming Systems, Languages and Applications-OOPLSA '86. New York：ACM Press, 1986：38-45.

[26] CARDELLI L, WEGNER P. On understanding types, data abstraction, and polymorphism [J]. ACM computing surveys, 1985, 17 (4)：471-523.

2 需求——用户对运输活动的要求

2.1 需求概述

任何系统的开发都是以需求为基础的，包括确定一个系统中各利益相关方（用户、开发商、供应商、企业等）的需求，以及系统必须做些什么才能满足这些需求。为了便于理解，通常采用自然语言表述这些需求，此时的难点在于：在不借助专业术语或会议的情况下，依然能够清晰地捕获需求。一旦经过沟通后达成一致，需求便开始推动系统开发活动。然而，各利益相关方的需求往往多种多样，有时会变化甚至会互相矛盾。而在一开始清晰定义这些需求至关重要，否则系统开发项目只能是徒劳无功，这就像在茫茫大海上开启一段没有目的地也没有导航图的航程，而需求提供了驶向选定目的地所需的导航图和方向盘。

2.1.1 需求工程相关概念

2.1.1.1 需求定义

需求的含义很多，其中 IEEE 系统工程流程的应用与管理标准（IEEE-STD-1220—1998）给出的定义比较具有代表性。需求是指定义产品或流程可操作性、功能性、设计特征或约束条件明确的、可测试或可度量的陈述，其对产品或流程的可接受性是必须的[1]。该定义列出了需求的多个方面。

（1）陈述——需求陈述偏向使用文本表达方式，也可使用表格形式、符号图表形式、正式符号形式、特殊领域符号形式等表达。无论何种表达形式，最重要的是拥有被确认为需求的一组可追踪、可管理的元素。

（2）产品或流程——完整的解决方案包括不同形式的产品（应需求而制造）和流程（产品使用程序）的组合。因此，需求可以定义为流程或产品，有时还包括如何开发产品（出于质量管控的目的）。

（3）操作性、功能性、设计特征或约束条件——需求的类型很多，因此产生了不同类型的语言、分析、建模、过程和解决方案。设计特征包括性能、可用性、安全性、可维护性和其他多项品质。

（4）明确的——需求陈述须具有合乎需要的品质。简而言之，需求本身应清晰，所有利益相关方的理解应一致。

（5）可测试或可度量——需求用于检验设计或解决方案是否可接受。为使其成为可能，需求应量化，由此提供一种依据需求来"度量"解决方案的方法。

（6）对产品或流程的可接受性是必须的——这强调了需求所起的多重作用：确

定设计和开发对象，以及确定如何检验和验收解决方案。

2.1.1.2 利益相关方的定义

利益相关方是指在一个系统中共有直接或间接利益关系（或利害关系）的个人、群体、组织或其他实体。一个系统中利益相关方的利益可能来自使用系统、从系统中受益、受到系统危害、对系统负责或受系统影响的其他方面。

以 ITS 为例，该系统的利益相关方包括 ITS 使用者、管理部门、运营部门、供应部门、规范制定部门、建造部门、维护部门等。

利益相关方是需求的合法来源。

2.1.1.3 需求工程的定义

需求工程最早的定义出自 1991 年美国国防部软件战略文件，强调需求工程包含致力于识别用户需求、需求分析以衍生附加需求，形成需求规范，针对客户需要确认需求规范等生命周期内的所有活动及支持这些活动的各项过程。

更为广义的概念是将需求工程视为系统工程的一个子集，涉及识别、开发、跟踪、分析、检验、沟通和管理在连续抽象层级上定义系统的那些需求。该定义给出了经过认真选定的、适合需求工程的关键活动。

2.1.1.4 需求与生命周期

需求工程不是产品刚开发时要执行并完成的一个单独阶段，而且在每个开发阶段都起着至关重要的作用。比如，系统开发的最后阶段往往是验收测试，针对利益相关方需求进行验收。因此，开始提出的需求在开发最后阶段仍在使用。

经典的"V"模型一般用于描绘系统开发的各个阶段，其基础就在于测试与需求之间的这种关系，如图 2-1 所示。

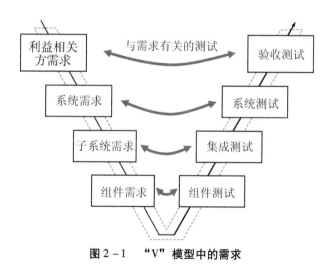

图 2-1 "V"模型中的需求

2.1.1.5 问题域和解决域的需求

在系统开发过程中，确定开发系统的需求定义最为重要。从管理和工程学的角度来看，应该区分"问题域"与"解决域"之间的差异。与最高层级的系统描述（需要陈述、使用建模和利益相关方需求）有关的哪些开发阶段应构成问题域的基础，而后续层级则从系统需求开始，在解决域内运行。表2-1给出了问题域与解决域之间的理想边界以及顶层需求所发挥的作用。

表2-1 问题空间和解决方案空间

需求层级	领域	角度	作用
利益相关方需求	问题域	利益相关方的角度	陈述，利益相关方希望通过使用系统实现什么目标。避免提及任何具体解决方案
系统需求	解决域	系统工程师的角度	抽象陈述，系统将做什么来满足利益相关方需求。避免提及任何具体设计
体系架构设计	解决域	设计人员的角度	陈述，具体设计如何满足系统需求

这里有一个重要的抽象原则。初始的能力陈述只应表述定义问题所必需的内容，避免提及任何具体的解决方案。这样可以让系统工程师自由发挥作用，不带成见地制订出最佳解决方案。该原则同样适用于系统工程师，他们应给予设计人员执行自身角色的自由，即面对一个抽象解决方案来进行设计。

例如，在交通控制系统中，利益相关方在描述问题时可能会要求交通流量最大化，同时，交叉口的拥堵风险、事故风险和维护成本要最小化。系统工程师会考虑多种解决方案，如立交桥、交通信号灯或环形交叉口。在开发成本、维护成本等多个约束的条件下，修建立交桥或许为解决问题的最佳方案。然后，设计人员开始设计工作，在物理环境提供的各种物理约束条件下去设计立交。

在通常情况下，利益相关方会用预设的解决方案来表达问题。然后，需求工程师的工作就是确定是否有充分的理由接收某一特定的解决方案，或者确定它是否是一个必要的约束条件。例如，客户开始尝试采购交通信号灯；供应方提出问题以了解潜在目标——使交通流量最大化、使驾驶者和行人的风险最小化，于是得到独立于解决方案的问题描述；现在，需求工程师对选择这个解决方案的原因有了更好的了解，并且通过适当的建模加以确认，于是得出一份关于抽象解决方案的准确且全面的描述。

开发系统时，我们首先需要判断是以问题域（利益相关方需求）还是抽象的解决域（系统需求）为根据。通常会事先知道解决方案的性质，根据由该解决方案所框定的系统需求进行开发会比较合理。不过即使是根据特定的解决方案开发，在知道解决方案之前就已获取关于单纯问题的陈述也会有很大的优势。

假如不能清楚地区分问题域和解决域，可能会导致以下结果：对实际问题缺乏了解；不能界定系统的范围，不能了解系统包含的功能；开发方和供应商主导关于系统的争论，因为对系统的唯一描述是依据解决方案表达的；直接面向解决域会导致缺乏设计自由，不能找到最佳的解决方案。出于这些原因，需要对利益相关方需求和系统需求做出区分，而本章则关注的是ATS系统利益相关方需求，即ATS用户需求。

2.1.2 用户需求表达范式

用户需求表达一般包括一段形式规范的需求陈述和有助于需求管理的相关属性,即"需求表达 = 需求陈述 + 属性"。其中,需求陈述用于描述用户主体希望通过系统实现什么目标,该陈述应避免提及任何具体解决方案;属性一般包括标识、内在特征、优先级和重要性、来源等。

2.1.2.1 需求表达语言

需求表达时使用一致的语言便于识别不同类型的需求,一般用"应"作为关键词,也可使用"应""应当""可"来表示不同需求的优先级。用户需求主要关注能力和能力的约束条件,其中能力表述应表达某一类用户主体所要求的某个(单项)能力。典型的能力需求表达采用如下格式:

<用户主体>应能够<能力>。

使用"能够……"短语有助于避免将能力认为是功能(从而进入实现细节)。如果仅是性能或约束条件的某些方面与需求有关,也可采用如下格式:

<用户主体>应能够<能力>,在<事件名称>的<性能>范围内,在<操作条件>下。

例如,下列需求含性能和附加约束条件:武器操作员应能够发射导弹,在雷达瞄准后 3 s 之内,在严酷的海况条件下。

2.1.2.2 需求表达标准

除了语言方面的要求外,每项用户需求表述还应达到某些标准。国际系统工程协会(International Council on Systems Engineering,INCOSE)的《需求编写指南》是最全面的需求表达编写规则库,其明确需求表达应具有表 2-2 所列的特征[2]。

表 2-2 用户需求表达特征

C1 必要性——每一条需求都是必需的
■ 如果去掉这条需求仍能满足问题,那么这条需求就不是必需的。
■ 如果需求条目所要表达的意图已在其他需求条目中描述了,那么这条需求就不是必需的。
■ 如果不能找到为什么需要这条需求,那么这条需求就不是必须的。
■ 每一条需求都会有相应的成本;不必要的需求可能导致没有价值的额外工作,增加成本和不必要的风险。
C2 与实现无关——仅描述需求,而不是需求如何被满足
■ 如果在需求中描述如何实现至少有两种不良影响:错过考虑其他更好的实现方式的机会;不能解决真正的问题。
■ 如果在本层级没有很好地沟通需要什么("What"),那就不能正确地将需求往下一层分配。
C3 无二义性——一条需求仅能有唯一的一种解释
■ 需求的意图必须在编写者、设计者以及验证者之间按照同一种方式理解,如果模棱两可,则会因为需求的解释不是客户的真实意图而导致项目延期、成本增加等问题。

续表

C4 完整——一条需求要完整地描述需求本身的内容
■ 需求相关的一系列过程（如分解、分配、验证、确认等）依赖于对独立描述的完整理解而不依赖于其他的描述。
C5 唯一性——一条需求只表达单一的观点
■ 分解、分配、验证和确认等与需求相关的几个过程的有效性依赖于需求的唯一性。
C6 可行——需求描述的内容在本质上是可行的
■ 本质上不可行的需求（如100%的可靠性）会浪费时间，甚至导致不必要的昂贵解决方案。 ■ 不切实际的问题通常都是因为没有很好地对重要的问题进行量化。
C7 可验证——需求是可验证的
■ 除非需求在某些方面是可验证或可测试的，否则没有办法判断它是否被满足。因此，对于不同类型的需求，需要以不同的方式来证实。 ■ 功能需求，通常都要通过测试来验证系统正确的行为，所以功能需求的行为一定表达清楚。 ■ 性能需求需要明确地表达与性能相关的数量。
C8 正确性——需求是对利益相关者期望的正确表达
■ 这一特性是对必要性原则的补充，需求所描述的功能或性能值必须是正确的。 ■ 这一特性关系到利益相关者期望的验证，验证系统设计与构建满足需求。
C9 合规——需求要符合组织所选择的适用标准
■ 当所有需求都同组织内特定领域的标准相符合时，每一条需求就更容易编写、理解与评审

2.1.3 用户需求通用过程

用户需求的通用过程示例如图2-2所示。该过程起点是需要陈述，进而通过分析与建模过程创建了一个使用模型和一个用户主体列表，其中使用模型通常包含使用场景，最后得到的衍生需求即为用户需求。

2.1.3.1 需要陈述

用户需求通用过程中最开始的约定过程通常很不正式，需要陈述多数是没有从需求角度设计的简单文档。换言之，它可能包含混杂有描述性信息的模糊需求表达，而不包含可以成为满足关系目标的原始需求。因为用户需求过程从这个非常模糊的位置开始，所以它在这方面与其他需求过程不同。

2.1.3.2 分析与建模

分析与建模过程是问题域的实例化，第一项活动是确定利益相关方（即用户主体），然后咨询利益相关方创建使用模型。

（1）确定用户主体。如前文所述，用户主体可以是对拟建系统有看法、有责任或者受其影响的任何个人或组织。系统性质的不同，用户主体的类型也不同。对拟建

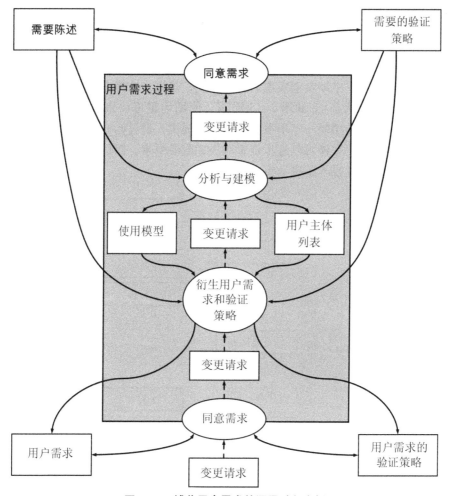

图2-2 捕获用户需求的通用过程实例

系统有看法或意见的人员包括系统的直接使用人，比如这可能包括乘坐飞机或列车的乘客或者没有直接乘坐飞机或列车但是受到其坠机或撞车事件影响的人。系统负责人可能是负责系统运行的管理人员或安全机构。所以一个系统可能的用户主体包括管理人员、投资者、系统用户、维护和服务人员、产品处置者、培训人员、系统购买人、销售和营销人员、效能专家、运行环境专家、政府、标准机构、舆论引导人、监管部门等。

得出潜在用户主体类型列表之后，需要确定与哪些类型有关，以及如何接触每种类型的用户主体。在某些情况下，如系统用户，可以与他们直接接触；在其他情况下，如公众，往往不能直接接触。如果是可以直接接触的用户主体，则需要确定提名谁来作为用户主体代表；如果是不能直接接触的用户主体，则需要确定谁来扮演用户主体这一"角色"并担任用户主体的发言人。

（2）创建使用模型。对需求的讨论需要在基本约定规则下进行，而讨论需求的基本机制是运行或使用场景，从而得到一个按时间分层的组织结构。用户需求使用场景概念作为确立框架的手段,然后在这个框架中进行有意义的对话。

场景鼓励用户主体思考正在进行的工作以及如何工作。实际上,他们是在预演希望的工作方式。约定场景后,即可生成单独需求,明确用户主体在场景的每个时间点希望能够进行的工作。

场景本质上与用户主体希望实现的目标有关,是用户主体在一段时间内产生的一系列结果(或达到的状态)。如图 2-3 所示,使用场景可以表示为目标层级,代表系统向用户主体提供的功能——不需要说明如何提供。通过时间导向可以对系统提供的功能进行预演,用户主体可以逐步查看缺失和重叠要素。因此,该结构可以很好地避免在确定问题时过度投入解决方案。

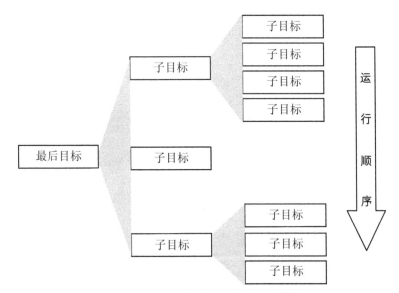

图 2-3 使用场景作为目标的层次结构

创建场景的目的在于促进理解和沟通。场景本身不是一项需求,而是获取需求的一种结构。它包含操作使用的各个方面,是找到整个需求集合的辅助工具。任何一种建模方法都不会试图表示所有可能的概念。对于给定的操作建模而言,没有唯一正确的建模方法。不同的人会提出不同的模型。

2.1.3.3 衍生需求

问题域中衍生需求的主要活动是捕获需求并确定需求将放入的需求集。一旦上述步骤确定需求集的结构和候选需求,就可以将候选需求放入需求集当中。在实际应用中,这两项活动同时并行,结构随着使用经验的积累而不断发展。当需求集的结构完成后,就可以对需求和结构进行评审和细化。

(1)定义需求集的结构。需求集的结构对于处理整个生命周期中的所有复杂要素至关重要。用户需求通常要逐一捕获、清理然后附加到结构中。用户需求的主要结构化概念是使用场景。然而,可能会有多种这类场景,具体取决于系统的性质。如果可能,应多花一些时间和精力把各种场景合并成一个单独的整体场景。显然,并不是总有这种可能，但是试着合并能让人们认识到系统的整体程度，还能将很多问题暴露出来。

当然，在有些情况下不能将场景合并在一起，这时可以单独使用所有场景。因此，用户需求文档的结构实际上是一系列场景，每个场景都嵌入了自己的需求。从本质上讲，该结构是由用户主体清单得出的。即使在单独使用场景时，也应该尝试将一个场景嵌入另一个场景当中。

此外，必须保证没有重复。如果重复，重复部分只能出现一次。可以使用两种方法：一种方法是提取出共同项，作为单独一部分放入需求集中；另一种方法是将重复部分放入文档第一场景中，然后从其他事件中引用重复部分。

（2）捕获需求。用户主体的需求有下列多种来源：与用户主体交谈、场景研究、描述性文档、正在升级的现有系统、现有系统存在的问题和变更建议、类似系统、产品或需求本身的部分系统、模型或简单示意图原型、新技术带来的机遇、问卷等。具体捕获需求的方法包括：与用户主体交谈、从非正式文件中提取需求、从场景中识别需求、需求研讨会、从经验中借鉴的需求、来自原型的需求等。

2.1.3.4 验证策略

收集需求的基本和重要方面是理解满足用户需求的标准，该标准规定什么是各项需求利用验证方法获取的成功结果。验收标准通常记录在与需求相关的属性中。换言之，需求与验收标准之间通常是一一对应的关系。此外，不同用户主体对成功有不同的看法，因此任何需求都要明确包含所有用户主体观点的验收标准。

2.2 用户需求研究思路

根据用户需求通用工程，捕获用户需求可以通过与用户主体交谈、场景研究、类似系统分析、问卷等多种方法。一方面，ATS 是 ITS 发展的产物，两者之间有很多相似之处。现阶段世界上多个国家都建立了适应本国国情的 ITS 体系框架，并对 ITS 用户需求进行了深入的分析和梳理；另一方面，车联网、自动驾驶等新技术的发展给交通系统带来了巨大变革，而面对新一代交通系统，用户需求也将会有所不同。鉴于此，本书采用了面向 ITS 的自上而下的用户需求总结和基于活动理论的用户需求推演两种思路，并通过两种思路用户需求的整合，形成了 ATS 用户需求库，如图 2-4 所示。

自上而下的需求总结主要是梳理与 ATS 相似的 ITS 用户需求体系，分析美国 ARC-IT、欧洲 FRAME 和中国 ITS 体系框架中用户需求的不同逻辑及表达方式。通过整合用户需求，统一表达范式，建立相对完善的 ITS 用户需求库，同时也是面向 ATS 的基础用户需求库。

自下而上的需求推演以活动理论为基础，面向交通系统组分确定的用户主体，构建以出行方式为基本场景、以活动为中心的研究范畴，联系安全、便捷、高效、绿色、经济的目标捕获用户衍生需求并构建 ATS 用户需求库，进而利用活动理论中的矛盾思想，分析出行和运输活动的发展与用户需求的演变。

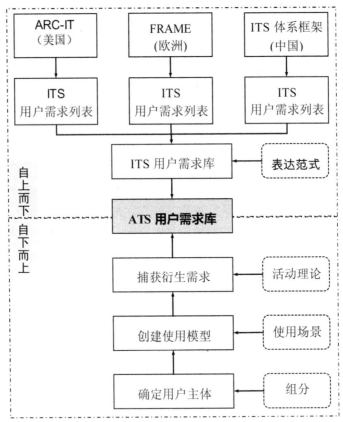

图 2-4　ATS 用户需求研究思路

2.3　ATS 基础用户需求库

2.3.1　ITS 用户需求分析

美国和欧洲在 20 世纪 90 年代陆续完成了 ITS 体系框架的制定并持续推出改进版本，是目前世界范围内最具代表性的智能交通系统体系；我国也在 2000 年底提出了中国 ITS 体系框架，充分体现了我国的实际情况和特色。

2.3.1.1　美国 ARC-IT 及其用户需求

ARC-IT[3]采用了面向过程的构建方法，以服务为核心自上而下地进行设计，并从企业、功能、物理、通信 4 个视角组织 ITS 内部组成，如图 2-5 所示。其中，企业视角明确了 ITS 利益相关者（即规划、开发、操作、维护和使用 ITS 服务的人员和组织）的角色和关系，并强调利益相关的组织、成员及客户的需求驱动了 ITS 的发展。

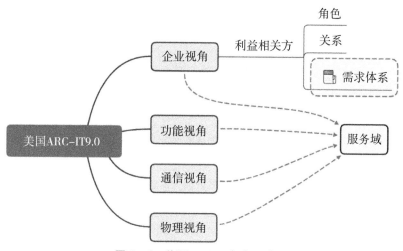

图 2-5 美国 ARC-IT 框架示意图

ARC-IT 为参与 ITS 的所有利益相关者定义了用户需求，根据子服务满足这些需求的能力，将这些需求与子服务一一匹配，实现了"用户→需求→服务"的逻辑关联。ARC-IT 共有服务域 12 个，子服务 150 个，对应用户需求 518 条，每一条需求均采用了以用户主体为主语统一的表达范式，即 " < stakeholders > need < ability >"，见表 2-3。以公共交通运输服务域中的"公交车辆追踪"和"固定公交线路运营"子服务为例进行需求的详细说明，见表 2-4。

表 2-3 ACT-IT 服务与用户需求统计

服务域	子服务数量	用户需求数量	用户需求示例
商用车运营	22	72	1. 出行者需要能够提前申请和预订服务，以减少等候时间，增加他们的流动性。 2. 驾驶者需要在车内获取有关车辆附近特种车辆移动的信息。 3. 交通管理部门需要与现场设备通信，以便向交叉口提供商用车信号优先命令
数据管理	2	5	
维护与建设	10	28	
停车管理	6	18	
公共安全	15	56	
公共交通	18	62	
支持中心	13	47	
可持续出行	10	35	
交通管理	26	97	
出行者信息	7	24	
车辆安全	17	58	
天气	4	16	

表 2 – 4　ACT-IT 部分公共交通运输服务与用户需求统计

子服务	用户需求
公交车辆追踪	公交运营部门需要能够监测公交车辆的位置，以便改进公交运营商的决策，并向出行者提供更准确的信息
	公交运营部门需要能够确定每辆运输车辆是否遵守其时间表
公交车辆追踪	公交运营部门需要能够向其他中心发送公交车辆位置和时刻表遵守数据，以支持出行者信息和交通运营
固定公交线路运营	公交运营部门需要能够为固定线路创建和更新时间表，以便规划运输操作
	公交运营部门需要能够向出行者信息中心发布固定线路的公交时刻表
	公交运营部门需要能够为固定线路运行调度公交车辆
	公交运营部门需要能够为固定线路运行分配车辆和驾驶者
	公交运营部门需要能够监控运输车辆时间表的遵守情况，以便管理固定线路的运行
	公交运营部门需要实时掌握路网信息，以提高固定公交线路运营的有效性

基于美国 ACT-IT 的用户需求，通过分词及统计词频绘制词云图，如图 2 – 6 所示。ACT-IT 用户需求的词云图表明交通、管理、公交、信息、安全、数据等为出现频率较高的关键词。交通、管理、信息等词以较高频率出现，反映了 ACT-IT 中信息的重要作用。"应急、监控、维护"等词的高频出现，则表明了用户主体对交通系统具有较多安全方面的需求，也反映了保证用户安全是交通系统永恒的宗旨。

图 2 – 6　ACT-IT 用户需求词云图

2.3.1.2 欧洲 FRAME 及其用户需求

FRAME 也使用了面向过程的构建方法，但其采用的是自下而上的集成方式[4,5]。此外，由于 FRAME 是欧盟成员国内部使用的体系框架且其定位是辅助规则，因此其仅包含用户需求和功能视角两个部分，但也为使用者基于这两个部分进一步构建物理、通信、企业视角提供了工具和参考，如图 2-7 所示。

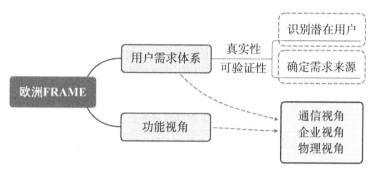

图 2-7 欧洲 FRAME 框架示意图

用户需求是 FRAME 体系框架的核心组成，简言之，是对 ITS 能够提供什么的描述。为了确保用户需求的真实性和可验证性，KAREN 项目首先识别了 ITS 中存在的用户，并将用户主体类别较为宽泛地划分为七类。在确定用户需求时，该项目借鉴了美国及其他组织的研究，并邀请专家对需求体系进行评价和完善，最终形成了对应 10 个组（类似于服务域）、49 个分组的 764 条用户需求，具体见表 2-5。FRAME 用户需求采用了以 ITS 系统为主语的统一的表达范式，即 "<The system> shall <ability>"。以公共交通管理为例进行用户需求的详细说明，见表 2-5。

表 2-5 FRAME 用户需求统计

组名	分组数量	用户需求数量	用户需求示例
通用	16	89	
基础设施规划和维护	2	25	
法律约束	1	9	
财政管理	1	15	1. 该系统应能够向出行者提供有关特定地区的个人支持服务（如医院）的信息。 2. 该系统应能够通过车载设备提醒驾驶者，主车即将进入路面摩擦力低于正常水平的路段
紧急事件服务	3	27	
出行信息和导航	4	85	
交通、事故和需求管理	6	307	
智能汽车系统	6	33	
商用车和车队管理	5	122	
公共交通管理	5	52	

表2-6　FRAME公共交通管理用户需求统计

分组	子分组	用户需求
公共交通管理	目标	该系统应提供有效和有吸引力的公共交通
	目标	该系统应能够管理一种或多种公共交通模式
	目标	该系统应能够协助公共交通运营商充分利用现有资源以满足需求
	目标	该系统应能够分析公共交通的使用记录、运营数据以及乘客调研情况，以协助规划过程
	行程安排	该系统应能够在考虑许多问题（如路线、节点、车辆类型、需求类型、时间频带等）的基础上产生最佳的车辆调度计划
	行程安排	该系统应能够产生最佳的司机时间表
	监控	该系统应能够实时接收车队中所有车辆的身份、位置、状态和占用情况等信息
	监控	该系统应能够监测在候车点（如首末站、中间站）等候的旅客人数
	事故管理	该系统应能够识别事故并修改其服务，以便乘客完成旅程
	事故管理	该系统应能够动态地安排公共交通运行，以使事故或意外事件能够在最小的干扰下得到处理
	信息处理	该系统应能够告知乘客某一运输方式的公共交通运行情况，例如旅行时间、延误、票价等
	信息处理	该系统应能够在出行前和出行中向乘客提供有关公共交通服务的信息
	信息处理	该系统应能够实时提供到达/出发信息的更新，并在出行前和出行中向乘坐该模式公共交通出行的乘客呈现
	信息处理	该系统应能够提供与有特殊需求的乘客相关的信息，例如障碍物、手动操作门、手动支付系统、导盲犬限制等
	通信	该系统应能够在公交车辆和管理中心之间提供双向数据和语音通信
	优先级	该系统应能够选择那些需要优先考虑的车辆，并将请求传达给交通控制中心

基于FRAME用户需求制作词云图，如图2-8所示。FRAME用户需求的词云图表明"信息、设备、道路、车载、路线"等为出现频率较高的关键词。"路线、信息"等词以较高频率出现，反映了ITS中信息的重要作用。"车载、设备"等词的高频出现，则表明了用户主体对交通系统具有较多便捷方面的需求。

2 需求——用户对运输活动的要求

图 2-8 FRAME 用户需求词云图

2.3.1.3 中国 ITS 体系框架及其用户需求[6]

中国 ITS 体系框架的建设吸收了欧美等发达国家的经验并结合了中国国情，使用了面向过程的构建方法，确定了以用户主体和服务主体为基础的 ITS 总体框架，具体包括用户主体、服务主体、用户服务、系统功能、逻辑框架、物理框架、ITS 标准和技术经济评价八个方面，如图 2-9 所示。

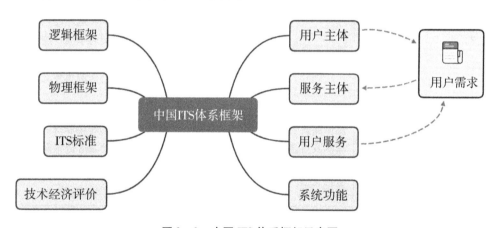

图 2-9 中国 ITS 体系框架示意图

用户需求是定义中国 ITS 体系框架中用户服务、子服务的基础，但在具体实施中，并没有直接由需求入手推出用户服务，而是以《智能交通系统 ITS 部门的参考模型体系结构》（ISO 14813）定义的服务领域和用户服务为蓝本，借鉴政府部门科技主管和 ITS 领域专家的意见，提出了交通管理与规划、电子收费、车辆安全、辅助驾驶、紧急事件与安全、运营管理、自动公路、综合运输（枢纽）8 个领域和 1 个通用技术平台，进而按领域提出用户对运输系统的需求和对 ITS 的需求。中国 ITS 体系框架内的用户需求也以用户主体为主语，但并没有采用统一的表达范式，典型服务域用户主体的需求示例见表 2-7，公共交通运营管理中各用户主体的需求示例见表 2-8。

表2-7　中国ITS体系框架需求表达方式示例

服务域/平台	用户主体	对运输系统的基本需求	对ITS的需求
通用技术平台	驾驶者	提供全方位的道路与交通设施、交通状况信息	需了解对车辆的诱导信息；出行前需了解路网与当前交通状况信息，选择最佳出行路线等
	交通管理部门	提供路网、设施及与车辆相关的各种信息	通过监控系统实时地对路网进行监控等
交通管理与规划	驾驶者	城市道路、公路、停车场、交通设施等	提供天气状况、污染状况信息；提供路面、路况信息等
	交通管理部门	交通管理设备、监控设备	提供当前、历史的交通流和天气、污染信息；提供制定、评估、仿真交通流的交通管理策略等
紧急事件与安全	驾驶者	提供安全服务，遇到车辆故障、交通事故等紧急事件时能够得到救援	在临近事故多发点和事故路段时提供安全警告信息；自动检测车辆故障等
	交通管理部门	提供交通事故地点及相关情况信息，以便及时进行事故处理	通过监控系统实时地对路网进行监控，一旦发生交通事故，应自动确定事故地点及肇事车辆、驾驶者的相关信息，并自动调集警力进行事故处理等
公共交通运营管理	驾驶者	提供高效的运营管理和详细的车辆及道路信息	了解公交汽车的车辆状况、运营线路上的实时交通及客流情况等
	交通管理部门	监控系统	监视公交车辆的运行和管理；收集和提供各类道路事故信息等

表2-8　公共交通运营管理的用户需求示例

用户	对运营管理的基本需求	对ITS的需求
乘客	提供安全可靠和舒适的公交服务	了解时刻表，可采用的运输方式或系统推荐的最省时或最经济的路线、换乘地点的主要信息，以及目的地的各类信息（天气、住宿、旅游景点等信息）。此外，还包括商务信息、票务处理和消防急救等信息

续表

用户	对运营管理的基本需求	对ITS的需求
驾驶者	提供高效的运营管理和详细的车辆及道路信息	了解公交车辆的车辆状况、运营线路上的实时交通状况及客流情况。提供有关行车安全的信息（路面状况、车辆周围的障碍物以及车辆周围的其他车辆行驶状况等）；了解事故处理情况、乘客需求信息和公司的运营管理信息及实时的行驶指令
营运部门	辅助提高运营、组织和管理水平	了解城市的地理和人口分布、各区域交通的需求信息，辅助建立优化的公交路线，评估现有公交路线的运营效能。了解各种方式运输的状态和信息，帮助建立经营计划，合理安排调度规划，申请公交优先服务
规划部门	监控系统	对交通流量进行控制；获取交通流量信息，合理规划通行路线
产品/服务提供部门	交通工具和道路交通基本设施	了解公交汽车的车辆状况和维修情况，了解设备使用情况和各类故障的原因
交管部门	监控系统	监视公交车辆的运行和管理；收集和提供各类道路事故信息；提供公交优先服务

2.3.2 ATS基础用户需求库构建

美国、欧洲、中国的ITS体系框架有相似之处，即均采用了面向过程的构建方法并使用了类似服务域的领域划分。然而，不同国家（地区）的服务域划分不尽一致，且各服务域内的用户主体及其需求也不相同。比如，美国和欧洲均设有公共交通管理相关的独立服务域，而中国的公共交通则包含在运营管理服务域内；同样是公共交通服务领域的用户主体——公交公司运营者，美国用户有44条需求，而欧洲用户有21条需求。不同来源的用户需求均考虑了其所在国家（地区）的国情和用户的实际需要，因此不完全一致。考虑到交通运输发展带来的用户"终极"需求的统一趋势，以及构建面向ATS用户需求体系的完备要求，这里将3个来源的用户需求整合，得到覆盖全面的ATS用户需求列表。用户需求整合采用了分类对比分析方法，具体流程见图2-10。该整合方式有利于比较相似用户主体的需求，以达到不重不漏的目标。

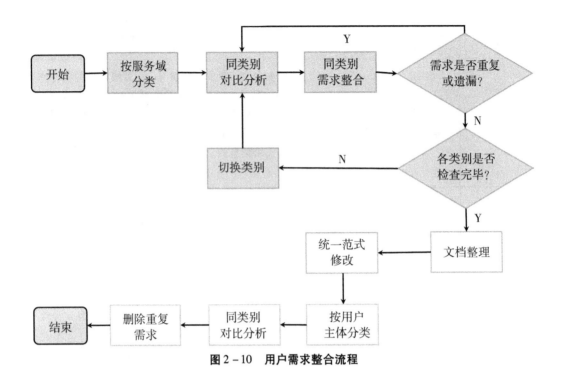

图2-10 用户需求整合流程

首先,将美国、欧洲、中国的用户需求按照对应的服务域进行划分,在3个体系框架下的类似服务域内对需求进行整合,通过遍历服务域,得到初始用户需求列表。

然后,鉴于不同来源的需求表达方式、用户主体等有所不同,整合需求后应运用统一的用户主体、服务主体对需求表达方式进行修改。用户需求的修改遵从以下两个原则:①ITS用户需求表达应尽量避免涉及具体技术。因为需求体系的生命周期会迟滞于技术的变化速度,在整个生命周期内保持需求体系有效性的唯一方法是避免提及特定技术[7];②ITS用户需求应采用统一范式,描述为"当<事件名称>时,<用户主体>需要<能力>,在<操作条件>下",其中"事件名称"和"操作条件"为可选项。该范式包含了典型的用户需求表达,同时兼顾了具体场景、事件名称以及操作条件。根据文献[8],使用一致的语言更便于识别不同需求类型,保证需求表达的明确和清晰,更有利于ITS需求体系向ATS需求体系扩展。以驾驶者和非机动车驾驶者的需求为例,其需求表述见表2-9。

表2-9 用户需求表述范式示例

<事件名称>	<用户主体>	<能力>	<操作条件>
通过交叉口	驾驶者	快速移动	在保证安全的前提下
过街	非机动车驾驶者	感知行驶车辆的存在	在弯道、路口、狭窄街道等视野受限制区域

最后,按照用户主体进行分类,在同一用户主体下比对需求,进一步筛除重复需

求，形成最终的 ATS 基础用户需求库。通过整合，得到了 752 条用户需求。

2.3.3 ATS 基础用户需求分析

用户需求来源于用户主体，而 ITS 用户主体根据其在系统的定位或与系统的关系可分为使用者、管理者、运营者、供应者、维护者、获取者及其他等类型，不同类型用户主体的需求数量如图 2-11 所示。由图 2-11 可知，管理者和运营者的需求数量远多于其他类型的用户主体，两者占比达到 72.6%，而这主要是因为其覆盖范围较广。管理者是管理交通系统而使其高效有序运行的用户主体，常见的包括交通设施管理者、交通管理者、载运工具管理者、物流运输服务管理者、紧急事件管理者等。运营者是为产品和服务系统提供服务的用户主体，主要包括交通中心运营者、物流运输服务运营者、交通基础设施厂商运营者等。

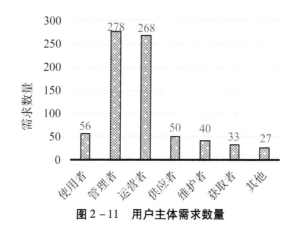

图 2-11　用户主体需求数量

虽然不同用户主体的需求各不一致，但也具有一定的规律性特征。如图 2-12 所示，合并后的 ITS 用户需求的词云图表明"信息、数据、安全、监控、警告"等为出现频率较高的关键词，反映了 ITS 中信息的重要作用以及 ITS 保障用户安全的永恒宗旨。

图 2-12　ITS 用户需求词云图

2.4 基于活动理论的 ATS 用户需求推演

2.4.1 活动理论基础

2.4.1.1 活动理论的概念

活动理论（activity theory，AT）起源于 20 世纪二三十年代苏联心理学家维果斯基的"文化 – 历史心理学"，它强调人类努力的动机和目的性，并认识到技术工具作为人类活动的中介的作用[9]。维果斯基受巴甫洛夫经典条件反射学说的影响，在行为的刺激和反应中间设置了中介。该思想用三角模式表示为图 2 – 13。

图 2 – 13　中介动作的活动结构

其中，S 表示刺激，对应行为的主体；R 表示反应，对应行为的客体；X 表示主体与客体之间的中介，对应行为实现过程中使用到的工具，分为物质工具和心理工具。此时的初代活动理论还不成熟，分析单元仅仅为个体，还没有关注到群体。

列昂捷夫引领了下一代活动理论的发展，带领相关研究者在进行大量心理学实验后，提出了活动的层次结构，即活动的 3 个水平：活动、行动和操作。该思想进一步丰富了活动理论的框架，在活动理论基本思想介绍中将进一步描述。同时，他开始关注了个体和共同体之间的关系，认为劳动分工似的个体行为和集体行为有所区别。活动理论从此正式形成。

20 世纪 70 年代后期，恩格斯托姆接过了活动理论发展的旗帜。他根据黑格尔的活动思想和达尔文的生物进化论，从生物遗传角度分析了人类活动的演进过程，包括动物活动的生物适应性结构，如图 2 – 14 所示；动物向人进化过程中的活动结构，如图 2 – 15 所示；人类活动的结构，如图 2 – 16 所示。其中，人类活动的结构图便是被广泛应用的活动理论经典三角模式。活动包含主体、客体、共同体、工具、规则和劳动分工 6 个要素。主体是发起活动的个体或组织；客体是人类行为作用的对象，可以是物质的或精神的；共同体是与主体分享共同目标的活动参与者[10]。

图 2 – 14　动物活动的一般结构

2 需求——用户对运输活动的要求

图 2-15 动物向人进化过程中的活动结构

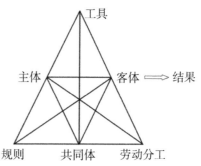

图 2-16 人类活动的结构

活动的主体和客体之间的关系是通过工具来调节的，包括将客体转化为结果需要使用的各种事物，可以是物质工具或心理工具，这一点承接了维果斯基的思想。主体与共同体之间的关系是通过规则来调节的。规则包括与活动实现相关的法律法规、规章制度和文化习俗等。共同体和客体之间的关系由劳动分工来调节，包括工作任务的分工或社会权力和地位的分层[10,11]。

2.4.1.2 活动理论基本思想

经过发展，活动理论衍生出了8个主要思想，包括意识与活动的统一、内化与外化的思想、工具中介思想、目标导向的思想、共同体劳动与分工的思想、活动的层次结构、矛盾思想以及基于文化历史的发展性思想[12]。

（1）意识与活动的统一。活动理论认为，对于活动的理解不能单独进行，要与意识相统一，这也是活动理论的基本假设。意识作为一种特殊的心理形式，是在劳动和社会关系的形成中产生的，存在于每一个活动之中。活动产生意识，意识影响活动，形成循环。用户需求可以认为是一类特殊的意识，主体在活动中产生需求，对活动产生影响，促进活动进步，在进步的活动中，又会促使用户产生新的需求，从而实现循环。

（2）内化与外化的思想。内化是将活动中的知识、技能、理论吸收到人的头脑中，是主体对外在世界认知的改变；外化则是由内化而改变主体的行为[13]。

（3）工具中介思想。工具中介思想自活动理论萌芽阶段就已经出现，如图 2-13 中的 X、图 2-16 中的工具等。活动理论强调主体与活动环境的交互，但交互并不是直接进行的，而是依赖工具的中介作用。该理论中的工具既包括实实在在的现实中的工具，如计算机、互联网等，同时也包括人类文化背景之下的语言与符号。比如，在交通系统中，常用的物理工具即为道路基础设施、载运工具等，心理工具包括驾驶技能等。

（4）目标导向的思想。目标导向是指不管活动形式如何，其目标是确定的，是由活动主体的确定需求或潜在需求引发的。在进行了特定行动后，目标就会转为相应的结果。目标在活动理论中即客体，所以该思想也被称为面向客体的思想。

（5）共同体与劳动分工的思想。列昂捷夫时期意识到了个人主体与共同体之间的关系，恩格斯托姆将该思想表示在活动理论六要素之中。每个活动都有对应的发生环境，共同体与主体共享客体，通过协商规则和劳动分工，促进客体向结果转化。共同体本身就包含了劳动分工的内涵。

（6）活动的层次结构。列昂捷夫认为无论内部活动还是外部活动都具有相同的结构：第一层次是动机产生的活动，第二层次是目的产生的个体行动，第三层次是条件支持的操作。英国学者威尔逊将活动层级结构的关系用图 2-17 描述[14]。在不同的研究背景下，行动也可以成为活动，而操作多指一些无意识的动作。

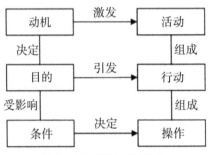

图 2-17 活动层级结构

（7）矛盾思想。主体和共同体携带不同的历史经验和价值观参与活动之中，活动系统中的工具和规则也存在不同的层次和标准。当所有要素参与到同一活动中时，就会产生矛盾。列昂捷夫认为矛盾是活动得以发展的基础，恩格斯托姆进一步完善了矛盾思想，将活动系统中的四类矛盾表示为图 2-18。

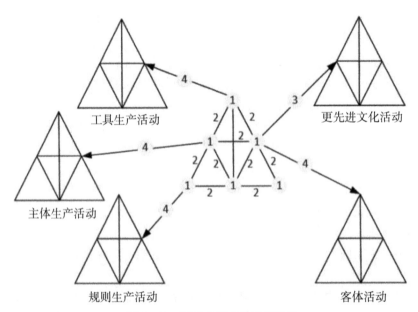

图 2-18 活动系统中的四类矛盾

第一层矛盾存在于活动的单个要素内部，如主体、工具等。
第二层矛盾存在于活动的两个要素之间，如主体与工具之间等。

第三层矛盾存在于中心活动与更高级的文化活动之间。当中心活动的更高级文化形式的客体和动机被引进到活动中时,先进形式与落后形式之间就产生了矛盾。中心活动的主体在接受先进文化的过程中,也会促进活动向前发展。

第四层矛盾存在于中心活动与周边活动之间,包括工具生产活动、主体生产活动、规则生产活动和客体活动。

(8) 基于文化历史的发展性思想。活动理论的发展性可以从微观和宏观两个方面考察[13]。微观层面指各个活动之间应该相互交流,这体现在了恩戈蒂托姆对活动理论的最新设想,如图 2-19 所示。活动理论宏观层面的发展指要将活动置于发展的文化历史环境中进行理解,即活动是历史发展的现象之一,同时活动发生于文化之中。

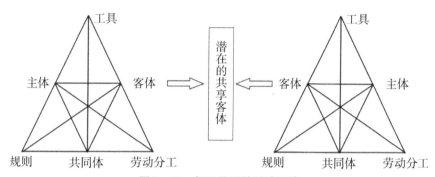

图 2-19 相互作用的活动系统

2.4.1.3 活动理论的应用

活动理论提供了一个解释人类有意识的活动及预期目标实现的框架,已逐步在教育学、情报学、人机交互等领域得到了广泛的应用。将其扩展应用至 ATS 用户需求体系构建有诸多优势。

首先,在活动理论之中,个人的行动将被置于一个有意义的场景中分析,有利于更好地理解用户需求。由于场景是用户需求形成和 ATS 系统发展的驱动力,场景感知必将是 ATS 系统开发的内在部分,而能够分析用户历史活动信息的活动理论能很好地界定活动场景。

其次,ATS 不仅是一个单一的技术系统,还是一个社会系统,涉及使用者、管理者、供应者、维护者等个体、公共管理机构和企业之间复杂的相互作用和社会关系。活动理论作为社会文化活动与社会历史的研究成果,其假定需求的社会方面来自用户组和组织而不是个人,为全面分析和理解 ATS 用户需求提供了理论框架。

最后,ATS 用户需求并不是一成不变的,而活动理论的矛盾思想则为解释和捕获演变的用户需求提供了参考。因为不同利益相关者的利益和需求不同,矛盾在活动中不可避免。在 ATS 用户需求分析过程中,识别矛盾有助于思考所有可能的自主化水平发展方向,以适应系统的演变并捕获相应的需求,从而实现利益相关者的目标和支持用户的需求。

2.4.2 ATS 用户需求体系构建

交通系统作为一个典型的复杂巨系统，用户需求多样，易受到社会、文化等因素的影响。根据需求的心理学定义，需求是行动进行的基本动力，从而每一个行动都会对应其需求。通过活动层级结构思想，将活动分解为符合研究粒度的行动，实现用户需求体系的构建。

应用活动理论三角模式建立 ATS 用户需求体系框架可以分为如下步骤。

2.4.2.1 创建应用场景下的活动系统

活动是活动理论的基本研究单元。在以往应用活动理论的实例中，研究对象蕴含的活动概念比较清晰，如教育学领域的大学生课堂讨论互动活动[15]，情报学与人机交互领域的信息搜寻活动[14,16]。面向交通系统用户需求研究，首先需要明确应用场景下的活动系统。

出行是交通系统的首要任务，根据出行方式的不同，可以划分为驾车出行、非机动车出行、步行出行、出租车出行、网约车出行、公共交通出行和多方式（换乘）出行。除了人的出行，货物运输也是交通系统的重要部分，因此定义货物运输是一类特殊的出行，并在出行活动中予以考虑。最终，面向交通系统用户需求，以出行方式为使用场景，形成了 8 个出行活动系统。

明确活动系统后，需要识别在活动系统内部对应活动三角模式各要素的内涵。Daisy 提出了一系列开放性问题来明确各要素在活动系统中的意义[17]。该模型具备普适性及可变通性，可以描述为：

（1）活动的主体。谁在开展这项活动？
（2）活动的客体。活动为什么发生？
（3）开展活动的共同体。开展这项活动的社会背景是怎样的？
（4）调节活动的工具。主体通过何种方法开展活动？
（5）调节活动的规章制度。是否有规范、规则或条例来管理该活动的执行？
（6）调节活动的劳动分工。在开展这项活动时，谁负责什么？参与者是如何组织的？
（7）活动的结果。开展这项活动的期望结果是什么？

面向出行活动，回答以上问题，即可明确出行活动的各要素内涵。首先各种出行方式的出行者为出行活动的主体；活动是为了实现安全、便捷、高效、绿色、经济地出行而发生，即为客体；工具是客体实现的重要中介，如载运工具（如私家车、公交车等）、基础设施（如道路、路侧设备等）、驾驶技能等；在开展出行活动时，需要管理者（如交通管理者、紧急事件管理者等）、运营者（如交通中心运营者、环境气候信息中心运营者等）、供应者（如交通信息供应商、驾驶培训服务供应商等）、维护者（如交通基础设施维护者、交通基础设施状态监测者等）、获取者（如环境气候信息采集者、交通信息采集者等）按其劳动分工并在相应的交通规则、驾驶政策等约束下共同参与；最终出行活动实现，到达目的地。基于上述分析确定了出行活动要素体系，如图 2-20 所示。

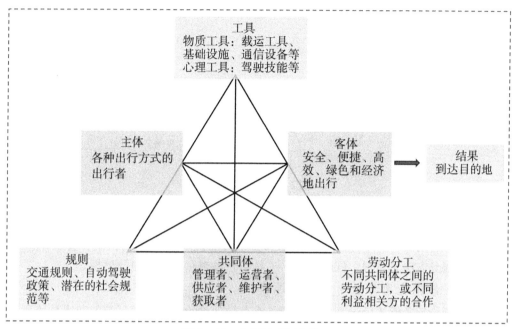

图 2-20 出行活动要素体系

2.4.2.2 分解应用场景下的活动系统

根据活动理论三角模式的内涵以及活动层级思想，一个活动往往包含了诸多行动，难以直接分析。恩格斯托姆提出的活动理论三角模式，除了 6 个要素外，还包含 4 个子系统，为我们提供了一种可行的分解活动系统的思路。在该理论下，主体、工具和客体组成了生产子系统，主体、规则和共同体组成了交换子系统，共同体、劳动分工和客体组成了分配子系统，主体、共同体和客体组成了消费子系统，如图 2-21 所示。

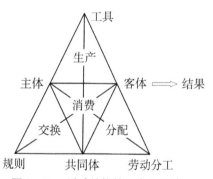

图 2-21 活动结构的 4 个子系统

这样分解后的子系统仍然符合活动理论的中介思想，但交换系统与活动理论的目标导向性相违背，即分解后的交换子系统不存在客体元素。此外，这样划分也有一定的局限性，体现在没有包括主体借助劳动分工的中介实现客体的转化和共同体借助工具的中介将客体进行转化。以此为基础，Daisy 提出了分解活动的方法，将活动系统分解为 6 个行动单元[17]，如图 2-22 所示。

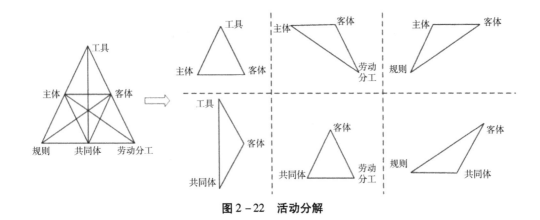

图 2-22 活动分解

可以发现,每个行动单元包含了三个要素:行动的执行者,即由活动的主体和共同体担任;行动的中介,即工具、规则和劳动分工之一;行动的目的,即活动的客体。该种划分方法更直观,同时满足了工具中介思想和目标导向的思想。

2.4.2.3 考虑应用场景下的特定要素

活动理论三角模式经过划分,得到了 6 个行动单元。但对于复杂的交通系统用户需求,在单个行动单元下,仍然具有复杂的情景,不易于需求提取。考虑到本次建模的活动系统为出行活动,为进一步区分不同阶段的需求,在行动划分中加入出行前、出行中、出行后的时间维度考量。以主体—工具—客体行动为例,加入出行阶段后,将进一步细化为主体—出行前—工具—客体、主体—出行中—工具—客体和主体—出行后—工具—客体。

2019 年 9 月,中共中央、国务院印发了《交通强国建设纲要》,明确提出要在 21 世纪中叶全面建成人民满意、保障有力、世界前列的交通强国,构建安全、便捷、高效、绿色、经济的现代化综合交通体系[18]。多目标体系的提出为出行活动的客体提供了重要依据,也为行动进一步划分为子行动提供了参考。通过将客体以不同目标导向分解,将进一步完成行动的细化,从而促进用户需求框架的完善。以主体—出行前—工具—客体为例,经过面向客体多目标的分解,进一步形成了主体—出行前—工具—安全、主体—出行前—工具—便捷等。

2.4.2.4 构建用户需求体系框架

经过前三步的分析,形成了如图 2-23 所示的多目标导向的多层用户需求体系框架,进而即可利用细化后的活动中具体的行动,捕获用户需求,最终得到的具体需求列表见附录 3-1。

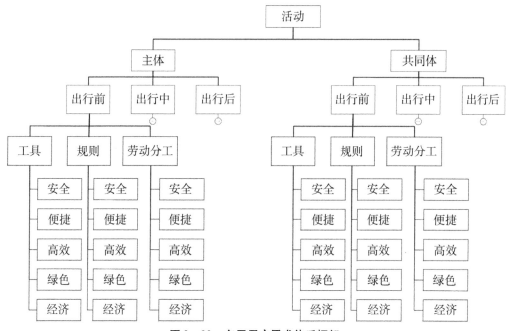

图 2-23　多层用户需求体系框架

2.4.3　驾车出行活动用户需求

驾车出行活动的主体是驾驶者，其出行目的是安全、便捷、高效、绿色、经济地到达出行目的地。驾车出行活动的完成需要管理者、运营者、维护者、获取者按其劳动分工并在相应的规则下共同参与。驾车出行活动的实现主要借助汽车这一工具，当然也离不开道路基础设施、交通工程设施等物质工具和驾驶技能等心理工具。值得注意的是，随着自动驾驶和车联网技术的发展，驾驶辅助系统、通信设备也将扮演重要的工具角色。

根据确定的驾车出行活动要素和多层用户需求体系框架，以基础需求库为基础进行逐层匹配，并在匹配过程中考虑具体的行动捕获 ATS 用户衍生需求，从而形成最终的驾车出行活动用户需求集，共有用户需求 341 条。

2.4.3.1　主体驾驶者用户需求

驾驶者在出行前一般会获取出行相关信息、规划出行路径，在出行中主要是观察周边环境、操纵车辆，在出行后则是停车等相关行动，而不同行动伴随着驾驶者不同的需求。以出行前的用户需求为例，驾驶者应能够获取交通事件信息、交通法规信息、气象信息、道路工程施工信息、个人支持类信息等以实现安全、高效出行的目标。

需要注意的是，随着自动驾驶等级的提升，"自动驾驶系统"将部分或完全承担"驾驶者"的角色，此时驾驶者的部分需求将转为自动驾驶系统需求，而驾驶者本身与出行相关的需求将减少。比如，在出行过程中，自动驾驶系统应能够识别车辆相对于车道线的位置、判断是否需要变道、准确识别标志标线等，而驾驶者则仅需要能够在收到不利状态警报的情况下及时接管车辆。

2.4.3.2 共同体管理者用户需求

驾车出行活动中的管理者包括交通管理者、紧急事件管理者、交通设施管理者、载运工具管理者、交通产品服务商管理者等。不同类型的管理者在驾驶者出行前有不同的行动，如交通管理者发布相关信息、维护用户账户等，紧急事件管理者制订应急预案等。出行中，交通管理者执行道路管控，紧急事件管理者提供安全呼叫和应急响应，交通产品服务商管理者则为出行者规划停车等。出行后，交通管理者提供停车管理，并能够处理车辆被盗事件。以出行前的一条用户需求为例，交通管理者应能够允许用户建立和维护用户账户，以支持驾驶者高效出行的目标。

2.4.3.3 共同体运营者用户需求

驾车出行活动中的运营者包括交通中心运营者、环境气候信息中心运营者和交通基础设施厂商运营者等。出行前，交通中心运营者的行动主要包括设置车道类型和低排放区等；环境气候信息中心运营者需要探测和预测天气；交通基础设施厂商运营者则需要根据道路现状条件确定道路维护方式。出行中，交通中心运营者履行道路运营的职责，保障路网安全通畅运行；环境气候信息中心运营者执行环境监测，制定环境管理策略；交通基础设施厂商运营者执行道路维护，并协助维护区域交通。出行后，各运营者均需依照历史数据部署未来工作。以出行前的一条用户需求为例，交通中心运营者应能够在高速公路上运行高占有率车辆（high-occupancy vehicle，HOV）车道，以支持绿色出行的目标。

2.4.3.4 共同体供应者用户需求

驾车出行活动中的供应者包括交通信息供应商、驾驶培训服务供应者、交通产品服务供应商和环境气候信息供应者。出行前，交通信息供应商的主要行动是提供各类出行信息，如路线信息、交通法规等；驾驶培训服务供应者提供驾驶者培训业务；交通产品服务供应商提供地图更新业务以及保险业务；环境气候信息供应者为出行者信息中心、媒体等提供区域污染信息。出行中，交通信息供应商需要为驾驶者提供道路安全信息、停车路线等；交通产品服务供应商为事故车辆提供保险服务；环境气候信息供应者向执法部门提供排放超标车辆信息。出行后，环境气候信息供应者需要为驾驶者提供总排放信息或警告。以出行中的一条用户需求为例，交通信息供应商应能够通过车载和路侧装置告知驾驶者慢速移动的障碍物（例如人、动物、慢速车辆），并就适当的行动（例如速度和车道）提出建议，以支持安全出行的目标。

2.4.3.5 共同体维护者用户需求

驾车出行活动中的维护者包括交通基础设施维护者、交通基础设施状态监测者、车辆维修保养提供商等。出行前，交通基础设施维护者制订维护计划，并对道路进行养护和维修。出行中，交通基础设施维护者管理工作区域；交通基础设施状态监测者则监测道路、桥梁等是否存在潜在危险，并确保检测设备的稳定工作。出行后，交通基础设施维护者一般根据历史数据更新道路维护计划；车辆维修保养提供商则对车辆进行诊断和维护。以出行前的一条用户需求为例，交通基础设施维护者应能够为车辆操作员提供冬季维护说明（包括维护路线、处理应用率、起动和结束时间以及其他处理说明），以支持驾驶者高效出行。

2.4.3.6 共同体获取者用户需求

驾车出行活动中的获取者包括环境气候信息采集者、交通信息采集者等。环境气候信息采集者在驾驶者出行中收集车辆排放、环境和污染信息，交通信息采集者则收集交通信息，以辅助交通管理和运营。比如，以绿色出行为目标，交通信息采集者应能够测量车辆中的乘客数量，以确定车辆是否违反了HOV车道使用要求；此外，交通信息采集者应能够收集交通数据，以支持HOV车道的生态运行。

2.4.4 公共交通出行活动用户需求

公共交通出行活动的主体是公共交通出行者，其目的是通过乘坐公共交通安全、便捷、高效、绿色、经济地到达出行目的地。公共交通出行活动的完成需要交通管理者、运营者、供应者、维护者、获取者按其劳动分工并在相应的规则下共同参与。公共交通出行活动的实现主要借助公交车这一工具，当然也离不开道路基础设施、交通工程设施等工具，移动设备和路侧设备也是公共交通出行者获取信息的重要工具。

根据确定的公共交通出行活动要素和多层用户需求体系框架，以基础需求库为基础进行逐层匹配，并在匹配过程中考虑具体的行动捕获ATS用户的衍生需求，从而形成最终的公共交通出行活动用户需求集，共有用户需求190条。

2.4.4.1 主体公共交通出行者用户需求

公共交通出行者出行前需要查询到达目的地的公交线路及路程时间，同时也需要了解公交车辆距公交站点的距离；在出行中，公共交通出行者需要知晓公交位置和换乘情况，并且在发生事故时及时获知紧急出口位置和救援措施。以出行前的用户需求为例，公共交通出行者应能够发布预定行程，包括起点、终点和出发时间等，以提高其出行效率。

2.4.4.2 共同体管理者用户需求

公共交通出行活动中的管理者包括交通产品服务商管理者、紧急事件管理者等。出行前，交通产品服务商管理者提供驾驶培训、公交车辆预检等。出行中，交通产品服务商管理者监控公交车辆、公交站点周边环境，保证公交安全运营；在遇到突发事件时，紧急事件管理者负责接收警报、检测事故、事故响应等，以尽快恢复正常运营。出行后，交通产品服务商管理者则进行公共交通使用情况统计。以出行前的一条用户需求为例，交通产品服务商管理者应能够认证公交车辆的运营商，并在必要时对车辆进行远程禁用，以确保车辆的安全运营。

2.4.4.3 共同体运营者用户需求

公共交通出行活动中的运营者包括交通产品服务运营者、环境气候信息中心运营者和交通基础设施厂商运营者。出行前，交通产品服务运营者确定公交票价、协调公交换乘，环境气候信息中心运营者提供天气信息和道路维护信息等；出行中，交通产品服务运营者保障公交运营，其他运营者则进行环境监测和基础设施运营；出行后，交通产品服务运营者进行公交运营评估及道路使用统计，并为公交车辆提供能源支持。以出行前的一条用户需求为例，交通产品服务运营者应能够支持区域收费系统内不同公交机构的公交票价协调，以提高出行者公交出行的经济性。

2.4.4.4 共同体供应者用户需求

公共交通出行活动中的供应者包括交通信息供应商、驾驶培训服务供应者、交通产品服务供应商、环境气候信息供应者等。供应商的行动与驾车出行活动基本相同，但额外包含了向出行者和媒体提供静态和实时的公交信息，对应需求为交通信息供应商应能够向出行者信息系统和媒体提供静态和实时的公交信息，以提高出行者管理出行的能力。

2.4.4.5 共同体维护者用户需求

公共交通出行活动中的维护者包括交通基础设施维护者、交通基础设施状态监测者、车辆维修保养提供商等。与驾车出行活动中维护者需求不同的是，在公共交通出行中，维护者维护公交站点等设施。相应的需求为，交通基础设施维护者应能够维护公交站点的设施，保障乘客的顺利出行。

2.4.4.6 共同体获取者用户需求

公共交通出行活动中的获取者包括环境气候信息采集者、交通信息采集者等。环境气候信息采集者在出行中收集车辆排放、环境和污染信息，交通信息采集者则收集交通信息，以辅助交通管理和运营。这与驾车出行中的获取者的需求基本一致。

2.4.5 非机动车出行活动用户需求

非机动车出行活动的主体是非机动车出行者，其目的是通过驾驶非机动车以安全、便捷、高效、绿色、经济地到达出行目的地，该目标的实现需要交通管理者、运营者、供应者、维护者、获取者按其劳动分工并在相应的规则下共同参与。非机动车是主体完成活动必不可少的工具，同样，道路基础设施、交通工程设施等工具也是重要的中介。

根据确定的非机动车出行活动要素和多层用户需求体系框架，以基础需求库为基础进行逐层匹配，并在匹配过程中考虑具体的行动捕获 ATS 用户的衍生需求，从而形成最终的非机动车出行活动用户需求集，共有用户需求 154 条。

2.4.5.1 主体非机动车出行者用户需求

非机动车出行者在出行前主要需求是获取道路对非机动车的支持情况，而且随着共享单车的普及，出行者在出行前需要获取共享单车的位置和数量信息。出行中若遇到车辆故障，出行者需及时获取车辆维修点信息。出行后，出行者需要获知非机动车停车点位置。以出行前的一条用户需求为例，非机动车出行者应该能够提前知晓共享单车的位置及数量信息，以提高其出行效率。

2.4.5.2 共同体管理者用户需求

非机动车出行活动中管理者包括交通管理者、紧急事件管理者和交通设施管理者等。出行前，交通管理者为非机动车的出行提前做好保障，如完善指示标志等；紧急事件管理者针对夏季易燃易爆车辆提供应急预案。出行中，管理者的大部分行动与驾车出行相同，值得注意的是，交通管理者要监控骑行空间，保障非机动车通行。以出行前的一条用户需求为例，交通管理者应能够在大型交叉口设置非机动车停车线，规范其行驶路径，减少与机动车的交通冲突。

2.4.5.3 共同体运营者用户需求

非机动车出行活动中运营者包括交通中心运营者、环境气候信息中心运营者、交通基础设施厂商运营者和交通产品服务运营者等。出行前，环境气候信息中心运营者预测天气状况，提前做好保障。针对共享单车，交通产品服务运营者提前对共享单车进行检查和调度。出行中，运营者的部分行动与其他活动一致，不同之处在于保障非机动车安全便捷地运行，以及对共享单车的运营。出行后，交通产品服务运营者应能够保障共享单车的有序存放。以出行前的一条用户需求为例，交通产品服务运营者应能够对共享单车的停放位置进行合理规划，以方便乘客使用。

2.4.5.4 共同体供应者用户需求

非机动车出行活动中供应者包括交通信息供应商、交通产品服务供应商、环境气候信息供应者等。出行前，交通信息供应商除了供应常规的出行所需信息，针对非机动车出行，额外增加了非机动车停放场所信息、电动车充电装置信息等。出行中，交通信息供应商要提供交通信息以支持非机动车管理策略的制定。以出行前的一条用户需求为例，交通产品服务供应商应能够为非机动车提供必要的支持设备（如电动车的充电装置等），以方便非机动车出行者出行。

2.4.5.5 共同体维护者用户需求

非机动车出行活动中维护者包括交通基础设施维护者和交通基础设施状态监测者。出行前，交通基础设施维护者应提前维护道路桥隧以保障通行。出行中，交通基础设施状态监测者要监督路面状况是否利于骑行。出行后同样是收集数据和更新维护计划。这与驾车出行中维护者的需求基本一致。

2.4.5.6 共同体获取者用户需求

非机动车出行活动中的获取者包括环境气候信息采集者、交通信息采集者等。出行前，环境气候信息采集者确定天气场景；出行中，交通信息采集者出行中记录非机动车类型，以及识别非机动车危险驾驶行为；出行后，交通信息采集者采集非机动车交通量。以出行前的一条用户需求为例，环境气候信息采集者应能够识别天气场景是否适合非机动车出行并告知出行者，以保障出行者的出行安全。

2.4.6 步行出行活动用户需求

步行出行活动的主体是步行出行者，其目的是通过步行安全、便捷、高效、绿色、经济地到达出行目的地。步行出行活动的完成需要交通管理者、运营者、供应者、维护者、获取者按其劳动分工并在相应的规则下共同参与。对于步行出行者而言，人行道等基础设施是重要工具。

根据确定的步行出行活动要素和多层用户需求体系框架，以基础需求库为基础进行逐层匹配，并在匹配过程中考虑具体的行动捕获 ATS 用户衍生需求，从而形成最终的步行出行活动用户需求集，共有用户需求 159 条。

2.4.6.1 主体步行出行者用户需求

步行出行者出行前一般会获取出行相关信息、规划出行路径，在出行中主要是观察周边环境，保障自身安全。以出行前的用户需求为例，步行者应能够获取交通法规信息、气象信息、个人支持类信息等，以实现安全、便捷的出行目标。

2.4.6.2 共同体管理者用户需求

步行出行活动中的管理者包括交通管理者、交通设施管理者、紧急事件管理者等。出行前，交通设施管理者处理步行交通设施的破坏问题，为出行者提供辅助设施，如遮阳伞、休息座椅等；出行中，交通管理者监督行人行为，交通设施管理者管理步行基础设施，紧急事件管理者处理应急事件。以出行中的一条用户需求为例，交通管理者应能够监测和控制人行横道的交通信号灯，以提高交叉口人行横道的安全水平。

2.4.6.3 共同体运营者用户需求

步行出行活动中的运营者包括交通中心运营者、环境气候信息中心运营者、交通基础设施厂商运营者等。出行前，环境气候信息中心运营者预测天气状况，提前做好保障；出行中，运营者的部分行动与其他活动一致，不同之处在于交通中心运营者保障行人安全、便捷地出行；出行后，交通中心运营者应评估步行效益、统计道路使用情况。以出行中的一条用户需求为例，交通中心运营者应能够告知行人交叉路口的状态，包括通过十字路口的等待时间，以促进便捷出行。

2.4.6.4 共同体供应者用户需求

步行出行活动中供应者包括交通信息供应商、交通产品服务供应商、环境气候信息供应者等。出行前，交通信息供应商除了供应常规的出行所需信息，针对步行出行，额外增加了备选线路、最佳步行路径等。出行中，供应者要提供更新的安全信息和路径信息。以出行中的一条用户需求为例，交通信息供应商应能够告知行人步行过程中前方有塌方等危险路段，保障行人的安全出行。

2.4.6.5 共同体维护者用户需求

步行出行活动中维护者包括交通基础设施维护者和交通基础设施状态监测者。出行前，交通基础设施维护者提前维护行人专用道，保障通行。出行中，交通基础设施状态监测者要监督路面状况是否利于步行及步行设施的连续性。出行后同样是收集数据和更新维护计划。以出行中的一条用户需求为例，交通基础设施维护者应能够告知出行者即将到来的道路施工区，以提高步行出行的效率和安全。

2.4.6.6 共同体获取者用户需求

步行出行活动中的获取者包括环境气候信息采集者、交通信息采集者等。出行前环境气候信息采集者确定天气场景是否适合步行出行，出行中环境气候信息采集者要收集环境信息，出行后交通信息采集者采集行人出行信息并提供交通改善对策。以出行前的一条用户需求为例，环境气候信息采集者应能够获取实时气象信息，通知步行出行者并提供相关出行建议。

2.4.7 出租车出行活动用户需求

出租车出行活动的主体是出租车出行者，其目的是通过乘坐出租车安全、便捷、高效、绿色、经济地到达出行目的地。出租车出行活动的完成需要交通管理者、运营者、供应者、维护者、获取者按其劳动分工并在相应的规则下共同参与。出租车出行活动的实现主要借助出租车这一工具，同样也离不开道路基础设施、交通工程设施等工具。

根据确定的出租车出行活动要素和多层用户需求体系框架，以基础需求库为基础进行逐层匹配，并在匹配过程中考虑具体的行动捕获 ATS 用户的衍生需求，从而形成最终的出租车出行活动用户需求集，共有用户需求 190 条。

2.4.7.1 主体出租车出行者用户需求

出租车出行者在出行前通过多渠道（如路侧设施、电子移动设备等）获取周边出租车的位置和距离，出行中使用电子移动设备实时了解行车路径及与目的地的距离，出行后使用多种方式支付出租车费用。以出行后的一条用户需求为例，出租车使用者应能够使用多种方式支付出租车费用，以提高出行的便捷性。

2.4.7.2 共同体管理者用户需求

出租车出行活动中的管理者包括交通管理者、交通产品服务商管理者、交通设施管理者、紧急事件管理者等。出行前，交通产品服务商管理者要掌握出租车状态，出行中除了常规管理还要记录出租车各时段乘车人数以提高运营效率，出行后则需要提供停车管理。以出行前的一条用户需求为例，交通产品服务商管理者应能够监控出租车辆的具体情况，包括车型、剩余油量等信息，从而支持高效运行。

2.4.7.3 共同体运营者用户需求

出租车出行活动中的运营者包括交通产品服务商运营者、交通中心运营者、环境气候信息中心运营者、交通基础设施厂商运营者等。与驾车出行活动不同的是，该活动中运营者增加了交通产品服务商运营者，主要在出行中接收路边或移动设备发出的停车请求，并评估出租车的延误。相应的需求示例为，交通产品服务商运营者应能够评估出租车辆的延误并制订纠正措施，以提高出行效率。

2.4.7.4 共同体供应者用户需求

出租车出行活动中的供应者包括交通信息供应商、交通产品服务供应商、环境气候信息供应者等。供应者在该活动中的行动与驾车出行活动基本一致，但无须进行停车场信息的供应。

2.4.7.5 共同体维护者、获取者用户需求

出租车出行活动中的维护者包括交通基础设施维护者、交通基础设施状态监测者等。出租车出行活动中的获取者包括环境气候信息采集者、交通信息采集者等。维护

者和获取者在驾车出行和出租车出行活动中担任的职责一致，具有相同的行动和需求。

2.4.8 网约车出行活动用户需求

网约车出行活动的主体是网约车出行者，其目的是通过乘坐网约车安全、便捷、高效、绿色、经济地到达出行目的地。网约车出行活动的完成需要交通管理者、运营者、供应者、维护者、获取者按其劳动分工并在相应的规则下共同参与。对于主体而言，移动设备和适配的软件是实现网约车出行的重要工具。对于共同体而言，网约车出行活动的实现主要借助汽车这一工具，同时也离不开软件平台、道路基础设施、交通工程设施等工具。

根据确定的网约车出行活动要素和多层用户需求体系框架，以基础需求库为基础进行逐层匹配，并在匹配过程中考虑具体的行动捕获 ATS 用户的衍生需求，从而形成最终的网约车出行活动用户需求集，共有用户需求 287 条。

2.4.8.1 主体网约车出行者用户需求

网约车出行者在出行前利用手机软件发布行程、获取出行参考费用及预测等待时间。此外，为了出行安全，出行者应确定紧急联系人，以便在发生意外后紧急通知联系人。出行中出行者需实时掌握路线信息，出行后则应能够通过多种方式支付费用。以出行前的一条用户需求为例，网约车使用者应能够获取准确的车辆等待时间（车辆排队时间），以方便其出行。

2.4.8.2 共同体管理者用户需求

网约车出行活动中的管理者包括交通管理者、交通设施管理者、紧急事件管理者、载运工具管理者、交通产品服务商管理者等。出行前交通产品服务商管理者需协调网约车定价、制定安全预案、保障乘客安全，出行中进行交通和紧急事件的管理，出行后存储出行数据并保障出行数据安全。以出行前的一条用户需求为例，交通产品服务商管理者应能够协调网约车定价，以提高网约车出行的经济性。

2.4.8.3 共同体运营者用户需求

网约车出行活动中的运营者包括交通产品服务商运营者、交通中心运营者、环境气候信息中心运营者、交通基础设施厂商运营者等。与出租车出行活动类似，该活动中运营者增加了交通产品服务商运营者，主要行动是在出行中提供网约车的车辆位置信息等相关服务。以出行中的一条用户需求为例，交通产品服务商运营者应能够提供车辆实时位置等信息，并为乘客提供修改和终止行程的服务，以方便乘客出行。

2.4.8.4 共同体供应者、维护者、获取者用户需求

网约车出行活动中的供应者包括交通信息供应商、交通产品服务供应商、环境气候信息供应者等；维护者包括交通基础设施维护者、交通基础设施状态监测者等；获取者包括环境气候信息采集者、交通信息采集者等。三者在该活动中的行动与出租车出行活动一致，具有相同的行动和需求。

2.4.9 多方式出行（换乘）活动用户需求

多方式出行（换乘）活动的主体是出行者，其目的是通过多种出行方式安全、便捷、高效、绿色、经济地到达出行目的地。多方式出行活动的完成需要交通管理者、运营者、供应者、维护者、获取者按其劳动分工并在相应的规则下共同参与。多方式出行包含不同出行方式的组合，如步行—公交车—步行、步行—公交车—非机动车、步行—网约车—步行等。为了避免需求的重复，本节只在该活动中考虑涉及换乘场站以及与多方式出行直接相关的需求。

根据确定的多方式出行（换乘）活动要素和多层用户需求体系框架，以基础需求库为基础进行逐层匹配，并在匹配过程中考虑具体的行动捕获 ATS 用户的衍生需求，从而形成最终的多方式出行（换乘）活动用户需求集，共有用户需求 14 条。

2.4.9.1 主体出行者用户需求

出行者出行前应能够设置和更新支持多式联运支付的账户。

2.4.9.2 共同体管理者用户需求

在多方式出行（换乘）活动中，管理者负责检查和维护换乘枢纽设施、统计换乘流量和应对突发事件。相应的需求为，交通设施管理者应能够对换乘枢纽内的设施进行定期检查与维护；交通管理者应能够对换乘流量进行分析汇总，以便后续决策；紧急事件管理者应能够对换乘枢纽内的突发状况进行及时处理。

2.4.9.3 共同体运营者用户需求

在多方式出行（换乘）活动中，其运营者主要为交通产品服务运营者，其在出行前提供联运枢纽信息，出行后支持跨方式的电子支付。相应的需求为，交通产品服务运营者应能够提供因天气或其他原因而取消从联运枢纽（例如火车站、机场、港口或长途汽车站）出发的班次的信息，同时应能够支持跨模式或跨系统运行的电子支付功能。

2.4.9.4 共同体供应者用户需求

在多方式出行（换乘）活动中，供应者主要为交通信息供应商，其在出行前提供多式联运的出行信息，如出行方式、出行价格，以支持高效便捷出行。相应的需求为，交通信息供应商应能够提供及时、准确、可靠的公交和多式联运数据。此外，也应能够为出行者提供广泛的多模式出行信息，告知出行者所有公共交通出行方式。

2.4.9.5 共同体维护者用户需求

多方式出行（换乘）活动中的维护者为交通基础设施状态监测者。出行前，交通基础设施状态监测者监控换乘枢纽，及时发现安全隐患；出行中，维护者在紧急事件发生时自动报警，并自动引导换乘者通过紧急通道进行疏散。相应的需求为，交通基础设施状态监测者应能够通过监控系统实时监控换乘枢纽的运转状况，对换乘枢纽的安全隐患发出警告信号，并自动引导换乘者通过紧急通道进行疏散。

2.4.9.6 共同体获取者用户需求

多方式出行（换乘）活动中的获取者为交通信息采集者，其在出行中收集交通枢纽的乘客信息。相应的需求为，交通信息采集者应能够采集交通枢纽处的乘客出行相关信息。

2.4.10 货物运输活动用户需求

货物运输活动的目的是将货物安全、便捷、高效、绿色、经济地运送至目的地，货物运输同样需要交通管理者、运营者、供应者、维护者、获取者按其劳动分工并在相应的规则下共同参与。货物运输活动的实现主要借助各类商用运输车，也离不开道路基础设施、交通工程设施等工具。

根据确定的货物运输活动要素和多层用户需求体系框架，以基础需求库为基础进行逐层匹配，并在匹配过程中考虑具体的行动捕获 ATS 用户的衍生需求，从而形成最终的货物运输活动用户需求集，共有用户需求333条。

2.4.10.1 主体用户需求

货物运输活动较为特殊，活动主体为货物，不产生行动和需求。

2.4.10.2 共同体管理者用户需求

货物运输活动中的管理者包括物流运输服务商管理者、交通管理者、交通设施管理者、紧急事件管理者、载运工具管理者、交通产品服务商管理者等。可以发现，该活动与驾车出行活动相比，增加了物流运输服务商管理者。除了与驾车出行活动中一致的交通管理，该活动额外包含了出行前车辆、驾驶者、货物的安全检查，出行中的货物快捷通关和安全监管，以及出行后的运输服务评估。以出行前的一条用户需求为例，物流运输服务商管理者应能够对运输车辆和驾驶者进行检查，以确保车辆的安全行驶。

2.4.10.3 共同体运营者用户需求

货物运输活动中的运营者包括交通中心运营者、环境气候信息中心运营者、交通基础设施厂商运营者等。在该活动中，运营者的行动与驾车出行活动一致，没有产生额外需求。

2.4.10.4 共同体供应者用户需求

货物运输活动中的供应者包括物流运输服务提供商、交通信息供应商、交通产品服务供应商、环境气候信息供应者等。物流运输服务提供商是货物运输活动中特有的供应者，出行前负责调配商用车和驾驶者、提供货物信息等，出行中则提供物流运营信息、提供货运状态等。以出行前的一条用户需求为例，物流运输服务提供商应能够根据货物种类、信息，为其调配合适的车辆与驾驶者，并为驾驶者提供路径规划，以满足便捷、经济运输的目标。

2.4.10.5 共同体维护者用户需求

货物运输活动中的维护者包括交通基础设施维护者、交通基础设施状态监测者等。维护者在该活动中仅有一条行动与驾车出行不同，即保证路面桥梁等设施满足大型运输车辆的运行要求。

2.4.10.6 共同体获取者用户需求

货物运输活动中的获取者包括环境气候信息采集者、交通信息采集者等。在该活

2 需求——用户对运输活动的要求

动中，获取者的行动与驾车出行活动一致，没有产生额外的需求。

2.4.11 ATS用户需求演变

技术的进步推动着交通系统从"弱自主（ITS）"向"全自主（ATS）"的体系化转变。然而，该转变过程必将经历相对漫长的时间和不同的发展阶段，与之对应的是不同自主化水平的交通系统和用户需求。

以自动驾驶场景为例，不同级别的驾驶自动化反映了用户需求的演变，如图2-24所示。在L1级下，驾驶者应能够在一定的条件下，双脚离地，执行动态驾驶任务；而对于L5级，自动驾驶系统应能够在无驾驶者干预的情况下，在所有条件下执行动态驾驶任务。

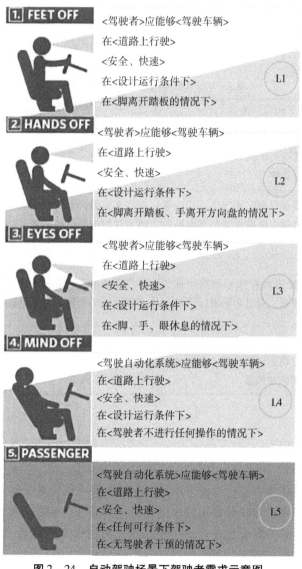

图2-24 自动驾驶场景下驾驶者需求示意图

用户需求的演变可以从矛盾思想的角度来解释。可以发现由 L1～L3 级到 L4～L5 级时，主体由"驾驶者"转变为"自动驾驶系统"，而这种转变的一个可能刺激因素是汽车驾驶的中心活动与在车中阅读或工作等相邻活动之间的矛盾，即活动理论第四类矛盾。驾驶者想要在出行的同时进行其他活动，因此他们需要从驾驶任务中解脱出来。除了主体的变化，还有条件的变化，比如从"解放脚的情况"到"解放眼的情况"。这些变化可能是由于当前驾驶活动（即汽车出行活动）与该活动的更高级形式（即乘坐高级自动驾驶汽车出行活动）之间的矛盾，即活动理论第三类矛盾。

在 ARC-IT 中，已有一些用户需求与低水平（如 L1 级、L2 级）的自动驾驶相关。例如，"联网车辆应能够离开车队并将控制权返给司机，以保证安全改变车道"是对应 L2 的用户需求，因为它需要司机监视周围环境和安全执行车道变换任务。这一要求给司机带来了额外的负担，这种额外负担属于活动理论的第二类矛盾，即主体（驾驶者）与工具（辅助驾驶系统）之间的矛盾。这样的矛盾可能会刺激用户需求的演变，即"联网车辆应能够安全地离开车队和换道"，这对应于更高级别的自动化，如 L3～L5 级。表 2-10 中列出了其他需求演化的例子。

表 2-10 ARC-IT 用户需求演化示例

低等级下的用户需求	高等级下的用户需求演化
驾驶者应能够收到警告或让车辆自动执行与行人、骑自行车者和其他与车辆共享道路的非机动车用户相关的控制动作	驾驶者应能够让车辆自动执行与行人、骑自行车者和其他与车辆共享道路的非机动车用户相关的控制动作
联网车辆应能够向其他联网车辆发送和接收数据，以便向驾驶者提供安全警告或向车辆提供控制动作	联网车辆的自动驾驶系统应能够向其他联网车辆发送数据和接收数据，以便感知危险或对车辆采取控制行动
联网车辆应能够根据附近特殊车辆发出的警告，向驾驶者提供警告，或对车辆进行控制	联网车辆的自动驾驶系统应能够根据附近特殊车辆发出的警告，为车辆提供控制行动
联网车辆应能够接收来自其他车辆和基础设施的信息，并将油门控制返回给司机，这样他们就可以安全地离开车队并换道	联网车辆的自动驾驶系统应能够接收来自其他车辆和基础设施的信息，以便安全地离开车队和换道

2.5 应用实例

本节以车联网环境下自动驾驶车辆通过交叉口这一典型场景为例，说明用户需求的应用。该场景是自动驾驶背景下驾车出行的一个部分，隶属于驾车出行活动。在这个场景下，活动主体为驾驶者或自动驾驶系统，共同体为管理者、运营者、维护者、获取者、供应者，相关需求共 192 条。

2 需求——用户对运输活动的要求

驾驶者（自动驾驶系统）在车联网环境下通过交叉口时，需要进行环境感知、目标识别、自动驾驶、车辆控制和通信等行动，这些行动对应需求 43 条。管理者包括交通管理者、紧急事件管理者和载运工具管理者，在该场景中执行交通管控、交通监测、紧急事件管理、车辆年检等行动，对应需求 52 条。运营者包括交通中心运营者、环境气候信息中心运营者和交通基础设施厂商运营者，在该场景中涉及需求管理、道路运营、环境气候监测、基础设施维护运营等，对应需求 60 条。供应者包括交通信息供应商和环境气候信息供应者，在该场景中，主要行动为提供安全信息和发布排放超标信息，对应需求 9 条。获取者包括环境气候信息采集者和交通信息采集者，在场景中主要负责测量和收集环境气候信息、道路状况和交通事件信息，对应需求 13 条。维护者包括交通基础设施维护者和交通基础设施状态监测者，在场景中提供道路基础设施的监测和维护，并提供维护区域信息，对应需求 15 条。

主体驾驶者（自动驾驶系统）和共同体在该场景中 5 个目标导向下的用户需求数量分别如图 2-25 和图 2-26 所示。在主体的需求中，安全目标对应需求数量最多，便捷导向其次，说明安全通过交叉口是驾车出行者的首要目标。此外，面向经济的需求为接收实时车速控制的建议，以减少燃油消耗；面向绿色的需求为接收驶入和驶出交叉口的建议，以减少车辆运行对环境的影响。

在共同体中，高效目标对应需求数量最多，安全其次，反映了共同者对于交叉口高效安全运行的期望。绿色目标的对应需求也有 12 条，可见共同体在交叉口的维护管理等活动也较为重视环境保护。

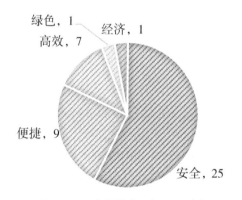

图 2-25 主体需求目标导向分布

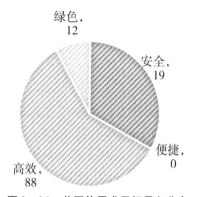

图 2-26 共同体需求目标导向分布

2.6 小结

自动驾驶、车联网等技术的创新将催生新一代自主式交通系统（ATS）。我国 ITS 的建设经验表明，为了 ATS 的健康发展必须先建立其体系框架，而确定用户需求则是建立 ATS 体系框架的基础。本章参照需求工程理论中的用户需求捕获方法，梳理了与 ATS 相似的 ITS 用户需求体系，整合了美国、欧洲、中国 ITS 体系框架中的用户需求，建立了相对完善的 ATS 用户需求体系，自上而下地形成了 ATS 基础用户需求库。

随后，本章运用活动理论解释了用户需求的产生和演变，从而完善了用户需求体系。基于活动理论的活动层级思想，以及需求与行动对应的核心内涵，还建立了多层用户需求体系框架。该框架可以充分利基础用户需求库，有效帮助研究人员自下而上地捕获用户需求。框架的构建包括4个步骤：①创建应用场景下的活动系统；②分解应用场景下的活动系统；③考虑应用场景下的特定要素；④构建用户需求的体系框架。

经过自上而下和自下而上的用户需求分析，得到了驾车出行活动、公共交通出行活动、非机动车出行活动、步行出行活动、出租车出行活动、网约车出行活动、多方式（换乘）出行活动和货物运输活动8个活动的用户需求体系。进而利用活动理论矛盾的思想解释了活动中变革和发展的潜在需求。最后，以车联网环境下自动驾驶车辆通过交叉口这一典型场景为例，分析了该场景中主体和共同体的用户需求。

综上所述，本章基于需求工程理论和活动理论，建立了ATS用户需求库。所提出的基于活动理论的ATS用户需求捕获框架，不仅能够捕获当前技术体系下交通系统的用户需求，而且能够分析技术进步带来的用户需求的演变。在今后的工作中，有以下几个方面需要进一步研究。首先，应加强ATS用户需求验证和完善，咨询领域专家和用户主体代表的意见，并在活动理论框架下改进和完善不同活动下的用户需求体系。其次，矛盾的概念需要在今后进一步研究，形成更系统的理论以更全面地捕获不同自主化水平下ATS用户需求。最后，除了矛盾概念和活动层次外，还应进一步研究活动理论蕴含的其他思想，并将其引入到出行活动分析中，以期更加全面深入地理解ATS用户需求。

参考文献

[1] IEEE STD1220—1998, Standard for application and management of the systems engineering process [A]. IEEE, New York, 1998.

[2] INCOSE, Guide for writing requirement, INCOSE – TP – 2010 – 006 – 02, version 2.1, 2017, prepared by requirements working group [C].//International council on systems engineering (INCOSE) 7670 opportunity road, Suite 220, San Diego, California 92111 – 2222 USA, 2007.

[3] United States Department of Transportation. The National ITS Reference Architecture [EB/OL]. [2022 – 03 – 13] https：//local. iteris. com/arc-it/. 2021. 3. 11/2021. 3. 19.

[4] JESTY P H, BOSSOM R. Using the european its framework architecture [C] // World Congress on Intelligent Transport Systems. 2006.

[5] JESTY P, BOSSOM R. Using the FRAME Architecture for planning integrated Intelligent Transport Systems [C] // Integrated & Sustainable Transportation System. Piscatway：IEEE, 2011.

[6]《中国智能运输系统体系框架》专题组. 中国智能运输系统体系框架. 北京：人

民交通出版社，2003．

［7］徐珺．美国智能运输系统体系框架发展模式解析及对我国的借鉴［J］．华中师范大学学报（自然科学版），2006（2）：197-201．

［8］（英）迪克，赫尔，杰克逊．需求工程［M］．李浩敏，郭博智等译．上海：上海交通大学出版社．2019．

［9］VYGOTSKY L S. Mind in society：the development of higher psychological processes［M］. Cambridge：Cambridge University Press，1978．

［10］周文博．活动理论及其在图书馆情报学领域的应用［J］．情报学报，2020，39（3）：274-283．

［11］UDEN L，VALDERAS P，PASTOR O. An activity-theory-based model to analyse web application requirements［J］. Information research and international electronic journal，2008，13（2）．

［12］吕巾娇，刘美凤，史力范．活动理论的发展脉络与应用探析［J］．现代教育技术，2007（1）：8-14．

［13］王知津，韩正彪，周鹏．活动理论视角下的情报学研究及转向模型［J］．图书情报知识，2012（01）：7-16．

［14］WILSON T D. A re-examination of information seeking behavior in the context of activity theory［J］. Information research，2006，11（4）：1-13．

［15］FLETCHER L. Let's chat about CHAT：illuminating undergraduates' literature discussion with cultural historical activity theory［J］. Learning，culture and aocial interaction，2021，29：100498.1-100498.11．

［16］WILSON T D. Activity theory and information seeking［J］. Annual review of information science & technology，2010，42（1）：119-161．

［17］MWANZA D. Where theory meets practice：a case for an activity theory based methodology to guide computer system design.［C］//Proceedings of INTERACT' 2001：Eighth IFIP TC 13 Conference on Human-Computer Interaction，2001．

［18］国务院．交通强国建设纲要［EB/OL］. http：//xxgk. mot. gov. cn/2020/jigou/zcyjs/202006/t20200623_3307512. html，2019-09-01．

3 服务——ATS拥有的能力

3.1 服务集的定义、目标和现状

3.1.1 服务集的定义和目标

3.1.1.1 服务集的定义

服务集的定义以交通系统用户需求为中心,从系统用户角度描述了交通系统"应该做什么",涵盖了对交通系统出行、管理、规划以及标准法规等方方面面的服务。交通系统服务集的定义一般可分为服务域、用户服务和用户子服务三个层次[1]:①服务域代表交通系统中某特定应用领域,包含一个或多个具有相同目的的服务;②用户服务表示为交通用户提供一项或多项相似或互补的子服务;③用户子服务则是为交通用户提供的某一具体的服务,旨在提高系统安全性、可持续性、效率和出行舒适度等。

服务集三层体系架构由交通应用领域向具体子服务逐层展开,其确定需要对当前交通基础设施、交通运输现状、交通出行和管理需求、交通管理相关法律法规、交通发展规划,以及社会经济、政治、文化、科技发展背景等进行充分调研分析。在满足基础交通应用的基础上,服务集的定义应具有一定的前瞻性和超前性,在一定程度上反映以技术为导向的交通实践和应用的发展,且技术特色在三层服务体系中逐层加强。

3.1.1.2 服务集的研究意义

服务作为交通系统中的重要构成元素,是交通系统体系架构形成的主线和基础,它决定了体系架构中逻辑和物理结构的完整性以及能否满足用户需求。而基于服务集定义展开的逻辑和物理架构对国家大型智能交通系统的规划、设计工作具有很强的指导作用,它是各地区性交通系统体系结构的基础,并能够保证系统之间的兼容性。同时,服务集的完整性和前瞻性也能够为用户管理者制定符合实际需求的交通策略、法律法规和标准提供有力依据,为交通系统长远规划与建设提供参考蓝图,有利于交通系统可持续地稳步向前发展[2,3]。因此,服务集的定义对交通系统体系架构的研究和交通系统的发展规划具有重要意义。

3.1.2 服务集研究现状

由于服务集定义需要综合考虑技术发展、地域特色以及国情,针对智能交通系统ITS,很多国家分别根据各国交通发展特点定义了ITS体系框架下的服务集。

3.1.2.1 各国 ITS 服务集现状

（1）美国 ITS 服务集。美国较早意识到 ITS 体系架构对国家交通发展的重要性，于 1991 年通过 ISTEA 方案，提出"要建设全国性、多方式的，经济、高效、环保的交通运输系统，并且能够实现人和物的高效移动，从而为国家在经济全球化竞争中提供有力基础和保证"，并安排多家公司独立进行体系框架的概念设计，从中选优。经过多轮修改完善，美国交通部于 2003 年公布了国家 ITS 体系框架，其中用户服务共定义 8 个服务域和 32 项服务。8 个服务域分别为出行与交通管理、公共交通管理、电子付费、商用车控制、紧急事件管理、先进的车辆安全系统、信息管理、维护与建设管理。

随着近年来车联网和无人车技术的飞速发展，美国在 2015 年发布了 *Beyond Traffic: 2045 Final Report* 蓝皮书[4]，提出协同智能交通系统 C-ITS。美国交通部联合智能交通系统联合项目办公室着手开始对 C-ITS 展开新一轮的系统体系架构设计。经过不断地修改与完善，美国 C-ITS 系统参考架构 ARC-IT 9.0 初步形成了包含 12 个服务域和 150 个服务的服务集定义[5]。服务域具体内容包括商用车运营、数据管理、维护与建设、停车管理、公共安全、公共交通、支持中心、可持续出行、交通管理、出行者信息、车辆安全、天气。与 ITS 系统服务集相比，C-ITS 系统服务集更关注可持续发展的出行服务、全方位的交通安全服务以及全信息环境下的车辆停车服务。

（2）欧洲 ITS 服务集。智能交通是欧盟研究和创新的优先项目。2008 年欧盟委员会发布了欧洲 ITS 行动计划，2009 年欧盟委员会委托欧洲标准化委员会（CEN）、欧洲电工标准化委员会（European Committee for Electrotechnical Standardization，CENELEC）和 ETSI 制定了一套欧盟层面统一的标准、规格和指南来支持合作性 ITS 体系的实施和部署。欧洲 ITS 服务集包含 10 个服务域[6]：电子收费，应急通知和响应，交通管理，公共交通管理，车载系统，旅行者辅助，执法支持，货运及船队管理，协作系统支持，多模式接口。欧洲 ITS 服务集包含协作系统支持和多模式接口，为欧洲各国交通系统的协同运作与信息传递提供服务。

（3）日本 ITS 服务集。日本于 1994 年由警察厅、总务省、经济产业省、国土交通省共同成立了车辆道路交通智能化推进协会（VERTIS），共同推进了 ITS 智能体系架构的设计。在用户服务方面共设计了 9 个服务域[7]，分别为先进车辆导航、电子收费、辅助安全驾驶、交通管理优化、道路管理、公共交通支持管理、商用车运营管理、行人支持、紧急车辆管理。日本 ITS 服务集包含不停车收费系统服务域，相对于传统收费服务，智能化程度更高，提升了收费效率。

（4）中国 ITS 服务集。中国 ITS 系统研究起步较晚，20 世纪 90 年代中期以来我国交通运输界工程技术人员深刻意识到 ITS 体系框架在构建国家和区域范围智能运输系统所发挥的不可替代的作用，并着手制定我国国家 ITS 体系框架。在跟踪研究国外发达国家智能运输系统的发展和吸取国外经验教训的基础上，于 1999 年由交通部公路科学研究所牵头，全国数百名专家学者参加的"九五"国家科技攻关重点项目"中国智能交通系统体系框架研究"构建了三级服务结构的服务集[2]，一级服务包含 8 个服务域，分别为交通管理与规划、电子收费、出行者信息、车辆安全与辅助驾驶、紧急事件和安全、运营管理、综合运输（枢纽）和自动公路。与当年国际标准化组织（ISO）制定的交通运输信息和控制系统服务集（ISO/TR14813-1：1999）[8]相比，中国 ITS 服务集全覆盖其服务内容，并针对中国特色提出综合运输（枢纽）和自动公路两个专有服务域。

随着智能交通系统的不断发展，2006 年全国智能运输系统标准化技术委员会（SAC/TC 268）联合国内各大研究院和高校专门制定了中国 ITS 服务集的国家标准 GB/20607—2006[9]，其主要起草单位为交通部公路科学研究院，参加起草的单位包括公安部交通管理研究所、建设部城市交通工程技术中心、同济大学、东南大学。该标准包含 9 个服务集，两级结构。一级服务域分别包括交通管理、电子收费、交通信息服务、智能公路与安全辅助驾驶、交通运输安全、运输管理、综合运输、交通基础设施管理和 ITS 数据管理。与 1999 年的中国 ITS 服务集相比，GB/20607—2006 突出强调交通基础设施和交通数据管理在智能交通发展中的重要性。

可以看出，各个国家在交通发展的不同阶段纷纷提出或修订了符合本国国情的服务集，用于国家交通体系架构的构建。各个国家不同阶段的一级服务域如表 3-1 所示。

表 3-1 各国不同阶段 ITS 服务集

国家	美国（2003 年）	美国（2015 年）	欧洲	日本	中国（1999 年）	中国（2006 年）
服务域	出行与交通管理	交通管理	交通管理	交通管理优化	交通管理与规划	交通管理
	公共交通管理	公共交通	公共交通管理	公共交通支持管理	运营管理	运输管理
	商用车控制	商用车运营	货运及船队管理	商用车运营管理	出行者信息	交通信息服务
	电子付费	出行者信息	电子付费	电子收费	电子收费	电子收费
	紧急事件管理	车辆安全	旅行者辅助	辅助安全驾驶	车辆安全与辅助驾驶	交通基础设施管理
	先进的车辆安全系统	维护与建设	应急通知和响应	道路管理	紧急事件和安全	智能公路与安全辅助驾驶
	维护与建设管理	支持中心	车载系统	先进车辆导航	综合运输（枢纽）	交通运输安全
	信息管理	停车管理	协作系统支持	行人支持	自动公路	综合运输
		数据管理	执法支持	紧急车辆管理		ITS 数据管理
		公共安全	多模式接口			
		可持续出行				
		天气				

3.1.2.2 ISO 服务集研究现状

国际标准化组织（ISO）为了确保相关人员对交通服务和系统有共同的理解，为各个国家开发体系架构时提供了参考，以保证在智能交通系统体系架构上的可扩展性、互操作性和兼容性，也一直致力于智能交通系统参考体系架构相关标准的制定。于 1992 年，ISO 下设成立技术委员会 TC204，主要负责整体智能交通系统和基础设施方面的标准制定，现由包括中国在内的 30 个国家参与标准制定/修订工作，TC204 技术委员会共包括 12 个工作组，其中 WG1（working group 1）工作组专注于 ITS 参考体系架构相关标准的制定。具体如图 3-1 所示。

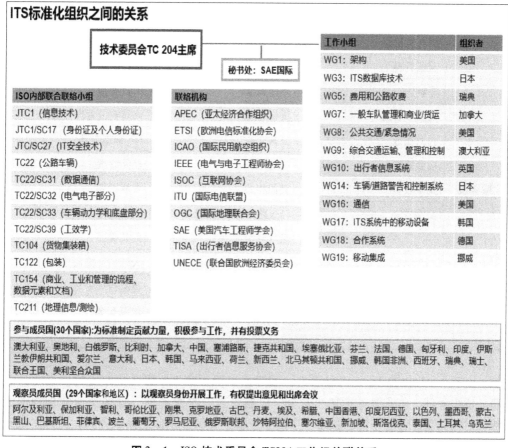

图 3-1　ISO 技术委员会 TC204 工作组关联关系

早在 1999 年，技术委员会 TC204 制定了 ISO/TR 148313-1：1999[8] 标准描述交通运输信息和控制系统的服务集，提出了两层服务结构，共设有 8 个服务域，32 种服务，其中一级服务域包括出行者信息、交通管理、车辆安全、商用车管理、公共交通、应急服务、电子收费和交通安全。2007 年，在 ISO/TR 148313-1：1999 标准基础上，TC204 重新制定了智能交通系统的参考服务集 ISO 14813-1：2007 标准[10]，较之前有较大变化，提出三层服务体系，12 个一级服务域，49 个二级服务和 145 个三级子服务，其中一级服务域包括出行者信息、交通运营与管理、车辆安全、货物运输、公共交通、应急服务、交通相关电子支付、与道路运输相关的人身安全、天气环境监测、灾难响应协同管理、国家安全以及 ITS 数据管理。TC204 于 2015 年再次修订了 ITS 领域的参考体系架构，其中服务集仍具有三级服务结构[1]，包括 13 个一级服务域[2]，52 个二级服务和 179 个三级子服务，其中一级服务域包括货物运输、公共交通、应急服务、性能管理、出行者信息、交通支付、车辆服务、国家安全、道路行人安全、交通管理与运营、ITS 数据管理、天气与环境监控、灾难响应管理与协同。国际标准化组织（ISO）在不同阶段制定的一级服务域如表 3-2 所示。

表 3-2 ISO 服务集标准

国际标准	ISO/TR 148313-1：1999	ISO 14813-1：2007	ISO 14813-1：2015
服务域	出行者信息	出行者信息	交通管理与运营
	交通管理	交通运营与管理	货物运输
	车辆安全	车辆安全	出行者信息
	商用车管理	货物运输	灾难响应管理与协同
	公共交通	公共交通	ITS 数据管理
	应急服务	应急服务	性能管理
	电子收费	交通相关电子支付	车辆服务
	交通安全	与道路运输相关的人身安全	交通支付
		天气环境监测	公共交通
		灾难响应协同管理	天气与环境监控
		国家安全	道路行人安全
		ITS 数据管理	国家安全
			应急服务

由表 3-1 和表 3-2 可以看出，国际或不同国家 ITS 服务集定义均涉及交通管理、货运管理、信息服务、交通安全、数据管理、收费管理、公共交通管理等服务域，但其侧重点各有不同。其中，中国 ITS 服务集包含综合运输服务域，关注多模式交通的联合运输；美国 ITS 服务集包含可持续发展的出行服务域，倡导绿色、可持续的出行方式；日本 ITS 服务集包含不停车收费系统服务域，相对于传统收费服务智能化程度更高，提升了收费效率；欧洲 ITS 服务集包含协作系统支持和多模式接口，为欧洲各国交通系统协同运作与信息传递提供服务；ISO 包含道路行人安全、国家安全等各类安全服务，并提供灾难响应及紧急事件发生时的应急服务。

但随着车联网和无人驾驶技术的不断发展，交通需求得到了进一步提升，用户希望得到更主动的服务，决策者希望能够得到系统的自主响应。随之系统的复杂性不断加大、信息量变大、系统增多、迭代加快，靠人指挥交通系统已满足不了需求，需要实现一个更加安全、高效、便捷、绿色、经济的交通系统,减少人的参与,即自主式交通系统(ATS)。然而,上述由不同国家交通系统领域的专家学者、研究所或组织联合制定的不同阶段的 ITS 服务集普遍缺乏对服务域、服务间形成的逻辑性描述,技术发展衍生的新服务很难定位到对应的服务域,其可扩展性不强。以无人驾驶技术为例,随着技术进步,车载自动化驾驶系统在其设计运行条件内执行动态驾驶任务,催生了车辆编队驾驶、无信号灯通行等新服务,而中国的 ITS 服务集中仅包含智能公路与安全辅助驾驶服务域,新服务与 ITS 中的服务域不能匹配。因此,需要针对自主式交通系统建立新的服务集以满足用户新的需求,在保证服务集的全面性的同时增强服务集的可扩展性。

3.2 服务集研究思路

3.2.1 ATS 服务三层体系构建思路

在总结和分析国际 ISO 和各国 ITS 服务集的基础上,本节结合我国 ITS 发展现状和未来交通发展规划[11,12],充分参考已有服务集的共性特征以及我国交通发展的特点,采用三层结构制定自主式交通系统的服务集。一级服务域在对中国 2006 年 ITS 服务集内容进行全覆盖的基础上,增加了具有 ATS 系统特色的服务。二、三级服务是对一级服务域的展开,均按照相关逻辑进行梳理与分类,以支撑不同技术水平下人与物的运输,同时保证 ATS 服务集的可扩展性。ATS 服务集共包含 12 个一级服务域、52 个二级服务、186 个三级子服务,整体结构示意图如图 3-2 所示。

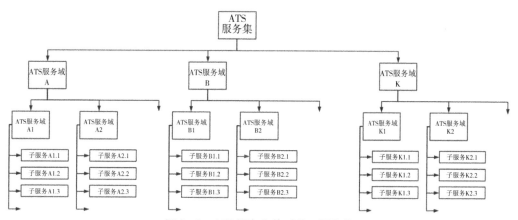

图 3-2 ATS 服务集体系的三层结构

针对一级服务域,本节从交通系统的服务主体及服务对象角度出发,将整体 ATS 划分为 12 个服务域,分别对应到基本要素层、信息层、交通管理层 3 层,具体结构如图 3-3 所示。

图 3-3 ATS 一级服务域划分示意图

3.2.1.1 基本要素层

基本要素层包含人、车、货、路、环境 5 个交通基本服务对象,分别对应以下 5 个服务域。

(1) 出行者信息服务域:"人"指代出行者,该服务域为不同出行者提供出行前和出行期间需要的道路运输信息,打造数字化出行助手,以数据信息衔接出行需求与服务资源,构建按需获取的即时服务。

(2) 道路载运工具运行服务域:"车"表示道路载运工具,该服务域向道路载运工具提供服务,专注于提高载运工具的自主性、安全性和高效性,从环境感知、精准定位、决策规划、协同控制以及车辆测试技术等关键技术着手,实现载运工具的绿色自动驾驶。

(3) 道路货物运输服务域:"货"包含普通货物和特种货物,该服务域提供货运运输前的规划服务,运输中的货物(自动)承运、装卸和交接服务,以及运输全流程中的信息服务,并且针对特种货物提供安全路线、防护以及实时运输监测服务,旨在应用大数据、云平台、物联网、人工智能等技术,提高货物运输效率和安全,实现货物自主运输。

(4) 道路交通基础设施服务域:"路"除道路外还涵盖所有道路交通中的基础设施。该服务域专注于提高基础设施的网联化和数字化水平,包括基础设施的全域感知、远程监管与自主维护等。基础设施涵盖公路、桥梁、隧道等承载道路以及路侧通信、检测、照明、标识牌等设备,还包括新能源汽车、无人驾驶技术发展下的路侧辅助设备,交通通信技术协同设施及人工智能研发基地等。

(5) 交通环境服务域:"环境"包括交通道路环境、驾驶环境和管控环境。该服务域包括监测对道路运输网络及其用户有影响的环境变化,并通过通信技术将环境信息进行发布与共享。其中,道路环境指道路状态以及周边地物地貌;驾驶环境包括光线、噪声、天气以及自然灾害等影响安全驾驶的因素；管控环境指具有交通约束意义的物理交通符号、信号、设施等，还包括具有交通软约束能力的交通法规政策等。

3.2.1.2 交通管理层

交通管理层依据管理侧重点在不同分为 5 个服务主体，分别对应以下 5 个服务域。

（1）商用车管理服务域：该服务域在乘客或货物运输全过程中对商用车提供服务，包括运输前商用车预检和派遣服务，运输中商用车监控、不停车检测、过境和中途停车服务，运输结束后商用车电子技术档案更新服务，旨在应用信息化技术提高商用车辆运输管理水平。

（2）公共交通服务域：该服务域专注于对公共交通运输的管理，包括（无人）公共交通、共享交通、慢行交通、无障碍公共交通等。旨在结合交通信息建立公共交通规划、运营和管理的自主决策模型，提高公共交通服务质量。

（3）交通管理与控制服务域：该服务域对由所有类型车辆和行人构成的交通运输网络进行运营管理，包括提供动态多尺度和可视化的交通信息监测服务、平衡交通供需的智能定价策略以及融合实时信息的自主交通控制方案等，以提高整体交通运输网络运行的安全性、便捷性、高效性、绿色性、经济性。

（4）综合交通运输服务域：该服务域为出行者和货物提供多模式交通联合运输服务，旨在对不同运输方式的线路、场站、信息等资源进行有机连接和优化配置，促进网络化运输和集疏运体系建设，实现出行者"零距离换乘"和货物"无缝衔接"运输。

（5）交通安全管理服务域：该服务域为突发交通事件下载运工具和行人提供安全服务，突发事件按照类型分为自然灾害、事故灾难、公共卫生事件和社会安全事件 4 类。针对不同类型事件提供事件发生前应急预案服务、事件发生时应急响应服务以及事件发生后的恢复服务。旨在应用交通大数据、人工智能等技术提高交通系统自主决策能力和快速响应能力，减少交通事故率，提高自主式交通系统的出行安全。

3.2.1.3 交通数据信息层

信息层作为衔接交通服务主体与服务对象的中间层，在 ATS 系统中发挥着桥梁作用。快速产生的海量多源交通数据中蕴含大量有价值的信息，是 ATS 系统中为出行者、道路载运工具、道路货物运输以及道路基础设施提供自主式响应服务的重要信息来源，同时为上述智慧运营与管理组织实现交通常态监管控、异常干预和应急处置一体化智能服务提供了数据保障。因此，数据信息的高效安全管理对 ATS 系统运行具有非常重要的作用。该层对应的服务域如下。

（1）交通数据管理服务域：该服务域为交通系统提供数据感知服务、数据传输服务、数据存储服务、数据处理与分析服务以及数据共享与应用服务。利用交通数据信息为交通系统自主运行提供决策服务，促进物理和虚拟空间的交通运输活动不断融合与交互，是自主式交通系统的"大脑中枢"。

（2）交通数据安全服务域：该服务域针对各种交通信息平台的数据安全提供相关服务，保障数据的安全传输，安全管理交通数据，为信息系统提供防御功能，以提高交通运输关键信息基础建设和重要信息系统的网络安全防护能力，贯穿数据管理的全流程。具体包含数据安全管理制度服务、环境安全服务与运行安全服务。

上述 12 个服务域的划分充分参考了各国已有的服务域定义，是在考虑各国共性服务域的基础上提出的。它具有兼容由 ITS 系统向 ATS 系统发展过程中不同自主化水平服务的特点。与中国上一代 ITS 服务集相比，ATS 系统服务集仍将综合交通运输作为一个独立服务域，这与国家的发展战略密切相关，如 2021 年政府发布的《交通可持续发展》[11]白皮书发展纲要中指出"综合交通基础设施基本实现网络化，加快综合交通枢纽建设步伐"。此外，考虑到电子收费技术的不断成熟与普及，ATS 服务体系将在各国服务集均有涉及的电子收费管理归纳至交通运营与管理服务域下的二级服务。

3.2.2 ATS 服务特色与区别

3.2.2.1 ATS 服务特点

ATS 服务集定义参考了各国 ITS 服务集，但与以往交通系统服务集相比，其在服务体系架构上具有以下三个特点：

（1）系统性。ATS 系统十二大服务域的形成以交通系统服务主体和服务对象为划分依据，分别对应到基本要素层、信息层、交通管理层 3 层，囊括交通系统内各物理要素、信息要素和管理要素。ATS 系统各服务域内部的二级服务分别按照相关逻辑线进行定义，如道路载运工具服务域以自动车自主检测、识别、决策、响应 4 个环节展开服务定义，交通安全管理服务域按应急监测、响应、发布、恢复的服务全流程进行服务分类，综合交通运输服务域以规划、设计、运营、管理主线进行服务的组织与排序。综上，ATS 系统服务集从一级服务域的划分到二级服务的定义与分类，均具有清晰的逻辑关系，形成了层次分明的服务体系框架，体现出 ATS 服务集的系统性。

（2）全面性。ATS 服务集以人、车、货、路、环境五要素对交通服务对象进行全覆盖，服务主体则按照交通管理与运营组织的权责进行展开，服务主体与服务对象之间以信息为桥梁进行连接。在二级服务定义中，出行者包括正常人群和有障碍人群；出行方式囊括驾车出行、约车出行、乘坐公共交通出行、慢行以及多模式交通混合出行等；货物运输涵盖了运输前、运输中、运输后的整个过程；交通管理与运营组织形成了前期规划、中期运营、后期管理与效能分析的管理体系与流程；交通系统常态监控、异常干预和应急处置均有相应的服务。综上，ATS 服务集在充分考虑服务对象和服务主体基础上，采用闭环业务逻辑链分别呈现各服务域的二级服务，保证 ATS 服务集的全面性。

（3）扩展性。由于 ATS 服务集内部按照业务流逻辑进行展开，因此面对交通系统由 ITS 向 ATS 发展的不同阶段，技术水平发展导致相关服务的消亡和新生，ATS 服务集具有很好的兼容性和可扩展性。根据 ATS 服务集逻辑可以将新生的服务定位到对应二级服务。例如，人工智能、无人车以及机器人等技术的发展可实现货物的自动揽件、包装、装卸以及运输等服务，这些服务可具体定位至道路货物运输服务域中的货物运输的各个服务环节中；车联网技术和无人车技术的发展可以提供无人公交车服务，其中无人公交车自动泊车、自动换道等安全驾驶服务可以定位到道路载运工具运行服务域中的自主检测、识别、决策、响应4个环节中，而无人公交车的运营与管理则对应到公共交通服务域的规划、运营和管理业务流程中。

3.2.2.2 ATS 服务与中国 ITS 服务的区别

下面以2006年中国的ITS服务集[9]为例，具体分析ATS服务集与上一代ITS服务集在服务内容上的差异。ATS服务集在涵盖ITS服务集所有服务的基础上，还具有以下三点显著的变化。

（1）服务集体现更多的自主性元素。ATS服务集将ITS服务集中智能公路与安全辅助驾驶服务域调整为道路载运工具运行服务域，专注为自动驾驶车辆提供服务。这与ITS和ATS的各自特点相符，体现了智能交通系统向自主交通系统变迁过程中载运工具的突出地位。根据无人驾驶技术和车路协同的发展趋势，ATS服务集中增加了车辆环境感知服务、目标识别服务、自动车辆驾驶服务和车路协同驾驶服务；基于V2X（vehicle-to-everything，车载单元与外界通信）技术的发展与应用，增加了自动车辆安全通信服务。同时，交通基础设施管理、综合运输等服务域展开的服务，在智能化程度与自主性水平上均有所提高。如交通信息基础设施管理服务中增加通信技术协同设施和人工智能信息支撑设施的管理与维护[13]，为ATS的发展提供了有力的信息基础。

（2）服务集彰显更高的交通运输服务水平。与ITS服务集相比，ATS服务集中增加了公共交通管理服务域和货物运输服务域；将ITS服务集中交通信息服务域调整为出行者信息服务域，专注于为出行者提供出行所需信息，增加了个人出行信息推送，丰富了个性化服务内容；在交通管理与控制服务域，面向未来无人驾驶可能提供的"端到端"以及"点到点"运输服务，增加停车管理二级服务；在交通安全管理服务域中，完善了紧急事件的处理流程，提升了交通运输中提供安全服务的能力；综合交通运输服务域则专注于不同运输方式下乘客"零距离换乘"和货物转运"无缝衔接"，以及收费"一次收取"等，综合服务能力显著提高。

（3）服务集凸显数据信息安全的重要性。数据信息作为ITS系统向ATS系统发展的重要驱动力之一，其安全性和私密性的战略地位显而易见。与ITS服务集相比，ATS服务集将数据安全作为一个独立服务域，以提高交通运输关键信息基础建设和重要信息系统的网络安全防护能力，从管理制度、环境安全与运行安全3个角度，专注于对数据处理全流程提供数据安全服务。此外，在交通基础设施管理服务域中增加了信息基础设施管理服务，为交通信息技术提供保障。

除上述特点外，ATS服务集的定义还充分考虑了当下最前沿科学技术在交通领域的应用成果，借鉴和参考中国政府对未来交通的规划重点，展望未来可实现的交通场景，相比于其他服务集更具有前瞻性。

3.3 自主式交通系统服务

本节针对上述12个服务域分别阐述其二级服务和各自内部逻辑。

3.3.1 出行者信息服务域

出行者信息服务域按照出行的方式进行划分，根据是否驾车划分为驾车出行和不驾车出行两种方式。服务内部按照出行前期—出行中期—出行后期的顺序进行展开。驾车出行包含交通信息服务和路径导航服务；不驾车出行包含乘坐公共交通工具出行的出行规划服务和约车出行的出行预约服务；不同出行方式中均可能涉及个性化信息服务。出行者信息服务域内具体二、三级服务见图3-4。

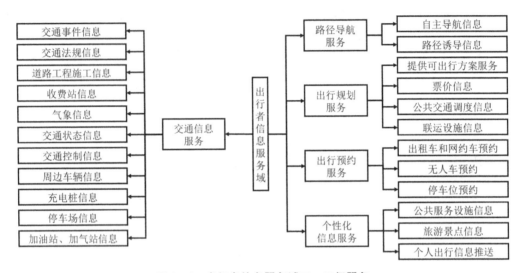

图3-4 出行者信息服务域二、三级服务

3.3.1.1 交通信息服务

本服务是涉及驾车出行者出行前后的交通信息服务以提升出行效率。包含了交管部门或移动运营商通过交通信息显示设备，给出行者按其需要提供要到达目的地沿途的交通状态信息、车路协同所需的路口信号控制信息、周边车辆信息，行程途中的交通事件信息、交通法规信息、道路工程施工信息、充电桩信息、收费站信息、加油站信息以及天气信息等。

3.3.1.2 路径导航服务

本服务是为出行路线进行规划的辅助导航服务，目的是给驾车出行者提供出行路线的帮助，提升出行效率，减少车辆在路网中的滞留时间，从而缓解交通压力，减少交通拥堵和延误。主要包含出行者从车载端、出行辅助设施、手机移动端、电脑端获得的自主导航信息服务以及驾驶者从交通诱导设施获得的路径诱导信息。

3.3.1.3 出行规划服务

本服务是交管部门、移动运营商、地图服务提供商等为出行者提供辅助决策的信息，目的是提升出行效率，解决出行难题。主要包含联运设施信息、公共交通调度信息、采用交通服务的票价信息，以及辅助决策系统提供的出行方案服务信息。

3.3.1.4 出行预约服务

本服务指出行者在出发前在线预约交通工具进行出行的服务，目的是根据出行者的出行需要，提供"点对点"服务。主要包含出租车公司、网约车公司、无人车服务提供商、停车场服务提供商提供的出行车辆、停车位的预约服务。

3.3.1.5 个性化信息服务

本服务是指出行者利用通信电子和网络技术，通过多媒体和移动端接收交管部门、互联网信息公司等提供的个性化信息和访问个性化服务系统，以获得与出行有关的社会综合服务及设施信息的服务，目的是满足出行者的个性化需求，包含公共服务设施信息、旅游景点信息以及个人出行画像。

3.3.2 道路载运工具运行服务域

该服务域提供车辆服务，专注于提高车辆本身操作的安全性和高效性。该服务域按照检测、识别、决策、响应4个环节划分了载运工具运行的流程。其中，检测环节提供车辆环境感知服务；识别环节提供目标识别服务；决策环节为单车驾驶提供自动车辆驾驶服务，为多车协同提供车路协同驾驶服务；响应环节提供车辆动作控制服务。自动驾驶安全通信服务作为信息流贯穿于环节之中，车辆性能测试服务为各环节提供保障，在流程上具有逻辑完备性。道路载运工具运行服务域具体二、三级服务见图3-5。

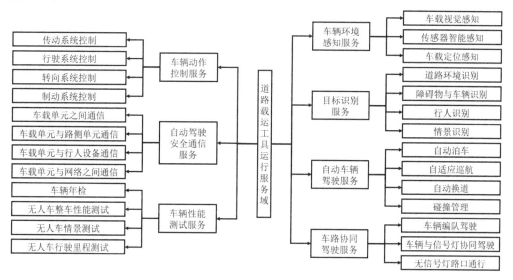

图3-5 道路载运工具运行服务域二、三级服务

3.3.2.1 车辆环境感知服务

本服务通过车载传感器获取信息，实现对周围环境的探测以及定位。包括车载视觉感知、传感器智能感知和车载定位感知。

3.3.2.2 目标识别服务

本服务将传感器的输入数据转换成计算机能够理解的场景语义表达和物体结构化表达，如物体检测、识别和跟踪、3D环境建模、物体的运动估计等，从而对环境感知数据进行目标识别。包括道路环境识别、障碍物与车辆识别、行人识别和情景识别。

3.3.2.3 自动车辆驾驶服务

本服务通过道路基础设施、智能通信与信息系统、车辆智能控制系统的支持实现车辆的自动化驾驶，以实现适合任何驾驶场景的完全自适应控制。包括无人驾驶车辆的自动泊车、自适应巡航、自动换道和碰撞管理。

3.3.2.4 车路协同驾驶服务

本服务利用无线通信和互联网技术，为车辆提供车辆之间、车辆与道路之间的信息交互，以实现自动驾驶。包括车辆编队驾驶服务、车辆与信号灯协同驾驶服务和无信号灯路口通行服务。

3.3.2.5 车辆动作控制服务

本服务根据计算决策的结果，通过车辆的动力学模型和人机交互界面，将动作命令给到无人驾驶车辆的各执行机构。包括传动系统控制、行驶系统控制、转向系统控制和制动系统控制。

3.3.2.6 自动驾驶安全通信服务

本服务通过整合全球定位系统（global positioning system，GPS）导航技术、车对车交流技术、无线通信及远程感应技术，进行车载单元与车载单元、路侧单元、行人设备、网络之间的通信，为自动驾驶提供信息服务。包括车载单元之间通信（vehicle to vehicle，V2V）、车载单元与路侧单元通信（vehicle to infrastructure，V2I）、车载单元与行人设备通信（vehicle to pedestrian，V2P）和车载单元与网络之间通信（vehicle to network，V2N）。

3.3.2.7 车辆性能测试服务

本服务为车辆（包括无人驾驶车辆）取得车辆上路资格提供测试，以验证车辆是否符合上路驾驶或参与运营的要求。包括车辆年检、汽车整车性能测试、无人车情景测试和车辆行驶里程测试[14]。

3.3.3 道路货物运输服务域

本服务域为道路货物运输提供服务，包括运输前的货物运输规划服务，运输中的货物承运、装卸和交接服务，以及运输全流程信息服务，并且针对特种货物提供安全路线、防护以及实时运输监测服务，旨在应用云平台、物联网、人工智能等技术，提高货物运输效率和安全，实现货物的自主运输。道路货物运输服务域具体二、三级服务见图3-6。

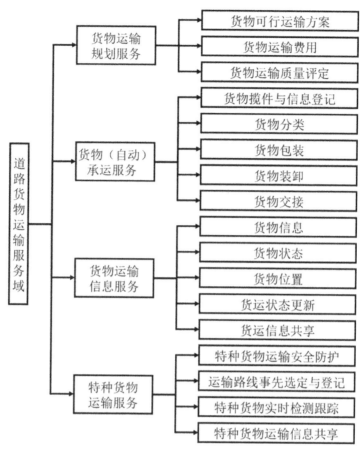

图 3-6 道路货物运输服务域二、三级服务

3.3.3.1 货物运输规划服务

本服务指道路货物运输经营者为用户货物运输提供辅助决策服务，以提升货物运输效率。主要包含辅助决策系统提供的可行运输方案服务、货物运输费用服务等，还包含对货物运输全过程的质量评定服务。

3.3.3.2 货物（自动）承运服务

本服务应用大数据、云平台、物联网、人工智能等技术为货物在运输前、运输中以及运输到达提供信息服务，包括货物揽件、登记、分类、包装以及装卸等[15]，实现现代化的货物管理。

3.3.3.3 货物运输信息服务

本服务基于货物运输网络信息平台，为货物运输全流程提供信息服务，包括货物静态信息和实时动态信息[16]，具体为货物的信息、状态、位置、货运状态更新以及信息共享。

3.3.3.4 特种货物运输服务

本服务为特种货物运输作业全过程提供服务，包括运输前安全防护和运输路线选定，运输中实时监控和运输信息共享，其中特种货物包括大型物件、超重货物以及危险货物等[17]。本服务面向道路特种货物运输运营商、特种货物驾驶者以及运输线路沿途相关监管机构。

3.3.4 道路交通基础设施服务域

该服务域涵盖公路、桥梁、隧道等承载道路以及路侧通信、检测、照明、标识牌等设备的维护与管理，还包括新能源汽车、无人驾驶技术发展下路侧辅助设备的管理与维护。该服务域根据交通基础设施的类型，分为道路智能管理、桥梁隧道管理、交通枢纽基础设施管理、交通信息基础设施管理、交通能源基础设施管理以及辅助交通系统运行的基础设施管理，在交通基础设施的类别层级具有完备性。道路交通基础设施服务域具体二、三级服务见图3-7。

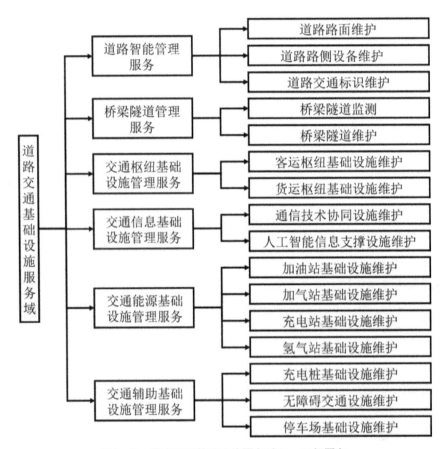

图3-7 道路交通基础设施服务域二、三级服务

3.3.4.1 道路智能管理服务

本服务为包括机动车道、非机动车道、人行道等道路的路面（包含智慧公路），道路路侧的设备（包括新能源汽车、无人驾驶技术发展下路侧辅助设备）以及道路上的交通标识提供定期检测、评估和维护。

3.3.4.2 桥梁隧道管理服务

本服务对桥梁、隧道的结构部分进行定期检测、形成维护方案和建议并实施。包括桥梁隧道监测和桥梁隧道维护。

3.3.4.3 交通枢纽基础设施管理服务

本服务对客、物流网络中连接线路的枢纽（包括智慧枢纽）进行定期的检测、形成维护方案和建议并实施，包括客运枢纽基础设施维护和货运枢纽基础设施维护。

3.3.4.4 交通信息基础设施管理服务

本服务对交通通信技术协同设施及人工智能信息支撑设施进行定期的检测（自动或人工实施），形成维护方案和建议并实施[13]。

3.3.4.5 交通能源基础设施管理服务

本服务提供多种能源基础设施的管理服务，包括加油、充电、加氢和加气等能源基础设施的维护，特别是新能源和清洁能源运输工具配套的基础设施。包括加油站基础设施维护、加气站基础设施维护、充电站基础设施维护和氢气站基础设施维护。

3.3.4.6 交通辅助基础设施管理服务

本服务对辅助交通系统运行的基础设施进行定期的检测、形成维护方案和建议并实施，包括充电桩基础设施、无障碍交通设施和停车场基础设施的维护。

3.3.5 交通环境服务域

本服务域涵盖利用传感器等技术对作用于道路的所有外界环境进行监测的各项技术服务，并通过通信技术将环境信息进行发布与共享。交通环境信息包括道路环境、驾驶环境和管控环境，其中道路环境指道路构造、宽窄、路面质量等以及周边地物地貌；驾驶环境包括光线、噪声、天气以及自然灾害等影响安全驾驶的因素；管控环境指具有交通约束意义的交通安全设施和信号等，还包括具有交通软约束能力的交通法规、政策等。交通环境服务域具体二、三级服务见图3-8。

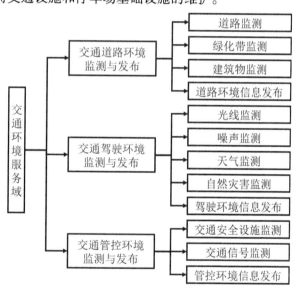

图3-8 交通环境服务域二、三级服务

3.3.5.1 交通道路环境监测与发布

本服务对道路运输网中的道路环境进行监测，包括道路监测、绿化带监测以及建筑物监测等，并将道路环境监测信息及时发布给交通管理部门与交通出行者。

3.3.5.2 交通驾驶环境监测与发布

本服务对道路运输网中影响驾驶者安全驾驶的驾驶环境进行监测，包括光线、噪声、天气以及自然灾害的监测等，并将上述监测信息及时发布给交通管理部门与交通出行者。

3.3.5.3 交通管控环境监测与发布

本服务对道路运输网中的交通管控环境进行监测，包括交通安全设施和交通信号等，其中安全设施包括防撞设施、隔离栅、视线诱导设施、防眩设施、里程标、百米标、公路界碑等，交通信号包括交通信号灯、交通标志、交通标线和交通警察的指挥。将上述监测信息以及对应交通法律、法规、政策及时发布给相关交通管理部门与交通出行者。

3.3.6 商用车管理服务域

该服务域提供商用车管理服务，商用车包含客车与货车。在运输前、运输中和运输后，对商用车、商用车驾驶者提供管理服务，以及商用车运营商和交通运输监管部门对运输全过程实施的运营管理与监管服务，旨在规范商用车运营与管理，提高乘客或货物的运输效率。商用车管理服务域具体二、三级服务见图3-9。

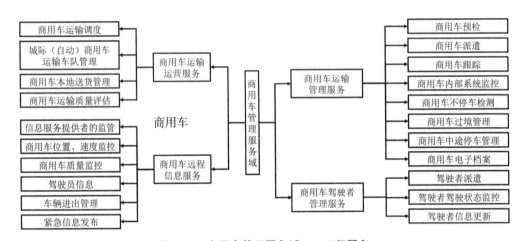

图3-9 商用车管理服务域二、三级服务

3.3.6.1 商用车运输管理服务

本服务涵盖在乘客或货物运输全过程中对商用车提供的服务，包括运输前商用车预检和派遣服务，运输中商用车监控、不停车检测、过境和中途停车服务，运输结束后商用车电子档案服务[18]，旨在应用信息化技术提高商用车运输管理水平。

3.3.6.2 商用车驾驶者管理服务

本服务用于商用车驾驶者管理，包括运输前驾驶者派遣、运输中驾驶者驾驶状态监控以及运输结束后驾驶者信息更新等。本服务面向道路货物运输运营商和商用车驾驶者。

3.3.6.3 商用车运输运营服务

本服务对商用车运输过程提供运营管理服务,包括运输前商用车调度、运输中商用车车队管理、运输到达后的本地送货管理以及整个运输过程的质量评估[19]。本服务面向道路运输车辆运营商、网络货物运输运营商和商用车驾驶者。

3.3.6.4 商用车远程信息服务

本服务涵盖向商用车提供的一系列远程信息服务[20],以及使用交通信息平台为商用车提供的通用信息服务。本服务面向一个或多个交通监管机构、商用车运输运营商和商用车驾驶者。包括信息服务提供者的监管、商用车位置、速度、质量监控、驾驶者信息、车辆进出管理以及紧急信息发布。

3.3.7 公共交通服务域

该服务域主要服务于公共交通,包括公共交通规划、公共交通运营以及公共交通管理三大服务[21]。规划服务指公共交通运营线路、场站以及载运工具的配置等;运营服务以面向乘客需求为主,提供基本业务以及相关服务;公共交通管理服务面向公共交通管理者、运营公司,提供相关基础业务的管理服务,并包含辅助公共交通如无人公共交通、共享交通等相关管理服务。公共交通服务域具体二、三级服务见图3-10。

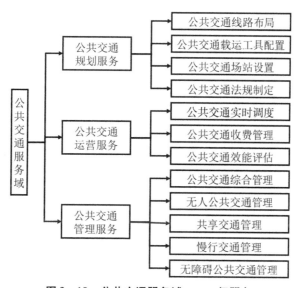

图3-10 公共交通服务域二、三级服务

3.3.7.1 公共交通规划服务

本服务指根据城市地理、人口分布信息、城市经济发展状况、人民需求等因素合理规划公共交通的具体业务,为公共交通的运营提供整体方案,包含线路、车辆、站点站场的规划与运营法规的制定。

3.3.7.2 公共交通运营服务

本服务根据公共交通规划和公众出行需要,合理确定公共交通的运力资源,实施公共交通的基本运营业务。主要包括公共交通的实时调度、收费管理以及效能评估。其中,实时调度包含运营线路方式的调整、定制与动态公交的配置,以及实时和预测信息的发布;收费管理包含票价制定与收费模式;效能评估包含对吞吐量及需求的评估、服务质量的评估以及环境影响三个方面。

3.3.7.3 公共交通管理服务

本服务面向公共交通公司、公共交通管理部门,以促进城市公共交通事业的健康发展、提升城市公共交通的保障水平为目的,对公共交通基本运营业务和辅助公共交通业务进行管理,具体包括公共交通综合管理以及无人公共交通、共享交通、慢行交通、无障碍公共交通的管理。

3.3.8 交通管理与控制服务域

该服务域对由所有类型车辆和行人构成的交通运输网络进行运营管理,包含交通监测、管控与执行三个方面。交通监测指对交通运输网络中的车辆、流量以及施工区等特殊地区进行实时信息收集,为交通管控提供信息基础;交通管控方面包括交通需求管理、交通流控制以及停车管理等;交通执行包括对交通管理措施进行信息发布与执行,保证整体交通网络安全、便捷、高效、绿色、经济运行。交通管理与控制服务域具体二、三级服务见图 3-11。

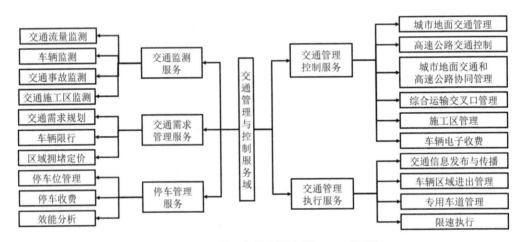

图 3-11 交通管理与控制服务域二、三级服务

3.3.8.1 交通监测服务

本服务对整体交通运输网络进行监测,包括交通状态、运行车辆、交通事故以及特殊交通区域等,为交通管理与控制提供信息基础。

3.3.8.2 交通需求管理服务

本服务从交通需求规划和交通需求引导两方面进行交通需求管理,可以调节不同运输方式的交通需求,以达到缓解交通拥堵的目的,具体包括交通需求规划、车辆限行与区域拥堵定价[22]。本服务面向城市土地规划部门和交通管理部门。

3.3.8.3 交通管理控制服务

本服务根据道路交通实际状况,应用信息控制技术等手段进行交通调控,正确处理道路交通中人、车、路之间的关系,使交通尽可能安全、通畅和能耗少,具体包括城市地面和高速公路交通控制与协同管理、综合运输交叉口管理、施工区管理以及电子收费等。本服务面向交通管理部门。

3.3.8.4 停车管理服务

本服务旨在解决城市交通(包括自动驾驶车辆)停车位难找、停车耗时久等停车问题,满足部分车辆用户的即停即走、短时停车需求。包括停车位管理、停车收费、效能分析[23,24]。

3.3.8.5 交通管理执行服务

本服务对交通管控策略以及相关法律、法规提供执行服务,包括交通信息发布、特殊区域车辆进出管理、专用车道管理以及车辆限速执行等。

3.3.9 综合交通运输服务域

该服务域为出行者和货物提供多模式交通联合运输,涵盖综合交通运输规划、枢纽设计、综合交通运输运营和管理相关服务,有机连接和优化配置不同运输方式的线路、场站、信息等资源,促进网络化运输和集疏运体系建设,实现"零距离换乘"和"无缝衔接"[25]。综合交通运输服务域具体二、三级服务见图3-12。

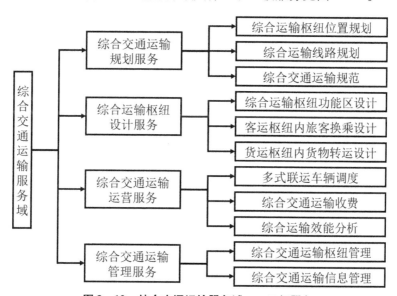

图3-12 综合交通运输服务域二、三级服务

3.3.9.1 综合交通运输规划服务

本服务从宏观层面对综合交通客运和货运枢纽位置以及多式联运线路进行规划，对旅客、货物转运过程中的衔接操作以及权责分工进行规范。

3.3.9.2 综合运输枢纽设计服务

本服务根据国家标准规范要求对综合客运和货运枢纽进行功能区设计，以及对枢纽内旅客换乘路线和不同运输方式之间货物转运方式设计[26]。

3.3.9.3 综合交通运输运营服务

本服务以安全、便捷、高效、绿色、经济为目标，对综合旅客运输与货物运输提供调度、收费以及效能分析评估服务[27]。

3.3.9.4 综合交通运输管理服务

本服务对综合交通运输进行枢纽内部设施管理和不同运输方式之间的信息管理，包括公路、铁路、水路、航空运输等，提供多模式交通联合运输管理服务。

3.3.10 交通安全管理服务域

该服务域为突发交通事件下车辆和行人提供安全服务。突发事件按照类型分为自然灾害、事故灾难、公共卫生事件和社会安全事件4类，该服务域按照突发事件类型进行划分，在事件构成方面具备逻辑完备性。各服务内按照突发事件应对流程进行划分。交通安全管理服务域具体二、三级服务见图3-13。

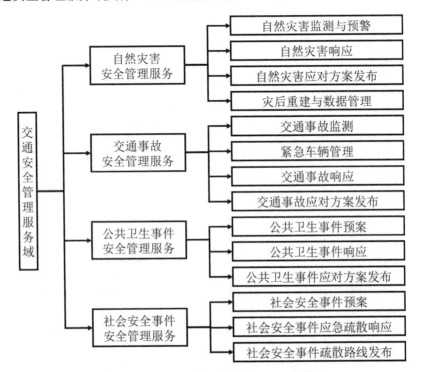

图3-13 交通安全管理服务域二、三级服务

3.3.10.1 自然灾害安全管理服务

本服务针对诸如洪灾、地震、泥石流等灾害引发的突发事件进行交通安全管理，尽可能控制、减轻或消除自然灾害对交通运输的影响，并在灾害后实施基础设施的重建。根据自然灾害的应对流程，本服务包括自然灾害监测与预警、自然灾害响应、自然灾害应对方案发布和灾后重建与灾害数据收集管理。

3.3.10.2 交通事故安全管理服务

本服务针对车辆在道路上因过错或者意外造成人身伤亡或者财产损失的事件（如追尾事故、超车事故、抢夺方向盘等）进行安全管理，保障机动车、非机动车及行人的安全[28]。包括交通事故监测、紧急车辆管理、交通事故响应和交通事故应对方案发布。

3.3.10.3 公共卫生事件安全管理服务

本服务针对突然发生，造成或者可能造成社会公众健康严重损害的重大传染病疫情、群体性不明原因疾病、重大食物和职业中毒以及其他严重影响公众健康的事件对交通运输产生的影响进行安全管理，包括公共卫生事件预案、公共卫生事件响应和公共卫生事件应对方案发布。

3.3.10.4 社会安全事件安全管理服务

本服务针对可能会造成重大人员伤亡、重大财产损失和有重大社会影响的事件进行交通安全管理，社会安全事件一般包括重大刑事案件、重特大火灾事件、恐怖袭击事件、涉外突发事件、金融安全事件、规模较大的群体性事件、民族宗教突发群体事件、学校安全事件以及其他社会影响严重的突发性社会安全事件。本服务包括社会安全事件预案、社会安全事件应急疏散响应和社会安全事件疏散路线发布。

3.3.11 交通数据管理服务域

数字交通是数字经济发展的重要领域，是以数据为关键要素和核心驱动，促进物理和虚拟空间的交通运输活动不断融合、交互作用的现代交通运输体系。本服务域对交通相关数据进行管理，贯穿交通数据的感知、传输、存储、处理与共享的全流程，应用在数字化出行、数字化物流、现代化交通行业治理等各个方面[29]。交通数据管理服务域具体二、三级服务见图3-14。

3.3.11.1 交通数据感知服务

本服务通过传感器、射频标签、识读器、摄像头、全球定位系统、车载智能终端设备等，实现对人、车、路、环境等重要节点的静态和动态信息的交通感知网络覆盖，管理云端互联的感知网络，多维监测、智能网联。

3.3.11.2 交通数据传输服务

本服务结合车联网、5G、卫星通信信息网络等应用，与以蓝牙等短程通信为主的末梢节点或以有线通信链路为主的承载网络进行通信，通过车路短程通信和自组织网络、路侧与感知中心的承载网络实时采集和传输各种交通信息，构建交通要素信息

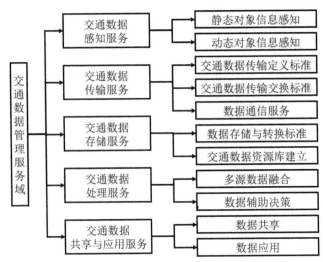

图 3-14　交通数据管理服务域二、三级服务

的精准获取与发布体系，管理多网融合的交通信息通信网络，以提供广覆盖、低时延、高可靠、大带宽的网络化数据传输服务，包括交通数据传输定义标准、交通数据传输交换标准、数据通信服务。

3.3.11.3　交通数据存储服务

本服务将交通相关数据或在出行过程中产生的相关数据以一定格式存储在一定介质中[30]，并对数据进行归档、定义，以保障数据的正常取用，主要包括交通数据存储和转换标准的制定、交通数据资源库的建立。

3.3.11.4　交通数据处理服务

本服务指从大量的原始交通数据中提取有价值信息，转换成标准格式并支撑决策的过程。主要对所输入的各种来源、形式、结构的交通数据进行加工整理，其过程包含对感知数据的加工、分类、归并、计算、排序、转换、检索和传播的演变与推导全过程，以支撑基础研究或协助相关部门进行决策，该服务包括多源数据融合和数据辅助决策。

3.3.11.5　交通数据共享与应用服务

本服务基于泛网络和云计算的交通信息服务平台，通过移动智能终端、车载终端、资讯广播、交通设施如电子诱导屏等信息发布方式，实现交通数据共享。为交通参与者提供实时交通信息服务和丰富全面的辅助决策，实现交通数据在交通出行方面的应用。

3.3.12　交通数据安全服务域

该服务域针对各种交通信息平台的数据安全提供相关服务，保障数据的安全传输，为信息系统提供防御功能，以提高交通运输关键信息基础建设和重要信息系统的网络安全防护能力，贯穿数据管理的全流程。包含管理制度、环境安全与运行安全管理服务[31]。交通数据安全服务域具体二、三级服务见图 3-15。

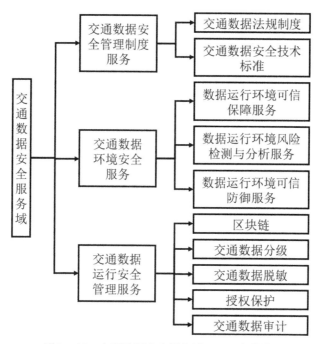

图 3-15　交通数据安全服务域二、三级服务

3.3.12.1　交通数据安全管理制度服务

本服务建立健全交通数据安全的相关法规与条例，包括交通数据安全法规制度与数据安全技术标准。根据《中华人民共和国网络安全法》以及国家关于数据安全的要求，数据安全服务体现在数据处理和应用的各个方面，以确保各级安全防护合规达标。

3.3.12.2　交通数据环境安全服务

本服务保障数据采集、数据存储、数据处理等环节中的载体安全。数据运行环境是指在数据采集、数据存储、数据处理等环节中载体的总和，特指数据在产生、流动、存储、应用等过程中赖以附着的进行人机交互的操作系统。该服务包含数据运行环境的可信保障、数据运行环境的风险检测与分析、数据运行环境的可信防御。

3.3.12.3　交通数据运行安全管理服务

本服务在交通数据运行过程中，采取备份、加密、访问控制等必要措施，保障数据免遭泄露、窃取、篡改、毁损、丢失、非法使用，维护数据的完整性、保密性、可用性，以提高交通运输关键信息基础建设和重要信息系统的网络安全防护能力，贯穿数据管理的全流程。包含区块链、数据分级、脱敏、授权保护、数据审计。

各二级服务的三级子服务具体定义见附录 3-2。

3.4 服务域研究应用实例

ATS 服务集的构建是研究不同交通场景功能、逻辑以及物理体系架构的基础。本节以车联网环境下自动驾驶车辆(简称"自动车")通过交叉口这一典型场景为例,说明 ATS 服务集在交通系统体系架构研究中的作用。

根据车联网环境下自动车通过交叉口这一场景描述,首先从 ATS 服务域层面确定该场景涉及的服务域。具体而言,从服务对象角度来说,该场景涉及基本要素层的道路载运工具运行服务域、道路交通基础设施管理服务域和交通环境服务域;从服务主体角度来说,涉及交通管理层的交通管理与控制服务域和交通安全管理服务域;而信息层的交通数据管理服务域与交通数据安全服务域则是车联网环境下自动车驾驶的信息保障。

其次,针对每个服务域,按照相关业务逻辑链开展需要提供的二级服务。在道路载运工具运行服务域内,按照检测—识别—决策—响应逻辑链,自动车行驶在道路中需要通过车载传感器实现对周围环境的探测以及定位,对行驶周边的对象进行目标识别,进行跟车、换道以及泊车等行驶决策,并将指令传达至车辆执行机构,完成制动、减速、转弯等动作。此外,车联网环境下自动车的安全高效驾驶还离不开与周边车辆、路侧设备的通信以及严格规范的车辆安全检测。因此,该服务域提供的服务包括车辆环境感知服务、车辆目标识别服务、自动车辆驾驶服务、车辆动作控制服务、自动驾驶安全通信服务和车辆性能测试服务。在道路交通基础设施服务域中,按照基础设施主体,该场景涉及道路智能管理服务和交通信息基础设施管理,具体包括交叉路口路面、路侧设备、交叉口处交通标识以及通信设施和人工智能信息支持设施等的管理与维护。在交通环境服务域中,具体包括车辆驾驶途中道路环境、驾驶环境以及管控环境的监测与及时发布。

在交通管理与控制服务域中,自动车在路口安全高效通行需要在车辆和车流信息的实时检测基础上,采用适当的控制策略对路口自动车车流进行协调,包括需求诱导、信号灯控制、专用车道控制和特定车型优先通行等,并对管控策略以及相关法律法规进行严格执行。因此,从交通监测—管控—执行角度出发,该服务域包括交通监测服务、交通需求管理服务、交通管理控制服务以及交通管理执行服务。在交通安全管理服务域中,该场景常见紧急事件包括自动车车载设备损坏、车内乘客身心状况不佳以及交叉口交通事故等。面临上述紧急事件,需及时获取事件属性和发生位置等相关实时信息,合理调配紧急车辆,为事故当事人提供适当、快速的救援服务,并将交叉口事件信息发布给周边车辆。因此,从紧急事件的监测、响应与发布服务流程出发,该服务域需要提供的服务为交通事故安全管理,具体包括交通事故监测、紧急车辆管理、交通事故响应和交通事故应对方案发布。

上述服务在车联网环境下的有效实施离不开不同参与主体之间安全高效的信息交互。因此,作为中间媒介,数据管理服务域与数据安全服务域需提供数据管理服务与数据安全服务,其中数据管理包括从数据采集、数据传输、数据存储、数据处理到数据应用与共享,数据安全方面从安全制度、数据环境安全和运行安全方面进行保障。

该场景包含 ATS 服务集的应用如图 3-16 所示。

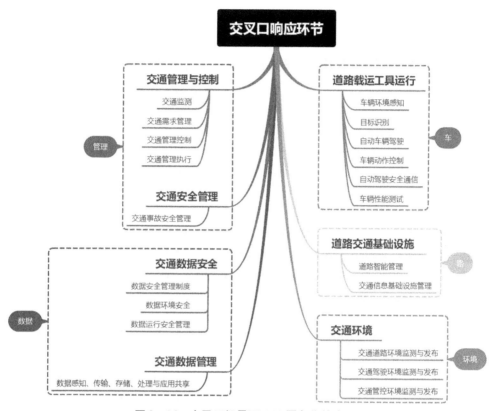

图 3-16 交叉口场景下 ATS 服务集的应用

3.5 小结

ATS 服务集定义时参考了 ISO,美、日、欧 ITS 与国标等服务集,但与以往交通系统服务集相比具有较大的区别。

(1) 我国正在完成由智能交通系统向自主式交通系统的变迁,因此 ATS 服务集在交通系统的自主性方面有突出体现。

(2) ATS 服务集与国家交通管理部门最新发布的政策文件紧密结合,因此 ATS 是具有中国特色、符合中国国情的交通系统。

在交通基本要素方面,出行者信息服务域从不同出行方式出发,增加了个性化出行信息推送,丰富了服务内容;道路载运工具运行服务域以无人驾驶为主,从车辆驾驶面临检测—识别—决策—响应问题展开,参考《智能网联汽车道路测试与示范应用管理规范(试行)》条例对自动驾驶提供规范的测试服务;在定义货物运输服务域时,致力于现代货物(自动)运输过程中需要提供的服务,覆盖了货物承运、运输与调度、装卸以及交接全过程,参照《网络平台道路货物运输经营管理暂行办法》

提供货物运输信息服务；在道路交通基础设施服务域中，除了日常道路、桥梁隧道、交通枢纽的维护管理，增加了通信技术协同设施和人工智能信息支撑设施，提高了基础设施智能化水平，并参照2020版《中国交通的可持续发展》白皮书，增加了充电/气桩、停车场、无障碍交通基础设施服务；在交通环境服务域方面，专注于影响道路参与者的外界环境的自动监测与信息发布，包括道路环境、驾驶环境和管控环境。

在交通管理方面，商用车管理服务域根据国家《道路运输车辆技术管理规定》，增加商用车不停车检测、过境管理、中途停车管理、电子档案等服务，以及商用车远程运输信息服务；公共交通服务域按照规划—运营—管理的逻辑展开，增加无人驾驶车辆作为载运工具的无人公共交通管理，以及特定出行方式的交通管理，包括共享交通、慢行交通管理以及无障碍交通；在交通管理与控制服务域中，除了日常交通状态监测、管控与执行，还重点关注停车场管理；交通安全管理服务域根据不同突发事件的应对机制展开服务，相比已有不同服务集，增加公共卫生事件和社会安全事件下的应急服务；综合交通运输服务域按照《构建高质量综合交通运输标准体系服务交通强国建设》的要求，提供连接和优化配置不同运输方式的线路、场站、信息等资源的服务，以加快形成安全、便捷、高效、绿色、经济的现代综合交通运输体系。

定义交通数据管理服务域和数据安全服务域时，根据《数字交通发展规划纲要》，提供数据采集、传输、存储、处理以及共享和应用全流程服务；根据《中华人民共和国网络安全法》中关于数据安全的要求，从数据安全管理制度、环境安全以及运行安全多角度形成数据安全服务，提高了数据信息安全在ATS中的重要地位。

ATS服务集体系作为交通系统框架的重要构成要素，是交通组分、交通系统功能的基础，其研究为建立交通系统逻辑框架、物理框架以及典型交通场景研究等后续工作的开展提供了理论依据，同时也为广大交通从业者和交通管理者提供了技术参考。

参考文献

[1] ISO/TC 204 Intelligent transport systems. Intelligent transport systems—Reference model architecture (s) for the ITS sector—Part 1：ITS service domains, service groups and services (Second Edition)：ISO 14813 - 1：2015 [S/OL]. (2015 - 10). https：//www. iso. org/standard/57393. html.

[2]《中国智能运输系统体系框架》专题组. 中国智能运输系统体系框架 [M]. 北京：人民交通出版社，2003.

[3] 杨琪，王笑京，齐彤岩. 智能交通系统标准体系研究 [J]. 公路交通科技，2004，21 (7)：91 - 94.

[4] United States Department of Transportation. Intelligent Transportation Systems Joint Program Office-Strategic Plan 2020—2025 [R/OL]. (2020 - 05 - 06). https：//www. its. dot. gov/stratplan2020/ITSJPO_StrategicPlan_2020 - 2025. pdf.

[5] United States Department of Transportation. Architecture Reference for Cooperative and Intelligent Transportation [S/OL]. (2021 - 10 - 13). https：//www. arc-it. net/.

[6] INAE Forum on Civil Infrastructure. Urban ITS Platform—The Way Forward [R/OL]. (2020-01-16).

[7] 徐华峰,夏创,孙林. 日本 ITS 智能交通系统的体系和应用 [J]. 公路,2013 (09):187-191.

[8] ISO/TC 204 Transport information and control systems—Reference model architecture (s) for the TICS sector—Part 1:TICS fundamental services:ISO 14813-1:1999 [S/OL]. (1999-07). https://www.iso.org/standard/29533.html.

[9] 全国智能运输系统标准化技术委员会. 智能运输系统—体系结构—服务:GB/T 20607—2006 [S].北京:中国国家标准化管理委员会,2006.

[10] ISO/TC 204 Intelligent transport systems. Intelligent transport systems. Intelligent transport systems—Reference model architecture (s) for the ITS sector—Part 1:ITS service domains, service groups and services (First Edition):ISO 14813-1:2007 [S/OL]. (2007-02). https://www.iso.org/standard/43664.html.

[11] 中华人民共和国国务院新闻办公室.《中国交通的可持续发展》白皮书 [EB/OL]. (2020-12). http://www.scio.gov.cn/ztk/dtzt/42313/44564/index.htm.

[12] 中华人民共和国国务院新闻办公室.《中国交通运输发展》白皮书 [EB/OL]. (2016-12). http://www.scio.gov.cn/ztk/dtzt/34102/35746/35750/Document/1537404/1537404.htm.

[13] 交通运输部关于推动交通运输领域新型基础设施建设的指导意见. http://xxgk.mot.gov.cn/2020/jigou/zhghs/202008/t20200806_3448021.html.

[14] 工业和信息化部,公安部,交通运输部. 智能网联汽车道路测试与示范应用管理规范(试行):工信部联通装〔2021〕97号 [S/OL]. (2021-07-27). http://www.gov.cn/zhengce/zhengceku/2021-08/03/content_5629199.htm.

[15] 交通运输部. 道路货物运输及站场管理规定 [EB/OL]. (2019-07-08). http://xxgk.mot.gov.cn/jigou/fgs/201907/t20190708_3222399.html.

[16] 交通运输部. 交通运输部货运枢纽(物流园区)投资补助项目管理办法(暂行)[EB/OL]. (2016-04-02). http://www.gov.cn/gongbao/content/2016/content_5097746.htm.

[17] 交通运输部. 道路危险货物运输管理规定 [EB/OL]. (2019-11-28). https://xxgk.mot.gov.cn/2020/gz/202112/t20211224_3632786.html.

[18] 交通运输部. 道路运输车辆技术管理规定 [EB/OL]. (2019-07-08). https://xxgk.mot.gov.cn/jigou/fgs/201907/t20190708_3222403.html.

[19] 交通运输部. 出租汽车经营服务管理规定 [EB/OL]. (2016-09-09). http://xxgk.mot.gov.cn/2020/jigou/fgs/202006/t20200623_3307803.html.

[20] 交通运输部,国家税务总局. 网络平台道路货物运输经营管理暂行办法 [EB/OL]. (2019-09-09). http://www.gov.cn/xinwen/2019-09/09/content_5428569.htm.

[21] 国务院关于城市优先发展公共交通的指导意见 [EB/OL]. http://

xxgk. mot. gov. cn/2020/jigou/ysfws/202006/t20200623_3315616. html.

[22] 全球环境基金"中国城市群生态综合交通发展"项目—城市交通需求管理对策[EB/OL]. 2015. http：//zizhan. mot. gov. cn/zhuantizhuanlan/qita/quanqiuhuanjingjijin/xinwendongtai/201504/t20150413_1801471. html.

[23] 李文培. 一种基于城市大脑的无感停车管理系统[J]. 信息技术与信息化，2021（3）：46-47.

[24] 郑淑鉴，郑喜双，韦清波，等. 停车场运行评价指标体系研究[J]. 交通信息与安全，2014，32（2）：68-71.

[25] 交通运输部关于完善综合交通法规体系的意见[EB/OL]. 2020. http：//xxgk. mot. gov. cn/2020/jigou/fgs/202012/t20201208_3500464. html.

[26] 交通运输部.《综合客运枢纽服务规范（征求意见稿）》和编制说明[EB/OL].（2016-11-04）. https：//www. mot. gov. cn/yijianzhengji/201611/P020161116518667758536. pdf.

[27] 构建高质量综合交通运输标准体系服务交通强国建设[EB/OL]. 2019. http：//www. mot. gov. cn/jiaotongyaowen/201904/t20190402_3183088. html.

[28] 交通运输部. 交通运输突发事件应急管理规定[EB/OL].（2011-11-14）. http：//xxgk. mot. gov. cn/2020/jigou/zghssjzx/202006/t20200623_3317806. html.

[29] 交通运输部. 数字交通发展规划纲要[EB/OL].（2019-07-28）. http：//www. gov. cn/xinwen/2019-07/28/content_5415971. htm.

[30] 王琪琳. 国家标准《智能运输系统数据字典要求》解析[J]. 中国标准导报，2010（12）：22-23.

[31] 全国智能运输系统标准化委员会. 智能交通—数据安全服务：GB/T 37373—2019[S]. 中国国家化管理委员会，2019：12.

4 功能——实现 ATS 服务的基础单元

4.1 功能的定义、目标及现状

4.1.1 功能的定义、属性和目标

功能是自主式交通系统框架中的基础要素之一，由技术驱动发展，用于实现交通系统中的各类服务，保证整个系统有序、自主地运行。在 ATS 框架体系下，功能是由某项组分提供的，利用相关技术，服务于特定的对象，多项功能发挥作用共同实现系统中的某一项子服务。

根据上述定义，ATS 系统中的功能具有多种属性，与架构中的诸多要素相关，为强化架构的整体性，有必要以范式的形式对功能进行统一定义。经过反复筛选、调整，确定七大功能属性如表 4-1 所示。

表 4-1 功能属性定义

属性	定义
功能提供者	提供功能的物理实体或交通部门平台，如管理部门、信息平台、车辆、设备等
服务对象	能够直接使用功能或是利用功能的输出结果，如出行者、驾驶者、信息平台、车辆等
过程信息	实现功能所利用或处理的信息，如车辆信息、事件信息等
运作逻辑	系统业务逻辑在功能模块中的体现，如感知、学习、决策、响应
实现途径	实现功能所需要的过程，如信息采集、信息传输、数据处理、设备控制等
具体作用	实现功能在交通系统中体现的作用，如交通管理、交通检测、人车交互、便捷支付等
技术	实现功能需要应用的技术，如数据采集、处理技术等

根据上述属性，利用统一范式对功能进行定义描述，格式如下：<功能名称>由<功能提供者>提供，通过<实现途径>的方式获得<过程信息>，服务于<服务对象>，利用<技术>实现<作用>，实现服务中的<逻辑环节>。以服务"交通事件信息"中的功能"监测交通事件"为例，通过查阅大量文献，反复比对相关定义，确定最为合理的为《中国智能运输系统体系框架》中的表述："监测交通事件是多种交通事件监测功能的集合，包括违规事件、意外交通事件等。此功能在监测不同交通

事件时方法不同，以违规事件为例，此功能测量违规事件的可控参量，并与此参量的合法值进行比较，如果误差不在合法范围内，查询用户身份并发出违规事件信息。"结合 ATS 框架的特点，对上述定义先进行结构化处理，再进行二次定义可以得到如下范式定义：＜监测交通事件＞由＜路侧感知设备＞提供，通过＜数据采集＞的方式获得＜交通状态信息＞，服务于＜路侧学习设备＞，利用＜传感器技术＞实现＜交通事件监测＞，从而实现交通事件信息中的＜感知模块＞。

上述内容仅是对系统功能的初步处理，其主要作用是统一功能数据格式，便于后续研究的提取处理，提供精炼的功能定义，更好地指导学习应用。在整体框架研究中，功能要素主要研究目标如下。

4.1.1.1 搭建面向自主式交通系统服务的功能集

面向自主式交通系统服务的功能集需要高度概括现有交通系统的功能，功能相互作用共同实现系统服务，同时需要具备一定的延展性，随着技术的发展不断更新、演化以适应变化的服务，支撑整个交通系统自主化的目标。

功能集应准确定义系统功能，描述其属性，如功能来源、作用、实现途径、技术支持等，预留好演化的接口，与系统其他要素进行有效的衔接。

4.1.1.2 探索功能域聚类方法

功能集是面向服务的功能集合，仅具备简单运作逻辑之间的关系。而功能域具备相似功能属性的集合，不同的功能域具备各不相同的特征，能够将系统功能的特征抽象化，从运行、协作机制上描述系统的功能要素。通过功能域，系统内的功能运行将更加清晰，以便于系统自主演化的相关研究开展。

基于上述原因，需要针对功能域聚类问题展开研究，并应用相关文本处理技术，根据功能特征进行聚类分析，探索得到一套行之有效的功能域聚类方法。同时，建立相应的聚类评价指标，借鉴参考国内外交通架构的功能要素，对聚类结果进行有效的评价，验证相关聚类方法的可行性。

4.1.2 功能研究现状

由于社会经济发展水平、各国交通需求等因素的差异，传统的智能交通系统框架在不同地区也存在一定的区别，以下是目前具有代表性的交通系统框架及国内相关研究的简要介绍。

4.1.2.1 美国 ITS 体系框架（ARC-IT）

美国的 ARC-IT[1] 于 1993 年启动持续更新至今，主要服务于美国各州。ARC-IT 综合了运输从业者、系统工程师、系统开发人员、技术专家、顾问等多方面的意见，为智能交通系统的规划、定义和集成提供了一个共同的框架。美国运输部从 4 个视图（view）层次构建 ARC-IT，分别为用户视图、功能视图、物理视图、通信视图。用户视图用于描述组织在交通系统中扮演的角色以及相互之间的关系，功能视图则描述系统中必需的抽象功能元素（process）及其逻辑交互模式，物理视图描述系统、设备等物理对象及其与功能之间的联系，通信视图则是描述物理对象之间通信所需要的协议集合等内容。

在 ARC-IT 中，功能的行为是该元素为实现目标而执行的一系列操作。流程执行操作为实现应用程序目标或支持另一个流程的操作。这可能涉及执行这些操作时的数据收集、数据转换、数据生成或处理。功能视图定义了控制和管理系统行为的过程，例如监视，以及描述系统功能行为的其他主动控制元素。它还描述了数据处理功能、数据存储和这些元素之间的逻辑信息流。其中，功能被分为管理 ITS（manage ITS）、管理交通（manage traffic）、管理商用车（manage commercial vehicles）、提供车辆监视与控制（provide vehicle monitoring and control）、管理运输（manage transit）、管理应急服务（manage emergency services）、提供驾驶者与出行者服务（provide driver and traveler services）、提供电子支付服务（provide electronic payment services）、管理存档数据（manage Archived data）、管理维修及建设（manage maintenance and construction）、交通安全服务支持（support secure transportation services）11 个方面，每一类下划有不同粒度的功能，十分详尽。

4.1.2.2　欧洲 ITS 框架（FRAME）

在欧洲 ITS 框架中，功能视图分为功能域、高级功能（high level function）以及次级功能（low level function）。该框架中的功能域包括服务于某一特定领域的所有功能、数据存储以及数据流；功能则根据其复杂程度分为了高级功能和次级功能，每一项功能都有相应的编号及内容描述。

框架构建初期，功能域被分为提供电子支付设施（provide electronic payment facilities）、提供安全与应急设施（provide safety and emergency facilities）、管理交通（manage traffic）、管理公共交通运营（manage public transport operations）、提供先进驾驶辅助系统（provide advanced driver assistance systems）、提供出行者辅助（provide traveller journey assistance）、提供执法支持（provide support for law enforcement）、管理货物及车队运营（manage freight and fleet operations），在后续完善的过程中加入了第 9 个功能域提供协同系统支持（provide support for cooperative system），功能域的描述包括主要的功能、功能域所服务的内容以及域间的相互联系。

功能是面向用户需求构建的，高级功能包括概述以及具体的次级功能列表，其概述中包含数据存储的描述，而这是次级功能不具备的。次级功能是功能中的最小单元，包括基本描述、数据输入、输出、数据流动以及功能需求。在功能框架中，高级功能是独立、单一的，而次级功能可以出现在多个功能域之中。

4.1.2.3　中国智能运输系统体系框架

中国智能交通系统框架[2]充分吸收相关系统框架构建的经验教训，采用面向过程的方法，结构化开发设计，考虑系统所需要维护的信息，以信息处理过程为中心进行功能组合，使用数据流图、数据流描述表、系统结构图、框架流描述表、实体关系图等对整个体系框架加以描述。系统框架主要由用户主体、服务主体、用户服务、系统功能、逻辑框架、物理框架、标准和经济技术评价等部分构成，通过定义的用户主体和服务主体展开用户服务，以 ISO 定义的服务域和用户服务为蓝本划分为八大服务域，基于此提出了用户对 ITS 的需求。在用户服务的基础上，将其划分为系统功能、过程、子过程 3

个层次,在逻辑框架中描述系统的主要功能和功能之间的交互关系。物理框架的构建从分析实际 ITS 的结构需求入手,同样构建三层分析各子系统之间的信息交互关系,明确系统对功能的实现关系以及框架流对数据流的包含关系,以此反映物理框架和逻辑框架的关系。最后,为强化框架对实际交通的指导意义,明确了相关技术标准,以实现不同地区系统的兼容,并强化系统框架的可延展性。

针对系统功能,框架中定义为"系统的功能将最大限度地描述系统可能拥有的功能,同服务相对应,功能通过某种组合就可以完成某一项特定服务"。为满足用户服务的要求,ITS 系统被分为 8 个功能域,分别为交通管理与规划、电子收费、出行者信息、车辆安全与辅助驾驶、紧急事件和安全、运营管理、综合运输(枢纽)、自动公路。功能域拥有各自的系统功能、过程、子过程,对 8 个功能的实现细节加以描述,逻辑框架以此形成树状分层结构,将庞大的复杂系统分解为单一功能易于实现的处理过程。

在国家 ITS 框架的指导下,张毅等[3]在中国智能交通系统框架的基础上深入分析国内外车路协同技术,提出了车路协同下的智能交通系统体系框架,系统分析和阐述了体系框架的设计。从用户服务、逻辑结构、物理结构和标准与协议四个方面展开介绍,将车路协同技术融入框架中的各个部分。

在此体系框架中,其逻辑结构的功能域与服务域相对应,即与车辆安全与控制、行人与非机动车安全、信息服务、交通管理、运营管理和应急救援相对应。考虑到智能车路协同系统是智能交通系统发展到第三个阶段以及车路协同平台对所有功能实现的重要程度的主要标志,在上述六类功能域之外特别增加了车路协同平台作为基础平台。因此,根据以上设计思路,基于车路协同的智能交通系统体系框架的逻辑结构包括七大功能域,分别为车路协同平台(cooperative vehicle infrastructure system,CVIS)、车辆安全与控制(vehicle safety and control,VSC)、行人与非机动车安全(pedestrains and non-motorized safety,PNMS)、信息服务(information service,IS)、交通管理(traffic management,TM)、运营管理(operations management,OM)和应急救援(emergency response and rescue,ERR)。

4.1.2.4 小结

目前,各国的智能交通系统发展均相对成熟,形成了完整的框架体系,对实际交通系统的设计、管理、建设等方面提供了有效的指导。在功能框架设计方面,各类 ITS 框架将功能与数据存储、数据流动等内容共同归为逻辑框架,基于系统需要或者用户需求提出了相应功能或子功能,并设有相应的功能域,形成了多层次的功能体系。

然而,目前的功能框架均是在 ITS 体系下建立的,是对 ITS 逻辑层面相关内容的阐述,其功能设置与框架设计难以实现 ATS 自组织运行、自主演化的目标。在功能设置方面,仅仅考虑当前交通发展阶段的实际需求,罗列系统所需要的功能,难以随着技术的发展而演化,进而满足新的需求。在功能整体框架设计方面,子功能—功能—功能域的多层体系有效明晰了层级结构,但缺乏科学的划分逻辑,ATS 自主演化能力的实现需要更加紧密、清晰的框架结构。

因此,基于 ATS 框架整体的自主运行、演化的需求,功能框架研究需贯彻系统框架设计思路，以自主式的逻辑构建面向系统服务的功能，根据功能特征划分功能域，以进一步明晰功能间的关联关系，为实现交通系统自主运行、演化的目标提供了数据层面的逻辑支撑。

4.2 功能研究思路

建立面向自主式交通系统服务的功能集应在充分调研相关功能要素研究的基础上，从服务集出发，根据服务的定义以及现有的技术发展确定需要的功能，以自主"感知、学习、决策、响应"为通用逻辑对潜在的功能进行高度概括，以确保服务映射功能的完备性。参考文献资料，对功能进行统一命名及定义，确保每一项功能详尽，以得到完整的功能集。

面向系统服务的功能集以文本的形式表征了每一项功能的特性，而功能域是具备某种共性的功能集合，需对文本数据进行聚类分析，提取各类特征，借鉴现有交通系统框架中的功能域进行评价、调整，最终确定ATS的功能域。

4.2.1 功能框架分析

ATS服务的实现需要一定的功能组合，功能是系统为完成某项服务所需的过程或能力。系统功能与系统服务之间存在多对多的映射关系，即一项服务的实现通常需要多项功能的支持，同一项功能也会支撑不同服务的实现。

功能分析即是从系统服务出发，分析实现系统服务需要哪些功能，为进一步建立起服务与功能之间的映射关系提供前提与保证。这是功能分类与功能域形成的基础，也是突显ATS自主化能力的重要一环。功能分析是否有清晰可行的逻辑，决定了整个功能框架的构建是否全面、系统且可信。因而在探究ATS功能域形成方法之前，需要构建基于ATS运作逻辑的功能分析框架，为分析某项服务的实现所需的功能提供逻辑支撑以及依据，在一定程度上确保系统功能是全面可靠的。

由于功能存在的最终目的就是用于实现服务，进而满足用户需求，所以系统功能的设置必须以服务为根本。下文的功能分析框架从服务定义出发，基于服务所需的功能完成框架构建。结合ATS的自主运行逻辑特点对ATS服务定义进行分析，决定该框架的构建将以"自主感知""自主学习""自主决策""自主响应"为主要线索，且以此作为框架的一级组分，再进一步根据服务对功能的需求进行逐层细化，最终将形成一个全面而系统的树状分析结构。

4.2.1.1 "自主感知"阶段

"自主感知"阶段从系统组成的角度进行划分，参考"人-车-路-环境"系统的4个组成要素[4]。此外，随着我国经济社会的快速发展，新时代我国货物运输的需求、总量、结构、质量和布局会发生根本性、历史性变化[5]，货物运输对人们生活和经济发展的影响日益突出。故为使该框架更加全面，本阶段将按照"人""货物""车""路""环境"5类对象进行分析。之后再进一步根据它们所感知的信息类别展开分析。图4-1功能分析框架"自主感知"阶段1～3级框架结构。

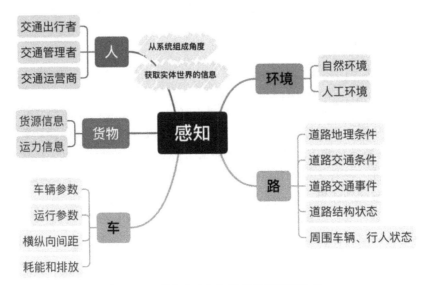

图4-1 "自主感知"阶段分析框架结构

对于"人"的感知，包括个人基本信息、身体状态、驾驶习惯等多方面影响其参与交通运输的信息，这些状态信息随着参与角色的不同而有所差异，故将根据"人"在交通系统中充当的角色来进行划分。为满足覆盖全面且界限清晰的划分要求，综合参考多方文献资料后，将其分为交通出行者、交通管理者[6]和交通运营商三大类。其中，交通出行者包括驾驶者、乘客和行人。交通管理被定义为以道路与道路交通活动为管理对象，以发挥道路交通系统的最大效益为目的的综合性管理，且广义的管理包含道路系统的建设规划管理、道路交通资源管理、道路交通安全管理和交通环保管理等各个方面[6]。因此，本框架中的交通管理者包括交通建设规划管理者、交通资源管理者、交通安全管理者、交通环保管理者。百度创始人李宏彦将智能交通运营商定义为智能交通基础设施建设的驱动者、智能交通服务提供者、智能交通产业链的推进者，还要主动承担碳减排的任务，创造绿色出行[7]。在实际应用中，交通运营商可分为人、车、路三大领域，在路领域以提供信息采集和信息服务为主，在车和人领域以提供汽车及其相关产品为核心。其在不同领域的主要作用有所差别，但均是以提供硬件或软件产品去满足交通需求。所以，本框架中的交通运营商细分为硬件运营商和软件运营商。

对于"货物"的感知，主要包括对货物自身基本信息以及与货物运输过程相关信息的采集。本框架中货运信息被分为货源信息和运力信息[8]，在此基础上进一步细化框架内容。其中，货源信息被认为主要包括商品基本信息、购买产品客户信息、原材料供应商信息等[9]，因此框架可进一步将货源信息分为货物基本信息和收/发货人信息。货物基本信息包括数量/重量[10]、品类[10]、体积[10]、包装状态[11]、货值[12]以及运到期限[10]等。对于运力信息的进一步细化，将其归纳为车辆信息[13]、运输成本[12]、运输价格[13]、运输路线[13]以及装载状态[14]。其中，车辆信息包括空车信息、车辆登记功能信息以及车辆状态信息等，装载状态是指对车门开闭状态、超限超载等问题的监测。

对于"车"的感知，主要包括对车辆自身信息以及运行过程所涉及信息的采集。紧紧围绕"安全、便捷、高效、绿色、经济"五大目标，本框架将对"车"的感知分为车辆参数、运行参数、横纵向间距以及能耗和排放四大部分。其中车辆参数（以某型纯电动汽车为例）[15]包括整车满载质量、整车装备质量、空气阻力系数、迎风面积、车轮滚动半径、滚动阻力系数等指标。运行参数被认为主要包括车辆运行基本参数、车辆运行姿态参数、导航参数等。其中，车辆运行基本参数是指车速、档位和开关量状态等汽车的基本状态量，开关量则是指灯光开关、离合、车门、操作按钮等可类比于数字开关量信号的状态变量；车辆运行姿态参数是以运行的车辆为中心设定的载体坐标系而言的，指车辆运行过程中的横滚角、俯仰角和航向角，能基于此判断车的瞬间动态，进而进行安全评估分析等；而车辆导航参数简单说来就是指车辆的定位信息。对车辆横纵向间距的感知包括采集车辆与周围障碍物或其他车辆的间距信息，属于目标检测中的测距功能[16]，这是车辆运行状态改变的决定性因素之一。绿色可持续作为未来交通发展的重要目标之一，ATS 需提供相应的服务与功能，在车辆感知方面必须对其能耗与污染排放[17]情况进行监测，为相关服务提供数据基础，故需在车辆感知部分增设"能耗与排放"。

对于"路"的感知，主要从它能够提供的条件和它是作为交通发生的场所这两个角度去考虑，包括道路条件信息、道路交通运输过程中产生的信息以及道路结构状态信息的采集。相较于"人"和"车"来说，"路"是一个涵盖面更广、成分更多的系统。为保证框架构建得更加系统全面，对照服务域的内容进行不断的完善，最终确定该部分分为道路地理条件、道路交通条件、道路交通事件、道路结构状态以及周围车辆、行人状态。有研究[18]提到，对道路地理条件的感知包括道路横纵向坡度、道路网络拓扑结构、道路区域和边界等内容。还有研究将道路因素分为了几何特征、路面状况、特殊路段和交通安全设施四大方面[19]。基于以上内容，本框架将道路地理条件划分为道路坡度、道路几何特征、道路网络拓扑结构以及道路特殊路段。其中道路坡度[18]包括横向和纵向坡度；道路几何特征[19]包括平面线形、纵断面线形、横断面线形以及视距等方面；道路网络拓扑结构分为方格状路网、带状路网、环形放射状路网以及自由式路网；道路特殊路段[19]包括隧道、出入口、服务区、高边坡等。道路交通条件相较于道路地理条件而言，更多是指不由自然地理条件决定、后天人为产生、时刻影响交通发生的道路因素，将其整理归纳后分为道路区域和边界、道路属性、交叉口[20]、交通流量、交通规则以及交通设施与设备。值得说明的是，道路属性信息[21]包括车道数量、类型（高速、主线、主干道、次干道等）、限速、方向、曲率等；交通规则包括交通标志和标线[16]、交通信号[16]以及通行限制[22]，其中通行限制包括道路限高、限宽、限重、限速以及道路通行权[23]等对道路交通运行起到规范和限制作用的规定；交通设施与设备则包括场站设施与设备及其运作状态、停车场分布及车位状态和收费站、加油站、加气站及充电站。道路交通事件的感知则是专门针对交通拥堵、交通事故、紧急事件以及其他特殊事件的监测，实时采集现场信息便于系统进一步采取针对性管控措施。道路结构状态的感知细化为下沉、塌陷监测、超重碾压监测、路面病害监测以及养护数据监测[24]。由于道路上运行的车辆和行人状态随时都有可能对交通状况产生影响，对"路"的感知应当包括采集其周围车辆、行人状态信息，如车辆的速度信息、行人的运动状态等，保持对其状态的监测，从而避免交通问题的产生或减轻问题的严重程度。

对"环境"的感知，在本框架中主要是指除了让交通正常运行的所必须依附的道路环境以外的环境信息。环境因素可分为自然环境和人工环境，其中自然环境包括地理条件、气候条件、生态景观等，人工环境包括施工区、障碍物、路侧干扰等[16]。还有研究认为交通环境监测应包括道路运行周边环境、道路行车能见度、噪声污染、危险源（如滑坡等地质灾害）等[24]。本框架综合以上观点，将"环境"感知部分划分为自然环境和人工环境两大部分。其中自然环境可进一步细化为地理条件、气候条件、生态景观以及环境污染，地理条件即地形地质条件信息，包括对危险源的监测；气候条件则包括气象，如温度、湿度、亮度、降雨量、风速、风向等，以及天气；生态景观主要是指道路周围的可能分散驾驶者注意力或遮挡视野的自然景观及景点；环境污染包括噪声污染和气体排放污染。人工环境则包括施工区、障碍物及路侧干扰等，其中路侧干扰还包括静态干扰（如路侧护栏、绿化带以及周围建筑物等）和动态干扰（如非机动车、摩托车等）。

以上便对整个功能分析框架的感知阶段进行了一个全面的描述，该阶段的构造是非常关键的一步，是整个自主式交通系统发挥作用的起点，为之后的三个阶段提供必不可少的数据支持。所以，感知的内容必须紧贴实际，与服务部分的内容紧密结合，确保采集的数据是有用、有效且全面的。

4.2.1.2 "自主学习"阶段

"自主学习"阶段是对"自主感知"阶段获取的数据进行加工处理，再进一步分析挖掘获得有效信息的过程，故本阶段从信息处理的角度进行划分，分为数据预处理、数据压缩与存储、数据融合与转化、数据分析与挖掘、数据维护和数据安全6项内容。每项内容会进一步依据数据处理流程或该内容涉及的交通数据类型继续划分。图4-2为"自主学习"阶段1~3级功能分析框架结构。

数据预处理部分，由于采集的信息种类繁多，具体预处理流程会因数据本身情况及用途有所不同，所以该部分按照数据预处理的步骤进一步细化，分为数据清洗、数据集成、数据变换和数据归纳四大步。其中，数据清洗[25]主要就是按照一定的规则和标准把原始数据中存在的如数据缺失、奇异值和离群点等问题处理掉，也包括处理原始数据中留存的重复信息和噪声干扰，从而提高数据可靠性；数据集成[25]顾名思义就是按照一定的特征规则将数据有机地集中，将来源各异的数据相互匹配和统一的过程，能够改善系统协作性和统一性，提高数据资源利用率；数据变换[25]则是指通过平滑聚集、数据概化、规范化等方式，将数据转换成适用于数据挖掘的形式；数据归纳[25]是指寻找依赖于发现目标的数据的应用特征，以缩减数据规模，从而在尽可能保持数据原貌的前提下，最大限度地精简数据量，保证大数据挖掘更具高效性。

数据压缩与存储部分，按照交通数据的类型进行划分。本框架参考城市智慧交通

4 功能——实现 ATS 服务的基础单元

图 4-2 "自主学习"阶段功能分析框架结构

管理大数据平台中[26]对交通数据的分类方法,即分为交通管理部门数据、与交通相关的政企事业单位数据、电信运营商数据、移动互联网数据以及车联网数据。各部分数据具体指代的内容如图 4-3 所示。

交通数据				
交通管理部门数据	相关政企事业单位数据	电信运营商数据	移动互联网数据	车联网数据
出租车管理系统数据、道路视频监控系统数据、电子警察设备数据、交通诱导系统数据、交通违章及事故处理系统数据、交通信号控制系统数据、重点车辆相关的基础数据、车牌及驾驶证管理系统数据、ETC电子不停车收费系统数据、违法及事故处理系统数据等	城市居民及户籍管理系统数据、城市规划系统数据、卡口布控数据、城市警务数据,以及管理局、水务局、环保局、气象局等相应数据库,还有应急救援系统数据等	用户经纬度信息、用户所接入基站/小区信息、基站/小区工程参数信息、用户基础信息、用户工作、居住、休闲娱乐所在区域信息、用户业务偏好、用户日常运动轨迹、各区域人群聚集及迁徙等	互联网出行平台数据,如Uber的快车等;地图平台数据,如百度、高德的地图数据、实时路况信息等;共享单车系统数据,如美团、青桔、哈罗、永安行等多个品牌的共享单车大数据	RFID数据、车联网监控数据、车辆运行及交互数据、道路监测数据、车载终端数据等

图 4-3 各类交通数据具体涵盖内容说明

数据融合与转化部分,参考大数据时代图书馆数字资源的融合与转化的相关研究,按照信息融合转化体系构建的层次来细化,分为多元数据融合、平台融合和服务融合[27]。在多元数据融合层,融合的对象是不同设备或人员所采集或收集到的不同数据信息,通过科学有效的方法对其进行处理,比如可选择利用集中式融合、分布式融合、混合式融合、多级式融合 4 种方法模型,构建一个数据充分融合与高度共享的体系。在平台融合层,多元数据的融合为平台的构建,如智慧平台和云平台[27],提供充分的数据支持,能实现良好的数据共享。在服务融合层,其实是利用多种技术方法不断挖掘数字资源的潜在价值,实现为用户提供更具个性化和精准化的服务,提升整体服务质量。

数据分析与挖掘部分，主要任务是利用相关统计分析技术对数据进行合理的分析，进而得出有价值的信息，或在海量数据中挖掘具有价值的隐藏信息，实现对数字信息的最大化开发和利用，最大限度发挥数据的价值和作用[28]。本部分按照分析挖掘的对象进行细化，结合交通实际，同时对照服务部分的内容，分为驾驶者驾驶行为、交通系统、车辆、货物运输四大方面。对驾驶者相关数据进行分析挖掘，可评估判断出驾驶者驾驶行为类型，包括普通水平以下型、普通型、激进型和非常激进型驾驶行为[29]，有利于系统进一步规范驾驶者的驾驶行为，是保证道路交通安全的重要举措；还可对其历史出行数据进行分析挖掘，以便提供更具个性化的信息服务。对交通系统的数据分析挖掘，整理归纳为交通状态判别、交通安全问题、交通流量预测、交通拥堵分析以及交通流分布模式 5 类。其中，交通状态判别的主要目的是找出拥堵路段，为交通出行提供诱导方案，是缓解交通拥堵的有效手段，同时能够提高出行效率；道路交通安全分析，如对交通事故、道路交通犯罪等数据的分析挖掘，能够有利于道路交通管制，也为保险赔偿提供有力依据，对构建安全、畅通的交通环境有积极的意义；交通流量的准确预测则是智能交通系统实现动态交通管理的重要前提；交通拥堵分析是建立道路交通拥堵预警和报警系统的必然要求，能有效减少交通拥堵带来的损失；交通流分布模式分析则能应用于道路网络交通流的管理和控制，增加路网通行能力，缓解交通拥堵[30]。对车辆方面的数据分析挖掘，主要应用于车辆状态检测、车辆可靠性分析、市场销售分析以及保险风险分析四大方面。车辆状态检测主要包括安全环保检测和安全技术检测；车辆可靠性分析主要是通过数据分析挖掘得到车辆可靠性评价的相关结果；市场销售分析则是指基于数据分析挖掘对汽车市场进行分析和销量预测，能为相关运营商提供有价值的参考；保险风险分析主要指在汽车保险业务和事故风险评估中应用数据挖掘技术，为用户提供更加全面的个性化服务[32]。对货物运输方面的数据挖掘分析，划分为运量分析、货运配载、装载加固安全分析、运输规划和风险评价 5 项内容。其中，运量分析涵盖货物运输量和周转量分析[33]以及运量预测[34]。本部分的货运配载[34]是指在运送路径一定，同流向货物运达地点相同或相近的条件下，对货物和装载运输车辆进行匹配。对于装载加固安全分析，是指利用获取到的与评价货物装载加固相关的数据，如铁路货物装载加固安全分析过程中所需要的货物外形及重量、中心位置等数据[35]，通过一定的分析处理，得到其安全评估结果，为货物运输提供安全保障。运输规划则主要包括多式联运优化分析[36]以及路径优化分析[37]，能够实现节省运输成本，提高运输效率。对于风险评价，参考在危险货物道路运输风险评价体系研究中指出的风险影响因素，将其细化为货物风险、车辆和设备风险、人员风险、运输路线风险以及管理风险五方面[38]。

数据维护部分可分为数据备份与恢复、数据更新与纠错两大部分，能够保证系统数据的质量与时效性，提高信息的可靠性。

数据安全部分可进一步细分为数据加密和风险识别，能够强化数据监管，防止信息泄漏或丢失，保障数据的安全性。

"自主学习"阶段的内容，主要起承上启下的作用。在这一阶段充分挖掘"感知"数据的价值,提高数据利用率,同时也为下一阶段提供关键的决策依据。

4.2.1.3 "自主决策"阶段

"自主决策"阶段的重点是提供系统控制方案或信息发布报告,从方案及报告施用或涉及的对象角度进行划分。与"自主感知"阶段相比,划分的区别有:其一,"自主决策"阶段提供的方案,不仅会面向单一的对象,更多的是面向多个对象做出综合决策,这也更加符合交通系统运作实际情况;其二,"自主感知"阶段对环境的感知,归根究底是出于将其作为影响交通出行和交通质量的一方面因素,而不是为了对环境进行某种控制或管理,所以在"自主决策"阶段,不涉及专门针对环境的方案,只是在决策过程中将环境作为一项影响因子去生成其他方案;其三,货物运输本身是服务于系统用户的,涉及交通系统多个对象,其决策的过程应当综合考虑系统多个组分而不仅仅针对"货物"这一个要素。

据上所述,该阶段将分为"人""车""路""货物-车-路""人-车-路"5项内容,既符合交通系统的实际,又能全面、系统地构建"自主决策"阶段的框架。在此之后,进一步结合应用实际对各项内容进行细化。图4-4为功能分析框架"自主决策"阶段1~3级功能分析框架结构。

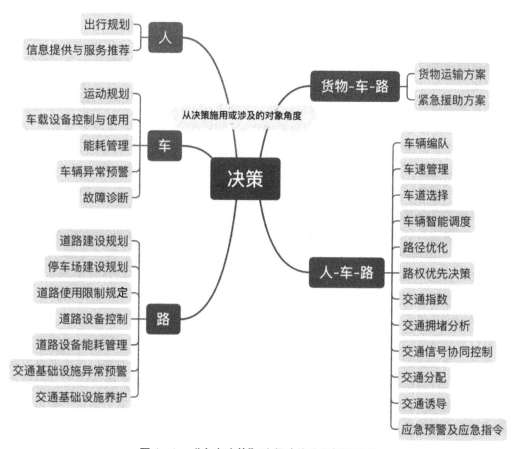

图4-4 "自主决策"阶段功能分析框架结构

对于"人"的决策，主要出于满足其交通出行的需求，将其细化为出行规划和信息提供与服务推荐两方面。出行规划方面，是指为其提供出行规划方案，方案内容涉及出行路线、交通工具、费用情况以及时间花费等。信息提供与服务推荐方面，出于提高公众出行信息服务水平的目的，实现对出行者出行前、出行中、目的地信息服务的全程实时覆盖，为其提供人性化、多元化、实效性强的综合交通信息服务[39]。

对于"车"的决策，主要是为其自身设备和运行提供相应的控制方案，将其细化为运动规划、车载设备控制与使用、能耗管理、车辆异常预警以及故障诊断五方面。运动规划被认为可根据时空尺度和任务目标，细分为长期的路径规划、中期的路线规划、短期的动作规划和即时的轨迹规划4级子任务[40]。车载设备的控制与使用方面，主要指提供车载内外部设备操控方案，如转向灯的开闭、雨刮器的使用、安全带的解系等。为响应全面、协调可持续的发展模式，为车辆提供能耗管理方案也是非常重要的一项内容，将驾驶行为与能耗管理结合起来，能对驾驶行为起到引导作用，在一定程度上实现了管理创新[41]。对于车辆异常预警的决策，能够为相关部门或人员做出科学决策提供支撑，从而避免交通事故的发生或缩短紧急救援和恢复正常交通所需的时间，提高应对突发事件的处置能力[39]。此外，故障诊断是车辆在整个使用周期中必不可少的一个环节，提供故障诊断报告，能够为其进一步维修养护提供必要的决策支撑。

对于"路"的决策，可分为道路使用前、使用中和使用后3个阶段进行细化。在道路使用前，系统应提供的方案包括道路建设规划、停车场建设规划以及道路使用限制规定[42]。在道路使用中，主要是对道路设备，如照明系统、车道指示器、路边停车设施等提供控制方案，以及对道路设备能耗管理进行决策，如为城市道路照明节能问题提供解决方案[43]，还包括交通基础设施异常预警[39]，这能保障交通基础设施的运营安全。在道路使用后，系统需提供交通基础设施智慧养护方案[44]，为公共设施养护、运营决策以及安全管理提供重要依据。

对于"货物 - 车 - 路"的决策，按照方案解决的问题来划分，包括货物运输方案和紧急援助方案。货物运输方案在此包括物流运输工具的选择[45]、包装和装载[45]方案、运输方式优化[45]方案、货运班期[46]排定方案、路径优选[47]方案以及车辆调度[47]方案。值得说明的是，运输方式优化主要指分区产销运输、直达运输、合装整车运输、运输工具优化、载运工具协调分配等内容[45]。货运班期排定方案的决策，主要是为了提高企业服务水平、降低物流成本、增加经济效益[46]。另外，路径优选与车辆调度决策，与非货物运输的"人 - 车 - 路"相比，涉及的有关部门、考虑的因素以及要实现的目标等方面都存在着一定的差距。比如，货物运输的路径优选方案还需考虑货物的途经站、运到期限等因素；货运车辆调度主要是为满足货主的集货要求[47]，并且在时间上和价格上都更具灵活性，若对及时性要求高就价格高，对价格敏感的就可选择运期相对更长的方案，与客运车辆调度相比，其更加侧重于车型及驾驶者等方面的选择。紧急援助方案则是指系统在监控发现遇有险情或发生事故的车辆时，规划最优援助方案[47]，为有关车辆及时进行紧急援助提供重要依据。这一点与"人 - 车 - 路"部分相应内容的区别主要在于必须将货物本身的运输风险纳入决策的考虑因素,如运用基于 ArcGIS 的道路危险货物运输应急救援系统,对危险货物运输进行直接管理,并整合救援资源,寻找救援最优路径,为救援队伍提供决策策略[48]。

对于"人–车–路"部分,内容体系相较于"货物–车–路"部分更加庞大。结合服务部分的内容,最终将该部分的决策细化为 12 项内容,分别为车辆编队、车速管理、车辆智能调度、路径优化、路权优先决策、交通指数、交通拥堵分析、交通信号协同控制、交通分配、交通诱导以及应急预警及应急指令,各部分会以提供方案或发布报告的方式实现决策的作用。其中,车辆编队是指在实现车联网的前提下,行驶路线相同的多个车辆可以形成编队。一般在每个车队中,第一辆车称为头车,采用自适应巡航控制,保持与前车的安全距离;其余车辆为跟随车辆,采用协同自适应巡航控制,与前车和头车通信,且保持较小的间隔跟随前车,安全高效地通过交叉路口。此外,车辆编队控制还有多种不同的通讯拓扑结构,所以需根据采集到的相关数据经过处理后进一步决策生成车辆编队控制方案。车速管理是指根据道路限速要求、车辆行驶环境的状况及其他特殊需求控制车辆运行速度。车辆智能调度方案主要面向公共交通系统和共用车系统,前者包括公交车、客运班车等[44];后者是基于无人驾驶、电动汽车以及移动互联网的一种新的交通系统[49],能够降低运输企业成本,提升经营效率,实现信息实时传递和共享,加强对运输过程的管控。路径优化则是为实现单个目标或同时满足多个目标,如时间最短、成本最低、舒适度最好等,重新规划运行路径,以达到优化效果。路权优先决策对于维持交通秩序、提高交通效率、保证交通安全是有重要意义的,考虑路权优先的调度方案可保证所有车辆尽快通过,同时还能减少路权优先车辆在冲突区的延误[50]。交通指数能够分别从空间维度和时间维度进行划分,是对城市道路交通运行状态的量化表达[44],其实质就是对交通运行状态的评价,是交通出行与管控过程中需要考虑的重要信息。另外,交通拥堵分析,是指生成交通拥堵分析报告,包括拥堵时间[42]、拥堵程度[44]及拥堵分布[44]三方面的信息内容,为人们出行提供引导,也为交通管控提供重要的决策支持。交通信号协同控制能有效减少车辆行驶延误时间,提高路网通行效率,是缓解城市交通拥堵的重要手段。交通分配分为两种最优目标不一的策略,即系统最优和用户最优,前者能使系统达到整体最优,希望达到系统总行程最短、延误最小等目的,而忽略了出行者自身对诱导路径的选择;后者则是全面考虑出行者的自身利益,希望达到出行费用最少、时间最短等目的,但也降低了系统整体的协调能力[51]。所以,系统就需要根据实际的交通需求和状况,制定合适的交通分配策略。为交通出行者提供交通诱导信息,能够均衡道路交通流分布,提高路网承载力及交通效率,减少交通拥堵[39]。应急预警及应急指令部分,前者主要是指对监测到的实时交通状态进行识别判断,当检测到可能发生交通事件时,系统会及时制订相应的预警方案,从而提高交通安全水平;后者则主要是对交通事件的信息进行综合分析决策并生成相应的应急指令,进而能够有效地应对交通事故,提升救援人员的安全保障。

以上便是"自主决策"阶段涵盖的所有内容,为 ATS 功能实现的最后一个阶段——"自主响应"阶段直接提供执行方案或发布内容,是 ATS 系统功能接触实体世界前的最后一步,也是至关重要的一步,直接影响最终的"响应"效果。

4.2.1.4 "自主响应"阶段

"自主响应"阶段是对控制方案的最终执行,从响应执行的直接主体和接收指令的直接受体角度进行划分。类似于"自主决策"阶段的分析,在该阶段,"环境"不可能是响应执行的直接主体或接收指令的直接受体,而是作为自主式交通系统运作后的间接受体。同样,货物本身还不具备执行或接收的能力,货物运输方案的执行必然是依靠系统的其他组分协作完成的。此外,随着"互联网+"、大数据、云计算、人工智能等技术的迅速发展,云平台作为信息化产品不断融入交通系统的运作环节[52],能够有效地整合信息资源,同时其信息交互功能可更加高效地实现多方信息共享,为用户提供更具特色、更加便捷的信息服务。

综上分析,本阶段将分为"人""车""路""云平台"四部分,能够将系统的运行结果映射到物理实体,体现系统运行对实体世界的影响。随后,会继续从信息交互和运行控制两大角度进行细化分析。图4-5为功能分析框架"自主响应"阶段1～3级功能分析框架结构。

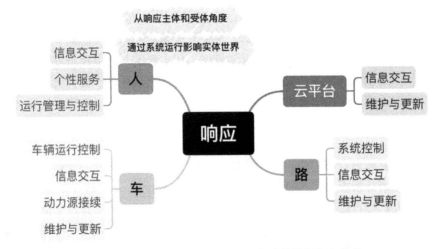

图4-5 "自主响应"阶段1～3级功能分析框架结构

从"人"的角度,"响应"功能就相当于人机交互系统[50]运作的过程,主要体现在人自身需求的表达或行动的采取以及对系统信息的接收或反馈,可将其细化为信息交互、个性服务和运行管理与控制三方面内容。其中,信息交互包括信息接受与指令发布、信息查询与管理,能够实现人对系统发布信息的接收,同时也能满足人出于自身需求进而去发布指令或对信息进行查询与管理。个性服务包括推荐、预约、支付和评价与反馈4项内容,具有针对性、主动性、时效性和多样性的特点[54]。其中,推荐主要是指系统在用户发出需求前提前为用户推荐个性化出行方案、周边停车场及娱乐休息场所等服务信息,预约主要包括驾考预约服务[55]、自主检车预约服务[55]以及维保预约[56]功能,支付部分的功能主要包括高速公路收费、拥堵收费、停车无感支付等,评价与反馈则主要是指用户针对功能服务体验后所发出的行为,也包括车辆或有关设备对于用户需求的信息反馈。运行管理与控制可细化为交通效率和交通安全两方面，主要指需要由交通管理者及运营者采取行动措施或发布指令的情况，其中交通效率的管控指对匝道、交叉口绿波红波等实施的管控，交通安全的管控则针对危险行为、危险路段、恶劣天气发布预警和面对突发事件采取处置的措施[57]。

从"车"的角度，将其细化为车辆运行控制、信息交互、动力源接续和维护与更新4部分内容。车辆运行控制部分可进一步细化为运行状态控制、运作模式控制、车载设备控制以及安全控制。其中，运行状态控制主要是指对车辆运行起停、速度以及方向的控制。运作模式控制包括驾驶模式切换和远程控制两项内容，前者目前有人驾、人机共驾、机驾3种可供切换的模式[58]；后者是指可以不受距离限制进行远程操控汽车，使之完成目标功能，如在5G网络下实现无线远程控制车辆的应用研究。车载设备控制包括对车辆照明装置、信号装置、雨刮器、空调、音像视听设备以及门锁等设备的控制，为车辆行驶提供必要的警告、指示以及辅助功能，以提高乘坐舒适性和安全性。另外，安全控制是指在危急情况下能实现车辆主动安全控制，即车辆自动选择有效的避让或防御措施防止事故发生[59]，保证安全行驶，如汽车碰撞预警系统[60]。信息交互部分又可分为信息接收与显示和信息发布两方面。在信息接收与显示部分，包括面向公共交通、货物运输[61]、应急响应[62]等的调度指挥信息以及由车载设备、路侧设备及其他相关设备发布的路况信息[63]和周围车辆信息[63]，还包括车辆根据采集到的数据进行自主识别获取行车方向的信号灯信息[58]，根据获知的交通事件信息对车内用户提供交通事件提示[58]，还能接收由其他设备发布的预警信息[63]等，便于进一步采取措施避免危险。在信息发布部分，主要包括向人、路、云平台及周围其他车辆发布车辆运动状态信息[63]，当车辆自身出现紧急情况或遇到交通事故时也能及时发布预警[63]信号，实现交通引导，提高交通安全。动力源接续部分的响应，就是指车辆进行加油、加气、充电等行为。最后，维护与更新部分则主要包括车辆的检修、相关设备及系统的更新升级，能够保证车辆自身状态的正常稳定。

从"路"的角度，与"车"部分的细化逻辑相同，分为系统控制、信息交互以及维护与更新3部分。系统控制主要包括交通信号控制、车道控制[64]、匝道控制[57]以及照明系统控制[65]等。信息交互部分进一步细化为实时信息发布和信息记录，前者包括对路况、周围车辆、停车、交通流诱导、使用限制、预警、交通事件以及交通污染等多方面信息的实时发布，后者则主要是指电子警察在自动检测到交通违章行为的同时还可以对发生的相关事故进行详细的记录。维护与更新部分则是指道路路面、设备设施等的维护施工以及相应道路设备及系统的更新和升级，目的是进一步保证道路交通安全。

从"云平台"的角度，同样将其细化为信息交互和维护与更新两方面。综合整理多方文献资料，将云平台在交通系统中各部分的应用研究现状进行了归纳汇总，再从云平台信息交互部分到底要面向什么对象、实现什么效果或达到什么目的去考虑，将其进一步细化为道路工程、远程管理、路径还原、收费监控管理、设备运维管理、客流预测、道路安全管理七个方面。道路工程包括养护工程、修建工程以及项目管理；远程管理云平台能对车辆或设备机械状态数据进行采集和分析，并在电脑端和移动客户端实时显示数据，从而实现对车辆或设备机械的远程管理，能有效提升管理能力；路径还原则主要用于提升高速公路收费车道的车道收费效率和稽查处置效率；收费监控管理云平台也主要应用于高速公路通行场景，能实现营运大数据的互联和共享，加强和规范车辆通行费征收管理，提升通行效率和服务水平；设备运维管理则主要为了解决设备运维管理中故障发现难、运维监管难、智能化和数据化程度低、过程数据权威性不足等问题[66]；客流预测主要用于公交、地铁等公共交通，能利用海量的刷卡或二维码交易数据获取有效客流信息，再综合其他出行影响因素，对未来一段时间的客流量进行分析预测；道路安全管理[67]包括对人、车、路的安全评价和安全管理。另外，云平台也应根据用户的需求和其各组分的运作状况采取相应的维护与更新措施，采用及时更新、定期更新、联动更新和应急更新相结合的机制。

"响应"阶段的执行，是前面3个阶段功能内容的最终目的，是实现系统运行对实体世界的影响，是自主式交通系统实现其价值和意义的关键一步，这一步能否顺利执行，直接决定相关服务能否实现。

4.2.2 功能分析结果

针对所有服务域中的子服务，利用上述功能分析结构逐一进行解析、整合，累计形成了699项功能，每一项功能都具备七大属性，得到了完整的功能属性表以及功能再定义文本。下面以自动泊车服务为例进行介绍。

自动泊车服务是自动车辆驾驶服务的一项子服务，其定义为"通过对周围环境的实时监测，应用车辆自动驾驶技术和精确定位技术，自动将车辆准确地停靠在目标位置"。根据以上定义，结合功能分析框架，从"感知、学习、决策、响应"4个环节搜集需要的功能，分别为"监测实时周围环境""存储、导入、分析环境信息""生成自动泊车方案""车辆泊车自动控制"。每项功能具有7个属性，根据文献资料确定功能属性，比如监测实时周围环境功能的提供者主要为"车载感知设备"，依此规则进行分析，可得到如表4-2所示的功能列表。

表4-2 自动泊车服务的功能列表

服务	功能	属性						
		提供者	过程信息	服务对象	实现途径	逻辑环节	技术	作用
自动泊车	监测实时周围环境	车载感知设备	周边环境信息	车载学习设备	数据采集、数据传输	感知	传感器技术、人工智能技术	泊车周围环境监测与感知
	存储、导入、分析环境信息	车载学习设备	周边环境信息	车载决策设备	数据存储、数据分析	学习	计算技术、大数据技术	分析对象信息，将其转换到传感器坐标系、车体坐标系下的位置信息，分析泊车可行性

续表

服务	功能	属性					
		提供者	过程信息	服务对象	实现途径	逻辑环节	技术	作用

服务	功能	提供者	过程信息	服务对象	实现途径	逻辑环节	技术	作用
自动泊车	生成自动泊车方案	车载决策设备	周边环境信息	车载响应设备	数据分析	决策	人工智能技术	根据分析情况选用合适的车位，规划出合理可行的泊车路径，随后将车辆控制权交给泊车控制器
	车辆泊车自动控制	车载响应设备	设备操作信息	载运工具	数据传输、设备控制	响应	控制技术	由控制单元向执行机构发出控制信号，同时利用车辆传感器信息实时计算车辆估计位姿，估计位姿与轨迹的误差作为跟踪控制的反馈信息实现轨迹准确跟踪，控制车辆按预定的轨迹进入车位

基于表4-2的功能属性，根据前文描述的功能范式，可以对功能进行一个再定义，如：<监测实时周围环境>由<车载感知设备>提供，通过<数据采集、数据传输>的方式获得<周边环境信息>，服务于<车载学习设备>，利用<传感器技术、人工智能技术>实现<泊车周围环境监测与感知>，即实现<感知>环节。

通过上述方法，对系统服务列表进行统一分析，得到面向服务的功能及其定义，对采集得到的功能定义进行结构化处理，提取相应的特征值形成集合，再针对单个功能特征选择相应的特征值，形成如表4-2的功能列表，涵盖了ATS所有功能（见附录3-3）。结合功能列表和范式，对功能进行再定义，形成功能文本，作为后续功能域聚类的数据来源。

4.3 功能域及其聚类方法

功能域是具有相似特征的功能集合，同一域中的功能具有相同或相似的作用机理，具备某一种共性。各种传统智能交通系统均有相应的功能域，虽然命名有所区别，但其内在含义、作用与此处表述的"功能域"一致。功能由技术驱动以实现系统服务，是系统架构中的重要基础，由此形成的功能域是对系统内部能力的最直接描述。正是基于此原因，功能域的构建应当从功能特征或者定义出发，采用合适的方法进行探索。本节根据功能数据文本化的特点，查阅了相关领域的研究方法，尝试应用了主题模型方法进行聚类研究,并通过验证,具有一定的可行性。

4.3.1 方法介绍

文本聚类的核心在于如何处理文本数据,并将其转化为数值数据,利用聚类算法进行运算。随着技术的发展,文本处理的焦点已经从文本形式特征转移至文本语义,将机器学习领域的方法迁移至文本领域。隐含狄利克雷分布(latent dirichlet allocation,LDA)是现阶段最具代表性的文本处理主题模型,在机器学习的基础上,利用经验贝叶斯方法推测文本主题分布,将其作为文本权重输入到一般数据聚类算法进行聚类,即可完成对文本的聚类全过程。上述过程可以概括为文本分词处理、文本主题推断以及聚类分析,主要涉及自然语言处理领域中的具体技术,下面对其进行详细介绍。

4.3.1.1 自然语言处理技术

自然语言处理(natural language processing,NLP)是计算机科学领域与人工智能领域中的一个重要方向,是一门融语言学、计算机科学、数学于一体的科学,以实现人机间的信息交流为最终目的。该技术可以从"自然语言"和"处理"两个方面理解。

自然语言是指汉语、英语、法语等人们日常使用的语言,是人类社会发展演变而来的语言,而不是人造的语言,它是人类学习生活的重要工具。概括来说,自然语言是指人类社会约定俗成的,与用于程序设计的人工语言有明显差别的语言。在整个人类历史上,以语言文字形式记载和流传的知识占到知识总量的80%以上。就计算机应用而言,据统计,用于数学计算的仅占10%,用于过程控制的不到5%,其余85%左右都是用于语言文字的信息处理。处理包含理解、转化、生成等过程。

实现人机间的信息交流,是人工智能、计算机科学和语言学所共同关注的重要问题,自然语言处理技术是重要途径之一。自然语言处理,是指用计算机对自然语言的形、音、义等信息进行处理,即对字、词、句、篇章的输入、输出、识别、分析、理解、生成等的操作和加工。自然语言处理的具体表现形式包括机器翻译、文本摘要、文本分类、文本校对、信息抽取、语音合成、语音识别等。可以说,自然语言处理就是要计算机理解自然语言。自然语言处理机制涉及两个流程,包括自然语言理解和自然语言生成。自然语言理解是指计算机能够理解自然语言文本的意义,自然语言生成则是指能以自然语言文本来表达给定的意图。

4.3.1.2 分词处理

分词处理是自然语言处理技术中的基础步骤[71],将连贯的语句拆分成词或者词组,以便进行后续的处理。由于不同语种的语法不同,处理的过程也会有所差异,例如中文没有英文中的空格作为天然的分隔符,在分割过程中可能因字词前后的组合不同而表现出截然不同的语义。因此,下面以中文为例进行相关技术的介绍。

目前,中文分词方法可以分为三大类,基于字符串匹配的分词方法、基于理解的分词方法和基于统计的分词方法。基于字符串匹配的分词方法又称机械分词方法,它是按照一定的策略将待分析的汉字串与一个规模足够大的机器词典中的词条进行匹配，若在词典中找到某个字符串，则匹配成功。在匹配过程中，按照搜寻方向的不同，字符串匹配分词方法可以分为正向匹配和逆向匹配；按照不同长度优先匹配的情况，可以分为最大（最长）匹配和最小（最短）匹配；按照是否与词性标注过程相结合，可分为单纯分词方法和分词与词性标注相结合的一体化方法。速度快是该方法的主要优点，但受限于机器词典的规模大小，其对歧义词处理效果不佳。

基于理解的分词方法是通过让计算机模拟人对句子的理解，达到识别的效果。基本思想为，在分词的同时进行句法、语义分析，利用句法、语义信息来处理歧义现象。通常包括3个部分：分词子系统、句法语义子系统、总控部分。在总控部分的协调下，分词子系统可以获得有关词、句子等的句法和语义信息来对分词歧义进行判断，即它模拟了人对句子的理解过程。这种分词方法需要使用大量的语言知识和信息。然而，由于汉语语言知识的笼统、复杂性，难以将各种语言信息组织成机器可直接读取的形式，因此目前基于理解的分词系统仍在完善。

基于统计的分词方法是在给定大量已知分词的文本的前提下，利用统计机器学习模型学习词语切分的规律（称为训练），从而实现对未知文本的切分。例如最大概率分词方法和最大熵分词方法等。随着大规模语料库的建立，统计机器学习方法的研究和发展，基于统计的中文分词方法渐渐成为主流方法。主要的统计模型有：N元模型、隐马尔可夫模型、最大熵模型、条件随机场模型等。在实际应用过程中，基于统计的分词系统需要使用分词词典来进行字符串匹配分词，同时使用统计方法识别一些新词，即将字符串频率统计和字符串匹配结合起来，既发挥匹配分词切分速度快、效率高的特点，又利用了无词典分词结合上下文识别生词、自动消除歧义的优点。

基于上述方法，国内已经形成了较为完善的分词工具，如jieba、SnowNLP、清华大学研发的THULAC（THU Lexical Analyzer for Chinese）、北京理工大学的NLPIR等等。各分词工具均有相应的特点，目前被广泛使用的中文分词工具为jieba分词，具有较高的精度[73-75]。在后续的处理中，使用此工具进行分词，为主题模型提供输入。

4.3.1.3 LDA 主题模型

LDA 主题模型是三层贝叶斯概率模型[76,77]，该模型认为文档是主题的概率分布，而主题是词汇的概率分布。基于该思想，模型从文档 – 主题、主题 – 词汇两个方面建模，描述文档、词汇以及主题三层结构之间的生成关系，如图4 – 6所示。此处不对 LDA 模型作公式推导，仅对其算法思想进行简要介绍，有兴趣的读者可阅读相关文献。

其中，Ψ 表示语料库的文档数量，N_τ 表示每篇文档 τ 的词汇量，α、β 分别服从狄利克雷分布，θ_τ 为文档 τ 的主题分布概率，$z_{\tau,\xi}$ 为第 τ 篇文档中第 ξ 个词汇的主题，φ_k 为主题 k 的词汇分布概率，k 为 φ_k 中被选中的主题，$\omega_{\tau,\xi}$ 为第 τ 篇文档中的第 ξ 个词汇。

在 LDA 模型中，一篇文档的生成过程可以描述成如下的表述。

（1）$\vec{\alpha} \to \vec{\theta}_\tau \to z_{\tau,\xi}$：这个过程表示在生成第 τ 篇文档时，以先验概率分布 α 抽样

产生其在主题上的概率分布 θ_τ，并根据文档-主题分布采样获得第 ξ 个词汇的主题 $z_{\tau,\xi}$。

（2）$\vec{\beta} \rightarrow \vec{\varphi}_k \rightarrow \omega_{\tau,\xi} \mid k = z_{\tau,\xi}$：这个过程则表示，从先验概率分布 β 抽样产生其词汇分布 φ_k，并根据主题-词汇分布 φ_k 抽样生成主题为 $z_{\tau,\xi}$ 的词汇 $\omega_{\tau,\xi}$，即为第 τ 篇文档的第 ξ 个词汇。

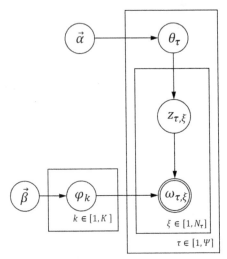

图4-6 LDA主题模型表示

在对文本数据进行聚类之前，需要利用LDA主题模型提取文本权重特征。文本聚类并不能直接对字符进行聚类分析，而需要提取文本特征，转化为数值的形式进行聚类。文本数据的特征可分为很多种，归结起来主要分为形式特征和内容特征。为了充分挖掘语义信息，提升聚类精度，使得聚类结果更加具备分析的意义，这里采用中国百度自建的LDA数据库提取文本的内容特征（即内在含义）。

百度LDA主题库是中国发展较为成熟的数据库，利用海量文本数据构建而成，在学术研究和工业领域中应用甚广，具备一定的权威性。在实验数据充足的条件下，可以利用LDA原理提取部分数据作为训练集，自行构建文本主题库，以提升实验精度。但是，由于ATS功能框架面向的是有限的服务集合，功能文本数据量远远达不到自建主题库的数量要求，只能采用文本分析领域较为成熟的主题数据库。

4.3.1.4 聚类算法

聚类分析是机器学习领域的重要应用之一，机器学习可分为有监督学习和无监督学习，有监督学习需要事先确定好划分的类别情况，为每个样本贴上标签，而无监督学习则不需要，相应地，由于缺少标签，难以直接验证结果的准确性。

聚类的核心在于样本间距离或相似性的计算以及聚类算法的选取。样本间的相似度计算则取决于数据类型，连续的数值变量一般采用欧氏距离；分类变量则一般采用汉明距离或者特定的相似系数进行计算；混合变量则一般采用高尔距离。聚类算法众多，比如层次聚类、基于划分的 K 值聚类、基于密度的DBSCAN聚类、基于网格的STING聚类、基于模型的潜在类别分析[78]等，一般根据数据类型进行选择。聚类算法发展至今，已经相对成熟，被广泛应用于不同领域。

提取文本特征得到文本主题分布权重后，将主题分布权重作为空间坐标，假设每一维权重相同，计算各点间的空间距离作为衡量彼此相似的标准。在空间坐标系下存在大量的距离计算公式，表征点与点间的相似度，比如欧氏距离、余弦距离等。由于ATS功能框架构建的工程性质，这里采用较为简单的欧式距离作为相似度指标，用 K-means 算法进行聚类分析。

聚类结果采用轮廓系数[79]等指标进行评价，并结合功能框架构建实际情况进行分析。聚类评价指标一般可分为外部指标和内部指标，外部指标需要部分带有标签的数据作为参照，将聚类结果与之对比以评判聚类的准确度；内部指标则是在全部实验数据中进行对比分析，无须监督与基准的数据。功能框架的构建属于对交通系统的解析和重构，其中的要素无法找到带有标签的文本数据，评价指标采用内部指标更为可靠合理。同时，单纯地依靠指标对结果进行评价，无法直接体现数据对功能框架构建的实用性。因此，将聚类结果映射到原文本数据，对各类中的功能进行逐一分析，以评价分类的合理性。

4.3.2 聚类结果分析及功能域描述

4.3.2.1 聚类结果分析

利用上述技术进行分析处理，并以词云图的方式将聚类结果可视化。表4-3给出了每个主题下关键词的词云图，将出现频率较高的主题关键词标记出来了。从表4-3中可以清楚地观察到各类的主题，尽管部分关键词在多个类中出现频率均较高，如信息、管理、分析等，但结合同一主题中次要的关键词，就能推断出主题的侧重点。结合词云图与功能文本，对每一类进行合理推断，可以得到词云图上方的主题名称，主题之间均具备一定的区分度，且基本涵盖交通领域的功能，定性说明了此聚类结果的可行性。在交通系统体系框架构建的过程中，结合此聚类结果与工程实际对功能域进行命名和描述。

表4-3 各类的功能文本关键词云图

主题1	主题2	主题3
载运工具数据采集	公共交通信息管理	交通基础设施管理

续表

主题 4	主题 5	主题 6
交通信息采集	环境信息管理	交通运输管理

主题 7	主题 8	主题 9
货物运输	交通紧急事件应对	载运工具运行与控制

主题 10	主题 11	主题 12
载运工具辅助与安全	商用交通运营管理	交通数据管理与协同

4.3.2.2 功能域描述分析

载运工具数据采集功能域主要由感知类的功能组成,载运工具端的感知功能占据了较大的比例,其中的功能主要服务于载运工具的数据采集,一般由载运工具设备及路侧设备提供,采集车辆自身信息、驾驶者信息以及周边车辆信息等。其中的功能所使用的技术与传感器技术紧密相关,所需技术以传感器、地理信息技术为主。该功能域下的功能主要用于实现道路载运工具运行服务域下的服务,该域能够为载运工具运行与控制、辅助与安全、公共交通信息管理等功能域提供数据支持。

载运工具运行与控制功能域主要包括实现载运工具自身安全运行的功能,域内功能基本均为载运工具车载设备提供,所处理的过程信息主要为车辆基础、通信、设备操作等信息等,主要涵盖了学习、决策、响应3个逻辑环节。该域同样特征明显,域内功能与道路载运工具运行服务域具有较强的相关性。该域与载运工具数据采集、载运工具辅助和安全功能域关系紧密,域中功能需要载运工具数据采集、交通运输管理等功能域提供的数据,同时该域功能也是货物运输功能域的重要支撑。

载运工具辅助与安全功能域主要涵盖了载运工具电子支付、性能测试、维修、救援等相关功能,与载运工具数据采集、运行与控制功能域具有明显的区别,域内功能所处理的过程信息主要为车辆信息,涉及数据采集、传输、分析、信息输出等多个环节,在多个涉及载运工具和安全的服务域中发挥作用,如货物运输、交通管理与控制、交通安全管理等服务域。该域是载运工具相关服务的实现基础,是载运工具运行与控制功能域的重要保障。

公共交通信息管理功能域下的功能主要用于完成公共交通类服务所需要的分析业务,涵盖了出行者信息服务域、货物运输服务域、公共交通服务域、交通管理与控制服务域以及综合交通运输服务域下与公共交通相关的服务所需功能,覆盖面较广,涉及过程信息繁多。由于主要特征在于分析,该功能域下的功能所需使用的技术主要与数据分析、网络计算技术相关。该域与交通信息采集、商用交通运营管理、交通数据管理与协同等功能域联系紧密,能够提供公共交通运营数据,协调交通系统的运输管理。

交通基础设施管理功能域下的功能主要用于实现与交通基础设施及其管理、运营者相关的服务,涵盖了管理、分析、维护等功能,其功能涉及的过程信息主要与设施信息相关,功能所使用的技术主要以大数据分析、计算、处理及控制技术为主。由于该域的特点主要在于交通基础设施,因此其与通路交通基础设施服务域具有较强的对应性。该域能够为交通数据管理与协同、交通运输管理以及载运工具运行与控制等功能域提供基础设施所采集的交通数据。

交通信息采集功能域主要由信息采集类的功能组成,其显著特征在于数据收集与分析,域内的功能主要由非载运工具设备提供,如交通中心运营者、交通产品服务管理者等,过程信息多样,具有较强的综合性,其涉及的技术主要与传感器技术、大数据技术、计算技术、数据采集技术相关。域内的功能所对应的服务主要涵盖了出行者信息服务域、货物运输服务域、公共交通服务域、交通管理与控制服务域、综合交通运输服务域以及交通安全管理服务域。信息采集是交通系统中的基础功能,该域中的功能与载运工具数据采集功能域相互补充,为交通运输管理以及交通数据管理与协同提供大量数据支撑。

环境信息管理功能域的主要特征在于域内功能处理的信息为气象及地理环境相关信息,主要服务于环境气象信息中心运营者及出行者,涉及数据采集、分析和信息输出,域内功能所需技术以大数据技术、计算技术、通信及传输技术数据分析为主。该域特征明显,为交通安全管理服务域的服务提供了大量的功能,同时与载运工具运行与控制、交通紧急事件应对等多个功能域联系紧密,为具体功能提供环境信息。

商用交通运营管理功能域与商用运营车相关的交通信息高度相关,域内功能主要业务为，提供信息进行运营管理了与出行者和商用运营车辆紧密相关，所涉及的过程信息涵盖了出行者、车辆、货物等诸多方面的信息，覆盖面较广，与出行者信息、货物运输、道路交通基础设施、公共交通、综合交通运输、交通安全管理等多个服务域内的子服务相对应。该域与交通运输管理、载运工具相关的服务域联系紧密。

货物运输功能域特征明显，域内功能与货物运输紧密相关，涉及的过程信息基本为货物信息，其功能涵盖了自主感知、学习、决策、响应多个逻辑环节。该域与货物运输服务域具有较强的关联性，为货物管理、运输及相应车辆管理等服务提供功能，同时也为综合交通运输服务中的货物多式联运提供支撑，但也有部分域内功能与综合交通运输服务域中的服务所需业务功能相关。该域服务对象相对单一，但域中功能的实现需要多个功能域的支持，如环境信息管理、交通运输管理、载运工具相关功能域等。

交通紧急事件应对功能域与交通事件紧密相关，主要服务于交通安全管理服务域中的子服务，如安全事件信息服务、紧急车辆管理、危险品运输等。域内功能涵盖了紧急事件识别、分析以及应对响应等功能，涉及的过程信息多样，主要为事件信息、交通状态信息以及紧急响应信息，其功能主要与学习、响应、决策环节相关，所需技术以海量数据融合分析处理技术及数据传输技术为主。交通基础设施管理、交通数据管理与协同、交通运输管理等功能域与此域关联紧密，该域中的功能时常需要其他域的功能提供支持，如应对紧急事件时的车辆管理、调度、交通管控等环节涉及的数据分析、信息发布等功能。

交通数据管理与协同功能域与数据紧密相关，涵盖了数据分析、存储、管理等多方面的功能，功能逻辑环节以自主学习、自主决策为主，功能业务服务对象涉及交通运行管理者、交通基础设施管理运营者等，所需技术主要为海量数据融合分析处理技术及计算技术。域中的功能与其他功能域的内容联系紧密，为信息管理、货物运输、交通紧急事件应对等功能域提供数据支持。

交通运输管理功能域主要功能在于管理、运营综合交通，其功能主要服务于出行者信息服务域、道路载运工具运行服务域、道路货物运输服务域、公共交通服务域、交通管理与控制服务域、综合交通运输服务域、交通安全管理服务域内的子服务，提供交通运输、管理等功能，覆盖面颇广，涉及的过程信息复杂，所需技术主要与大数据技术、计算技术、通信和信息传输技术及网络技术相关。该域具有极强的综合性，需要综合多个功能域提供相应的数据，如公共交通信息管理、交通信息采集、商用交通运营管理、货物运输等功能域，同时也将管理决策反馈至其他域内相应的功能。

功能域由大量功能聚合而来，每一类功能域中的功能均具备某种共通的特征，这种特征可能与服务域具有极为紧密的联系，从而导致某个功能域与服务域的对应关系十分明显。但是，服务域是由众多面向系统用户需求的服务构成的，服务域的划分是以交通系统对象或者事件为主要逻辑展开的，各域具备特定的对象或者主题，但彼此之间的联系仅仅是逻辑上的相关。而功能域是基于面向服务的功能形成的，功能是ATS架构中最为基础的单元，代表交通系统中实现服务的各种动作，与技术、设备直接相关。因此，功能域内功能之间的关系和不同功能域之间的关系是交通系统在功能层面的重要关联关系，是表征交通架构的重要方式之一，能够为后续的系统自主运行和演化提供有效支持。

4.4 应用实例

ATS功能框架的构建是从系统服务出发，分为"自主感知""自主学习""自主决策""自主响应"4个阶段，以便实现快速、准确地分阶段匹配出与某项服务相对应的功能。本文以车联网环境下自动驾驶车辆通过交叉口场景的正常情形下，即不考虑交叉口设有施工区或有交通事故发生等特殊情形，以所需的自适应巡航服务为例，说明ATS功能分析框架在系统体系架构研究中的作用。

首先，对车联网环境下自动驾驶车辆通过交叉口所需的自适应巡航服务的定义进行综合分析。自适应巡航控制（adaptive cruise control，ACC）[68]是通过定速巡航控制（CC）系统结合跟车控制发展而来，一般分为巡航模式和跟车模式，两种模式的工作原理如图4-7所示。从定义出发，自适应巡航服务所需的主要功能是车速以及跟车距离的控制，但将其置于自主式交通系统中的功能分析框架下进行分析，会得到一套更加全面且具体的功能组合。

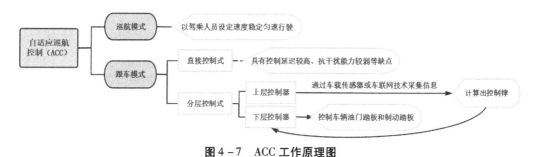

图4-7 ACC工作原理图

基于此，结合应用实际，利用功能分析框架可得到，在交叉口通行场景的一般情况下实现"自适应巡航服务"所必需的功能如下，如图4-8所示。

在自主感知阶段，目的是全面采集交通系统中实现自适应巡航服务所必需的数据。针对"人"的功能包括交通参与者和交通管理者，无须涉及交通运营商。对于交通参与者而言，具体功能有采集驾乘人员个人信息、驾乘人员设定参数信息[68]以及周围行人状态信息，其中设定的参数信息主要是指自动驾驶车辆的运行速度参数。对于交通管理者而言，主要功能是指由交通安全管理者对交通安全相关的信息进行实时的采集、监督或管理。

针对"货物"，显然在该场景下的自适应巡航服务无须考虑货源信息，仅需感知载货车辆自身或周围车辆的货物装载状态，利于及时发现道路潜在危险，避免遭遇事故。

针对"车"，需要感知的信息包括车辆参数、运行参数以及车辆与其他车辆、行人、障碍物等影响车辆运行的事物间的横纵向间距，便于对车速以及跟车距离进行控

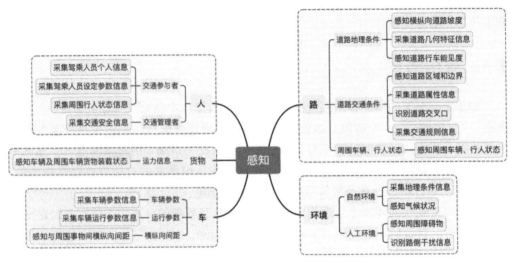

图4-8 自主感知阶段功能分析结果框架

制。之所以不考虑车辆的耗能和排放，是因为在该场景下这项功能对自适应巡航服务的实现几乎没有影响，也并不属于交叉口通行情况下的一般功能需求。

针对"路"，感知的信息包括道路地理条件、道路交通条件以及周围车辆、行人状态，不考虑道路交通事件的发生以及道路路面结构状态存在异常的情况。其中，对道路地理条件的感知主要包括横纵向道路坡度、道路几何特征信息以及道路行车能见度，便于自动驾驶车辆及时采取对方向、速度等运行状态的控制措施；对道路交通条件而言，需要的功能为感知道路区域和边界、采集道路属性信息、识别道路交叉口以及采集交通规则信息，保证车辆能在通行区域内安全合规地通行；对周围车辆、行人状态的感知，如车辆的运行速度、行人的走行速度等，则是一项保证道路行驶安全的基础功能，便于车辆控制距离、避免碰撞。

针对"环境"，需要感知的信息包括自然环境和人工环境。对自然环境的感知主要指采集地理条件信息、感知气候状况，便于车辆及时发现危险源，如滑坡、地震等地质灾害，从而可采取相应的预防措施，同时还能及时识别暴雨、冰雹等恶劣天气，可为车辆运作模式的切换提供决策依据，从而避免在天气恶劣或光线不良的情况下使用自适应巡航控制系统；对人工环境的感知则主要是指感知周围障碍物、识别路侧干扰信息，其中路侧干扰包括动态干扰（如非机动车、摩托车等）和静态干扰（如路侧护栏、标志牌和杆柱等）。

在自主学习阶段，加工处理的对象主要是感知阶段获取的各种数据，如图4-9所示。数据预处理部分，需要的功能有对感知数据进行清洗、集成、变换以及归纳。

数据压缩与存储部分，包括对交通管理部门数据、与交通相关的政企事业单位数据、移动互联网数据以及车联网数据的压缩与存储，不涉及电信运营商数据。其中，交通管理部门数据主要指道路视频监控系统数据、交通信号控制系统数据等，相关政企事业单位数据主要指气象局采集的天气数据，移动互联网数据则主要是指地图平台数据，如RFID数据、车联网监控数据、车辆运行及交互数据、道路监测数据等[26]。

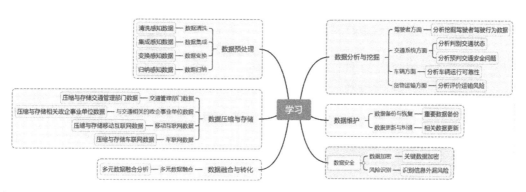

图4-9 自主学习阶段功能分析结果框架

数据融合与转化部分，主要功能就是对多元数据进行融合分析，即对自适应巡航服务过程中不同设备或人员所采集到的数据，以科学有效的方法进行处理，便于之后进一步对数据进行分析挖掘。

数据分析与挖掘部分，涉及驾驶者、交通系统、车辆以及货物运输四方面的内容。其中，驾驶者方面主要指分析挖掘驾驶者行为信息，进一步获取其驾驶习惯、驾驶风格信息，有利于为驾驶者提供更具个性化的服务；交通系统方面的功能包括分析判别交通状态以及交通安全问题，为车辆运行控制提供重要依据；车辆方面则是对车辆运行可靠性进行分析，能及时发现车辆自身问题，包括汽车三大件（发动机、底盘、变速器）和五大系统（燃油供给点火系统、润滑系统、冷却系统、刹车系统、转向传动系统）可能遇到的各类故障以及受损问题，从而避免事故发生；货物运输方面是对于采取自适应巡航控制系统的货车而言的，通过对货物、车辆和设备、人员等相关数据的分析挖掘，评价运输风险，为驾驶者或车辆提供参考。

数据维护部分，主要功能是对采集的重要数据进行备份，同时进行相关数据的更新。

数据安全部分，需要的功能包括对采集到的部分关键数据进行加密，以及进一步识别并评估信息外漏的风险，防止信息外漏情况的出现，从而对各种隐私信息进行更好地维护与管理。

在自主决策阶段，系统主要功能就是生成相关控制方案如图4-10所示。对于"人"来说，交叉口通行场景下的自适应巡航服务无须系统提供出行规划功能，涉及的功能是为用户提供相关信息及服务选择，比如提供周围车辆及行人状态信息、天气状况信息等。

对于"车"来说，需要的功能包括运动规划、车载设备控制与使用两方面，无须考虑能耗管理、车辆异常预警以及故障诊断。其中运动规划主要指动作规划，即生成关于车辆方向、车速等运行状态控制的方案；生成的车载设备控制与使用方案则主要是关于如何对油门、脚刹、手刹、转向灯以及音响设备等车载设备进行控制与使用的。

对于"路"来说，只需考虑道路使用中的功能内容，在该场景下需系统生成道

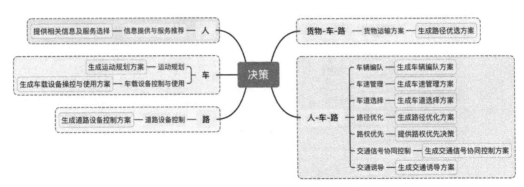

图 4-10 自主决策阶段功能分析结果框架

路设备控制方案,如对交通信号灯、照明系统、车道指示器等的控制方案,无须考虑道路设备能耗管理以及交通基础设施异常预警。道路使用的限制应当在自适应巡航功能使用前便已通过其他功能决定,故在此处不再列出。

对于"货物-车-路"来说,在交叉口通行的自适应巡航货车,需系统根据交通情况实时提供路径优选方案,必须考虑货物状态、途经站、运到期限等与货物运输相关的多方因素。显然,在该场景下不涉及对物流运输工具选择、包装和装载、运输方式优化、货运班期以及车辆调度方案的决策,且不考虑发生需要紧急援助的情形。

对于"人-车-路"来说,系统需要生成车辆编队、车速管理、车道选择、路径优化、交通信号协同控制以及交通诱导方案,另外,系统还需根据道路的路权优先规定为车辆提供路权优先决策,其中路权优先权一般包括绝对路权(如公交专用道)、相对路权(借道通行时)、特殊路权(特种车辆在执行紧急任务时)、通行优先权(使用最多,如停车让行标志)[69],确保自动驾驶车辆能够安全、有序、高效地通过交叉口。

在自主响应阶段,是要通过系统的运行影响实体世界,即将系统运行结果映射到物理实体如图 4-11 所示。从"人"的角度,该项服务涉及的功能有信息交互和个性服务两方面,不考虑交叉口有相关管理人员进行指挥引导。其中,信息交互部分功能是指"人"接受系统提供的信息并根据自身需求发布相应指令,以及使用相关设备进行信息查询与管理;个性服务部分的响应则是指系统为用户提供个性化服务,如根据驾乘人员的个人习惯推荐合适的运行车速。

从"车"的角度,在交叉口通行场景下,系统需提供的功能涉及车辆运行控制以及信息交互两方面,无须考虑动力源接续以及车辆的维护与更新。对于车辆运行控制,具体功能有控制车辆横纵向运行状态、车载设备使用状态;对于信息交互部分,提供的功能有接收并显示路况信息、接收周围车辆信息、接收或显示信号灯信息以及发布车辆运行状态信息,便于车辆提前了解周围交通状况。

从"路"的角度,依旧考虑系统控制和信息交互两方面的功能。其中,系统控制方面的功能在该场景下主要是指控制交通信号;信息交互方面的功能有实时发布路况信息、发布周围车辆信息、显示交通流诱导信息以及发布道路使用限制信息,保证车辆更加安全、高效地参与交通运行。

从"云平台"的角度,其功能主要就是信息接收与指令下达。在实现交叉口场景下的自适应巡航服务的过程中,涉及道路安全管理云平台,需要的功能就是发布道路安全管理相关的信息,如对于车辆通过交叉口的安全评价信息,能够引导车辆在合适的时机、以合适的速度并选择合适的车道及方向,安全地通过交叉口。

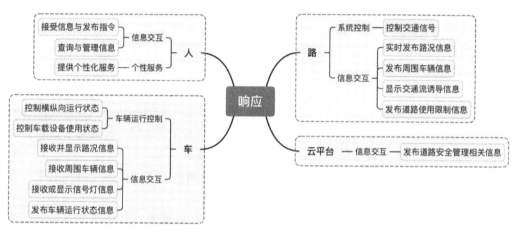

图 4-11 自主响应阶段功能分析结果框架

依照上述分析,得到该应用场景下实现自适应巡航服务在各阶段所需的全部功能,其他服务也能利用此框架得到对应的功能,进而得到整个 ATS 系统完整的功能集合,充分说明的 ATS 功能分析框架的作用。同时,依照该框架对某项服务进行全面的功能分析,能够更加直接且具体地展现某项服务具备的特征及其实现的效果。

上述 65 项功能均归属到了不同的功能域,主要涉及载运工具数据采集、载运工具运行与控制、交通信息采集、交通数据管理与协同功能域,足以说明在分析框架的颗粒度划分下,实现单一服务所需要的功能数量众多,且功能特征丰富。进一步证明了 ATS 满足用户需求、实现相应的服务需要交通系统中各类组分相互协调,各种设备、技术相互协作,其中交互的信息更是纷繁复杂。由此可见,ATS 为了实现自主运行、自主演化的目标,对理清交通系统脉络、明晰各要素逻辑运作关系等方面具有较高的要求,而功能域的划分能够从系统运行最小单元的角度给出不同功能间的关系,为后续的物理逻辑提供有效的支撑。

4.5 小结

功能要素作为交通系统框架的重要组成之一,在国内外诸多框架中均有相关应用,在充分参考国内外 ITS 系统功能框架以及行业资料的基础上,构建了功能分析框架,从"感知、学习、决策、响应"4 个环节分析服务定义,成功建立了面向自主式交通系统服务的功能集。该功能集囊括了现有交通系统的功能,并能根据技术发展进行演化,契合自主交通系统的发展需求。

为推动交通系统自主演化发展的研究,必须从功能的层面出发,明晰功能间的信息交互、运作逻辑关系,构建能够表征自主式交通系统功能特征的功能域。因此,在功能文本数据的基础上,综合应用分词处理、主题模型等自然语言处理技术和机器学习领域的技术,对功能进行类别划分。参考国内外智能交通系统框架的功能域,对每一类中的功能进行特征分析、归纳,最终得到了 12 个特征显著的功能域。根据同一功能域中的功能分布情况,对功能域的作用、内容、特征以及不同功能域之间的联系进行详细描述,为系统的自主运行、自主演化提供逻辑支撑。

参考文献

[1] United States Department of Transportation. Architecture Reference for Cooperative and Intelligent Transportation [EB/OL]. (2020 – 11 – 30) [2021 – 02 – 06]. https://local.iteris.com/arc-it/html/viewpoints/physical.html.

[2] 《中国智能运输系统框架》专题组. 中国智能运输系统体系框架 [M]. 北京: 人民交通出版社, 2002.

[3] 张毅, 姚丹亚. 基于车路协同的智能交通系统体系框架 [M]. 北京: 电子工业出版社, 2015.

[4] 苏少辉, 朱强. 城市道路设计中关于"人 – 车 – 路 – 环境"信息交互的思考 [J]. 测绘与空间地理信息, 2008 (4): 178 – 180, 184.

[5] 李茜. 新时代我国货物运输需求发展趋势 [J]. 综合运输, 2020, 42 (10): 101 – 105.

[6] 李振福. 交通文化与交通管理 [J]. 交通标准化, 2003 (5): 45 – 48.

[7] 李宏彦. 智能交通: 影响人类未来 10—40 年的重大变革 [M]. 北京: 人民出版社, 2021.

[8] 孙渝平, 顾敬岩. 行标《道路货物运输交易信息服务系统技术要求》的说明 [J]. 交通标准化, 2003 (1): 19 – 20.

[9] 谷钰, 张丽杰, 吕翘楚. 电子商务交易中多用户相似货源信息检索仿真 [J]. 计算机仿真, 2018, 35 (10): 472 – 476.

[10] 曾俊伟, 吕斌, 张铭. 公路货运配载系统的研究与设计 [J]. 物流科技, 2006 (10): 49 – 51.

[11] 吴金中, 范文姬. 危险货物道路运输风险评价体系研究 [J]. 公路交通科技, 2015, 32 (12): 6 – 11.

[12] 王剑波, 魏萌萌, 李腾飞. 四川省高速公路货物运输分析 [J]. 综合运输, 2019, 41 (2): 122 – 126.

[13] 丛颖, 彭佳. 货物运输业信息服务平台的架构研究 [J]. 山西建筑, 2008 (2): 363 – 365.

[14] 郭建华. 货车装载状态监测系统的研究 [J]. 铁道运输与经济, 2002 (5): 25 – 26, 47.

[15] 王飞, 李磊磊. 纯电动汽车动力系统参数匹配与优化研究 [J]. 农业装备与车

辆工程，2020，58（12）：93-97.

[16] 王海，徐岩松，蔡英凤，等. 基于多传感器融合的智能汽车多目标检测技术综述［J］. 汽车安全与节能学报，2021，12（4）：440-455.

[17] 宋尹良. 机动车尾气检测方法及污染防治措施研究［J］. 时代汽车，2019（9）：18-19.

[18] YAN F, WANG K, ZOU B, et al. LiDAR-based multi-task road perception network for autonomous vehicles［J］. IEEE access，2020，8：86753-86764.

[19] 何石坚. 基于驾驶人-车辆-道路-环境全因素的高速公路事故分析与预测方法［D］. 广州：华南理工大学，2019.

[20] 孙振平. 自主驾驶汽车智能控制系统［D］. 长沙：国防科学技术大学，2004.

[21] 杨永斌，李笑扬. 基于大数据技术的智能交通管理与应用研究［J］. 重庆工商大学学报（自然科学版），2019，36（2）：73-79.

[22] 方芳. 论道路通行权及其限制［J］. 学术交流，2017（4）：116-123.

[23] 冯豪杰，卢小平. 顾及道路多限制因子的最优路径规划研究［J］. 测绘与空间地理信息，2018，41（10）：102-103，107.

[24] 高颖. 基于CIM的智慧交通与智慧道路感知体系［J］. 中国交通信息化，2021（1）：113-115.

[25] 周党生. 大数据背景下数据预处理方法研究［J］. 山东化工，2020，49（1）：110-111，122.

[26] 徐乐西，栾玉婷，曹越，等. 城市智慧交通管理大数据平台架构及设计探讨［J］. 邮电设计技术，2020，(5)：7-12.

[27] 范家巧. 大数据时代图书馆数字资源的融合与转化［J］. 图书馆论坛，2020，40（5）：38-44.

[28] 邵心玥. 浅谈大数据时代的数据分析与挖掘［J］. 数字通信世界，2017（7）：103.

[29] 吴紫恒. 基于数据挖掘的驾驶行为与道路拥堵分析［D］. 合肥：中国科学技术大学，2018.

[30] 覃明贵. 城市道路交通数据挖掘研究与应用［D］. 上海：复旦大学，2010.

[31] 孟少朋，骆红云，李盛. 基于数据挖掘的汽车可靠性分析方法研究［J］. 金属热处理，2007（S1）：62-65.

[32] 崔虹燕，水静. 数据挖掘技术在汽车保险风险分析中的应用［J］. 科技信息，2009（29）：145，385.

[33] 王剑波，魏萌萌，李腾飞. 四川省高速公路货物运输分析［J］. 综合运输，2019，41（2）：122-126.

[34] 曾俊伟，吕斌，张铭. 公路货运配载系统的研究与设计［J］. 物流科技，2006（10）：49-51.

[35] 尚苒. 铁路货物装载加固安全方案安全性综合评价研究［J］. 甘肃科技纵横，2018，47（3）：60-63.

[36] 于瑞菊. 集装箱多式联运系统运输组合优化与分级优化研究［D］. 青岛：青岛

大学，2010.

[37] 冯树民，殷国强. 规划层面的危险品运输路径优化模型 [J]. 哈尔滨工业大学学报，2012，44（8）：53-56.

[38] 吴金中，范文姬. 危险货物道路运输风险评价体系研究 [J]. 公路交通科技，2015，32（12）：6-11.

[39] 陈乙利. 基于大数据驱动的城市交通控制决策研究 [J]. 电子技术与软件工程，2020（22）：114-116.

[40] 李立，徐志刚，赵祥模，等. 智能网联汽车运动规划方法研究综述 [J]. 中国公路学报，2019，32（6）：20-33.

[41] 李勇，谭红英，刘丹. 驾驶行为与公共交通能耗管理策略研究 [J]. 重庆大学学报（社会科学版），2013，19（4）：67-72.

[42] LIAO H C. Intelligent transportation decision analysis system based on big data mining [J]. Journal of physics: conference series，2019，1168（3）：032002-032002.

[43] 周科. 城市道路照明节能问题及解决方案浅析 [J]. 工程建设与设计，2019（10）：63-64.

[44] 娄宝娟. 交通大数据辅助决策支持系统及在宁海的应用研究 [J]. 中国市政工程，2016（6）：1-3，92.

[45] 胡绍宏. 关于货物运输方案优化的探究 [J]. 企业技术开发，2011，30（13）：37-38.

[46] 张赫，王炜，陆丹. 公路零担货运组织优化方案研究 [J]. 武汉理工大学学报（交通科学与工程版），2011，35（5）：877-879，883.

[47] 陈昕，王海洋. 我国公路货运领域存在的问题及解决方案 [J]. 辽宁工学院学报，2004（5）：22-24，29.

[48] 李金榴，胡月琦，张天昊. 基于 ArcGIS 的道路危险货物运输应急救援系统 [J]. 汽车实用技术，2017（15）：194-197.

[49] 朱明. 智慧城市中共用车的智能调度系统 [D]. 上海：上海交通大学，2017.

[50] 龚隽. 考虑路权优先的自动驾驶车辆冲突区调度方法 [D]. 广州：华南理工大学，2019.

[51] 李旭，周彤梅. 基于动态交通分配的交通诱导与控制协同研究 [J]. 中国人民公安大学学报（自然科学版），2017，23（4）：79-81.

[52] 舒喆. 公路隧道互联网云平台的设计与实现 [D]. 西安：长安大学，2019.

[53] 谭征宇，戴宁一，张瑞佛，等. 智能网联汽车人机交互研究现状及展望 [J]. 计算机集成制造系统，2020，26（10）：2615-2632.

[54] 孙笑宇. 大数据环境下车联网个性化信息服务模式研究 [D]. 长春：吉林大学，2016.

[55] 孙静. "互联网+" 智能交通管理系统设计 [J]. 智能计算机与应用，2016，6（4）：109-111.

[56] 王宁. 车载互联网技术在汽车行业的应用与实践［D］. 大连：大连理工大学，2016.

[57] 陈新海，祖晖，王博思. 面向车路协同的智慧路侧系统设计［J］. 交通与运输，2019，35（6）：62-65.

[58] 孙博华. 考虑驾驶能力及驾驶习性的个性化人机共驾策略研究［D］. 长春：吉林大学，2020.

[59] 万沛霖，张俊，陈旭川，等. 车辆主动安全系统智能分布式控制研究［J］. 微计算机信息，2007（19）：79-81.

[60] 胡蕾蕾. 电动汽车主动安全避撞控制系统研究［D］. 长春：吉林大学，2014.

[61] 陈昕，王海洋. 我国公路货运领域存在的问题及解决方案［J］. 辽宁工学院学报，2004（5）：22-24，29.

[62] 张竞涛. 智能交通战"疫"应用和发展展望［J］. 中国信息化，2020（3）：102-104.

[63] 蔡玉宝，徐棱，张志云. 基于C-V2X的车载终端交通信息交互软件［J］. 中国科技信息，2018（23）：68-70.

[64] 庞明宝，柴紫欣，巩丹阳. 混合交通下智能网联车借道公交专用车道控制［J］. 交通运输系统工程与信息，2021，21（4）：118-124.

[65] 黎恒，杨玉琳，陈大华，等. 基于麦克风阵列车辆检测的公路隧道照明控制方法及系统研究［J］. 隧道建设（中英文），2019，39（12）：1957-1964.

[66] 唐燕斌，金如克. 浙江高速公路设备智能运管云平台应用探析［J］. 中国交通信息化，2020（7）：102-104，117.

[67] 翟泽，钟磊，王欣. 高速公路智慧云平台安全架构研究［J］. 网络安全技术与应用，2020（11）：127-128.

[68] 阳磊. 车辆多目标自适应巡航控制算法的研究［D］. 西安：西安理工大学，2021.

[69] 龚隽. 考虑路权优先的自动驾驶车辆冲突区调度方法［D］. 广州：华南理工大学，2019.

[70] SHANNON C E. A mathematical theory of communication［J］. Bell labs technical jounal，1948，27（4）：379-423.

[71] TSENG Y H，LIN C J，LIN Y I. Text mining techniques for patent analysis［J］. Information processing & management，2007，43（5）：1216-1247.

[72] ISLAM M R，ZIBRA N M F. SentiStrength-SE：exploiting domain specificity for improved sentiment analysis in software engineering fext［J］. Journal of systems and software，2018，145（11）：125-146.

[73] PENG K H，LIOU L H，CHANG C S，et al. Predicting personality traits of Chinese users based on Facebook wall posts［C］// Wireless & Optical Communication Conference. Piscataway：IEEE，2015：9-14.

[74] LIN B S，WANG C M，YU C N. The establishment of human-computer interaction

based on Word2Vec [C] //Proceedings of the 2017 IEEE International Conference on Mechatronics and Automation (ICMA). Piscataway: IEEE, 2017.

[75] LIU Q, ZHENG Z, ZHENG J, et al. Health communication through news media during the early stage of the COVID-19 Outbreak in China: a digital topic modeling approach. 2020.

[76] BLEI D M, NG A Y, JORDAN M I. Latent dirichlet allocation [J] //Journal of Machine Learnzing Research, 2003, 3: 993-1022.

[77] BLEI D M, LAFFERTY J D. A correlated topic model of science [J]. Annals of Applied Statistics, 2007, 1 (1).

[78] GOODMAN L A. Exploratory latent structure analysis using both identifiable and unidentifiable models [J]. Biometrika, 1974, 61 (2): 215-231.

[79] PETER R J. Silhouettes: a graphical aid to the interpretation and validation of cluster analysis [J]. Journal of computational & applied mathematics, 1987, 20 (1): 53-65.

[80] GIRAUD C. Introduction to high-dimensional statistics [M]. New York: Chapman and Hall/CRC, 2014.

[81] HINTON G E. Visualizing high-dimensional data using t-SNE [J]. Vigiliae Christianae, 2008, 9: 2579-2605.

5 技术——推动 ATS 功能的革新

5.1 技术的定义、目标与现状

5.1.1 技术的定义和目标

技术是自主式交通系统框架的基础要素之一，用于支撑 ATS 中的各项功能，保证整个系统有序、自主地运行，是 ATS 发展的外在驱动力。由于交通系统是一个复杂的大系统，涉及多个领域的技术，ATS 构成要素中的技术仅考虑对自主式交通系统影响显著的主要技术类别。

传统交通系统主要依赖于交通管理部门完成各项交通组织管理工作，而随着技术的发展进步，传统交通系统迎来了变革，发展成智能交通系统。在可预见的未来，技术将推动交通系统从智能交通时代发展到自主交通时代，ATS 中的技术支持交通系统的各项自主化功能。

ATS 系统中的技术与架构中的诸多要素相关，为强化架构的整体性，有必要以范式的形式对技术进行统一定义，格式如下：＜技术名称＞通过＜研究内容＞能够实现＜技术效果/功能＞，从而满足＜功能名称＞的＜感知、学习、决策、响应＞，应用于＜子服务＞。

在整体框架研究中，技术要素的主要研究目标如下：面向自组织运行和自主化服务的系统运作流程，即自主感知—自主学习—自主决策—自主响应，分析人工智能、大数据、5G 通信、北斗卫星导航、边缘计算等关键技术对 ATS 自主化能力的影响，确定各类技术的发展路线，标定其各阶段的技术属性与特征。

5.1.2 技术研究现状

由于技术参与交通系统的方式与用户需求、交通系统服务、功能和组分等要素不同，并且并不作为交通系统专有的要素，因此目前美国、欧盟、日本及我国的 ITS 体系框架均未将技术纳入交通系统的基础要素中考虑，未形成专有的对技术体系的系统性描述。

王云鹏、严新平等学者编著的《智能交通技术概论》对智能交通技术进行了全面的梳理。该专著以智能交通系统的关键技术为主线，从"感"（交通信息的感知与管理）、"传"（交通信息的交互）、"知"（交通状态的预测）、"用"（智能交通应用与系统）4 个层面展开叙述，呈现智能交通系统中各子系统之间共性、基础的知识，构建了智能交通技术的知识体系。

该著作介绍了在智能交通信息采集技术、智能交通数据管理技术、智能交通信息交互技术、交通状态分析与预测技术、智能交通信息服务技术、智能交通管理与控制技术、车辆智能驾驶技术、智能车联网与车路协同技术等各项技术的驱动下，智能交通系统的各项子系统如何提供"智能化"的功能，从而实现交通系统的智能管理。

5.2 技术研究思路

5.2.1 交通系统内、外部技术划分

现实世界中技术的种类繁多，不同技术的发展程度及发展潜力各不相同，且不同技术的发展对交通系统的影响也有明显的差异。明晰技术对 ATS 发展的作用机理，有助于在建设自主式交通系统的过程中把握其中的关键技术，引导交通系统快速向自主化发展。

从信息的产生、采集、传输、处理、应用等环节考虑，交通系统中的技术包括交通信息采集技术、交通数据存储与管理技术、交通信息传输与交互技术、交通信息处理分析技术、交通信息服务技术、自动驾驶技术、车联网技术等多个技术。这些技术与交通系统密切相关，能够很好地反映技术的进步对交通系统功能及服务的影响，但这些技术并不属于基础技术，而是一个或多个通用技术应用于交通系统的结果，不利于从交通系统发展规划的角度引导基础技术的发展。

从自主化运作逻辑来对技术进行分类，可分为自主感知、自主学习、自主决策、自主响应和辅助运行 5 个部分。这样的技术分类方法能够体现出技术对自主式系统的驱动作用，但是与交通系统的关联度不高。

为了较好地描述技术对交通系统的影响，把技术分为外部技术和内部技术两类，其中外部技术是指面向自主化运作逻辑划分的通用技术，内部技术是指按照交通系统内部信息处理流程划分的与交通系统密切相关的技术。通过内部技术和外部技术的关联，揭示通用技术对交通系统发展的影响机理，实现外部技术驱动的交通系统演化分析。

5.2.2 技术的代际划分思路

5.2.2.1 辅助自主、高度自主和完全自主

为了区分交通系统不同发展阶段的自主化水平，将其分为辅助自主、高度自主、完全自主三个阶段。自主式交通系统的发展主要依靠技术的驱动，因此对技术的发展也进行对应的发展阶段划分。

（1）辅助自主：交通系统能够在特定的场景下提供有限的自主式服务，各项控制及决策需要驾驶者、交通管理者等的介入。相应地，技术能够支持部分自主感知、自主学习、自主决策和自主响应功能，但在精度、时延、效率、适用范围等各方面仍存在较大的限制。

（2）高度自主：交通系统能够在多数场景下提供较为丰富的自主式服务，部分

控制及决策可以自主完成，对驾驶者、交通管理者等的依赖程度较低。相应地，技术能够支撑大部分自主感知、自主学习、自主决策和自主响应功能，并且在精度、时延、效率、适用范围等各方面相比辅助自主均有明显的提升。

（3）完全自主：交通系统能够在任何情况下实现自主运行，不需要驾驶者、交通管理者等人为的介入。相应地，技术能够支撑任意场景下的自主感知、自主学习、自主决策和自主响应功能。

5.2.2.2　对照车辆自动驾驶的技术分级

在前述辅助自主、高度自主和完全自主 3 个发展阶段的基础上，对各个阶段的技术发展进一步细分，划分为 L0~L5 共 6 个发展阶段，与现有的车辆自动驾驶技术分级对应。

其中，辅助自主划分为 L0~L2 级，高度自主划分为 L3 和 L4 级，完全自主对应 L5 级，对各项技术的性能指标进行具象化描述，以体现技术在不同发展阶段的差异。

5.3　技术的分类

5.3.1　交通系统外部技术

外部技术是指独立于交通系统外的通用技术，如通信技术、传感器技术等。外部通用技术作用于交通系统，可能会促使交通系统提供新的功能，或实现功能的升级换代，从而推动交通系统的变革。为了对影响交通系统的外部技术进行梳理，根据自主式交通系统的运作逻辑，分为自主感知、自主学习、自主决策、自主响应和辅助运行 5 个环节，对外部通用技术进行分类。

5.3.1.1　自主感知

自主感知环节采集实体世界用户和环境的信息数据，是 ATS 的基础。面向由用户主体、载运工具、基础设施、运输货物和交通环境等要素构成的实体交通系统，ATS 在自主感知环节获取各类要素的信息，作为自主学习环节的数据输入。ATS 的自主感知主要包括各类交通及环境信息的感知和交通系统中用户主体与载运工具的位置感知，即自主感知技术主要包括传感器技术和地理信息技术。

（1）传感器技术。传感器技术在自主式交通系统中的应用可分为两个方面，一方面是车辆对环境的感知，另一方面是交通管理者对于道路及基础设施层面的信息采集。其中，车辆对环境的感知主要应用于自动驾驶车辆；道路及基础设施层面的信息采集则用于对交通系统的管理与控制。

传感器技术利用摄像机、激光雷达、毫米波雷达、红外传感器等各类传感设备，感知车辆周围及环境信息，用于检测路面、标识标线、障碍物、行人、机动车、信号灯、交通流量、路段车速、道路占有率、环境气象信息等，以实现多源交通环境大数据的获取。

应用于自主式交通系统的关键传感器技术的分类及其核心技术指标如表 5-1 所示。

表 5-1 传感器技术的分类及其核心技术指标

序号	关键技术	核心技术指标
1	激光雷达技术	探测距离、测量精度、垂直探测角、垂直角分辨率、水平角分辨率等
2	毫米波雷达技术	探测距离、测量精度、方位角范围、最大探测目标数量、数据刷新时间等
3	车载图像采集技术	图像分辨率、动态范围、帧率、最大水平视角等
4	视频检测技术	系统处理速度、监测区域、处理帧图像耗时等
5	感应线圈技术	时间分辨度、测速范围等

（2）地理信息技术。城市地理信息的数字化是交通系统自主化变革的关键，车辆的自动驾驶、车联网的协同控制、交通系统的自主化组织管理等都离不开城市全要素的数字化。地理信息技术是构建数字化城市的关键技术，传统的地理信息技术包括地理信息系统、遥感技术和卫星定位技术。而随着地理信息技术与高新产业技术的融合，地理信息系统的功能越来越强大，定位技术也得到了长足的发展，交通系统对于遥感技术的依赖度则越来越低。因此，面向自主式交通系统，地理信息技术主要考虑地理信息系统和定位技术，定位技术又包括卫星定位技术和移动通信网络定位技术。

应用于自主式交通系统的关键地理信息技术的分类及其核心技术指标如表 5-2 所示。

表 5-2 地理信息技术分类及其核心技术指标

序号	关键技术	核心技术指标
1	卫星导航定位技术	定位精度、测速精度、授时精度、服务可用性等
2	移动通信网络定位技术	定位精度、测速精度、授时精度、定位时延等
3	地理信息系统技术	城市数字化程度及规模、系统功能的丰富程度、多源数据可接入性、物理世界与信息世界的融合度、对业务的支撑程度等

5.3.1.2 自主学习

自主学习环节基于数据提取有效信息和知识。根据自主感知环节收集的实体世界数据，ATS 在自主学习环节提取出信息，以便系统进行准确理解。自主学习环节的一级技术包括大数据技术和计算技术，大数据技术可以帮助用户从海量、多样的数据中获取信息，计算技术可以帮助用户快速、准确地处理信息。

（1）大数据技术。大数据技术包括对海量数据的存储处理、数据融合应用、安全保障等方面，应用在自主式交通系统中，主要关注交通多源异构数据的存储与关联融合、数据信息安全保障、多源大数据云控平台的建设等。

大数据技术的分类及其核心技术指标如表 5-3 所示。

表 5-3 大数据技术分类及其核心技术指标

序号	关键技术	核心技术指标
1	数据信息安全技术	信息安全主动防护级别、数据隐私保护程度、信息加密程度、安全防御体系能力等
2	数据库技术	数据库规模、异构数据存储与融合程度等
3	大数据云控基础平台技术	标准化数据集规模、数据共享程度、平台应用范围、数据管理规范程度等

（2）计算技术。计算技术是指研制各种计算装置以及应用这些装置对信息进行加工和计算的科学技术。当交通系统的自主化水平越高，产生的数据量就会越大，计算技术的速率、准确率也需进一步提升，以保障交通系统运行的可靠、实时、安全。

随着我国机动车保有量迅速增加，城市交通系统结构复杂，形成包含人、车、路、视频、图片、交通流等各类的海量交通数据，交通领域如何获取实时路况信息、快速解决突发事故、缓解交通拥堵是社会关注的焦点。自主式交通系统应用云边协同帮助解决城市拥堵病。在云边协同模式下，云计算相当于智慧交通的"大脑"，边缘计算相当于智慧交通的"神经末梢"。在边缘服务器上通过运行智能交通控制系统来实时获取和分析数据，根据实时路况来控制交通信号灯，以减轻路面车辆拥堵等问题。此外，还可借助多方数据资源，通过自动比对和分析，对道路拥堵情况提前发出预警，辅助人工决策。

根据计算机之间交互方式的不同，将计算技术分为集中式计算、分布式计算、协作式计算，各项技术的分类及其核心技术指标如表 5-4 所示。

表 5-4 计算技术分类及其核心技术指标

序号	关键技术	核心技术指标
1	集中式计算技术	CPU 数量、数字信号处理器芯片处理速度、资源可调度粒度、云数据中心效率等
2	分布式计算技术	资源利用率、边缘节点接入距离、接口规范性、光传输设备传输速度、时延、安全性等
3	协作式计算技术	计算效率、用户体验质量、网络交换速度、标准开放程度、计算资源丰富度等

5.3.1.3 自主决策

自主决策环节基于信息和知识形成决策。基于自主学习环节处理得到的信息和知识，在自主决策环节，ATS 对接下来可能发生的情况进行准确预测，并对系统下一步行动进行准确判断和规划，合理决策系统的行为。自主决策环节的一级技术包括人工智能技术，人工智能技术可以帮助系统模拟人的思维进行决策。

人工智能技术是利用各种自动机模拟人的思维过程和智能行为的技术。在交通领域，人工智能技术主要用于自动驾驶、无人物流、无人共享汽车、智能路灯、智能交管、智能停车管理等。

狭义的人工智能是指基于人工智能算法和技术进行研发及扩展应用的企业。广义的人工智能是指包括计算、数据资源、人工智能算法和计算研究及应用构建在内的产业。简而言之，人工智能是指用机器去实现所有目前必须借助人类智慧才能实现的任务。因此，人工智能就是让机器能像人类一样思考、像人类一样听懂、像人类一样看懂、像人类一样行动。结合人工智能领域近20年的研究热点，将人工智能技术分为机器学习技术、知识图谱技术、自然语言处理技术、人机交互技术、计算机视觉技术、生物特征识别技术六大类，各项技术的分类及其核心技术指标如表5-5所示。

表5-5 人工智能技术分类及其核心技术指标

序号	关键技术	核心技术指标
1	机器学习技术	响应时间、置信度、准确率、可靠性等
2	知识图谱技术	知识获取数据量级、知识表示能力、知识融合效率、知识建模能力、知识计算精度等
3	自然语言处理技术	无偏性、鲁棒性、无悖性、科学性、区分性、量化性、易用性、可解释性等
4	人机交互技术	分辨率、灵敏度、响应时长、动作捕捉与跟踪能力、意图传达精准度、抗干扰能力等
5	计算机视觉技术	计算成像分辨率、计算机系统解释图像能力、三维信息理解能力等
6	生物特征识别技术	普遍性、唯一性、持久性、可获取性、防伪性、可识别性等

5.3.1.4 自主响应

自主响应环节基于决策对交通系统形成控制。在自主响应环节，系统将自主决策环节做出的决策和规划落实为切实的行为，达到交通系统自主化的目的。自主响应环节的一级技术主要为控制技术。

控制技术是通过信息采集、信息处理对系统进行分析，对系统施加作用或操作，使系统达到既定目标的技术。在交通领域，控制技术主要用于车辆控制、交通信号控制等。控制技术实现的逻辑，分为硬件载体、内在算法和控制执行3个部分，各项技术的分类及其核心技术指标如表5-6所示。

表5-6 控制技术分类及其核心技术指标

序号	关键技术	核心技术指标
1	控制硬件技术	主控板体积、定位范围、灵活性、控制器精度、学习效率、可靠性、抗干扰能力等

续表

序号	关键技术	核心技术指标
2	控制算法计算	上升时间、峰值时间、超调量、调节时间、稳态误差、算法准确性、响应速度等
3	控制执行技术	执行速度、执行误差、入侵检测正确率、故障诊断精度、控制系统自愈度等

5.3.1.5 辅助运行

ATS的有效运行，离不开自主感知、自主学习、自主决策、自主响应4个环节的作用，4个环节内部需要有支撑其运作的技术。此外，4个环节之间要进行信息传输，并且整个系统要保证运作有效，因此需要辅助支撑系统运行的技术。通信与传输技术可以实现系统的数据和信息传输，模拟仿真技术则能够提供保障交通系统自主运作效率和正确性的测试条件，实现各种条件下的模拟仿真，确保系统能够在投入应用后满足多种现实需求。因此，辅助运行包含的核心技术包括通信与传输技术和模拟仿真技术。

（1）通信与传输技术。通信与传输技术是对信息的传递、交流等各种技术的总称。通信与传输技术的最终目的是传送信息，多借助通信系统和信息管理相关软件实现。通信技术在交通中主要用于自动驾驶、车联网、车队管理、不停车收费、安全性应用等领域。其中，自动驾驶要求实现极小的时延，而5G技术的时延一般小于5 ms，其他通信技术难以达到这个精度，因此自动驾驶对5G技术的需求十分迫切。根据相关文件及白皮书进行整理，通信与传输技术的分类及其核心技术指标如表5-7所示。

表5-7　通信与传输技术分类及其核心技术指标

序号	关键技术	核心技术指标
1	蜂窝移动通信技术	峰值速率、延迟、连接密度、移动性能等
2	WiFi技术	频率范围、支持带宽、最大物理层速率、最大码流、兼容性等
3	蓝牙技术	数据传输速率、传输距离、增强功能等
4	以太网技术	数据传输速率、通道带宽等

（2）模拟仿真技术。随着新兴技术和智能交通的发展，对交通仿真技术的应用需求变得更加迫切。模拟仿真技术可以构造和重现接近真实的复杂、大规模的交通现象，同时在交通产品设计等领域有着重要作用，因此它逐渐成为交通工程研究开发的关键技术，以便能够低成本、低风险地呈现已发生和未发生的交通现象。模拟仿真技术通过数字孪生、虚拟现实等技术构建交通场景，在计算机平台上可以复现现实交通运行状况，可以虚拟出未来交通运行的状况，也可以面向场景实现微观仿真。

模拟仿真技术的分类及其核心技术指标如表5-8所示。

表 5-8　模拟仿真技术分类及其核心技术指标

序号	关键技术	核心技术指标
1	数字孪生技术	信息流通程度、实时动态性、多领域联动性等
2	虚拟现实技术	三维动态建模能力、图像传输速度、动作捕捉精度等
3	增强现实技术	显示组件刷新率、分辨率、硬件计算能力、延迟、人机感知交互模式等
4	工业仿真技术	产品可视化能力、产品更新迭代能力等

5.3.2　交通系统内部技术

交通系统内部技术是指作用于自主式交通系统内部的专用技术，是通用外部技术应用到交通系统内的结果。自主式交通系统的内部技术主要是对交通系统的信息进行采集、传递、分析处理和应用，因此，根据信息在交通系统内的流转过程，参考《智能交通技术概论》对交通系统技术的分类，可以把自主式交通系统的内部技术分为交通信息采集技术、交通数据管理技术、交通信息交互技术、交通状态分析与预测技术、交通信息服务技术、交通管理与控制技术、车辆智能驾驶技术以及智能车联网与车路协同技术共 8 类内部技术。

5.3.2.1　交通信息的产生与采集

交通系统的发展产生了大量且复杂的交通信息，如道路的车流信息、行人信息、信号灯控制方案、公共交通信息、交通监控信息等。这些信息种类繁多、来源广泛，需要采用不同的技术手段进行采集。

按照交通信息数据采集的技术和方法，交通信息采集可分为固定式交通信息采集技术和移动式交通信息采集技术。固定式交通信息采集技术是指通过安装在固定地点的交通信息检测设备对道路上行驶的车辆进行检测，从而实现采集交通信息参数的技术总称。移动式交通信息采集技术是指运用安装有特定信息采集设备的移动车辆以检测交通参数的技术总称。

固定式和移动式信息采集技术的类别划分如表 5-9 所示。

表 5-9　交通信息采集技术的分类

类别	技术	实现方法
固定式	地磁线圈信息采集技术	广泛用于检测车流量，当带有铁质材料的车辆靠近传感器时，传感器感应到周围磁场相对地球磁场的变化，再经微处理器分析计算，判断车辆的存在和通过状态
	超声波信息采集技术	利用超声波的反射特性，通过探测发出的超声波反射波信号，实现车辆计数、测速、道路占有率计算等监测功能

续表

类别	技术	实现方法
固定式	微波雷达信息采集技术	利用波的多普勒效应和波的能量理论，实现物体位置测量、目标识别、速度测量、振动监测、位移监测等多方面的功能
	视频图像信息采集技术	通过摄像机采集视频图像数据，利用以深度学习为核心的视频智能分析技术和大数据技术，实现人员、车辆、物品、场景等特征的识别
移动式	浮动车信息采集技术	利用测试车辆或道路上正常行驶的车辆搭载的监测设备，如GPS、DMI（direct media interface，直接媒体接口）等，实时采集道路路段的交通量、行驶时间、行驶车速等信息
	无人机信息采集技术	利用无人机搭载的视频录制设备、GPS定位系统、通信系统等，对地面目标进行摄像和摄影，进而通过获取的图像视频数据提取所需的信息
	众包信息采集技术	利用个人智能终端设备下载安装特定的应用，并通过该应用提供的信息上报功能，主动将交通信息以文字、语音、图片、视频等方式上传至运营后台

5.3.2.2 交通数据的传递与存储管理

1）交通数据管理技术。

由于交通系统的数据存在体量巨大、多源异构、动静态数据更新频率差异大、散且稀疏等特点，需要对采集到的数据进行处理，从大量的、杂乱无章的、难以理解的数据中抽取并推导出有价值、有意义的信息。因此，交通数据管理技术包括数据清洗、存储和挖掘3个环节。

（1）交通数据清洗技术。由于各类交通数据来源不一，涉及部门众多，数据产生的标准不统一，目前交通大数据建设所面临的第一个问题就是数据质量问题。数据质量包含完整性、一致性、准确性和及时性四个维度。在数据采集的过程中，难免会出现残缺数据、错误数据、重复数据等数据质量问题，需要进行数据清洗，把其中有问题的数据进行补全、修正或剔除。

（2）交通数据存储技术。交通大数据体量巨大、多源异构，如何对不同数据源产生的数据进行深度关联融合，打破数据孤岛，提升数据的利用率，优化数据存储管理模式，是交通大数据管理的重点研究内容之一。数据存储技术就是对多源异构的数据进行优化存储管理，以缩小数据存储的资源消耗量、加深各类数据的关联融合程度、提高数据的利用效率，从而辅助交通系统基于交通大数据的计算、学习和决策。

（3）交通数据挖掘技术及可视化。交通数据挖掘与可视化涉及多种技术，包括对数据库的数据查询、数据特征的提取、识别与分类、数据聚类、数据关联分析、时空数据分析、地理编码与地址匹配、数据渲染与可视化等。通过交通数据的挖掘和可视化，提高人或者计算机对数据的认识水平，从而辅助交通系统各项功能和服务的实现。

2）交通信息交互技术。

自主式交通系统是传统交通技术与大数据技术、通信技术、传感技术、控制技术以及人工智能技术等现代先进技术融合的产物，是应用于整个交通运输管理体系的一种在大范围内、自主发挥作用的实时、准确、高效、综合的交通模式。信息交互技术是其中的重要组成部分，在很大程度上影响自主式交通系统的运行效率和服务质量。交通信息交互技术包括无线网络、移动网络、DSRC（dedicated short range communication，专用短程通信技术）、LTE-V（长期演进技术-车辆通信）、5G通信技术等。

（1）无线网络。无线网络是采用无线通信技术实现的网络，其主要组成要素包括无线主机、无线链路和基站。无线网络具有移动性好、架设和维护较容易的特点，并支持移动计算，但是也存在着体系结构复杂、传输速度较慢、通信成本较高等局限性。此外，由于无线网络传输媒介固有的开放性、无线终端的移动性、资源的受限性以及网络拓扑结构的动态性特点，存在较高的安全风险。

（2）移动网络。移动网络是指基于浏览器的 Web 服务，由一系列带有无线收发装置的动态节点形成，任意时间任一节点可以向任意方向运动，节点的运动是自主的。不同时刻的网络，其拓扑结构也随之发生变化。移动网络具有灵活性、移动性、安装便捷、易于进行网络规划和调整、有限的无线传输带宽等特点。

（3）DSRC。DSRC 是一种专门为车联网设计的高效短距离无线通信技术，能够实现高速的数据传输，并且能保证通信链路的低延时和系统的可靠性。目前，DSRC 的专属带宽位于 5.850～5.925 GHz 中的 75 MHz 频段。安装了车载单元的车辆和路边单元，通过 DSRC 专用短程通信技术可实现车辆之间的通信（V2V）和车辆与路边基础设施的通信（V2I）。DSRC 可实现在特定的小区域内（通常为数十米）对高速移动目标的识别与双向通信，可实时传输图像、语音和数据信息，实现 V2I、V2V 和 V2P（车辆与行人之间的通信）的双向通信，广泛应用在 ETC 不停车收费、出入控制、车队管理、信息服务等领域，并在车辆识别、驾驶人识别、路网与车辆之间的信息交互、车载自组网等方面具备优势。

（4）LTE-V。LTE-V 是在 2017 年由 3GPP（第三代合作伙伴计划）通过拓展 LTE 而制定的，专为另一种短距离通信和高速移动载体而设计。LTE-V 技术包括集中式（LTE-V-Cell）和分布式（LTE-V-Direct）两个工作模式，LTE-V-Cell 需要将基站作为控制中心，实现大带宽、大覆盖通信，满足道路事故或施工提醒、信号灯提醒、车速引导、动态地图等信息服务以及交通效率类车联网应用需求；LTE-V-Direct 可以无须基站作为支撑，直接实现车辆与周边环境节点低时延、高可靠通信，重点满足前向碰撞预警、十字路口碰撞预警、紧急车辆预警等行车安全类车联网应用需求。

（5）5G 通信技术。根据 ITU（international telecommunication union，国际电信联盟）对 5G 的定义，5G 网络是能够提供 20 Gb/s 速率、时延 1 ms、每平方千米 100 万连接、网络稳定性为 99.999% 的蜂窝无线通信网络。自动驾驶、AR、VR 等新应用对 5G 的需求十分迫切，对通信网络的速率、稳定性、时延等提出了更高的要求。自动驾驶要求毫秒级的时延和绝对的可靠性，5G 的时延一般小于 5 ms，这对于 DSRC 和

LTE-V 来说都是无法达到的。

5G 通信技术总体可以分为无线技术与网络技术（网络架构）。无线领域的技术包括大规模天线阵列、超密集组网、新兴多址和全频接入等；网络领域的技术包括 SDN（software defined network，软件定义的网络）、NFV（network functions virtualization，网络功能虚拟化）等。

5.3.2.3 交通数据分析处理

城市道路交通状态的完整获取、实时评价和预测是准确把握城市道路交通系统行为，自主制定交通管理决策和充分发挥交通设施潜能的基础。交通数据的分析与处理技术，是交通信息从数据本身到应用信息转换的关键技术。

交通状态的分析可分为宏观的城市路网、中观的道路路段和微观的车辆个性行驶行为分析 3 个尺度，分别聚焦于宏、中、微观的交通流参数，对应的分析技术也有所不同。交通预测也分为宏观的较大时间尺度的预测、中观的较细时间尺度的预测和微观的实时动态预测。

常见的交通状态分析与预测技术一般包括各类参数及非参数预测模型、时间序列预测方法、机器学习方法、神经网络算法、深度学习算法等。

5.3.2.4 交通信息的应用

交通信息的应用包括在交通系统层面的信息服务以及交通管理与控制，车辆层面的智能驾驶和车联网与车路协同。

（1）交通信息服务技术。交通信息服务是交通管理部门通过对采集到的交通数据进行分析处理后，向公众提供的交通信息发布服务，以提高交通系统中信息的传递效率，提升出行者、行人、驾驶者等交通参与者对交通信息的实时认识，从而达到减少交通拥堵、提高交通运行效率、保障交通安全等方面的目的。

交通信息服务需要交通信息服务系统的支撑，而交通信息服务系统的基本组成部分又包括交通信息中心、通信网络和用户信息终端三部分。

交通信息中心是指为整个系统控制的实现提供数据处理、显示和接口功能的中心，其功能包括对道路交通运输数据和社会公众信息的采集、分类、加工、分析和提供，以及涉及的最优路径搜索等算法的实现。通信网络则是用户和交通信息中心的数据传输通道，以实现交通信息和数据的快速、双向传递。用户信息终端包括车载信息终端、公众信息显示终端、个人信息终端、共用信息亭等面向个体和公众的、提供交通信息服务的现实终端。

（2）交通管理与控制技术。交通管理与控制是交通管理部门根据交通信息的分析处理结果，制定各项交通管理和控制措施，以保证城市交通系统安全、高效地运行。交通系统的管理与控制离不开信息的分析处理。交通系统的管理与控制需要通过集成的交通管理系统来实现，交通管理系统包括通信系统、基础应用系统、综合业务管理系统、信息服务平台、集成指挥平台、交通管理支撑系统、第三方系统等多个组成部分。

基础应用系统一般包括交通基础数据的处理、交通状态监测、交通诱导、停车管理、安防系统等；综合业务管理系统一般包括驾驶者、机动车、交通事故、交通违法事件的管理系统等；信息服务平台包括交通出行诱导服务、交通执法信息服务、交通管理综合服务、第三方交通信息交换服务平台等；集成指挥平台包括调度指挥系统和应急指挥、交通安全态势评估、勤务管理平台等；交通管理支撑系统包括数据管理系统、地理信息管理系统、交通仿真系统、安全管理系统、运行维护管理系统等；第三方系统则提供公安、消防、医疗、金融、保险、气象等各方面的信息交换与业务支持。

（3）车辆智能驾驶技术。车辆智能驾驶即车辆通过自主感知道路及周边环境信息，并对感知的信息进行分析处理，从而做出车辆行驶速度、车身姿态调整的决策，控制车辆自动驾驶。工业和信息化部于 2020 年发布了《汽车驾驶自动化分级（GB/T 40429—2021）》，把车辆的驾驶自动化分成 0～5 级。

车辆智能驾驶技术的核心主要包括 3 个部分：感知、决策和控制。感知是指无人驾驶系统从环境中收集信息并从中提取相关知识的能力，通过车载的传感器对道路、车辆、行人、交通标志、交通信号灯等进行检测和识别；决策则是根据环境感知的结果，通过数据融合进行判断，形成控制决策，输出控制指令，发送到控制层的过程，包括车辆路径、行驶速度的规划；控制则是根据车辆当前的位置、行驶姿态、决策，对车辆进行控制，改变车辆行驶的速度、方向等。

车辆智能驾驶技术是对信息采集技术、信息分析与处理技术、控制技术等多项相关技术的融合应用。

（4）智能车联网与车路协同技术。不同于车辆智能驾驶技术着重车辆个体的驾驶行为控制，车联网与车路协同技术通过车与车、车与路、车与管理中心等的实时通信，实现车队的协同控制和智能驾驶。如果说车辆的智能驾驶技术是微观层面的智能驾驶，那么车联网与车路协同技术则是中观、宏观层面的智能驾驶。

相比于车辆智能驾驶技术，车联网与车路协同技术对通信技术、计算技术、人工智能技术的要求更高，如处理大规模场景下多目标之间的实时信息通信、复杂情况下的交通状态分析预测、车辆行驶策略规划与调整等。

5.3.3 内部技术与外部技术的关联

经过内部技术的分析，对各类内部技术所涉及的外部技术进行梳理，建立内部技术和外部技术之间的关联关系，从而建立外部技术与 ATS 的功能和服务之间的关联关系。内、外部技术的关联情况如表 5-10 所示。

表 5-10 内部技术与外部技术的关联情况

内部技术	外部技术
交通信息采集技术	地理信息技术、传感器技术
交通数据管理技术	大数据技术
交通信息交互技术	通信与传输技术

续表

内部技术	外部技术
交通状态分析及预测技术	计算技术、人工智能技术
交通信息服务技术	大数据技术、通信与传输技术、计算技术
交通管理与控制技术	计算技术、人工智能技术、控制技术
车辆智能驾驶技术	传感器技术、地理信息技术、计算技术、人工智能技术、控制技术、模拟仿真技术
智能车联网与车路协同技术	传感器技术、地理信息技术、通信与传输技术、大数据技术、计算技术、人工智能技术、控制技术、模拟仿真技术

5.4 技术的代际划分

本节参考各个技术领域的相关资料，结合该技术在交通系统中的应用，制定了各项技术在辅助自主、高度自主、完全自主3个阶段的性能指标，形成技术发展路线图，见附录3-4。

5.4.1 传感器技术

5.4.1.1 激光雷达技术

激光雷达普遍基于光学的方法，采用旋转电机，通过飞行时间测量法实现测距与点云成像，实现高分辨率、高速激光扫描三维成像，主要用于中距离的探测。其主要的发展趋势为探测距离、精度、探测角度、分辨率等方面的提升。

（1）辅助自主：探测距离达到250 m，测量精度达到±3 cm，垂直探测角度达40°，垂直角的分辨率达0.3°，水平角的分辨率达0.1°。

（2）高度自主：探测距离达到300 m，测量精度达到±2 cm，垂直探测角度达64°，垂直角的分辨率达0.2°，水平角的分辨率达0.05°。

（3）完全自主：探测距离达到350 m，测量精度达到±1 cm，垂直探测角度达80°，垂直角的分辨率达0.1°，水平角的分辨率达0.02°。

5.4.1.2 毫米波雷达技术

毫米波雷达是指工作在30～300 GHz频段，波长为1～10 mm的雷达，毫米波兼有微波与远红外波两种波谱的优点，具有探测距离远、响应速度快、适应能力强等特点，传播速度与光速相近，并且其调制简单，配合高速信号处理系统，可以快速地测量出目标的距离、速度、角度等信息。毫米波雷达与其他雷达相比，穿透能力比较强，在雨、雪、大雾等极端天气下也能进行工作，同时不会受颜色、温度、光照度等因素的影响，具有全天候工作的特点。

（1）辅助自主：探测距离达250 m，探测精度达0.2 m，最大探测目标数量达64

个,刷新时间达 40 ms。

(2) 高度自主:探测距离达 300 m,探测精度达 0.1 m,最大探测目标数量达 64 个,刷新时间达 40 ms。

(3) 完全自主:探测距离达 350 m,探测精度达 0.05 m,最大探测目标数量达 64 个,刷新时间达 40 ms。

5.4.1.3 车载视频采集技术

车载摄像头根据采集的视觉信号,通过机器学习特别是基于深度学习的计算机视觉算法的处理,可以识别车辆行驶环境中的道路基础设施、道路目标物和交通运行环境,包括道路、桥梁、车辆、行人、车道线、路标、交通标志、交通信号灯等重要目标。摄像头获取的图像信息经过基于深度学习的计算机视觉算法的处理,可获得较接近于人眼的感知能力。

(1) 辅助自主:图像分辨率达 1280 p*960 p,动态范围达 120 dB,帧率达 60 帧/秒。

(2) 高度自主:图像分辨率达 1920 p*1080 p,动态范围达 150 dB,帧率达 80 帧/秒。

(3) 完全自主:图像分辨率达 1920 p*1080 p,动态范围达 200 dB,帧率达 100 帧/秒。

5.4.1.4 视频检测技术

视频检测获取交通信息,则是利用图像传感器(摄像机)来进行交通信息的采集,并能通过相关的处理软件来进行相关的交通信息的转换,本质上与车载摄像头有些许类似,但实际上却由于用途不同而导致性质有所差异。黑白图像的图像处理算法主要是检测画面像素的灰度变化。目前,这些图像处理算法已经可以去除由天气条件等造成的图像背景的灰度变化,从而由连续画面过滤而得的信息可计算出交通流参数。这种信息类传感器在交通领域应用较为广泛,技术应用也日趋成熟,特别是在交通信息采集领域中具有较为广泛的应用。

(1) 辅助自主:系统处理速度达 15 帧/秒,监测区域达 10 m,处理帧图像耗时达 70 ms。

(2) 高度自主:系统处理速度达 30 帧/秒,监测区域达 15 m,处理帧图像耗时达 60 ms。

(3) 完全自主:系统处理速度达 50 帧/秒,监测区域达 20 m,处理帧图像耗时达 50 ms。

5.4.1.5 电磁感应技术

感应线圈是通过电磁感应原理来进行电感量的监测工作,从而能获得相关的车辆信息内容。当车辆经过地感线圈时,由于汽车底盘是金属,属于导体,在汽车底盘上将会产生电涡流。该电涡流产生的磁场方向与线圈产生的磁场方向相反,将削弱线圈产生的磁场,即车体中电涡流的磁场对环形线圈的磁场有去磁作用,从而使线圈的电感量减少,进而引起地感线圈振荡频率的变化,测量出此频率变化的时间间隔即可测得车辆行驶的速度。

(1) 辅助自主：时间分辨率达 1 ms，测速范围为 20～240 km/h。
(2) 高度自主：时间分辨率达 0.75 ms，测速范围为 10～240 km/h。
(3) 完全自主：时间分辨率达 0.5 ms，测速范围为 0～240 km/h。

5.4.2 地理信息技术

5.4.2.1 卫星定位技术

以我国北斗导航卫星为代表的卫星定位技术（GNSS，global nvigation satellite system），利用各种用户终端接收由卫星导航定位系统播发的、并沿着视线方向传送的信号，对目标进行导航、定位和授时。该技术在辅助自主、高度自主和完全自主阶段的技术指标如下。

(1) 辅助自主：在当前状态下，GNSS 技术的定位精度为 10 m，测速精度为 0.2 m/s，授时精度为 50 ns，短报文通信高于 120 个汉字/次。当前的北斗三号全球卫星导航系统可以满足辅助自主状态。当前国内主要城市已经实现辅助自主状态，并且正在向高度自主状态靠拢。

(2) 高度自主：在当前状态下，GNSS 技术面向不同场景与用户，其定位精度范围可达到从厘米级到 10 m，测速精度为 0.2 m/s，授时误差低于 20 ns，短报文通信高于 120 个汉字/次，服务可用性优于 95%。

(3) 完全自主：在当前状态下，GNSS 技术面向不同场景与模式，定位精度范围可以从毫米级到分米级，在差分模式下可以达到更高精度，测速误差低于 0.1 m/s，授时误差低于 10 ns，短报文通信达到 1000 个汉字/次。在完全自主场景下，厘米级、毫米级定位精度将会是普遍需求。

5.4.2.2 移动通信网络定位技术

伴随移动通信网络的日益发展，其地位不断提升，人们对于移动通信网络的定位需求也提出了更高的要求。在我国，随着 5G 技术的发展，其覆盖度、精确度、时延、移动速度等各方面指标要求远高于前代技术产品，其定位业务在越来越多的领域当中得到了应用。该技术在辅助自主、高度自主和完全自主阶段的技术指标如下。

(1) 辅助自主：在当前状态下，移动通信网络定位技术以覆盖 80% 的用户为基准定义了最低性能目标即针对政策监管的常规定位需求，水平方向的定位误差小于 50 m，垂直方向的定位误差小于 5 m，定位时延小于 30 s；针对商业应用定位需求，水平方向的定位误差室内小于 3 m，室外小于 10 m，垂直方向的定位误差小于 3 m，定位时延小于 1 s。

(2) 高度自主：在当前状态下，移动通信网络定位技术在工业场景下，其定位精度要求将优于 20 cm；在车联网场景下，对车辆间相对位置定位的精度要求至少将控制在 0.5 m 之内，车辆前后位置定位精度将会至少控制在 0.1 m 之内；总体定位时延将控制在 100 ms 之内，在特殊场景下达到 10 ms 之内；亚米级精度是高度自主定位场景下的普遍需求。

(3) 完全自主：在当前状态下，移动通信网络定位技术的定位精度将达到厘米级，定位时延将优于 1 ms，定位系统的连接密度将有望达到上一代技术的两倍。

5.4.2.3 地理信息系统技术

地理信息系统（geographic information system，GIS）是在计算机硬、软件系统支持下，对相关地理分布数据进行采集、储存、管理、运算、分析、显示和描述的技术系统。它是一门融合技术，因此在不同自主状态下的技术指标更趋向于可实现内容的描述。

（1）辅助自主：在当前状态下，地理信息系统可以实现从客观物理空间向信息数字空间的投影，将物理世界的地理系统抽象为模型化的空间数据，并在计算机系统中进行可视化呈现。

（2）高度自主：在当前状态下，地理信息系统综合运用物联网、互联网、智能控制、大数据挖掘、人工智能等现代信息技术，集地理传感网、地理智能网和地理控制网于一体，旨在突破时间和空间限制，实现物理世界与信息世界的相互映射与融合。

（3）完全自主：在当前状态下，地理信息系统以一体化国家（时空）大数据中心、模型库、算法库、知识库、专家库为支撑，能够推进技术融合、业务融合、数据融合，实现跨层级、跨地域、跨系统、跨部门、跨业务的协同管理和服务。

5.4.3 大数据技术

5.4.3.1 数据信息安全技术

信息安全体系是交通系统安全稳定运行的重要保障和必要条件。依据《信息安全等级保护管理办法》《中华人民共和国网络安全法》和网络安全等级保护制度 2.0 标准规定的安全要求，全面评估系统安全威胁对三类受侵害客体的侵害程度，综合确定系统的安全保护等级，在此基础上制定智慧交通系统的信息安全策略，确保信息系统的安全，特别是数据的安全。

根据《大数据安全标准化白皮书》，为保障数据不被窃取、破坏和滥用，以及保证系统的安全可靠运行，需要构建包括系统层面、数据层面和服务层面的大数据安全框架，从技术、管理和运行等多方面、多维度保障应用和数据安全。该技术在辅助自主、高度自主和完全自主阶段的技术指标如下。

（1）辅助自主：在车辆安全方面，建立信息安全的整车开发、生产流程管理，实现车车、车路、车人、车云安全通信及专有中心云、边缘云的安全防护；在系统数据安全方面，数据的保密性、漏洞加固率、攻击拦截率都位居国内前列，缩小了与领先水平的差距；在安全体系方面，形成周边安全隐患与车辆运行的控制综合安全保障技术，建成了单点、被动的防御体系；公钥基础设施（public key infrastructure，PKI）加密方面，完成系统中信息加密、数字签名、数字认证等多方面的加密功能，基本保证了汽车智能网联系统工作符合信息加密标准。

（2）高度自主：在车辆安全方面，实现高度自主级别的信息安全防护体系，健全信息安全应急响应机制及保障与监管体系，满足 PPDR（policy protection detection response）防御体系的技术要求，有效支撑数据安全和数据隐私的保护程度；在系统数据安全方面，数据的保密性、漏洞加固率、攻击拦截率处于国内领先水平；在安全体系方面，形成了基于全面感知的智能安全保障技术；防御体系从单点被动转向层次化，综合运用安全分级、访问控制、加密技术、入侵检测技术，实现了安全防护技术全覆盖，被动安全检测与主动安全相结合；PKI加密方面，在最大程度上完成了无线网络当中的信息加密，对于网络节点进行加密处理，防止恶意模仿和恶意信息攻击。

（3）完全自主：在车辆安全方面，实现智能网联汽车信息安全防护体系的全面实施，促进交通网、通信网、车联网三网融合，构建交通安全、信息安全、网络安全、数据安全融为一体的监管体系；在系统数据安全方面，数据的保密性、漏洞加固率攻击拦截率达到国际先进水平；在安全体系方面，形成基于量子等技术的智能安全体系技术；实现层次化纵深的防御体系，实现了被动安全检测和主动安全管控相结合的综合防御体系转变，实现自动化威胁识别、风险阻断和攻击溯源。借助密码技术和可信计算逐步实现可信安全，从本质上提升安全防御水平；PKI加密方面，从签名和验证两个方面加强数据保护，进一步解决防冒充、防重放、防篡改等技术性问题，保证信息加密更加高效地完成。

5.4.3.2 数据库技术

大数据技术生态体系庞杂，基础技术覆盖数据采集、数据预处理、分布式存储、NoSQL数据库、多模式/模态计算、数据仓库、数据挖掘、可视化等各个层级。要支撑基于大数据的综合交通一体化、智能化，需对大数据本身的基础型技术支撑体系进行研究，包括技术的成熟度、稳定性和可扩展性。

（1）辅助自主：在驾驶场景数据库方面，构建反映区域交通环境和气候特征的中国典型驾驶场景数据库；在数据存储管理方面，结构化数据采用MPP（massively parallel processing，大规模并行处理系统）并行数据库（分布式计算模式、PB量级数据）+内存数据库（TB量级数据）的管理模式，半结构化与非结构化数据采用Hadoop（一个由Apache基金所开发的分布式系统基础框架）技术，达到了实时性低、支持应用少、容错性低、扩展性低的水平；在大数据采集与集成方面，采集（基于Hadoop的多源异构数据抽取技术等）+预处理［交通多源异构大数据ETL（extract-transform-load，数据仓库技术）等］+融合（交通跨行业数据编码与标准化技术、交通跨行业数据共享与交换技术、交通跨行业多源异构数据泛化建模技术等）；在大数据可视化与智能决策方面，根据不同功能场景开发基于规则模型和AI的智能决策技术。

（2）高度自主：在驾驶场景数据库方面，形成较为完整的、行业分级共享的典型驾驶场景数据库；在数据存储管理方面，结构化和非结构化混合的大数据采用MPP并行数据库与Hadoop的混合集群管理（百PB量级、EB量级数据），半结构化与非结构化数据采用Hadoop技术，达到了实时性较高、支持应用较多、容错性较高、扩展性较高的水平；在大数据采集与集成方面，进一步实现多源异构数据之间的数据信息资源、平台资源、网络资源和应用资源的有效融合和共享；在大数据可视化与智能决策方面，针对自动驾驶环境的多样性，将决策、动力学、AI等深度结合开发端到端的人工智能决策技术。

（3）完全自主：在驾驶场景数据库方面，形成完整的可支撑国家标准、企业自主研发验证的典型驾驶场景数据库；在数据存储管理方面，所有结构的大数据均采用 Hadoop 与内存计算模式的混合 + Spark（一个用来实现快速而通用的集群计算平台）生态系统（各种量级数据）、大数据一体机，达到了实时性高、支持应用全面、容错性高、纵向扩展性强的水平；在大数据采集与集成方面，高质量高效处理多源异构数据之间融合共享与处理，为大规模综合交通系统的时空感知和运行状态管控提供基础；在大数据可视化与智能决策方面，通过大量 AI 算法以及车路云端融合的智能化决策技术开发应用，建立适于完全自主的决策技术。

5.4.3.3 大数据云控基础平台技术

云控基础平台是面向网联驾驶的"车路云一体"数字化大型基础设施，也是智慧城市综合化管理的支撑平台，为智能网联汽车提供车路云一体的云端协同感知、决策、控制能力，为智慧城市安全、绿色、高效的智能交通体系赋能。大数据云控基础平台具有实时信息融合与共享、计算、应用编排、数据分析和信息安全等基础服务机制，可以为车辆及其用户、监管部门等提供车辆运行、道路基础设施、交通环境、交通管理等实时动态数据，与大规模网联应用实时协同计算环境的智能网联驾驶基础设施。该技术在辅助自主、高度自主和完全自主阶段的技术指标如下。

（1）辅助自主：形成标准化的通用数据集和数据共享模型，形成标准化的平台效用评价指标体系；建成区域级大数据云控基础平台，在多个城市测试路段和多个高速公路测试路段进行探索性运营示范；区域级平台可实时采集不少于 50 万辆汽车的行驶数据和不小于 1000 套的系统感知数据。

（2）高度自主：形成平台数据标准化运营服务机制、数据质量控制管理机制、数据安全管理机制，形成与其他行业平台数据交换的标准化机制；建成国家级大数据云控基础平台，实现在多个城市全市全域和多条高速公路全路段服务于自动驾驶和交通管控的数据运营；单个城市级平台实现实时采集不小于 500 万辆汽车的行驶与感知数据和不小于 10000 套的系统感知数据。

（3）完全自主：形成较为完备的、标准化的全国车路云一体化自动驾驶与智能交通实时大数据共享与服务体系，形成全国一个平台、一个网络的标准化运营服务机制；具备较为成熟的跨省份、跨城市的自动驾驶与智能交通全过程服务能力；实现全国一、二线主要城市全区域和主要高速公路全路段的大数据云控基础平台覆盖。

5.4.4 通信与传输技术

5.4.4.1 蜂窝移动通信技术

基于蜂窝移动通信的蜂窝车联网技术［LTE-V2X，NR（New Radio，新空口，主要应用于 5G 领域，称作 5G NR）-V2X］在交通领域深度融合，它依托信息通信技术通过车内、车与车、车与路、车与人、车与服务平台的全方位链接和数据交互，提供安全、智能、舒适、高效的综合服务，为汽车驾驶和交通管理应用提供环境感知、信息交互与协同控制能力。蜂窝车联网（C-V2X）技术从早期服务于道路安全、提升交通效率、提供信息服务等基本应用向智慧交通、自动驾驶等增强应用发展，具有多样化的通信性能需求。

（1）辅助自主：峰值速率达 1 Gbps，用户体验达 10 Mps，延迟在 10 ms 内，连接密度达 $10^5/km^2$，移动性能达 350 km/h。

（2）高度自主：峰值速率达 20 Gbps，用户体验达 100 Mps，延迟在 1 ms 内，连接密度达 $10^6/km^2$，移动性能达 500 km/h。

（3）完全自主：峰值速率达 1000 Gbps，用户体验达 10 Gps，延迟在 0.1 ms 内，连接密度达 $10^7/km^2$，移动性能达 1000 km/h。

5.4.4.2　WiFi 技术

基于 WiFi（802.11 a）的专用短程通信（DSRC，即 802.11p）近年来在交通领域有了一定的发展。在过去的大段时间里，支持车对车通信的核心首选一直都是 IEEE 802.11p，但该标准并没有较为清晰的演进路线，发展较为缓慢，导致车联网技术未能取得突飞猛进的发展。

（1）辅助自主：频率范围为 5150～5350 MHz、5490～5170 MHz、5725～5850 MHz；支持带宽为 20/40/80 MHz；最大物理层速率达 866 Mbps/6933 Mbps；支持最大码流为 80 M/s；兼容 802.11a/n。

（2）高度自主：频率范围为 1～6 GHz；支持带宽为 20/40/80/160 MHz；最大物理层速率达 1201 Mbps/9607 Mbps；支持最大码流为 80 M/s；兼容 802.11a/n/ac/b/g。

（3）完全自主：频率范围为 1～6 GHz；支持带宽最大可达 320 MHz；最大物理层速率大于 30 Gbps；支持最大码流为 80 M/s；兼容 802.11a/n/ac/b/g/ax。

5.4.4.3　蓝牙技术

蓝牙技术是一种无线数据和语音通信开放的全球规范，它是基于低成本的近距离无线连接、为固定和移动设备建立通信环境的一种特殊的连接技术。蓝牙作为一种与智能交通密切相关的技术，在过去的 10 年中得到了快速的发展，已广泛应用于车载感知设备、消费电子设备等。该技术在辅助自主、高度自主和完全自主阶段的技术指标如下。

（1）辅助自主：数据传输速率达 24 Mbps；传输距离达 50 m；与 4G 不构成干扰，通过 IPV6 连接到网络，可同时发射和接收数据。

（2）高度自主：数据传输速率达 48 Mbps；传输距离达 300 m；传输距离强化，定位更准确，支持物联网。

（3）完全自主：数据传输速率高于 48 Mbps；传输距离超过 300 m；功耗更低，传输距离更远，可与物联网深度融合发展。

5.4.4.4　以太网技术

以太网是现实世界中最普遍的一种计算机网络，通过物理层的信息通道实现多对多的信息流通。其发展方向主要是传输更稳定、传输速率更高、支持用户数量更多。

（1）辅助自主：数据传输速度达 40/100 Gbps，通道带宽达 4＊25 Gbps。

(2) 高度自主：数据传输速度达 200/400 Gbps，通道带宽达 16 * 25 Gbps。

(3) 完全自主：数据传输速度达 800/1600 Gbps，通道带宽达 64 * 25 Gbps。

5.4.5 计算技术

5.4.5.1 集中式计算技术

集中式计算几乎完全依赖于一台大型的中心计算机的处理能力，这台中心机称为主机，和它相连的终端具有各不相同的智能程度。集中式计算技术包括主机计算技术、云计算技术、流计算技术、批量计算技术、图计算技术。

集中式计算技术中更关注计算机自身的性能，包括 CPU 和数字信号处理器芯片。在辅助自主阶段，资源 CPU 为单核或双核，数字信号处理器达到 800 Gbps；在高度自主阶段，CPU 为多核，数字信号处理器达到 1 Tbps；在完全自主阶段，CPU 为众核，数字信号处理器达到 2 Tbps。

资源可调度粒度指计算机可以调度的资源颗粒度。未来，随着云原生技术的进一步成熟和落地，用户可将应用快速构建和部署到与硬件解耦的平台上，使资源可调度粒度越来越细、管理越来越方便、效能越来越高。在辅助自主阶段，资源可调度粒度较粗；在高度自主阶段，资源可调度粒度中等；在完全自主阶段，资源可调度粒度细。

5.4.5.2 分布式计算技术

分布式计算中主机处理的大多是其内部任务，大量的任务由智能的终端去完成。网络上所有计算机都有处理能力，每个新加入的用户都对网络处理能力的提高有贡献，可以使用网上多台计算机来完成一个共同的处理任务。如果某一台计算机脱离了网络，对网上的其他用户不会有大的影响。分布式计算技术包括 C/S 模式技术、边缘计算技术、雾计算技术。

资源利用率指对计算资源的使用效率。在辅助自主阶段，资源利用率达到 60%；在高度自主阶段，资源利用率达到 80%；在完全自主阶段，资源利用率达到 95%。

边缘节点接入距离描述了边缘计算的覆盖范围。在辅助自主阶段，边缘节点接入距离大于 30 km，时延小于 5 ms；在高度自主阶段，边缘节点接入距离大于 50 km，时延小于 1 ms；在完全自主阶段，边缘节点接入距离大于 100 km，时延小于 0.1 ms。

接口规范性指各个模块接口的协议规范程度。在辅助自主阶段，接口规范性达到初级水平；在高度自主阶段，接口规范性达到中级水平；在完全自主阶段，接口规范性达到高级水平。

分布式计算还要关注高速大容量光传输设备。在辅助自主阶段，高速大容量光传输设备达到 800 Gbps；在高度自主阶段，高速大容量光传输设备达到 1 Tbps；在完全自主阶段，高速大容量光传输设备达到 2 Tbps。

5.4.5.3 协作式计算技术

在协作式计算中，计算机之间不仅仅像在分布式计算中那样互相传递数据，实现信息共享，而且要进行更深层次的共享，也就是说需要用两台或更多的计算机来共同完成一个处理任务。协同式计算的两个最重要的特征是对称处理和并行处理。对称处理是由多个处理器协同地进行某一过程，各处理器之间的负载是平衡的。并行处理，即多任务处理，是指几个不同的任务在联网的处理器之中同时进行处理。协作式计算技术包括云边端的协同计算技术、群智计算技术、混合计算技术。

计算效率指计算的速度和精度。在辅助自主阶段，计算效率低；在高度自主阶段，接口规范性计算效率中等；在完全自主阶段，计算效率高。

用户体验质量指用户终端的使用感受。在辅助自主阶段，计算效率低；在高度自主阶段，接口规范性计算效率中等；在完全自主阶段，计算效率高。

协作式计算还要关注网络交换设备和标准开放程度。在辅助自主阶段，网络交换设备达到 Tbps 级，标准开放程度低；在高度自主阶段，网络交换设备达到 Tbps 级，标准开放程度中等；在完全自主阶段，网络交换设备达到 Pbps 级，标准开放程度高。

5.4.6 人工智能技术

5.4.6.1 机器学习技术

机器学习是一门涉及统计学、系统辨识、逼近理论、神经网络、优化理论、计算机科学、脑科学等诸多领域的交叉学科，研究计算机怎样模拟或实现人类的学习行为，以获取新的知识或技能，重新组织已有的知识结构使之不断改善自身的性能，是人工智能技术的核心。该技术在辅助自主、高度自主和完全自主阶段的技术指标如下。

（1）辅助自主：响应时间较快，置信度较高、准确率较高、可靠性较高。

（2）高度自主：响应时间快，置信度高、准确率高、可靠性高。

（3）完全自主：响应时间极快，置信度极高、准确率极高、可靠性极高。

5.4.6.2 知识图谱技术

知识图谱技术主要包括知识获取、知识表示、知识存储、知识融合、知识建模、知识计算、知识运维 7 个方面，通过面向结构化、半结构化和非结构化数据构建知识图谱，为不同领域的应用提供支持。该技术在辅助自主、高度自主和完全自主阶段的技术指标如下。

（1）辅助自主：知识获取的数据达到百亿级别，知识表示的严密性、自然性、通用性低，知识存储的伸缩性和灵活性较差，知识融合效率低，知识建模的明确性和客观性较差、一致性较低，最大单调可扩展性较差、易用性低，知识计算精度不高，知识运维的难度较大、可控性较低。

（2）高度自主：知识获取方面数据达到千亿级别，知识表示的严密性、自然性、通用性较高，知识存储的伸缩性和灵活性较高，知识融合效率高，知识建模的明确性和客观性较高、一致性较高，最大单调可扩展性较高、易用性较高，知识计算精度高，知识运维的难度较小、可控性较高。

（3）完全自主：知识获取方面数据达到万亿级别，知识表示的严密性、自然性、通用性极高，知识存储的伸缩性和灵活性高，知识融合效率极高，知识建模的明确性和客观性高、一致性高，最大单调可扩展性高、易用性高，知识计算精度极高，知识运维的难度小、可控性高。

5.4.6.3 自然语言处理技术

自然语言处理是计算机科学领域与人工智能领域中的一个重要方向，其主要研究能实现人与计算机之间用自然语言进行有效通信的各种理论和方法，涉及的领域较多，主要包括机器翻译、机器阅读理解和问答系统。该技术在辅助自主、高度自主和完全自主阶段的技术指标如下。

（1）辅助自主：无偏性低、鲁棒性较低、无悖性较低、科学性低、挑战性低、区分性低、量化性低、生命性较低、易用性低、可解释性低。

（2）高度自主：无偏性较高、鲁棒性较高、无悖性较高、科学性较高、挑战性较高、区分性较高、量化性较高、生命性较高、易用性较高、可解释性较高。

（3）完全自主：无偏性高、鲁棒性高、无悖性高、科学性极高、挑战性高、区分性高、量化性极高、生命性高、易用性极高、可解释性极高。

5.4.6.4 人机交互技术

人机交互主要研究人和计算机之间的信息交换，主要包括人到计算机和计算机到人的两部分信息交换，是人工智能领域的重要的外围技术。人机交互是与认知心理学、人机工程学、多媒体技术、虚拟现实技术等密切相关的综合学科。传统的人与计算机之间的信息交换主要依靠交互设备进行，主要包括键盘、鼠标、操纵杆、数据服装、眼动跟踪器、位置跟踪器、数据手套、压力笔等输入设备，以及打印机、绘图仪、显示器、头盔式显示器、音箱等输出设备。人机交互技术除了传统的基本交互和图形交互外，还包括语音交互、情感交互、体感交互及脑机交互等技术。该技术在辅助自主、高度自主和完全自主阶段的技术指标如下。

（1）辅助自主：分辨率低、灵敏度低、响应时间长、动作捕捉与跟踪能力差、意图传达精准度差、声源定位较广、抗干扰能力弱、特征分析和表征能力不强。

（2）高度自主：分辨率较高、灵敏度较高、响应时间短、动作捕捉与跟踪能力较强、意图传达精准度较强、声源定位广、抗干扰能力较强、特征分析和表征能力较强。

（3）完全自主：分辨率高、灵敏度高、响应时间极短、动作捕捉与跟踪能力强、意图传达精准度强、声源定位极广、抗干扰能力强、特征分析和表征能力强。

5.4.6.5 计算机视觉技术

计算机视觉是使用计算机模仿人类视觉系统的科学，让计算机拥有类似人类提取、处理、理解和分析图像以及图像序列的能力。自动驾驶、机器人、智能医疗等领域均需要通过计算机视觉技术从视觉信号中提取并处理信息。近年来，随着深度学习的发展，预处理、特征提取与算法处理渐渐融合，形成端到端的人工智能算法技术。根据解决的问题，计算机视觉可分为计算成像学、图像理解、三维视觉、动态视觉和视频编解码五大类。该技术在辅助自主、高度自主和完全自主阶段的技术指标如下。

（1）辅助自主：计算成像分辨率低，计算机系统解释图像只能实现浅层理解，三维信息理解只能做到浅层理解，视频编解码为有损压缩。

（2）高度自主：计算成像分辨率较高，计算机系统解释图像能实现中层理解，三维信息理解能做到中层理解，视频编解码为有损压缩。

（3）完全自主：计算成像分辨率高，计算机系统解释图像能实现高层理解，三维信息理解能做到高层理解，视频编解码为无损压缩。

5.4.6.6 生物特征识别技术

生物特征识别技术涉及的内容十分广泛，包括指纹、掌纹、人脸、虹膜、指静脉、声纹、步态等多种生物特征，其识别过程涉及图像处理、计算机视觉、语音识别、机器学习等多项技术。目前生物特征识别作为重要的智能化身份认证技术，在金融、公共安全、教育、交通等领域得到了广泛的应用。

（1）辅助自主：普遍性低、唯一性低、持久性低、可获取性低、防伪性低、可接受性低、可识别性低。

（2）高度自主：普遍性较高、唯一性较高、持久性较高、可获取性较高、防伪性较高、可接受性较高、可识别性较高。

（3）完全自主：普遍性高、唯一性高、持久性高、可获取性高、防伪性高、可接受性高、可识别性高。

5.4.7 控制技术

5.4.7.1 控制硬件技术

控制系统的核心硬件是主控板或控制器。主控板是指在一个嵌入式设备中，用来处理信息和数据并控制系统运作的核心板件，一般由处理芯片和外设构成，处理芯片有 MPU（microprocessor unit，微处理器）、MCU（microcontroller unit，微控制单元）、DSP（digital signal processing，数字信号处理器）等，负责处理信息和数据；外设有存储单元、外部接口、外部晶振、开关元件、电阻电容、数模/模数转换器等，用来将处理结果和外部设备相交换。控制器主要有模拟式控制器、数字式控制器和可编程控制器三大类。该技术在辅助自主、高度自主和完全自主阶段的技术指标如下。

（1）辅助自主：主控板体积较大、定位较广、灵活性较强、16/32 位指令集；控制器精度低，学习效率较高，可靠性低，抗干扰能力弱。

（2）高度自主：主控板体积较小、定位广、灵活性强、64 位指令集；控制器控制精度较高、学习效率高、可靠性较高、抗干扰能力较强。

（3）完全自主：主控板体积极小、定位极广、灵活性极强、128 位指令集；控制器控制精度高、学习效率高、可靠性高、抗干扰能力极强。

5.4.7.2 控制算法技术

根据控制方法可以将控制算法分为传统控制算法技术和智能控制算法技术。传统的汽车控制方法主要有：PID（proportion integration differentiation，比例-积分-微分控制器）控制、模糊控制、最优控制、滑模控制等，这些算法应用都较为广泛；相比于传统的控制方法，智能控制方法主要体现在对控制对象模型的运用和综合信息学习运用上，主要有基于模型的控制、神经网络控制和深度学习方法等，目前这些算法已逐步在汽车控制中广泛应用。

（1）辅助自主：上升时间 <5 s，峰值时间 <10 s，超调量 <10%，调节时间 <30 s，稳态误差 <0.001，算法准确性低、响应速度慢、稳定性差。

（2）高度自主：上升时间 <1 s，峰值时间为 <5 s，超调量 <5%，调节时间为 <10 s，稳态误差为0，算法准确性较高、响应速度较快、稳定性较高。

（3）完全自主：上升时间 <0.1 s，峰值时间 <1 s，超调量 <3%，调节时间 <1 s，稳态误差为0，算法准确性高、响应速度快、稳定性高。

5.4.7.3 控制执行技术

控制执行技术是系统利用硬件执行算法做出的决策，该技术下的四级技术包括控制执行器技术、入侵检测技术、故障诊断技术、自愈控制技术。

速度方面主要考虑执行速度这一指标，从控制算法模块到控制执行模块存在着延迟，系统的自主性越高，对实时性控制的要求也越高，因此需要关注执行速度的提升。在辅助自主阶段，执行速度慢；在高度自主阶段，执行速度快；在完全自主阶段，执行速度极快。

精度方面主要考虑执行误差这一指标，从控制算法模块到控制执行模块存在着误差，系统的自主性越高，对控制执行技术的精度要求也越高，因此需要关注执行精度的提升。在辅助自主阶段，执行误差小于1%；在高度自主阶段，执行误差小于0.1%；在完全自主阶段，执行误差小于0.01%。

安全方面从系统外部入侵和系统内部故障两个角度考虑指标。系统外部入侵考虑入侵检测正确率，系统内部故障考虑故障诊断精度和控制系统自愈度。

系统外部入侵是指对系统控制时因与外界进行通信，而受到异常的攻击行为。入侵检测技术通过实时监视、分析系统的通信行为，检测异常的攻击行为，并在攻击行为产生危害之前进行拦截、报警、系统恢复等操作。入侵检测正确率表示对系统行为正确检测的性能，一般代表入侵检测的整体性能。在辅助自主阶段，入侵检测正确率大于90%；在高度自主阶段，入侵检测正确率大于95%；在完全自主阶段，入侵检测正确率大于99%。

系统内部故障是指因系统自身的零件损耗、模块交互错误而产生的故障。故障诊断技术对系统可诊断性进行分析设计，从系统层面对系统结构进行优化，可以提高系统对故障信息的获取和分析能力，更加有效地提升系统的安全性。故障诊断精度是指对系统存在故障的诊断正确率。故障诊断精度在辅助自主阶段故障诊断精度大于90%；在高度自主阶段，故障诊断精度大于99%；在完全自主阶段，故障诊断精度大于99.9%。自愈控制技术在系统的元部件或子系统出现故障时，通过合理的资源协调和控制策略，使得系统具有自检测、自诊断、自决策、自恢复的能力，其目的是对系统中潜在的故障进行预防、已发生的故障进行抑制和消除的同时，使整个系统基本地维持正常的运行。自愈度描述了系统存在故障时的自愈能力。在辅助自主阶段，自愈度达到初级水平；在高度自主阶段，自愈度达到中级水平；在完全自主阶段，自愈度达到高级水平。

控制执行技术用于执行决策算法的命令，在交通系统中主要关注对车辆系统的控制。针对车辆行为的控制，实现加速、减速、转弯、刹车等操作，主要包括横向和纵向两个维度。横向即转向系统，目前转向系统已经基本从机械助力式转向升级到电子助力转向。纵向即制动系统，包括电动助力刹车系统、车身稳定系统、集成式制动系统。

5.4.8 模拟仿真技术

5.4.8.1 数字孪生技术

随着数字化与仿真技术的发展，数字孪生技术已成为各行业的新兴研究热点。它的核心目标在于虚拟空间构建的数字模型与物理实体交互映射，如实地描述物理实体全生命周期的运行轨迹，因此它在自动驾驶场景测试、交通管控等不同场景下发挥着重要作用。由于其多领域技术融合的特性，具象化参数量化难以概括其技术指标，因此在综合对比了不同行业白皮书与相关文献之后，以不同阶段下可实现的功能作为其技术指标。

（1）辅助自主：在当前状态下，数字孪生技术可以建立物理空间的数字框架，实现信息单向流动，实现实时监测。

（2）高度自主：在当前状态下，数字孪生技术可以实现信息双向流动，实现实时监测、多领域智能预测、联动和控制。

（3）完全自主：在当前状态下，数字孪生技术可以实现信息双向流动，实现实时监测、全域智能预测、控制和联动。

5.4.8.2 虚拟现实技术

虚拟现实技术作为近年热门技术领域，通过计算机、电子信息、仿真技术等实现三维立体动态模拟虚拟环境，从而实现用户之间的交流与活动，给人以环境沉浸感。在面向微观场景仿真当中，虚拟现实技术发挥着其独特的作用。由于其多领域技术融合的特性，它所囊括的技术指标分为具象化技术参数与功能描述两种形式。在参考了行业白皮书与相关文献之后，选取三维建模技术、图像传输技术、立体显示技术、传感器技术等技术指标作为其代表性指标。

（1）辅助自主：在当前状态下，虚拟现实技术通过三维动态建模技术实现基础建模；通过三维图像生成技术使图像传输达30帧/秒；立体显示技术可以初步实现；传感器技术能捕捉基本动作与参数。

（2）高度自主：在当前状态下，虚拟现实技术通过三维动态建模技术实现高清建模；通过三维图像生成技术结合5G通信使图像传输达到60帧/秒；立体显示技术可以实现且能兼顾用户体验与显示效果；传感器技术能精确捕捉动作与参数。

（3）完全自主：在当前状态下，虚拟现实技术通过三维动态建模技术实现高清建模；通过三维图像生成技术结合5G通信使图像传输达到120帧/秒；立体显示技术可以实现且能兼顾用户体验与沉浸式显示效果；传感器技术能精确捕捉动作与参数。

5.4.8.3 增强现实技术

增强现实技术是通过多媒体、三维建模、实时跟踪及注册、智能交互、传感等多种技术手段，将计算机实时生成的虚拟信息（图片、视频、声音等）无缝融合到真实世界中，以实现对现实增强的技术。与虚拟现实技术类似，它在交通系统微观场景的模拟仿真当中发挥着重要作用。由于其多领域技术融合的特性，具象化参数量化难以概括其技术指标，因此在综合对比了不同行业白皮书与相关文献之后，以显示组件的性能、人机交互模式、定位能力等作为其技术指标。

（1）辅助自主：在当前状态下，增强现实技术的显示组件的刷新率、分辨率可以达到高清显示效果（1080p），硬件计算能力可达到高性能、低延迟；人机感知交互模式以视觉为主；可实现单目标精确定位。

（2）高度自主：在当前状态下，增强现实技术的显示组件的刷新率、分辨率可以达到超高清显示效果（2k～4k），硬件计算能力可达到超高性能、超低延迟；人机感知交互模式以视觉、听觉为主；可实现多目标精确定位。

（3）完全自主：在当前状态下，增强现实技术的显示组件的刷新率、分辨率可以达到超高清显示效果（4k以上），硬件计算能力可达到超高性能、超低延迟；人机感知交互模式覆盖听觉、视觉、触觉等多方面感知类型；可实现多目标实时精确定位。

5.4.8.4 工业仿真技术

相较于上述新型领域下的模拟仿真技术，工业仿真技术更多是面向传统工业设计下的综合领域，在交通产品设计等场景中发挥着重要作用。由于其多领域技术融合的特性，具象化参数量化难以概括其技术指标，因此在综合对比了不同行业白皮书与相关文献之后，以不同阶段下可实现的功能作为其技术指标。

（1）辅助自主：在当前状态下，工业仿真技术可以对产品进行可视化呈现，实现描述层级的应用。产品能够进行数字化建模，包括几何建模、系统建模、流程建模、组织建模等，逐步建立产品概念模型、功能模型、行为规则模型、加工工艺模型和检测过程模型，最终建立概念级的产品模型。

（2）高度自主：在当前状态下，工业仿真技术能够打通数字主线，实现产品全生命周期内数字孪生模型与真实物理产品的互联互通，开展对物理产品的监控、追踪、行为预测及控制、健康预测与管理等，形成一个闭环的产品全生命周期数据管理。能够用仿真技术对物理世界进行动态预测，根据当前状态，通过物理学确定规律和完整机理来计算分析和预测物理对象的未来状态。

（3）完全自主：在当前状态下，工业仿真技术可以利用数字孪生载体与数据分析平台，通过科学预测结果来辅助进行分析决策，使产品能够在虚拟环境下进行快速迭代，改进产品，借助数字孪生模型最终打造出性能优越的实物产品，并构建出高质量低成本的产品维护服务。在产品报废/回收后阶段，产品数字孪生所涵括的所有模型和数据都将成为同种类型产品组的历史数据，为下一代产品的设计改进和创新、同类型产品的质量分析及预测、基于物理的产品仿真模型和分析模型的优化等提供数据支持。

5.5 技术应用实例

基于V2X的无信号灯控制的交叉口车辆碰撞预警场景：车辆驶入无信号灯控制

的交叉口时,由于超视距和非视距问题,会存在车辆碰撞隐患。车辆感知自身位置及行驶状态,通过 V2X 通信技术,实现与其他车辆、路侧设备之间的交互通信,通过相关算法处理周边车辆数据,判断是否存在威胁车辆并发布预警信息,驾驶者或自动驾驶车辆自主调整速度以避免碰撞。

面向上述场景,涉及的主要技术如表 5 – 11 所示。

表 5 – 11　车辆碰撞预警场景下的技术应用实例

一级技术	二级技术	支撑功能
传感器技术	激光雷达、毫米波雷达、车载摄像头等	支撑车辆检测其他车辆、道路车道线、障碍物、行人等目标
地理信息技术	卫星定位技术	支撑车辆获取自身实时位置信息
通信与传输技术	蜂窝移动通信技术、WiFi 技术等	支撑车辆与路侧设备及周边车辆之间的通信与信息传输
大数据技术	数据信息安全技术	支撑车辆与路侧设备及其他车辆通信时的信息安全保障
计算技术	集中式计算技术	支撑车辆对周围车辆及行人运动状态的分析与计算
人工智能技术	机器学习技术、计算机视觉技术、生物特征识别技术等	支撑车辆对目标的识别和判断,并做出对自身行驶速度和行驶姿态的调整决策等
控制技术	控制硬件技术、控制算法技术、控制执行技术	支撑车辆进行速度、行驶方向等的控制
模拟仿真技术	数字孪生技术、虚拟现实技术等	在车辆生产测试阶段提供模拟仿真,测试产品的稳定性、可靠性等

5.6　小结

技术的发展是推动 ATS 演化的重要因素,ATS 的发展离不开关键技术的支撑,因此需要研究影响交通自主化发展的关键技术。本章的主要工作成果包括以下四个方面:

(1) 本章首先采用自上而下的分类思路,从自主感知、自主学习、自主决策、自主响应、辅助运行五个方面,对影响交通自主化发展的外部技术进行分类,建立交通外部技术清单。

(2) 参考《智能交通技术概论》,面向自主式交通系统中信息传递处理的过程,对交通系统的内部技术进行分类,并建立了内部技术和外部技术之间的关联。

(3) 考虑外部技术在交通系统中的应用,对 8 类外部技术进行了二级技术分类,并划分为辅助自主、高度自主和完全自主3个代际,制定了各项技术在各个阶段的主要性能指标。

(4) 面向车辆经过交叉口的碰撞预警场景,对技术进行了实例化研究。

参考文献

[1] 中国信息通信研究院. 云计算发展白皮书(2020年)[R]. 2020.

[2] 国家制造强国建设战略咨询委员会,中国工程院战略咨询中心. 中国制造业重点领域技术创新绿皮书:技术路线图(2019)[M]. 北京:电子工业出版社,2020.

[3] 戴志明,周明拓,杨旸,等. 智能工厂中的雾计算资源调度[J]. 中国科学院大学学报,2021,38(5):702–711.

[4] 阿里云计算有限公司,中国电子技术标准化研究院. 边缘云计算技术及标准化白皮书(2018)[R]. 2018.12.

[5] 左琳立,郭华,夏士超,等. 异构边缘网络中基于服务器休眠的协同计算策略[J]. 重庆邮电大学学报(自然科学版),2021,33(4):584–594.

[6] 中国通信学会. 通感算一体化网络前沿报告(2021年)[R]. 2022.01.

[7] 阿里云计算有限公司,中国电子技术标准化研究院. 边缘云计算技术及标准化白皮书(2018)[R]. 2018.12.

[8] 李广军,阎波,林水生. 微处理器系统结构与嵌入式系统设计(第二版)[M]. 北京:电子工业出版社,2011.

[9] 王再英,刘淮霞,陈毅静. 过程控制系统与仪表[M]. 北京:机械工业出版社,2014.

[10] 王建平,朱程辉. 电气控制与PLC[M]. 北京:机械工业出版社,2012.

[11] 胡寿松. 自动控制原理(第6版)[M]. 北京:科学出版社,2013.

[12] 中国人工智能协会. 中国人工智能系列白皮书–智能驾驶2017[R]. 2017.10.

[13] 白国振,俞洁皓. 基于改进模糊神经网络的PID参数自整定[J]. 计算机应用研究,2016,33(11):3358–3363,3368.

[14] 隋新,刘莹. 入侵检测技术的研究[J]. 科技通报,2014,30(11):89–94.

[15] MITCHELL R,CHEN I R. A survey of intrusion detection techniques for cyber-physical systems [J]. ACM Computing Surveys,2014,46(4):55.

[16] 王大轶,符方舟,刘成瑞,等. 控制系统可诊断性的内涵与研究综述[J]. 自动化学报,2018,44(9):1537–1553.

[17] 尹逊和,王忻. 自愈控制系统研究的综述、分析与展望[J]. 控制理论与应用,2021,38(8):1145–1158.

[18] 中国人工智能开源软件发展联盟. 人工智能深度学习算法评估体系 [R]. 2018.07.
[19] 中国电子技术标准化研究院. 知识图谱标准化白皮书（2019）[R]. 2019.08.
[20] 董青秀, 穗志方, 詹卫东, 等. 自然语言处理评测中的问题与对策 [J]. 中文信息学报, 2021, 35 (6): 1-15.
[21] 谭征宇, 戴宁一, 张瑞佛, 等. 智能网联汽车人机交互研究现状及展望 [J]. 计算机集成制造系统, 2020, 26 (10): 2615-2632.
[22] 中国电子技术标准化研究院. 人工智能标准化白皮书（2018 版）[R]. 2018.01.
[23] 刘琦, 于汉超, 蔡剑成, 等. 大数据生物特征识别技术研究进展 [J]. 科技导报, 2021, 39 (19): 74-82.
[24] 刘伟莲. 智能网联汽车信息安全关键技术探讨 [J]. 电子测试, 2020 (8): 61-62.
[25] 郭晓欢, 江昆, 海娇. 智能网联汽车信息安全关键技术探讨 [J]. 时代汽车, 2021 (16): 24-25.
[26] 李克强. 智能网联汽车创新发展的探索与实践 [J]. 汽车纵横, 2021 (1): 18-19.
[27] 靳光盈. 基于车载平台的智能汽车网联技术发展方向 [J]. 汽车维修, 2021 (1): 9-10.
[28] 启迪国际：智能网联汽车大数据云控基础平台 - 云 + 社区 - 腾讯云（tencent.com）[EB/OL]（https://cloud.tencent.com/developer/news/335098）.
[29] 林有彬. 量子通信技术的应用与展望 [J]. 电子技术, 2022, 51 (2): 18-19.
[30] 周千荷, 吕尧. 欧盟《智能汽车安全的良好实践》对我国的启示 [J]. 信息安全与技术, 2020, 11 (3): 96-99.
[31] 王建. 汽车智能网联系统中的信息安全问题探究 [J]. 时代汽车, 2021 (2): 193-194.
[32] 刘晓波, 蒋阳升, 唐优华, 等. 综合交通大数据应用技术的发展展望 [J]. 大数据, 2019, 5 (3): 55-68.
[33] 林丽. 论传感器在交通信息采集中的应用现状 [J]. 电子元器件与信息技术, 2021, 5 (4): 29-30.
[34] 彭春华, 刘建业, 刘岳峰, 等. 车辆检测传感器综述 [J]. 传感器与微系统, 2007 (6): 4-7, 11.
[35] 张小建. 基于视频图像的交通流检测系统的研究 [D]. 南京：南京林业大学, 2012.
[36] 吴薇, 朱光喜, 陈云峰, 等. 视频技术在智能交通信息检测中的应用 [J]. 电视技术, 2007, 31 (9): 71-74.
[37] 邵士雨. 基于视频的交通事件检测算法研究 [D]. 济南：山东大学, 2013.

[38] 牛国辉．机动车地感线圈测速系统现场测速误差测量结果的不确定度评定［J］．计量与测试技术，2019，46（7）：113－114，116．

[39] 林峰，严瑾，叶振洲，等．新型地感线圈测速仪检定装置关键技术研究［J］．自动化仪表，2012，33（8）：64－66．

[40] 鲁丽．基于地感线圈测速仪检定装置的设计［D］．郑州：郑州大学，2011．

[41] 工业和信息化部，交通运输部，国家标准化管理委员会．国家车联网产业标准体系建设指南（智能交通相关）［R］．2021．3．

[42] 金博，胡延明．C-V2X 车联网产业发展综述与展望［J］．电信科学，2020，36（3）：93－99．

[43] 孙其博，刘杰，黎羴，等．物联网：概念、架构与关键技术研究综述［J］．北京邮电大学学报，2010，33（3）：1－9．

[44] 陈山枝，葛雨明，时岩．蜂窝车联网（C-V2X）技术发展、应用及展望［J］．电信科学，2022，38（1）：1－12．

[45] 陈山枝，时岩，胡金玲．蜂窝车联网（C-V2X）综述［J］．中国科学基金，2020，34（2）：179－185．

[46] Accton 科技公司．400G 将以太网带入新时代［R］．2019．10．

[47] 工业和信息化部等．5G 应用"扬帆"行动计划（2021—2023 年）［R］．2021．7．

[48] 中国通信学会．通感算一体化网络前沿报告［R］．2022．1．

[49] 李克强．智能网联汽车技术路线图2.0［R］．2022．11．

[50] 中国信息通信研究院．2021 年车联网白皮书［R］．2021．12．

[51] 中国通信学会．蜂窝车联网（C-V2X）技术与产业发展态势前沿报告［R］．2020．

[52] 华为．新基建、新功能 5G 车路协同白皮书［R］．2020．5．

[53] Samsung. 5G Core-vision［R］．2019．6．

[54] Samsung. who-and-how_MaKing－5g-nr-standard.［R］．2018．12．

[55] Samsung. 6g the next hyper-connected experience for all.［R］．2020．7．

[56] 中国联通．中国联通5g 终端白皮书［R］．2021．

[57] 中国联通．中国联通6g 白皮书［R］．2021．

[58] 推进组．6g 总体愿景与潜在关键技术白皮书［R］．2021．6．

[59] 中国移动．5g 总体白皮书2.0［R］．2020．

[60] 刘光毅，方敏，关皓，等．5g 移动通信系统：从演进到革命［M］．北京：人民邮电出版社，2016．

[61] 中国移动，中国电信，中国联通．5g-advanced 网络技术演进白皮书［R］．2021．

[62] 中国移动，华为．5g 无线发展白皮书：迈向可持续的5g［R］．2021．

[63] 张令文，刘留，和雨佳，等．全球车载通信 DSRC 标准发展及应用［J］．公路交

通科技, 2011, 28 (S1): 71-76, 85.

[64] 华为. 华为 WiFi 6 (802.11ax) 技术白皮书 [R]. 2019.10.

[65] Ethernet-Technology-Consortium. 800 Gigabit Ethernet (GbE) Specification Rev. 1.1 [R]. 2020.4.

[66] 陈玲玲. 浅析我国地理信息技术产业的发展状况 [J]. 城市地理, 2018 (8): 113.

[67] 张全德, 范京生. 我国卫星导航定位技术应用及发展 [J]. 导航定位学报, 2016, 4 (3): 82-88.

[68] 魏娜. 卫星导航与定位技术学科发展研究 [J]. 教育教学论坛, 2016 (19): 59-60.

[69] 唐晓宇. 基于移动通信网络无线定位技术及其应用分析 [J]. 中国新通信, 2018, 20 (4): 10-11.

[70] 李健翔. 5G 移动通信网的定位技术发展趋势 [J]. 移动通信, 2022, 46 (1): 96-100, 106.

[71] 付晓华. 地球物理勘探测量与全球卫星定位技术发展 [J]. 化工设计通讯, 2018, 44 (11): 227.

[72] 邓中亮, 王翰华, 刘京融. 通信导航融合定位技术发展综述 [J/OL]. [2022-03-13]. 导航定位与授时: 1-12.

[73] 郑立中, 陈秀万. 中国卫星遥感与定位技术应用的现状和发展 [J]. 邮电商情, 2002 (2): 27-31.

[74] 杨子辉, 薛彬. 北斗卫星导航系统的发展历程及其发展趋势 [J]. 导航定位学报, 2022, 10 (1): 1-14.

[75] 杨菠, 王瑞巍. 浅谈北斗卫星导航与新一代信息技术融合 [J]. 卫星应用, 2021 (9): 64-66.

[76] 王家耀. 关于地理信息系统未来发展的思考 [J/OL]. [2022-03-13]. 武汉大学学报 (信息科学版): 1-12.

[77] 苏奋振, 吴文周, 张宇, 等. 从地理信息系统到智能地理系统 [J]. 地球信息科学学报, 2020, 22 (1): 2-10.

[78] 王郁茗, 邵利民. 北斗三代卫星导航系统服务性能仿真评估 [J]. 兵工自动化, 2018, 37 (5): 12-15, 35.

[79] 李婷婷. 面向交通领域的仿真技术运用综述 [J]. 青海交通科技, 2021, 33 (4): 8-12.

[80] 郑明伟, 李梦雪. 仿真技术在交通控制上的应用 [J]. 哈尔滨职业技术学院学报, 2007 (4): 115-116.

[81] 聂蓉梅, 周潇雅, 肖进, 等. 数字孪生技术综述分析与发展展望 [J]. 宇航总体技术, 2022, 6 (1): 1-6.

[82] 余诗曼,许奕玲,麦筹璋,等.虚拟现实技术的应用现状及发展研究[J].大众标准化,2021(21):35-37.

[83] 张桢.增强现实技术和产业发展现状及趋势展望[J].新材料产业,2021(3):41-44.

[84] 吴雪薇,王利双,张盈盈.增强现实技术发展趋势研究[J].科技视界,2019(30):223-224,177.

[85] 尹新茹,李晶.增强现实技术在交通领域应用的可行性分析[J].包装与设计,2021(6):118-119.

[86] 吕细巧.计算机虚拟现实关键技术及其应用研究[J].科技资讯,2021,19(33):1-3.

[87] 卞雪卡.建模与仿真技术的发展及其展望[J].市场周刊,2020(5):173-174.

6 组分——ATS 的实体成分

6.1 组分的定义、目标和现状

6.1.1 组分的定义和目标

人类最早的交通方式是步行，而随着人类社会的进步，交通工具逐渐从被驯化的牲畜发展为如今的各类现代化机车。在漫长的历史进程中，"车"和"路"都是交通的重要承载，是交通系统组分的重要内容。交通系统的组分是指构成交通系统的各个组成部分，是交通系统在物理世界中的实体，也是交通系统存在及维持运作的基础。一般认为，交通系统的组成要素包括人、车、路、环境。交通系统的最终目标是实现人和物的空间转移，在此过程中需要依赖道路、交通工具、相关设施等的支撑，因此，人、货物、道路、交通工具、相关设施等都属于交通系统的组分。随着交通系统的发展进步，组分的内涵也在不断扩大。

交通系统的存在和运行依赖于组分在各个环节的参与及与各要素之间的关联，不同类别的组分在交通系统中发挥的作用以及与其他要素的关联关系存在差异。为了区分不同组分在交通系统中发挥的作用，把 ATS 中的组分划分为驱动交通系统形成的组分和维持交通系统存在的组分两大类，其中驱动交通系统形成的组分是交通系统存在的外因，包括出行者、货物等，因为有了交通出行和运输的需求，才驱动了交通系统的形成；而维持交通系统存在的组分是交通系统存在的保障，包括车、路等服务于交通出行和运输的组分，由于这些组分的存在，交通系统才得以维系。

采用范式对这两类交通系统的组分进行规范化描述。

（1）驱动交通系统形成的组分的范式为：在 <场景> 下，<组分名称> 为了实现空间位置的转移，提出了 <需求>。此类组分主要包括乘客、驾驶者等交通系统的使用者以及货物等，一般不受技术发展的影响。

（2）维持交通系统存在的组分的范式为：在 <场景> 下，<组分名称> 受 <技术> 影响，提供 <功能>，参与 <服务>，以满足其承接的 <需求>。此类组分包括车、路、各类设备、管理中心等，受到外界技术水平和交通需求的影响，在交通系统发展的过程中，会发生较大的改变。

研究自主式交通系统的组分框架，是为了剖析自主式交通系统区别于传统交通系统的内因；同时，也为了厘清自主式交通系统中各组分间、组分与技术、功能、服务、需求等要素间的关联关系，解析交通系统需求的产生及满足情况、功能的提供、服务的实现以及需求的满足情况，使组分与功能、服务、需求之间构成能够阐述交通系统运作的完整逻辑链。为了清楚阐述 ATS 的组分构成，本章将构建分层树状组分框架，使组分框架能够涵盖交通系统的各类组成部分，并适用于不同尺度的交通系统描述。

6.1.2 各国 ITS 组分研究现状

6.1.2.1 美国 ITS 组分构成

美国 ITS 体系框架（ARC-IT）通过企业视图、功能视图、物理视图和通信视图对交通系统进行阐述，其中物理视图主要描述支持 ITS 服务的交通系统和信息交互。在物理视图下，ITS 体系框架被描述为一些被集成的物理对象（子系统和终端）的集合，它们通过交互和交换信息来支持 ITS 体系架构下的服务包。子系统是智能交通系统的一部分，它们是提供 ITS 边界内的功能的物理对象；终端是指位于 ITS 边界并提供 ITS 功能所需信息或者从 ITS 接受信息的物理对象。

物理视图下划分了 6 类抽象组分，包括一个通用的 ITS 类和中心（center）、支持系统（support）、场地（field）、车辆（vehicle）、人员（personal）5 类具体的物理对象，并在这 5 类具体物理对象的基础上，进一步划分了若干类颗粒度更细的物理对象，包括 47 类子系统和 104 类终端。以中心（center）类物理对象为例，划分了包括 ITS 各种运行管理中心及相关人员在内的子系统和终端，含 15 个子系统和 51 个终端。部分物理对象如表 6-1 所示。

表 6-1　美国 ITS 体系框架物理视图下部分中心类物理对象示例

物理对象	示例
子系统	授权中心（authorizing center） 应急管理中心（emergency management center） 边检管理中心（border inspection administration center） 排放管理中心（emissions management center） 商用车管理中心（commercial vehicle administration center） 车队和货运管理中心（fleet and freight management center）
终端：系统 类终端	警报和咨询系统（alerting and advisory system） 存档数据用户系统（archived data user system）
终端：人员 类终端	商用车管理员（commercial vehicle administrator） 应急系统操作员（emergency system operator）

美国 ITS 体系框架的搭建主要面向交通系统服务的实现，其物理视图旨在通过物理对象及其信息交互的描述来阐述交通系统的物理组件对服务的支持，因此对交通系统的组分描述存在如下不足。

（1）不同类别的组分划分不够清晰，不同组分之间存在重复。物理视图下分为中心（center）、支持系统（support）、场地（field）、车辆（vehicle）、人员（personal）5 类具体的物理对象，但实际上各类物理对象之间都存在交织，如人员这类组成部分也会在其他物理对象中出现。

（2）同一类别的组分层次划分不清晰。如中心类物理对象细分下的二级物理对象，仍存在一类命名为 center 的物理对象，其描述是用于对任意中心的核心能力建模，与一级物理对象以及其他二级物理对象的层次关系不明确。

（3）该描述方法对交通系统发展的适应性较弱。物理视图下的各类子系统和终端都与当前 ITS 系统架构的服务对应，当交通系统发生变革时，服务可能出现增加、减少或升级换代等变更，此时物理视图下的子系统和终端也会发生较大的变动，需要根据新的交通系统服务重新组织，适应性不强。

6.1.2.2　欧盟 ITS 组分构成

欧盟的 ITS 从用户需求出发，考虑交通系统提供的功能对用户需求满足的能力，搭建了由用户需求、功能体系结构、物理体系结构、通讯体系结构组成的 ITS 体系框架。其中，物理体系结构中定义了与功能域保持一致的九大子系统：电子收费、紧急事件通知和响应、综合交通管理、公共交通管理、车内系统、出行者辅助、法律约束、货运和车队管理、支持合作系统。

在上述子系统划分的基础上，欧盟的 ITS 框架还对各个子系统的组成进行了描述，主要分为以下 4 个类别。

（1）中心：如交通控制中心、交通信息中心、车队管理中心等对交通信息进行处理分析，对道路交通进行管理、组织运营、维护等的场所。

（2）交通亭：坐落在公共场所的设备，为出行者提供便利，如出行信息等。

（3）路旁设施：道路沿线监测交通状态、车辆、行人的设施，以及向驾驶者及行人提供信息的设施。

（4）车辆：在路网中的各种车辆。

以城市交通管理系统为例，其组成成分如图 6-1 所示。

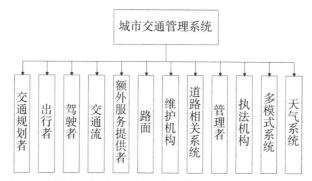

图 6-1　欧盟 ITS 体系框架城市交通管理系统的组成成分示意图

欧盟的 ITS 体系框架主要面向交通系统功能对用户需求的满足进行构建，在物理体系结构中按照九大功能域划分子系统，并按照中心、交通亭、路旁设施和车辆 4 各类别列举各个系统的组成成分，该组分描述方式存在以下不足。

(1) 交通系统组分描述不全。由于欧盟的 ITS 框架更偏向于对典型系统的功能描述以及对用户需求的满足描述，其划分的九大功能域并未完全覆盖整个交通系统的所有功能，因此在功能域下展开的子系统组分描述不够全面。

(2) 组分框架的层次结构不清晰。由于该组分描述是在功能域下展开的，因此并未形成完整的组分框架，不同组分之间缺乏层次结构的组织描述，不利于组分的列举和扩展。

(3) 组分描述存在冗余。不同子系统功能的实现很可能依赖于相同的组分，因此在不同的子系统下，各类中心、交通亭、路侧设备和车辆均会出现一定程度的重复，造成信息冗余。

6.1.2.3 日本 ITS 组分构成

日本采用了面向对象的方法来构建 ITS 体系，把交通系统从服务的角度划分为先进导航系统、电子收费系统、安全驾驶辅助系统、交通管理优化系统、道路管理系统、公共交通支付系统、商用车运行系统、行人支持系统和紧急车辆支持系统共 9 个子系统。在各个系统的基础上，分别从用户服务、逻辑架构、物理架构和 ITS 标准 4 个方面展开阐述。其中，物理架构部分包含了各个子系统密切相关的组成成分。

如道路管理系统包括路侧单元、车载单元和车 – 路通信 3 个模块，而车 – 路通信模块又包括服务区、道路、停车场 3 个场景下的信息采集、编辑、存储处理、充电、进出口闸门控制、显示收费等服务，在各项服务中描述主要的组分。以车 – 路通信模块为例，其组分包括 DSRC 协议、扩展链路控制协议、IP 通信、非 IP 通信、基本 API（application programming interface，应用程序编程接口）、路侧区域信息关联系统、沿路信息采集系统、公共停车付费系统等。

日本 ITS 体系框架的组分描述存在以下不足。

(1) 缺乏组分框架的描述。各项组分均在服务中体现，并未形成智能交通系统组分构成的统一描述，导致不同的子系统下组分存在重复、命名不一致、颗粒度不统一等问题。

(2) 组分描述不全面。日本 ITS 框架划分的子系统及子系统下的服务较难完全覆盖整个交通系统，并且在描述服务时仅列举最为密切相关的组分，导致组分描述不够全面。

(3) 组分包括了非物理实体组分。如信息层面的组分、数据传输协议等均被列为交通系统组成成分，与本章定义的"交通系统在物理世界的实体"不符。

6.1.2.4 中国 ITS 组分构成

《中国智能运输系统体系框架》以用户需求和用户服务为基础，主要考虑交通系统中"人"这一要素的特点和作用，将其分为用户主体和服务主体两大类。其中用户主体分为 6 类二级组分、20 类三级组分和 21 类四级组分，服务主体分为 9 类二级组分、37 类三级组分和 4 类四级组分。具体划分情况如表 6 – 2 所示。

表 6-2 我国 ITS 框架下的组分划分情况

一级组分	二级组分	三级组分	四级组分
用户主体	道路使用者	乘客	—
		驾驶者	小型汽车驾驶者
			公交车驾驶者
			货车驾驶者
			摩托车驾驶者
			紧急车辆驾驶者
			军用运输车辆驾驶者
			特种运输车辆驾驶者
			出租车驾驶者
			非机动车驾驶者
		行人	—
		老弱病残等特殊人员	—
	道路建设者	基础建设	—
		道路养护	—
	公共安全负责部门	公安部门	—
		消防部门	—
		急救中心	—
		抗震救灾部门	—
	交通管理者	交通管理部门	城市交通管理部门
			公路交通管理部门
			空中交通管理部门
		军事交通管理部门	—
	运营管理者	道路交通运营管理部门	城市公共交通部门
			公路客运部门
			货运部门
		铁路运营管理部门	铁路客运管理部门
			铁路货运管理部门
		航空运营管理部门	航空客运管理部门
			航空货运管理部门

续表

一级组分	二级组分	三级组分	四级组分
用户主体	运营管理者	水运运营管理部门	水运客运管理部门
			水运货运管理部门
	相关团体	政府部门	—
		学术机构	—
		规划部门	—
		环保机构	—
服务主体	交通管理中心	城市交通管理中心	—
		公路交通监控中心	—
		城间交通管理中心	—
	旅客运输部门	城市公共交通运营商	—
		长途客运运营商	—
		换乘枢纽	—
		铁路客运运营商	—
		航空客运运营商	—
		水运客运运营商	—
		出租车运营商	—
	紧急事件管理部门	城市紧急救援中心	—
		公路紧急救援中心	—
		消防中心	—
		急救中心	—
		危险品处理部门	—
	交通信息服务提供商	动态交通信息提供商	—
		静态交通信息提供商	—
	基础设施管理部门	基础设施维护者	—
		收费设施提供商	收费路桥隧提供商
			收费停车场提供商
		基础设施管理者	—
	货物运输服务提供者	道路货物运输提供商	城市配送
			公路货运
		铁路货物运输提供商	—

续表

一级组分	二级组分	三级组分	四级组分
服务主体	货物运输服务提供者	航空运输提供商	—
		水路运输提供商	—
		货物联运提供商	—
		仓储服务提供商	—
	产品/设备提供商	汽车制造商	—
		通信和信息产品制造商	—
		系统集成商	—
	产品服务	汽车维修商	—
		保险商	—
		地图制作更新提供商	—
		基础地理信息生产更新机构	—
		信息提供商	—
		金融中心	—
	政府执法部门	公安部门	—
		工商管理和税务部门	—

我国 ITS 组分框架按用户主体和服务主体进行划分，形成了分层次的组分框架结构，但仍存在一些不足。

（1）未对交通运输工具、道路及基础设施、交通环境等交通系统的组成成分进行系统性的描述，不够全面。

（2）用户主体和服务主体存在一部分组分的重复，某些组分既是用户主体又是服务主体，造成冗余以及分类不清晰。

（3）组分框架的颗粒度不统一，同一层次的不同组分面向的场景尺度不同。

6.1.2.5 组分研究现状小结

各国的 ITS 框架主要围绕交通系统的服务和功能进行构建，暂未形成对交通系统组分的系统性描述，导致组分存在冗余、不全面、层次结构不清晰、颗粒度不统一等问题。

由于组分是交通系统在物理世界中的实体成分，是支撑交通系统存在和运行的重要载体，在交通系统中不可或缺，并且交通系统的发展变革最终也需要体现在交通系统组分的更新换代上。因此，为了能够更好地描述技术驱动下自主式交通系统的发展变革，有必要研究自主式交通系统的组分框架，以实现对交通系统组分的全方位、多层次的全面描述。

6.2 组分的研究思路

6.2.1 交通系统组分的基本组成

一般认为，交通系统的基本要素包括人、车、路、环境 4 大类，而随着近年来我国路网的发展完善，运输业也得到了迅猛的发展。规模化的集装运输、灵活的散装运输、跨边境的货物运输等各种运输方式的出现，使货物呈现出的交通运输需求与客运需求存在较为显著的差异，因此运输货物也应当作为一种重要的交通基本要素，列入到交通系统组分当中。因此，自主式交通系统的组分框架包含人、车、路、环境、运输货物 5 类基本要素。

（1）人：指参与交通系统中的各类人员，包括乘客、驾驶者、行人等交通系统的使用者，也包括各类交通管理、服务中心的为交通系统提供服务的相关人员。

（2）车：指参与交通的各类车辆，包括各类小汽车、公共汽车、商用汽车等。

（3）路：泛指各类基础设施，包括道路、道路基础设施、站场、数据中心、管理及服务机构等。

（4）环境：指交通系统所处的外部环境，包括气象条件等自然环境和建筑物等人为环境。

（5）运输货物：指各类在交通系统中运输的货物。

6.2.2 智能设备——ATS 组分的重要组成部分

交通系统从最原始的阶段发展到智能交通系统，乃至今后的自主式交通系统，驱动交通系统形成的组分（人、物等）的变化不大，但维持交通系统的组分（车、路等各种设施设备）则受技术发展的影响，发生了翻天覆地的变化。在 ATS 组分框架的研究中，维持交通系统存在的组分是关注的重点，而这其中最重要的就是智能设备。

ATS 中的智能设备是指应用于载运工具、道路基础设施、各类中心站场等组分中的各种发挥着信息感知、学习、决策、响应功能的设施设备，受到技术的直接影响，承接着 ATS 的各类功能。智能设备也是 ATS 在物理实体层面区别于传统交通系统以及智能交通系统的最主要特征。

在 ATS 的框架研究中，技术是驱动交通系统的外因，但由于载运工具和基础设施中的组分实体，如车辆、路侧设施等的颗粒度较大，在表征其自主化能力时往往包括感知、学习、决策、响应各个环节，不利于组分与技术以及功能的直接关联。因此把智能设备按照感知、学习、决策、响应的运作逻辑进行划分，有利于直观解析外部技术如何作用于组分，从而使交通系统的功能发生代际的更迭。

智能设备在 ATS 框架中起到了重要作用，但由于其本身并不单独出现在交通系统中，而是需要依附在载运工具和基础设施上，为载运工具和基础设施提供承接功能的条件。因此，从 ATS 组分构成的总体逻辑来看，智能设备不宜作为与用户主体、载运工具、基础设施、运输货物和交通环境并列的一级组分。

为了兼顾智能设备本身的属性和在 ATS 架构体系中的重要性，拟对载运工具和基础设施这两类维持交通系统运行的组分实体进行细分，在组分实体的层次下划分出对应感知、学习、决策、响应的智能设备。当需要解析外部技术对交通系统的驱动作用，或需要解析交通系统各项功能的承载部件时，采用智能设备层的组分实体进行描述；当交通系统尺度较大，主要关注组分之间的宏观关系以及应对大场景描述时，则采用组分的分层树状结构进行描述。

6.3 组分的分层树状结构

6.3.1 组分框架的分层树状结构

综合考虑交通系统发展过程中组分的延续性以及 ATS 组分的特点，定义 ATS 组分框架包含用户主体、载运工具、基础设施、运输货物和交通环境 5 类一级组分，并面向不同的颗粒度构建了组分的树状结构，对各类一级组分进行细分。由于智能设备在 ATS 系统中并不独立存在，但又因为智能设备能实现组分与技术及功能的直接关联，因此在组分框架的树状结构的基础上，单独列出维持交通系统存在的组分的智能设备。组分框架的树状结构及智能设备的表达方式如图 6-2 所示。

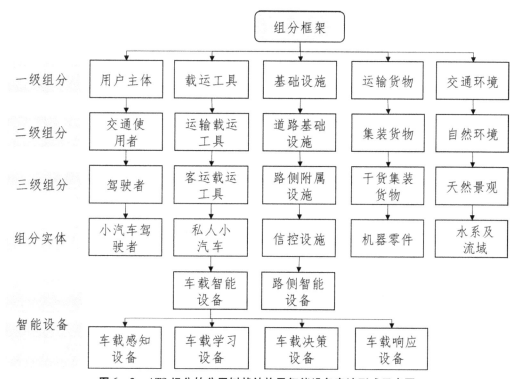

图 6-2　ATS 组分的分层树状结构及智能设备表达形式示意图

在上述分层树状框架下，各类组分向下划分为二级组分、三级组分和组分实体，共划分为 5 类一级组分、13 类二级组分、36 类三级组分和 166 类组分实体，具体的组分划分情况如表 6-3 所示。

表 6-3 ATS 组分划分情况

一级组分	二级组分	三级组分	组分实体
用户主体	交通使用者	行人	老弱病残孕等群体
			一般行人
		驾驶者	小汽车驾驶者
			公交车驾驶者
			出租车驾驶者
			民营车辆驾驶者
			摩托车驾驶者
			其他车辆驾驶者
		乘客	公交车乘客
			出租车乘客
			网约车乘客
			其他车辆乘客
		物流运输服务使用者	集装物流运输服务使用者
			散装物流运输服务使用者
	其他交通参与者	交通管理者	交通组织管理者
			交通设施管理者
			载运工具管理者
			交通规划者
			物流运输管理者
			交通安全管理者
		交通服务者	物流运输服务者
			交通信息服务者
			驾驶培训服务者
			交通产品供应者
			立法者
			标准制定者
			交通信息采集者

续表

一级组分	二级组分	三级组分	组分实体
载运工具	运输载运工具	客运载运工具	私人小汽车
			公交车
			出租车
			网约车
			共享汽车
			长途客车
			摩托车
			非机动车
			地铁
			客运列车
			客船
			民用客机
			其他客运载运工具
		货运载运工具	私人货车
			商用货运车队
			货运列车
			货机
			货船
			其他货运载运工具
	支撑载运工具	路政车辆	道路建设车辆
			道路养护车辆
		工程抢修车辆	水利抢修车辆
			能源抢修车辆
	应急载运工具	治安管理载运工具	治安巡查车辆
			警务车辆
		消防与应急救援载运工具	消防车辆
			救护车辆
			道路救援车辆
			救援船

续表

一级组分	二级组分	三级组分	组分实体
基础设施	路桥隧基础设施	基本道路结构	道路
			桥梁
			隧道
			高架
			轨道
			航道
		路侧附属基础设施	照明设施
			视频监控设施
			交通流检测设施
			信控设施
			收费设施
			治超设施
			信息交互设施
			标识标线
			道路信息中枢
			治安管理设施
			其他路侧附属基础设施
	站场基础设施	客运枢纽设施	客运站场信息交互设施
			客运站场乘客候车设施
			客运站场售票缴费设施
			客运站场管理中心
			客运站场治安管理设施
		货运枢纽设施	货物存储仓库
			货物转运设施
			称重设施
			货物信息管理设施
			货运站场管理中心
			货运站场安全管理设施
		公交站场设施	公交站场乘客候车设施
			公交站场信息交互信息
			公交站场调度管理中心
			公交站场安全管理设施

续表

一级组分	二级组分	三级组分	组分实体
基础设施	站场基础设施	停车场设施	停车场信息交互设施
			停车场收费信息
			停车场安全管理设施
			停车场管理中心
	辅助基础设施	能源支持设施	加油站
			加气站
			充电站
			电力站场
			其他能源支持设施
		通信支持设施	短程通信设施
			移动通信设施
			光纤电缆设施
			其他通信支持设施
		地理信息设施	电子地图
			地理信息系统
	各类中心、部门、职能机构等	管理部门	交通组织管理部门
			交通设施管理部门
			载运工具管理部门
			交通规划部门
			物流运输管理部门
			交通安全管理部门
		服务机构	物流运输服务机构
			交通信息服务机构
			驾驶培训服务机构
			交通产品供应机构
			立法机构
			标准制定机构
			交通信息采集机构

续表

一级组分	二级组分	三级组分	组分实体
运输货物	集装货物	干货集装货物	文化用品
			日用百货
			医药
			纺织品
			工艺品
			化工制品
			五金交电
			电子机械
			仪器
			机器零件
		散货集装货物	饲料
			树脂
			水泥
		液体货集装货物	油料
			酒精
		冷藏箱集装货物	肉类
			果蔬
		特种专用集装货物	危险货物
			活体货物
			贵重货物
			国防保密货物
	散装货物	固体散装货物	谷物
			矿石
			煤炭
		液体散装货物	原油
			液体化学品
			液化气

续表

一级组分	二级组分	三级组分	组分实体
交通环境	自然环境	天然景观	水系及流域
			地形地貌
		生物资源	动物
			植物
		气象条件	地面气象
			高空气象
			海洋气象
			其他气象
		自然灾害	气象灾害
			海洋灾害
			洪水灾害
			地质灾害
			生物灾害
			森林灾害
	人为环境	绿化	防护林带
			风景林带
			防护草皮
			小型林园
			花圃草坪
		建筑	低层建筑
			多层建筑
			高层建筑
			超高层建筑

6.3.2 智能设备的层次划分

对智能设备的组成按上述树状结构展开，虽然也分为一、二、三级组分及组分实体，但智能设备在 ATS 的组分框架中并不作为一级组分存在。仅当考虑外部技术对交通系统的驱动作用，以及组分与功能关联时，才从智能设备的角度开展相关的分析研究。智能设备共划分为 5 类二级组分、20 类三级组分和 50 类组分实体,具体划分情况如表 6-4 所示。

表 6-4 智能设备划分情况

一级组分	二级组分	三级组分	组分实体
智能设备	车载智能设备	车载感知设备	运动感知设备
			位置感知设备
			环境感知设备
		车载学习设备	识别模块
			计算模块
			分析预测模块
		车载决策设备	速度决策模块
			运动姿态决策模块
		车载响应设备	速度响应模块
			运动姿态响应模块
	路侧智能设备	路侧感知设备	交通流感知设备
			外部环境感知设备
		路侧学习设备	识别模块
			计算模块
			分析预测模块
		路侧决策设备	交通流通行决策模块
			交通流行驶限速决策模块
		路侧响应设备	交通流通行控制模块
			交通流行驶限速模块
	辅助运行系统	通信设备	移动通信设备
			短程通信设备
			光纤电缆设施
			其他通信设施
		仿真设备	自动驾驶仿真平台
			车路协同仿真平台
			交通运行仿真平台
		地理信息设备	电子地图
			地理信息系统
		信息发布设备	可变情报板
			抬头显示设备
			第三方终端平台

续表

一级组分	二级组分	三级组分	组分实体
智能设备	站场智能设备	站场感知设备	人群、车辆感知设备
			环境感知设备
		站场学习设备	识别模块
			计算模块
			分析预测模块
		站场决策设备	开放决策模块
			安全报警决策模块
		站场响应设备	开放响应模块
			安全报警响应模块
	管理部门设备	信息存储管理设备	服务器、计算机等
		管理部门学习设备	识别模块
			计算模块
			分析预测模块
		管理部门决策设备	信息服务决策模块
			交通流组织运行决策模块
			交通安全管理决策模块
		管理部门响应设备	信息服务响应模块
			交通流组织运行响应模块
			交通安全管理响应模块

6.4 组分应用实例

基于 V2X 的无信号灯控制的交叉口车辆碰撞预警场景：车辆驶入无信号灯控制的交叉口时，由于超视距和非视距问题，会存在车辆碰撞隐患。车辆感知自身位置及行驶状态，通过 V2X 通信技术，实现与其他车辆、路侧设备之间的交互通信，通过相关算法处理周边车辆数据，判断是否存在威胁车辆并发布预警信息，驾驶者或自动驾驶车辆自主调整速度以避免碰撞。

面向上述场景，对组分进行具象化，具体组分如表 6-5 所示。

表6-5 车辆碰撞预警场景下的组分实例化示例

关联组分	组分实体
驾驶者	L0 驾驶者
	L1 驾驶者
	L2 驾驶者
	L3 驾驶者
客运载运工具	无自动化驾驶机动车（L0）
	驾驶者辅助驾驶机动车（L1）
	部分自动化驾驶机动车（L2）
	条件自动化驾驶机动车（L3）
通信设备	RSU（road side unit，路侧单元）
路侧学习设备	边缘计算设备
路侧感知设备	电感线圈
	移动称重传感器
	磁力检测传感器
	摄像头
	红外传感器
	毫米波雷达
	激光雷达
	超声波雷达

6.5 小结

本章综合考虑传统交通系统和智能交通系统的组分构成、交通系统变革在组分层面的表现形式，以及自主式交通系统区别于其他交通系统发展阶段的主要特征，确定了自主式交通系统的组分框架应包括用户主体、载运工具、基础设施、运输货物和交通环境5类组分，构建了相应的分层树状组分框架，定义了5类一级组分、13类二级组分、36类三级组分和166类组分实体。

特别考虑自主式交通系统的技术驱动特征，定义了智能设备类组分，对应自主式交通系统的自主感知、自主学习、自主决策和自主响应，通过附着在载运工具和基础设施两类组分上发挥自主化功能。智能设备共划分为5类二级组分、20类三级组分和50类组分实体。

参考文献

[1] 王炜,过秀成. 交通工程学(第2版)[M]. 南京:东南大学出版社,2011.

[2] United States Department of Transportation. The national ITS reference architecture [EB/OL]. [2022-03-13]. https://local.iteris.com/arc-it/.

[3] FRAME FORUM. The European intelligent transport systems framework architecture [EB/OL]. [2022-03-13]. https://frame-online.eu/.

[4] Japanese Ministry of Land, Infrastructure, Transport and Tourism. ITS System Architecture of Japan [EB/OL]. [2022-03-13]. http://www.mlit.go.jp/road/ITS/index.html.

[5] 《中国智能运输系统体系框架》专题组. 中国智能运输系统体系框架[M]. 北京:人民交通出版社,2003.

7 要素属性及关联关系

7.1 关联关系概述

7.1.1 ATS 要素关联关系及逻辑

交通系统的 5 类要素通过直接或间接的关联关系，形成一套作用机制。技术和需求作为驱动力，推动服务、功能和组分不断革新，从而带动交通系统的发展。这 5 类要素整体的关联关系如图 7-1 所示。

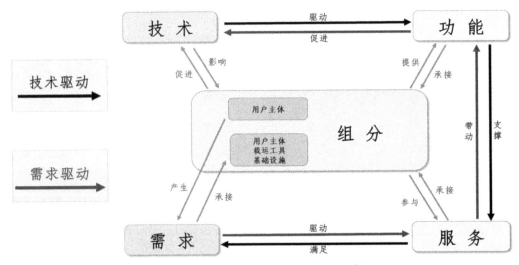

图 7-1　ATS 5 类交通要素关联关系示意图

ATS 要素的关联关系可以从技术驱动和需求驱动两个角度进行描述。

（1）技术驱动：技术的发展对功能的运作逻辑和自主化水平产生直接影响；各功能以信息化系统为基础，支撑服务的实现；完成以交通业务为导向的服务，进而满足不断提升的交通需求，如图 7-2 所示。

图 7-2　技术驱动示意图

（2）需求驱动：组分中的用户主体产生交通需求，驱动服务水平的提升，从而对功能模块的自主化等级提出要求，进一步推动技术性能的提高，如图 7-3 所示。

图 7-3　需求驱动示意图

组分作为交通系统中的物理要素，参与服务的作用过程，并且提供功能的实现模块，所以组分和服务、功能直接关联。使用者之外的用户主体、载运工具和基础设施承接需求，组分自身发展水平受技术的间接影响，并反过来对技术的提升起到促进作用，所以组分和需求、技术间接关联。除了不同类要素间的关联，随着需求和技术的更替，服务、功能和组分要素内部也存在正向促进和反向竞争的关系。

通过分析交通系统 5 类要素的关联关系，认为其相互作用的本质为：技术和需求共同驱动交通系统自主化水平的提升，需求直接影响服务，技术直接影响功能，组分作为中间媒介，是实现功能和服务的载体，所以同时受技术和需求的间接影响。

7.1.2　ATS 要素属性设置的必要性

上述为 5 类交通要素间整体的关联关系和相互作用，为了支撑自主式交通系统演化模型以及后续体系架构的构建，还需要落实到具体要素，搭建微观的底层要素网络。

在外在技术变革和内在需求更替的持续影响下，ATS 会沿着"辅助自主—高度自主—完全自主"的方向演化发展。可以通过构建演化模型来预测整个交通系统的发展过程和结果，描述演化特征及规律，为交通规划和管理提供决策依据。

基于 5 类要素之间的关联关系和相互作用，构建 ATS 演化机制：确定某一代际下的需求和技术，需求输入给服务，技术输入给功能，通过映射关系间接传递给组分。确定演化目标为同类组分实体的市场占有率，通过内部竞合关系和服务功能的组织作用，组分以一定的速度朝着目标值不断演化，并通过反馈作用带动服务和功能的演化。

为支撑自主式交通系统体系架构的构建，并为后续建立演化模型奠定基础，本章提出了设置系统要素属性的理论方法，在小颗粒度的层面上，精准串联交通系统的 5 类要素，明确各要素参与交通活动的联动机制，并构建具有支撑和动态演化作用的复杂网络。

7.2　ATS 要素属性研究

7.2.1　要素属性设置方法

为了科学合理地设置要素属性，以构建更具联动性、适应性和自主性的 ATS 体系架构，要素属性需要满足的原则是：联动性要求 ATS 各要素间紧密联系，所以需要明确各要素在交通系统中的关键程度，确定每一要素间的连接关系，以便于要素间共同参与、相互协调，发挥更强的联动作用；适应性要求体系架构对新兴技术和需求发展有更强的适配能力，所以需要考虑要素受技术和需求影响的机制，从而支撑用户的个性化要求；自主性要求考虑各代际下要素的自主化水平，从而客观反映交通系统沿着"辅助自主—高度自主—完全自主"方向演化的路线。

在逻辑学中，属性指事物的固有性质和事物间的关系，包括状态或者动作等[1]。所以5类交通要素的属性可以定义为两层含义：一是要素本身固有的状态和特征，即内核属性；二是要素和要素之间的关联关系，即外联属性。

本章从要素本体出发，并结合体系架构和系统演化的研究需要，构建了多层次多维度模型，提取5类要素的属性。

以参与交通系统的某一具体要素为研究对象，从内核属性和外联属性两个层次出发，结合时空维度、目标维度和连接维度，映射出具体属性，更精确地反映出该要素具备的特征，模型建立思路如下。

（1）时空维度。从客观的角度考虑，要素不是一成不变的，在系统中存在或者发挥作用会受到时间和空间的限制。时空维度可以从时间性和空间性两方面考虑，时间性表明该要素参与交通活动的存在时间；空间性表明要素的地域性，这里可以理解为该要素参与的具体交通场景。

（2）目标维度。结合ATS的运作逻辑和发展目标，设置了目标维度，并从自主化和个性化两方面考虑。自主化表明该要素参与交通系统的业务逻辑及自主化水平，可以通过"自主感知""自主学习""自主决策""自主响应"这4个指标去衡量；个性化主要表明该要素满足用户期望和顺应社会发展的适配能力，可以通过"安全""便捷""高效""绿色""经济"等指标衡量。

（3）连接维度。为了更加精准地关联要素，从连接维度出发，考虑关联性和关联程度两方面。关联性反映两个具体要素间确定的关联关系，若两者同时存在于交通系统中，一旦形成关联则关联不再消失，除非其中一方演化至消亡；关联程度侧重于描述关联的强弱程度，且随演化不断改变。在设置属性时，需要从同类要素内部关系连接和不同类要素外部关系连接两个层次进行分析。

通过分析可知，内核属性侧重于描述要素的本体特征，主要与时空维度和目标维度结合；外联属性侧重于描述同类和不同类要素间的关联关系，主要与连接维度结合。需要注意的是，内核属性或外联属性与某一维度的结合不一定能映射出明确的具体属性，需要多维度间的耦合。如在大多数情况下，目标维度和连接维度下属性的确定，需要结合时空维度进一步分析。

支撑属性设置的多层次多维度模型如图7-4所示。

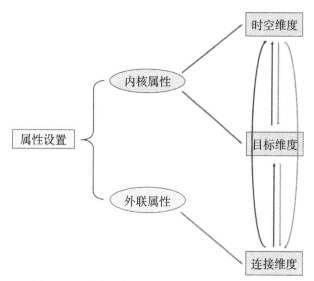

图 7-4 系统要素属性设置的多层次多维度模型

7.2.2 各要素属性设置

技术、需求、服务、功能和组分虽然都是 ATS 的组成要素，但在交通系统中发挥的作用存在本质区别，所以在属性设置时存在明显差异。首先根据演化方式将要素分为两类，然后对应分析并设置属性。自发演化的要素有技术和需求，被动演化的要素有服务、功能和组分。

7.2.2.1 技术属性设置

技术是在交通系统中自发演化的要素，是推动其发展的外因驱动力。技术的内核属性是由其自身发展路线决定的直接属性，不需要连接维度共同决定。技术要素的属性设置如图 7-5 所示。

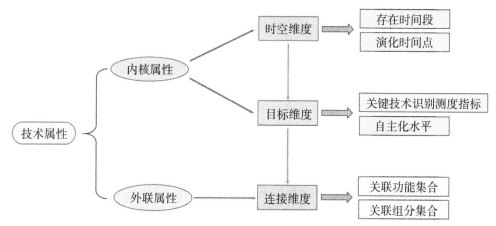

图 7-5 基于多层次多维度模型的技术属性设置

首先，从时空维度分析。技术是客观存在的，不受空间限制，只随着时间的推移不断发展，直至被新技术替代消亡。所以设置了"存在时间段"和"演化时间点"这两个属性。前者表示该技术在系统中存在的时间段，后者作为自变量，代表该技术参与演化的时间点。

然后，从目标维度分析。技术发挥的作用主要体现在自主化层面，可以通过关键程度和自身能力两个方面量化表示，所以设置了"关键技术识别测度指标"和"自主化水平"两个属性。前者表示技术参与交通系统的关键性程度，并设置了4个子属性，分别是频数、中介中心度、共现强度和关键指数；后者表示该技术实现自主式运作逻辑的能力，可以表示为向量。

$$\vec{Z} = [Z_{感知}, Z_{学习}, Z_{决策}, Z_{响应}]$$

耦合时空维度可知，不同的代际下，相同技术的关键程度和自身能力不同，所以两个属性值的量化与演化时间点直接相关。

最后，从连接维度分析。耦合目标维度并结合要素关联关系可知，为实现ATS的自主运行，需要技术决定功能，并结合组分发挥作用，所以设置了"关联功能集合"和"关联组分集合"两个属性，且对于某功能或组分，技术要素是缺一不可的。

7.2.2.2 需求属性设置

随着社会进步和人民生活水平的提高，需求自发演化，是推动交通系统发展的内因驱动力。所以和技术相同，其内核属性不需要耦合连接维度。需求要素的属性设置如图7-6所示。

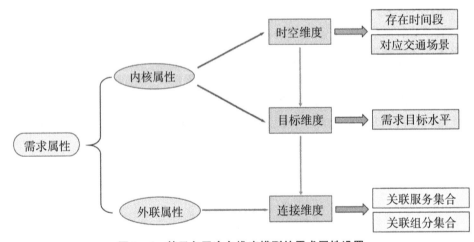

图7-6 基于多层次多维度模型的需求属性设置

首先，从时空维度分析。需求同时受时间和空间的影响：处于不同的代际，同一用户主体产生的需求不同，且在一段时间内不发生变化；对应的交通场景不同，产生的需求不同。所以设置"存在时间段"和"对应交通场景"两个属性。

然后，从目标维度分析。需求推动交通系统朝着用户和社会期望的方向发展，并展现出个性化的多元模式，因此设置了"需求目标水平"属性。基于需求期望实现的具体指标，并根据《交通强国建设纲要》提出的交通发展总体思路，该属性可以表示为向量。

$$\vec{Q} = [Q_{安全}, Q_{便捷}, Q_{高效}, Q_{绿色}, Q_{经济}]$$

最后，从连接维度分析。需求和技术分析方法类似，为满足交通系统个性化需求，服务与其直接关联。组分作为服务载体，与需求间接关联。所以设置了"关联服务集合"和"关联组分集合"两个属性。

7.2.2.3 服务属性设置

不同于技术和需求的自发演化，服务、功能和组分都是被动演化的，所以它们结合维度确定属性的思路存在较大差异。且技术和需求大多为由其本身决定的直接属性，而服务、功能和组分大多为耦合连接维度得到的间接属性。服务要素的属性设置如图7-7所示。

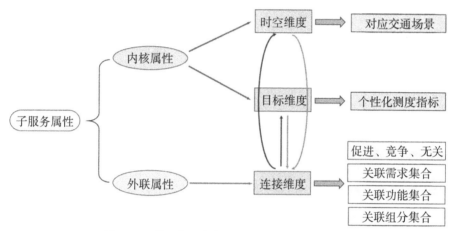

图7-7 基于多层次多维度模型的服务属性设置

耦合连接维度可知，服务和需求直接关联。从时空维度分析，服务随需求更替变化，时间属性需要通过演化得到，但能继承需求的"对应交通场景"属性。从目标维度分析，结合需求设置了"个性化测度指标"属性，表明该服务满足需求的个性化指标。

服务主要依靠要素之间的作用机制实现演化的过程。在连接维度层面，不同服务间存在关联，可分为"促进、竞争、无关"3种关系；根据要素间关联分析，设置了"关联需求集合""关联功能集合""关联组分集合"3个属性。

7.2.2.4 功能属性设置

功能也是被动演化的，其属性设置思路与服务类似。功能要素的属性设置如图7-8所示。

功能的产生和消亡也是演化的输出结果，无法事先得知；但是功能支撑服务的实现会受到交通场景的约束，所以在时空维度设置"对应交通场景"属性。

在目标维度层面，耦合连接维度可知，功能是由技术决定的，且通过运作逻辑进行组合，以支撑服务的实现，所以设置了"自主式运作逻辑"的属性，其包含"感知、学习、决策、响应"，一个功能对应一个运作逻辑。

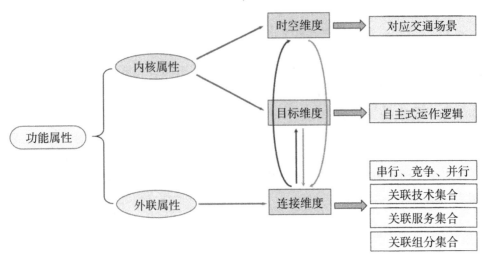

图7-8 基于多层次多维度模型的功能属性设置

最后,从连接维度分析。和服务的分析思路相同,耦合了时空维度和目标维度设置属性。根据功能实现服务的运作逻辑,设置了"串行、竞争、并行"3种内部关系,且以并行为主、竞争和串行为辅,其中串行表示承接,并行表示无关联。根据要素关联关系,设置了"关联技术集合""关联服务集合""关联组分集合"3个属性。

7.2.2.5 组分属性设置

组分作为物理世界中存在的交通要素,承接着技术和需求的影响,带动了服务和功能的演化,所以其属性的设置至关重要。

为了避免要素间颗粒度不同带来的困难,同时保证关联的完备性,其他4类要素的属性都与组分框架中的一、二、三级组分关联。但是关联组分的颗粒度不够细致且不统一,只能确定其外联属性,即与其他要素之间粗略的关联关系。组分实体的颗粒度细化后,可以直接参与到架构构建和系统演化中,并发挥核心作用。所以在组分层内进行了细化,后者继承了前者的属性,其属性设置如图7-9所示。

组分实体也是被动演化的,和服务、功能类似,所以在时空维度只设置"对应交通场景"属性。

结合组分受技术和需求影响的关联关系,在目标维度下设置"技术竞争力"和"需求竞争力"两个属性,从而反映组分实体参与交通的关键程度。这部分组分实体间存在竞合关系,可以用"正负向"表示,并且两者间的"关联强度"会随着时间、空间不断变化。根据实现服务或功能的贡献量,设置了"服务关联程度"和"功能关联程度"两个属性。

需要注意的是,不是所有的组分实体都会随着技术和需求演化,根据这一评判标准,对6类一级组分下的实体属性进行区分。智能设备、载运工具和基础设施会发生演化,所以具备以上所有属性;用户主体、运输货物和交通环境是根据具体场景的需要配置的,不会发生演化,且不会关联服务和功能,但会对其他组分实体的演化起到促进或抑制的作用,所以只结合连接维度,设置了同类要素内部关系中的两个属性:

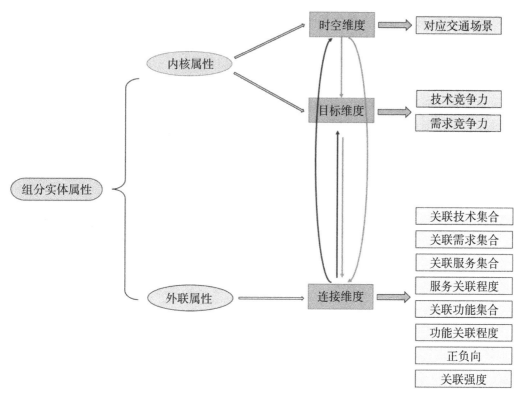

图7-9 基于多层次多维度模型的组分属性设置

"关联组分实体集合"和"演化速度附加值"。前者表示能影响到的其他组分实体,后者表示影响程度的大小。

7.3 要素联动机制分析

根据以上方法论设置所有要素的属性,并将各属性关联,形成各要素间的联动机制,从而更好地解释各要素参与交通系统的运作逻辑,为后续研究奠定基础。

结合前文分析,技术和需求的内核属性是由其自身直接决定的,服务、功能和组分的内核属性是通过关联技术和需求所推导得到的。作为现实世界的物理要素,组分的变化可以得到直观反映,是研究架构构建和系统演化的切入点,所以联动机制的核心落实在组分实体属性的量化上,以实现不同代际下各要素的产生与消亡,从而直观反映交通系统的发展变化。

输入技术和需求后,可由"关联技术集合"的"自主化水平"量化得到组分实体随时间不断变化的"技术竞争力";在确定具体场景后,"需求竞争力"可由"关联需求集合"的"需求目标水平"量化得到;结合已有逻辑关系,得到演化的目标值,即同类组分实体市场占有率,并根据演化的时间序列来确定组分的基准演化速度。为反映实际演化速度,还需要考虑组分实体间以及与其他要素的关联关系。根据功能的"串行、竞争、并行"关系确定"正负向",并通过"服务关联程度"和"功能关联程度"量化得到组分实体间的"关联强度",结合运输货物和交通环境的"演化速度附加值",最终得到实际演化速度,朝着目标值演化,直到稳定态。最后,通过"关联服务集合"和"关联功能集合"进行反馈,确定服务和功能的演化。

自主式交通系统要素联动技术路线如图7-10所示,双向箭头表示属性间存在相互作用,单向箭头表示要素的某属性需要通过其他属性推导得出。

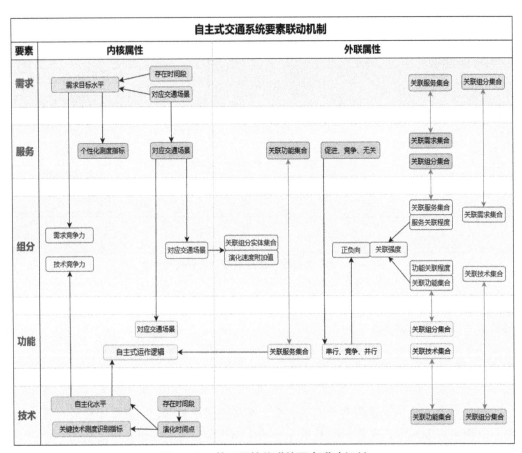

图 7-10 基于属性关联的要素联动机制

7.4 要素网络搭建及分析方法

7.4.1 基于知识图谱的网络搭建

知识图谱的概念最早在 2012 年由 Google 提出,是一种常见的计量可视化分析方法,通过用结构化的形式描述客观世界中的概念、实体及其关系,使其从抽象变得直观,具备很强的组织管理和数据描述能力[2]。本节主要运用知识图谱的研究方法,构建自主式交通系统网络化知识图谱,可视化呈现其结构、规律和要素分布情况,并在此基础上进行网络指标分析。

Neo4j 是由 Neo Technology 公司开发的一种高性能 NoSQL 图数据库,可以有效储存和管理实体与关系结构数据,并支持多层复杂查询功能[3]。本节采用 Neo4j 图数据库将 ATS 5 类要素及关联关系数据存储在图(Graph)结构中,构建了交通系统网络化知识图谱,并实现了其可视化。

知识图谱从逻辑上分为模式层和数据层两部分[4]。其中,模式层是顶层设计,存储要素关联知识结构,通过本体库进行管理;数据层是底层结构,导入具体实体及关系数据信息,通过 Neo4j 图数据库进行储存。

首先,根据 ATS 要素定义了 5 类实体节点,基于要素属性及关联关系,建立了同类和不同类要素间的实体关系,形成结构化知识库,完成了模式层的构建。实体关系网络模型如图 7-11 和图 7-12 所示。其中,圆形表示实体类型,连线表示关联关系。

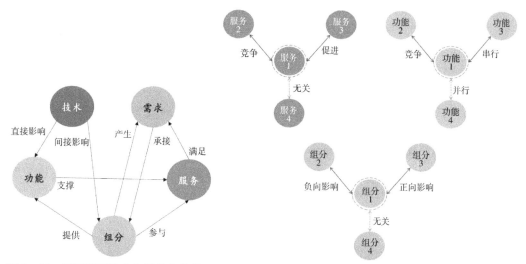

图 7-11 不同类要素节点间的实体关系　　图 7-12 同类要素节点间的实体关系

7.4.2 网络分析指标

本节基于构建的知识图谱,提取相关数据并进行网络分析。所用到的研究方法主要有共现分析和中心性分析,结合编程和可视化软件进行要素潜在关系和参与交通活动的关键性分析,主要研究过程及原理如下。

7.4.2.1 共现分析及相关指标

共现分析是以心理学的邻近理论和社会学的知识结构及映射原则作为理论基础的一种定量分析方法,被广泛应用于文本知识挖掘中[5]。顾名思义,共现分析的核心思想为根据是否共同出现在同一事件或情形中,来判断事物之间是否存在联系,共现的频次越高,则说明两者的联系越强。

在交通系统网络化知识图谱中，结构化数据由要素和属性两部分构成。通过对同类要素属性的共现情况进行分析，可以挖掘其内部潜在的关联关系以及关联强度。具体步骤为：选取待研究的同类要素作为主题词；确定要素的外联属性作为检索策略；构建共现矩阵，并根据共现频数确定要素关联强度；通过共现分析网络图直观体现要素间潜在关联及其强弱。

7.4.2.2 中心性分析及相关指标

中心性分析是社会网络分析中常用的一种定量分析方法，通过计算中心度等网络拓扑统计指标来衡量节点的重要程度[6]。

本节从要素关联关系的角度出发，计算了要素网络中各个节点的度中心性和特征向量中心性，并结合实际进行对比分析，识别出了网络中的关键节点。

（1）度中心性（degree centrality measures）。度中心性是刻画节点局部中心性最直接的度量指标，节点的邻节点数目越多，度中心性就越高，说明其影响力就越大[7]。在 ATS 网络化知识图谱中，5 类要素节点间存在直接的关联，通过计算度中心性，得到网络中的中心节点。用 DC_i 代表节点 i 的度中心性，其计算公式如下：

$$DC_i = \frac{d_i^{DC}}{n-1}$$

式中：d_i^{DC} 表示节点 i 的度；n 表示网络中的节点数目。

（2）特征向量中心性（eigenvector centrality）。特征向量中心性的基本思想是，一个节点的中心性是相邻节点中心性的函数，认为节点的重要性取决于其邻居节点的数量和重要性。本节通过计算要素网络中各节点的特征向量中心性，并与度中心性进行对比，挖掘隐含的交通特征。用 EC_i 代表节点 i 的特征向量中心性，该值正比于所有邻居节点特征向量中心性度量总和，其计算公式[8]如下：

$$EC_i = \rho_i = \lambda \sum_{j=1}^{n} a_{ij} \cdot \rho_j$$

式中：λ 为比例常数；记 $\overline{\boldsymbol{\rho}} = [\rho_1, \rho_2, \cdots, \rho_n]^T$，经过多次迭代到达稳定态时可写成 $\overline{\boldsymbol{\rho}} = \lambda \boldsymbol{A} \overline{\boldsymbol{\rho}}$ 矩阵形式，这里 $\overline{\boldsymbol{\rho}}$ 表示的是邻接矩阵 $\boldsymbol{A}$ 的特征值对应的特征向量；n 为网络中的节点数，节点 j 为除节点 i 外的其他节点；a_{ij} 为邻接矩阵 $\boldsymbol{A}$ 中的值，互为邻居节点则取值为 1，否则取值为 0；ρ_j 为节点 j 的特征向量中心性。

7.5 应用实例

数量较少的要素间就能产生较为复杂的关联关系，为更加清楚地展示要素属性及关联关系的应用，本节选取了"自动驾驶过交叉口场景"中的"基于 V2X 的无信号灯控制的交叉口车辆碰撞预警"这一较小的场景作为研究对象，结合相关理论方法进行实证分析。确定当前代际下存在于该场景的 5 类交通要素，并设置好每一要素的属性，通过属性建立联动机制，直观反映各要素参与自主式交通系统的运作逻辑。

7.5.1 场景描述

基于 V2X 的无信号灯控制的交叉口车辆碰撞预警场景：车辆驶入无信号灯控制的交叉口时，由于超视距和非视距问题，会存在车辆碰撞隐患。车辆感知自身位置及行驶状态，通过 V2X 通信技术，实现与其他车辆、路侧设备之间的交互通信，通过相关算法处理周边车辆数据，判断是否存在威胁车辆并发布预警信息，驾驶者或自动驾驶车辆自主调整速度以避免碰撞。

为更具体地描述车辆碰撞预警的流程，选取场景中的两辆车作为研究对象进行说明，如图 7-13 所示。

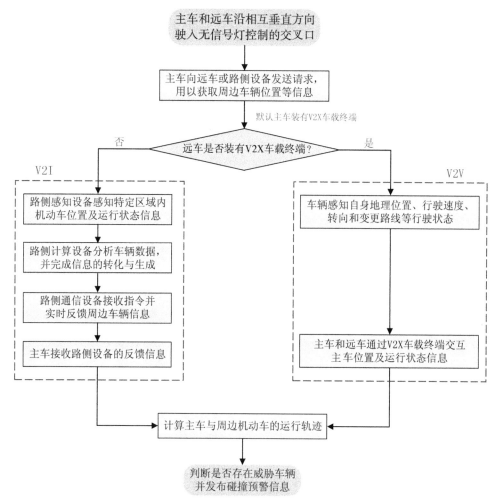

图 7-13 基于 V2X 的无信号灯控制的交叉口车辆碰撞预警流程

7.5.2 场景要素划分

基于要素基本理论和场景流程,划分交通要素;根据多层次多维度模型设置要素属性并进行关联。

7.5.2.1 技术

根据自主式运作逻辑解析该场景所需技术。感知阶段需要地理信息技术和传感器技术;学习阶段需要计算技术;决策阶段需要人工智能技术;碰撞预警通过 V2X 通信实现,所以响应阶段主要依靠通信与传输技术辅助完成。该场景涉及的技术要素如表 7-1 所示。

表 7-1 车辆碰撞预警场景下的技术要素

一级技术	相关技术
地理信息技术	卫星定位技术
	差分定位技术
	惯性导航定位技术
	地图匹配定位技术
	多传感器融合定位技术
传感器技术	磁传感器技术
	压力传感器技术
	光学传感器技术
	声学传感器技术
	毫米波技术
计算技术	芯片技术
	高性能芯片技术
	边缘计算技术
人工智能技术	智能计算芯片与系统技术
	自然语言处理技术
通信与传输技术	专用短程通信 DSRC
	蜂窝移动通信 LTE-V2X
	蜂窝移动通信 5G NR-V2X

7.5.2.2 需求

该场景涉及的需求提出方主要是驾驶者，根据第 2 章介绍的活动理论提取用户需求。为了更好地和组分建立关联，将活动结构中的"工具"也在需求描述中体现，即：<用户主体>需要<工具>应能够<能力>。在<基于 V2X 的无信号灯控制的交叉口车辆碰撞预警场景>中，当<通过无信号灯控制的交叉口>时，有以下需求。

（1）<驾驶者>需要<客运载运工具>应能够<在保证安全的前提下可以快速移动>。

（2）<驾驶者>需要<客运载运工具>应能够<接收车辆自身、乘客或驾驶者指令>。

（3）<驾驶者>需要<客运载运工具>应能够<探测车辆附近的其他车辆，并确定其行驶状态>。

（4）<驾驶者>需要<客运载运工具>应能够<准确感知车辆自身地理位置、行驶速度、转向和变更路线等行驶状态>。

（5）<驾驶者>需要<客运载运工具>应能够<向周围车辆或路侧设备发送请求，用以获取附近车辆位置等信息>。

（6）<驾驶者>需要<客运载运工具>应能够<接收附近其他车辆和路侧设备的反馈信息>。

（7）<驾驶者>需要<路侧感知设备>应能够<感知特定区域内车辆位置及运行状态信息>。

（8）<驾驶者>需要<路侧学习设备>应能够<分析相关车辆数据，并完成信息的转化与生成>。

（9）<驾驶者>需要<通信设备>应能够<接收指令并实时反馈周边车辆信息>。

（10）<驾驶者>需要<客运载运工具>应能够<计算自车与周边机动车的运行轨迹，并发出碰撞预警，使得车辆能够调整速度以避免碰撞>。

7.5.2.3 服务

为满足以上需求，根据图 7 - 13 总结出该场景需要提供的服务：车辆环境感知服务、自动驾驶安全通信服务和自动车辆驾驶服务。以上 3 个服务都属于道路载运工具运行服务域，涉及的子服务主要有 4 个，分别是车载定位感知、车载单元之间通信（V2V）、车载单元与路侧单元通信（V2I）和碰撞管理，该场景下子服务的描述如表 7 - 2 所示。

表7-2 车辆碰撞预警场景下的服务要素及描述

服务域	服务	子服务	子服务描述
道路载运工具运行服务域	车辆环境感知服务	车载定位感知	通过道路运输车辆卫星定位系统车载终端和系统平台的数据交换,基于通用多种无线通信网络,获取车辆实时的时间、经度、纬度、速度、高程和方向等定位状态信息
	自动驾驶安全通信服务	车载单元之间通信	通过车载单元之间的通信技术,无须通过基站转发,车辆终端彼此直接交换无线信息进行通信
		车载单元与路侧单元通信	通过车与路侧单元通信技术,车辆行驶过程中与遇到的红绿灯、公交站、电线杆、大楼、立交桥、隧道等所有基础设施进行通信
	自动车辆驾驶服务	碰撞管理	利用传感器和控制系统,检测车辆之间或车辆与周围物体之间发生碰撞的可能性,提示驾驶者或其他道路使用者采取措施或自动启动车辆回避措施。当发现潜在的碰撞即将发生时,无须驾驶者或任何其他车辆乘员的任何输入,自动启动碰撞保护系统

7.5.2.4 功能

无信号灯控制的交叉口车辆碰撞预警的实现主要依靠信息的获取、分析、生成和传递。从实现服务的自主式运作逻辑出发,基于场景流程对功能进行分解,涉及的功能如表7-3所示。

表7-3 车辆碰撞预警场景下的功能要素

子服务	功能
车载定位感知	获取车辆位置信息
	分析车辆位置信息
	生成车辆位置信息
	反馈车辆位置信息
车载单元之间通信	车载单元接收指令
	车载单元转化信息
	车载单元生成信息
	车载单元传递信息

续表

子服务	功能
车载单元与路侧单元通信	车载单元接收指令
	路侧单元感知信息
	车载单元转化信息
	路侧单元转化信息
	车载单元生成信息
	路侧单元生成信息
	车载单元传递信息
	路侧单元传递信息
碰撞管理	获取周边车辆信息
	处理周边车辆数据
	产生碰撞预警信息
	发布碰撞预警信息

7.5.2.5 组分

基于组分框架，提取出该场景所涉及的关联组分：驾驶者、客运载运工具、通信设备、路侧学习设备和路侧感知设备。每个关联组分下细化出组分实体，如表7-4所示。

表7-4 车辆碰撞预警场景下的组分要素

关联组分	组分实体
驾驶者	L0 驾驶者
	L1 驾驶者
	L2 驾驶者
	L3 驾驶者
客运载运工具	无自动化驾驶机动车（L0）
	驾驶者辅助驾驶机动车（L1）
	部分自动化驾驶机动车（L2）
	条件自动化驾驶机动车（L3）
通信设备	路侧单元（RSU）

续表

关联组分	组分实体
路侧学习设备	边缘计算设备
路侧感知设备	电感线圈
	移动称重传感器
	磁力检测传感器
	摄像头
	红外传感器
	毫米波雷达
	激光雷达
	超声波雷达

7.5.3 场景要素属性设置及关联关系

为方便各要素属性的设置，首先从连接维度出发，根据各要素间的作用机制，初步构建了场景要素间的关联关系，如表7-5所示，其中需求列的序号对应图7-14中需求序号。

表7-5 车辆碰撞预警场景下5类要素关联关系

需求	子服务	功能	技术	关联组分	
				功能提供者	服务对象
①④	车载定位感知	获取车辆位置信息	地理信息技术	客运载运工具	客运载运工具
		分析车辆位置信息	计算技术	客运载运工具	客运载运工具
		生成车辆位置信息	计算技术	客运载运工具	客运载运工具
		反馈车辆位置信息	计算技术	客运载运工具	客运载运工具
①②③⑤⑥	车载单元之间通信	车载单元接受指令	人工智能技术 计算技术	客运载运工具	客运载运工具驾驶者
		车载单元转化信息	计算技术	客运载运工具	客运载运工具
		车载单元生成信息	计算技术	客运载运工具	客运载运工具
		车载单元传递信息	通信与传输技术	客运载运工具	客运载运工具

续表

需求	子服务	功能	技术	关联组分 功能提供者	关联组分 服务对象
①②③⑤⑥⑦⑧⑨	车载单元与路侧单元通信	车载单元接受指令	人工智能技术 计算技术	客运载运工具	客运载运工具 驾驶者
		路侧单元感知信息	传感器技术	路侧感知设备	路侧学习设备
		车载单元转化信息	计算技术	客运载运工具	客运载运工具
		路侧单元转化信息	计算技术	路侧学习设备	路侧学习设备
		车载单元生成信息	计算技术	客运载运工具	客运载运工具
		路侧单元生成信息	计算技术	路侧学习设备	通信设备
		车载单元传递信息	通信与传输技术	客运载运工具	通信设备
		路侧单元传递信息	通信与传输技术	通信设备	客运载运工具
①③⑩	碰撞管理	获取周边车辆信息	通信与传输技术 传感器技术	客运载运工具	客运载运工具
		处理周边车辆数据	计算技术	客运载运工具	客运载运工具
		产生碰撞预警信息	人工智能技术	客运载运工具	客运载运工具
		发布碰撞预警信息	通信与传输技术	客运载运工具	客运载运工具 通信设备

以上关联的部分要素颗粒度较大，如技术和组分，需要细化后再进行属性的设置。需要注意的是，表 7-5 中的服务对象用于组分实体间"正负向"的设置，存在于各要素"关联组分集合"中的仅为功能提供者。

该场景下 5 类要素的关联关系由图 7-14 直观反映，组分和技术、需求的关联可通过服务、功能进行传递，为避免冗杂，不在此图中进行呈现。

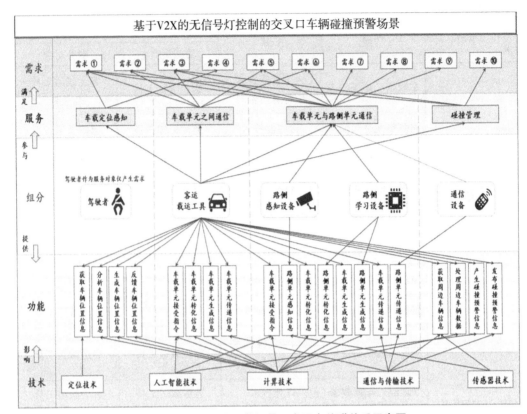

图 7-14 车辆碰撞预警场景 5 类要素关联关系示意图

7.5.4 场景要素网络搭建及分析

7.5.4.1 场景要素复杂网络可视化

首先,根据属性表中的内核属性配置各节点属性;其次,根据外联属性建立节点间的边关系;最后,根据知识图谱模式层的实体关系结构,在数据层中导入具体的数据信息,并借助 Neo4j 图数据库进行储存和可视化展示。该场景下的整体网络搭建示意图如图 7-15 所示,共包含 66 个节点、458 条边。同类和不同类要素间的关联关系分层复杂网络图详见附录 4。

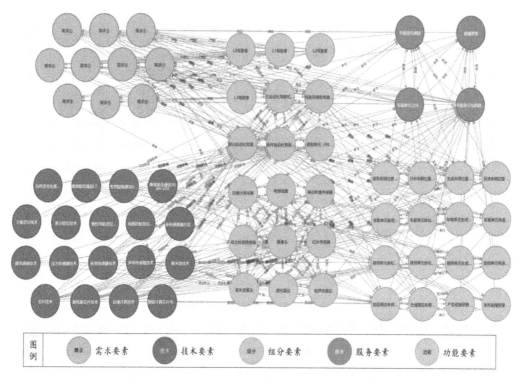

图 7-15 车辆碰撞预警场景要素复杂网络示意图

7.5.4.2 要素潜在关系网络分析

本节以比较客观的技术和组分要素为例进行共现分析。定义不同要素与同一关键词的耦合为潜在关系。首先确定共现分析的要素属性，技术为关联功能和组分集合，组分为关联技术、需求、服务、功能集合，通过耦合属性构建共现矩阵，并统计共现频数，可以得到组分和技术的共现示意图，如图 7-16 和图 7-17 所示，其中节点表示要素，边代表潜在关系，边的粗细反映关联强度。

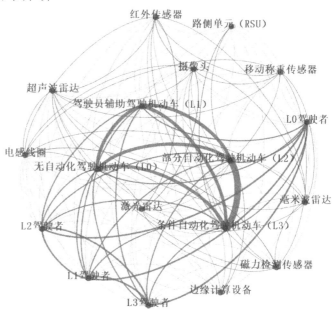

图 7-16 车辆碰撞预警场景下的组分共现示意图

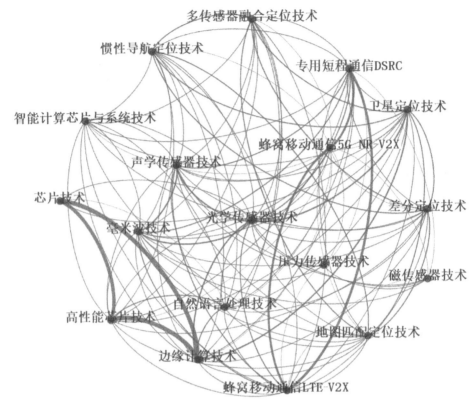

图 7-17 车辆碰撞预警场景下的技术共现示意图

结合以上结果进行分析：首先，在组分内部，同类组分内部存在关联且关联性较强，通过分析可知同类组分在市场占有率竞争中不断迭代更替，如不同等级的自动驾驶汽车，所以这类关联一般为负向竞争关系；不同类组分也存在关联，如载运工具和路侧设备，一类组分的发展会对另一类产生较强的正向促进作用。相同的，在技术内部，同类技术之间互相竞争，因而存在较强的关联，不同类技术则是相互促进、相辅相成的，如通信与传输技术和传感器技术。

7.5.4.3 关键要素研究

本节借助 NetworkX 复杂网络分析库进行了中心性分析，计算了各个要素节点的度中心性和特征向量中心性，并进行了对比分析。

度中心性反映交通要素在网络中的连通情况，数值较高节点往往起到了中心枢纽的作用，更加简单直观，侧重于描述同类要素的整体性。特征向量中心性反映交通要素的系统地位，更加客观全面，侧重于描述某一要素在当前代际下的普及程度，并映射其参与交通活动的关键程度。

从整体网络出发，L3 和 L2 的度中心性和特征向量中心性均排在前两位，从侧面说明了该场景的核心主题为自动驾驶，且车载单元与路侧单元通信服务排名靠前，说明在当前代际下，低自动化的车辆市场占比大，自动驾驶车辆碰撞预警过程的实现主要依靠 V2I、V2X 并不能很好地普及。

从不同要素层出发，可以得到以下结论。

（1）技术层面：计算技术和通信与传输技术是自动驾驶场景中的关键技术，并且在当前代际下较为普及。但是人工智能技术、高精度的定位或感知技术中心度较低，从侧面反映了要想推动自动驾驶系统性能的整体提升，必须重点发展高新技术，补齐短板。

（2）需求层面：对比度中心性和特征向量中心性两项指标，差异较大的是需求⑦，即对路侧设备感知特定区域内车辆位置及运行状态信息的需求。由于路侧感知设备的颗粒度较小，承接该需求的组分节点多，其度中心性数值大，但是其实际的关键程度并不高，这也反映出了特征向量中心性的科学性。

（3）服务层面：服务要素的两项指标排名一致，关键服务为车载单元与路侧单元通信（V2I）和车载单元之间通信（V2V），说明了通信与传输技术对于自动驾驶场景的重要性，因为只有实现了车与车、车与路之间的信息交互和共享，才能提升车辆整体的智能驾驶水平，为用户提供安全、舒适、智能、高效的驾驶感受与交通服务。

（4）功能层面：功能通过"自主感知—自主学习—自主决策—自主响应"的运作逻辑支撑服务的实现。在该场景中，感知类功能的度中心性大，也是因为其关联组分的颗粒度较小，真正起到关键作用的还是特征向量中心性高的学习类和决策类功能。

（5）组分层面：组分要素的度中心性和特征向量中心性两项指标排名基本一致，关键组分为客运载运工具。而且发现自动化水平越高，组分关键程度越高，如关键程度 L3＞L2＞L1＞L0。

在该场景中，通过有针对性地发展以上关键要素，并兼顾具有较强潜在关系的同类要素，就能更好地提升自动驾驶系统的自组织运行与自主化服务能力。

7.6 小结

面向自主式交通系统，对 ATS 构成要素进行了界定和研究，形成了一套基础框架和基于知识图谱的网络分析方法。通过分析 5 类要素的关联关系，确定了其相互作用的本质，并初步构建了 ATS 演化机制，综合分析了属性设置的必要性；然后，从体系架构的联动性、适应性和自主性出发，阐释了 ATS 要素属性的设置原则，并建立了多层次多维度模型，结合要素特征设置相关属性，从而通过关联属性，实现了要素联动机制的深层识别；将知识图谱分为模式层和数据层，在模式层内根据 ATS 5 类要素及其属性构建实体及实体关系，在数据层内储存属性数据结构化信息，并借助 Neo4j 图数据库实现了交通系统运作逻辑的具象化表达；基于构建的交通系统网络化知识图谱，进行共现分析和中心度分析，结合相关网络拓扑统计指标，研究要素内部潜在关系及关联强度，并得到了要素参与交通活动的关键程度。

选取了"基于 V2X 的无信号灯控制的交叉口车辆碰撞预警"场景进行实证分析，在小颗粒度的层面上，精准串联场景要素，构建了交通系统场景网络化知识图谱并进行网络分析,实现了该场景下要素复杂网络的可视化,更直观地展现了各要素参与交通系统的运作逻辑,并从要素层面有针对性地给出了提升该场景下驾驶自动化的建议。

参考文献

[1] 邵仁杰,吴少华. 园艺疗愈景观系统及要素属性分类研究[J]. 绿色科技,2018(1):105-107.

[2] 李涓子,侯磊. 知识图谱研究综述[J]. 山西大学学报(自然科学版),2017,40(3):454-459.

[3] 王红,张青青,蔡伟伟,等. 基于Neo4j的领域本体存储方法研究[J]. 计算机应用研究,2017,34(8):2404-2407.

[4] 林萍,黄卫东. 基于LDA模型的网络舆情事件话题演化分析[J]. 情报杂志,2013,32(12):26-30.

[5] 荣莉莉,蔡莹莹,王铎. 基于共现分析的我国突发事件关联研究[J]. 系统工程,2011,29(6):1-7.

[6] 王学东,杜晓曦,石自更. 面向学术博客知识交流的社会网络中心性分析[J]. 情报科学,2013,31(3):3-8,16.

[7] 周文霞,王同兴,程肖蕊,等. 网络药理学研究中的网络分析技术[J]. 国际药学研究杂志,2016,43(3):399-409.

[8] 武澎,王恒山. 基于特征向量中心性的社交信息超网络中重要节点的评判[J]. 情报理论与实践,2014,37(5):107-113.

8 演化模型——描述交通系统的演化升级

8.1 演化模型的研究背景

道路交通运输系统是一个包含经济属性、地理属性、社会属性等多重特征的复杂巨系统，涉及的内容数量庞大、类型众多、关系复杂，具有开放性、自组织性和不确定性等多种特征[1]。在交通运输需求不断增长以及技术发展的不断推动下，道路交通运输系统经历了从马车时代、自行车时代到汽车时代多个不同阶段，呈现一种不断向前演化的发展态势。整体发展特征符合系统论的规律，即在自身发展能力和资源、能量、信息条件约束下，交通系统不断经历发展、突变再到稳定的过程。但不同发展阶段，其经济发展水平不同，运输需求也相应不同，技术约束力度也不尽相同，致使道路交通运输系统内部不同层次不同参与主体间的演化关系呈现多样性。

在前工业化时期，经济发展水平低，运输市场呈现运输需求量小、品质要求低等特点；人们克服空间距离障碍的技术水平低，道路运输发展缓慢，以人或自然力为动力的运输方式为主；在工业化前中期，随着生产集中和规模扩大，燃料、原料的需求量大大超过前工业化水平，提高运输能力成为交通运输系统发展的主要目标，这一阶段道路建设、水运和铁路逐渐发展起来；在工业化中后期，运输需求数量和运输距离急剧增加，特别是进入高度加工工业阶段后，汽车、精密仪器、电器和电子产品等高附加值的产品需求大幅度增加，这一时期运输需求在"数量"上的增加已不再是主要方面，它对运输系统的要求则更多地转向"质量、效率"方面，即要求更高效、更便捷、更舒适。以效率和质量为特征的一体化运输逐渐为人们所关注[2]。在现代化期间，随着经济全球一体化和市场竞争加剧，信息技术和现代通信技术的迅猛发展和广泛利用，运输装备创新能力的不断提升，尤其是自动驾驶车辆的诞生与迅速发展，为构建高品质、高效率的运输体系创造了有利的技术条件，交通运输体系的变化也日益错综复杂，其突出表现是人和物的运输需求更加瞬息万变和趋向个性化。用户希望得到更主动的服务，决策者希望能够得到系统的自主响应。随之，道路运输系统的复杂性不断加大、信息量变大、子系统增多、迭代加快，靠人指挥交通系统已满足不了需求，需要实现一个更加安全、高效、便捷、绿色、经济的交通系统，减少人的参与，即自主式交通系统（ATS）。

可以看出，交通系统在交通用户需求和新兴技术发展的双重动力的驱动下，遵循着一定的系统发展规律不断演化。在发展过程中，交通系统不断修正，提升在复杂环境下的适应性，整体呈现出从无序到有序、有序到无序的螺旋式向上发展态势。但面对未来交通发展中可能会遇到的突变性和不确定性，尤其面对近些年车联网和无人驾驶的飞速发展，如何能够从容高效地制定相关政策、引导市场发展和满足大众出行需求,使系统逐渐具备对自我感知能力的建设,朝着自感知、自修复的自主式系统方向进步,是值得思考和研究的问题。因此,需要对交通系统内部的演化机理进行探索,分析系统内部各要素之间的相互激励和牵制关系,刻画交通系统的发展和演化趋势。

对交通系统的演化规律一直也是交通理论研究中的重要内容之一。但目前国内外专家主要集中在分析影响交通系统演化发展的因素以及探索交通系统发展过程特点上,从量化模型角度去宏观刻画交通系统的演化进程的研究还处于非常初期的探索阶段。本章以自主式交通系统为研究对象,探索交通系统各要素之间的相互影响关系,分析不同外部技术约束条件下,交通系统由无序向有序发展的演化过程,从宏观量的角度去刻画交通系统的发展历程。

8.2　ATS 演化模型研究思路

交通系统是一个复杂强非线性随机系统,其参与内容数量庞大、类型众多且关系复杂,很难用一般机理模型进行了简单描述。本书前几章结合 ATS 自主性特点,从不同角度对交通系统进行剖析和层次化分析,对交通五大构成要素形成了共识,即交通系统组分、服务、功能、技术和需求。其中,交通服务以的用户需求为中心,从系统用户角度描述了交通系统"应该做什么",涵盖了对交通系统出行、管理、规划以及标准、法规等方方面面的服务;组分是交通系统服务集的参与对象,包含用户主体、载运工具、基础设施及运输货物等;交通系统的功能面向服务,是交通系统能够实现其部分内涵的单个模块或若干模块集;需求和技术则分别是交通系统的内部和外在驱动力。

为了区分交通系统不同发展阶段的自主化水平,将其按照"辅助自主-高度自主-完全自主"的方向进行演化,而本章研究关注的交通系统演化分为3个层次,即发展程度演化、发展方向演化和计量演化。

(1)第一层次的演化是针对系统发展程度的演化。主要是通过输入一级内外部技术发展时序以及需求、功能、服务、组分等其他要素,得到系统在不同时间点的演化程度。其关键在于如何确定不同技术等级和系统发展程度的相关关系。

(2)第二层次的演化是针对系统发展方向的演化。主要是通过输入二级内外部技术组合、竞争关系以及其他要素,得到系统的发展演化方向。分析如何在总投入有限的条件下,研判重点发展领域,引导系统的未来发展方向。其关键在于如何确定技术之间的竞争和关联关系。

(3)第三层次的演化是针对系统发展计量的演化。主要是通过输入内外部技术组合、技术先进性指标、技术竞争关系及其他要素,得到系统的计量演化结果。该演化可以通过系统要素的计量,分析系统的动态发展趋势。其关键在于系统中技术要素的先进性程度如何定义和计量。

根据以上分层思路,本章从宏、微观两个视角开展对 ATS 的演化研究,分别提出了基于 Petri 网的宏观演化模型和基于群体博弈的微观演化模型。这两类模型方法都将以前文所构建的需求、服务、功能、技术和组分5类要素的属性及其关联作为主要输入，但两类模型方法的侧重点又有所不同。前者的 Petri 网模型主要基于过程方法，描述离散并行系统中演化变迁之间的因果关系并构造时序，有利于构造交通系统中多类复杂要素之间的相互关联及其影响反馈，呈现其宏观演化过程；后者的群体博弈方法一般会将系统构成要素抽象成选择策略，具体计量分析各类策略的收益及博弈间的交互反馈，较适用于面向一定规模的局部场景开展研究，表征其微观演化过程。根据研究层次和研究场景的具体需要，这两类方法可以相互补充、互为印证，从而得到更为丰富、完整的演化结果和发展规律。而本文也将进一步展开这两类演化模型的研究思路。

8.2.1 宏观演化模型思路

宏观演化模型侧重于从技术和需求对交通系统中不同参与组分、功能与服务的影响角度出发，总体呈现交通系统构成要素的宏观演变过程。

8.2.1.1 模型体系结构

基于 ATS 5 类交通要素关联关系，采用多层复杂网络模型尝试建立 ATS 系统发展过程中各要素的关联模型。

以智能交通系统的发展水平为基础，在新兴技术发展的驱动下，交通系统中以信息化和自主化系统为基础的功能模块不断迭代更新，交通组分中的载运工具和基础设施的智能水平也会得到同步发展，进而能够促使产生很多新的服务，包括新的个性化出行服务、载运工具服务以及新的管理模式服务等。同时，在新的技术发展背景下，组分中的用户主体对高品质、高效率运输的期望，会对人和物的运输产生很多新的交通需求，也会对服务的产生具有激励作用。可以看出，技术支持下能够提供的服务与用户内在的需求是否匹配决定了交通系统能否继续向前发展和演化。因此，可以提取交通五要素的关联关系，构建如图 8-1 所示的关联结构模型。

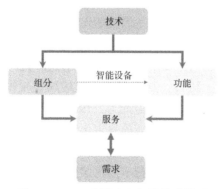

图 8-1 ATS 各要素之间的关联模型

由图 8-1 可以看出，交通系统五要素之间以直接或间接的方式相互关联和影响，其相互作用的本质为：技术影响功能，功能实现服务，服务满足需求，需求同时也会激励服务，而组分作为中间媒介，是实现功能和服务的载体，同时还受到技术的影响。值得指出的是，与以往研究中对组分的定义不同，第6章中提出的组分框架中除了包含用户主体、载运工具、基础设施、运输货物和交通环境外，还包括智能设备。智能设备受技术水平的直接影响，进而间接影响功能的实现。基于上述各要素之间的关系，建立多层网络模型来刻画交通系统发展过程中各要素的状态变化。具体而言，引入组分层、功能层和服务层三层网络拓扑结构（图8-2），技术层作为外部输入支撑组分中物理实体和功能层中功能的迭代和更新，服务层在需求层的内部需求激励和功能层的功能辅助下实现服务。多层网络间的具体映射关系如下：①组分层的输入为技术；②功能层的输入为技术与组分；③服务层的输入为组分、需求与功能。

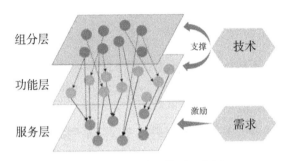

图8-2 ATS演化模型示意图

8.2.1.2 网络节点属性定义和连接关系

在复杂网络中，网络节点属性与网络整体性能密切相关。ATS多层网络模型主要用来描述交通系统发展过程，其中各层网络节点属性定义应与交通系统自主化属性相关。

在组分层，每个节点表示物理系统中的某一参与实体，具体对应到第6章中四级组分实体。组分的自主化性质主要体现在载运工具和基础设施上，其他基本要素不具有自主化属性的变化。考虑到载运工具和基础设施的自主性由其内置智能设备的智能化水平共同决定，应用组分内智能设备的智能化水平间接代表组分中载运工具和基础设施的自主化属性，并作用于功能层的功能节点。功能层各节点代表某一具体功能模块。根据第4章提出的功能划分规则，每一个功能具体对应到实现"感知、学习、决策、响应"中的某一环节。因此，功能层各节点的属性根据其实现的功能可定义为感知精度、学习能力、决策水平和响应能力。服务层节点表示实现的某一项子服务，其自主化水平由支撑它实现的各项功能的自主化水平共同决定，因此子服务的自主化属性是对应功能属性的集合。在连接关系上，组分层节点和服务层节点呈现多对一、一对多或一对一的关系，而功能层功能节点与服务层子服务节点为以多对一的形式呈现；根据各项功能需要的内置智能设备，组分层智能设备节点与功能层节点的连接关系上也呈现出多对一、一对多或一对一的多种形式。

在外部技术中，每一个技术节点代表某一项具体的技术，具体对应到第5章技术部分的一级技术，其属性分别定义为相应技术的能力，比如地理信息技术中的定位技术属性定义为定位精度，传感器技术中的雷达探测技术属性定义为探测精度。技术水平的改变会直接影响组分中智能设备和功能层功能的智能化水平，进而影响服务的自主化水平。技术节点与组分层节点的连接关系与智能设备需要的技术相关，与功能层节点的连接与功能实现需要的技术相关，形式上会呈现多对一、一对多或一对一的关系。在内部需求中，需求节点与子服务呈一对一或多对一的对应关系，由需求输入到服务层。由于需求内容的多样性，其属性定义很难有统一的描述。因此，对每一个需求的目标进行映射，选择安全、绿色、便捷、高效、经济5个目标中相关性最强的一个目标作为该需求的属性含义。

8.2.2 微观演化模型思路

微观演化模型侧重于从市场占有率变化等方面，直观呈现交通系统中主要构成要素的微观演化过程。

其研究思路为：将群体博弈和网络博弈相结合，研究具有网络结构的群体博弈中策略的更新演化过程，将参与博弈的出行者个体所选策略推广至多策略间的组合，利用与交通系统构成要素相关的收益矩阵表示系统演化和群体博弈间的交互反馈，可以研究在投入有限配置下构成要素的演化趋势，从而预测交通系统发展方向并研判重点发展领域。

为了方便理解，本章将演化模型分成了双层网络，分别是表层要素演化网络和底层群体博弈网络。表层要素演化网络主要是呈现交通系统组成要素的关联关系及动态演化的结果，底层群体博弈网络通过博弈更新群体状态，从而预测策略选择结果，反映系统要素占有率的变化趋势。微观演化模型将部分系统构成要素抽象为个体所能选择的策略，在两层之间建立了交互和反馈：底层博弈驱动表层演化，表层的演化更新策略类型，从而改变底层群体收益，反过来对演化博弈产生影响。ATS微观演化模型双层网络结构如图8-3所示。

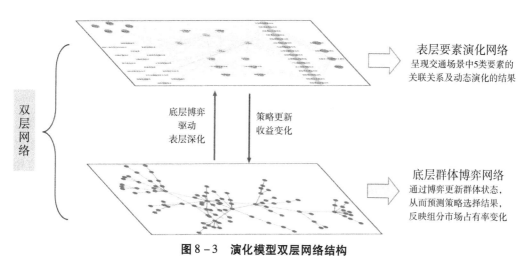

图8-3 演化模型双层网络结构

8.3 基于 Petri 网的宏观 ATS 演化模型

8.2 节中描述了 ATS 静态多层网络结构,本节中引入 Petri 网实现对网络中节点的动态演化。实现基于 Petri 网的 ATS 多层网络演化模型,首先需要对多层网络模型中各参与主体属性进行量化,其次需要设计符合交通发展特征的网络变迁规则。下面首先简单介绍 Petri 网的研究现状和基本概念。

8.3.1 Petri 网研究现状

Petri 网因其强大的流程定义能力和丰富的系统描述手段,已被广泛地应用到交通系统不同领域的建模、仿真与性能评估的研究中。在交通流建模方面,蒋昌俊等[4]提出一种基于有色 Petri 网的城市交叉口路段交通流模型,模型中采用不同颜色的变迁代表车辆进入不同的区域,采用不同颜色的令牌代表不同行驶方向的车辆;该模型可用于对交叉口不同信号控制方案策略进行评价。呙涛[5]应用 Petri 网将单"T"形路口模型扩展到多路口,引入了有色 Petri 网死锁检测方法,对多路口拓扑结构以及时间属性进行具体分析,探讨跨区域分布式交通控制建模方法及交通流优化策略。Di Febbraro 等[6]提出了一种基于混合随机 Petri 网的交通系统模型,用于分析交通运输系统的性能。其中,正常交通流通过连续时间模型进行刻画,而系统行为的变化则通过离散事件模型进行描述。整个交通系统由连续时间模型和离散事件模型相结合表征,离散部分"调节"连续 Petri 网,使得交通流根据系统行为中发生的变化进行调整。因此,该模型能够有效地刻画交通系统行为变化对交通流产生的影响。

在物流运输方面,Pavlenko 等[7]在 Petri 网环境下研究物流运输系统的仿真过程,建立了农产品配送的结构化物流系统模型,该模型考虑了各子系统的操作顺序、组合特点和使用资源。基于该模型,综合考虑运输花费的时间和成本,可对不同运输方案进行性能分析。Qu 等[8]应用 Petri 网建模对运输系统中的旅行路线进行优化。在由 Petri 网搭建的运输系统模型中,对变迁行为进行损失函数定义,该函数与从起点到目的地的旅行时间成本相关联。通过优化不同变迁序列下的总成本,得到特定时间段内从初始标记(起点)到最终标记(目的地)具有最低总成本的交通路线。

在公共交通方面,Bouyekhf 等[9]应用广义随机 Petri 网构建公共交通网络,对公共交通系统进行建模、性能评估和规划,并以交通枢纽为中心,研究关键公交线路出发频次和时间,以合理的成本最小化乘客的等待时间。在实际公共交通系统中的应用结果表明,随机 Petri 网能够有效提高系统的性能。Lopez 等[10]应用 Petri 网建立了基于多代理的公共交通系统仿真模型,模拟和分析在高峰时段满足乘客需求所涉及的资源。它以图形方式简化了模型的复杂性,并结合真实数据对模型参数进行校正来提高模型准确性。仿真分析结果表明,多代理方法的确定性 Petri 网可以很好地分析公交系统的供需平衡关系,并指出派遣更多的公共汽车不会导致供应乘客需求所花费的时间明显减少。Abbas-Turki 等[11]考虑到公共交通系统规模庞大,一般的 Petri 网模型非常复杂，结合有色 Petri 网和对象 Petri 网提出一种新的 Petri 网用于公共交通系统建模和分析，该方法能够有效地减少一般 Petri 网描述的公共交通系统的规模。Moh 等[12]提出了应用极大代数技术解决和仲裁与 Petri 网相关的冲突问题，通过定义一个路由策略，设计冲突求解语义以防止图形模型中的死锁，同时将路由函数引入建模中。将该方法应用到公共交通网络中进行系统性能分析和评估，结果表明该方法能够有效地避免 Petri 网络中的冲突问题。

在多式联运方面，Outafraout 等[13]提出了一种基于彩色混合 Petri 网和极大代数的控制方法，研究其在多式联运系统中的应用，其中多式联运系统由多个连接车站组成，各车站由大容量运输模式（如火车和地铁）提供服务，并且具有有限数量的公共汽车以确保这些车站之间的乘客交换。采用彩色混合 Petri 网描述多式联运系统行为，非平稳线性极大代数模型描述不可预测事件（例如故障和事故）对系统性能的影响，两者的结合可以分析系统随时间的变化，评估往返各个连接车站的运输工具到达/离开时间以及乘客的等待时间。Kabashkin 等[14]提出应用 Petri 网络对多式联运中区域的可达性问题进行评估，该网络同时具备描述多功能建模对象、不同性质的运输流程（客货）以及多式联运基础设施的功能，可以在各个抽象层次上分析系统的动态行为。Dotoli 等[15]基于 Petri 网的建模方法研究了信息和通信技术对多式联运系统的影响，讨论在业务层面建模和管理多式联运系统的问题。该方法将多式联运系统视为离散事件系统，在定时 Petri 网络框架中采用图形化表示和数学表示相结合的方式进行建模，对信息和通信技术在高效实时管理多式联运系统方面的潜力及其对 ITS 基础设施的影响进行评估。

8.3.2 基于 Petri 网的 ATS 演化模型描述

Petri 网是对离散并行系统的数学表示，在 20 世纪 60 年代由卡尔·A. 佩特里提出，适合于描述异步的、并发的计算机系统模型。从静态来看，Petri 网本质上是一个网络系统，可以用六元组的形式来描述 $\Sigma = (B, L; F, Y, W, M_0)$，其中 $G = (B, L; F)$ 构成一个有向网络系统，称为基网。基网用三元组的形式来表示，其中 B 表示系统状态，称为库所集合，在可视化网络中，每个库所 $b \in B$ 表示为（椭）圆形节点；L 表示状态变化，称为变迁集合，每个变迁 $l \in L$ 表示为方形节点；库所与变迁之间存在的依赖关系称为流关系，在网络中表示为库所和变迁之间的有向弧，F 表示流关系的集合。

一个 Petri 网的静态特征除基网外，还包括 G 上的 Y、W、M_0。Y 为库所的容量函数，表示该库所能容纳的最大令牌数；W 为流关系对应的权函数，代表了一定的变迁规则；M 代表库所中当前的令牌数，也就是标识，M_0 称为网络的初始标识。在 Petri 网系统中，令牌是库所中的动态对象，可以由一个库所经过变迁移到另一个库所。变迁 $l \in L$ 根据与其关联的库所状态（库所中所容纳的标识数量）确定本变迁是否触发，而当一个变迁被触发后，与其关联的库所将根据流关系 $f \in F$ 的权函数改变其所容纳的标识数量，这样一个具有初始标识的 Petri 网系统将会自动处理运作起来。

基于 Petri 网的建模方法将上述 ATS 多层网络中每个节点定义为一个库所，用库所当前标识（即该位置的令牌数）来描述当前运输系统中每个元素属性的当前状态。利用 Petri 网的转移规则改变每个库所的标识，推导交通要素之间相互影响和属性变化的过程，进而模拟交通系统演化和发展的结果。上述多层网络模型的拓扑结构用 Petri 网可表示为如图 8-4 所示的结构。图中椭圆形节点表示不同要素的库所集，方形节点表示要素间的变迁集，库所集和变迁集之间的有向曲线表示两者之间的流关系。

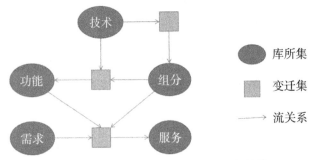

图 8-4　基于 Pteri 网的 ATS 多层网络结构

采用 Petri 网的形式对交通系统进行建模，有以下 3 个优点：①应用离散系统进行模型描述，便于对 ATS 各参与主体进行属性量化表达；② Petri 网的变迁规则给 ATS 各参与主体提供了状态演变方式；③采用 Petri 网可视化工具，可以实现 ATS 演化过程动态展示。Petri 网既有严格的数学表述方式，也有直观的图形表达方式，为系统建模提供了丰富的系统描述手段和行为分析技术。

8.3.3　网络节点属性量化

ATS 多层网络模型中各节点定义为 Petri 网中的库所，而库所变迁需要定义其库所容量。基于 Petri 网的离散特性，各个节点库所容量的定义可以等价于对各个节点的属性进行量化，即等级划分。根据 8.2.1 节中的属性定义可知，不同网络层节点代表的含义差别很大，属性定义也不相同，很难用统一范式进行描述。因此，提出采用文本学习的方法，根据第 4、5、6 章中对各要素的定义，提取关键词进行文献搜索，进而建立每个要素自主化属性相关的词库，以词语相似度进行词聚类，得到各要素的属性等级。具体步骤如下（以视觉感知反馈功能为例）。

（1）提取要素名中英文关键词或词组，作为形成这个参与主体的词库的基准。

（2）用文献计量方法进行文献检索工作。用英文关键词以 Web of Science 为数据库来进行检索，将检索结果导出为纯文本文件，选择记录这些文献的标题和摘要。

（3）基于检索结果建立该要素的高频词库。在对检索结果进行高频词统计前，先筛除一些停用词，包括两个字母及以下的词汇，一些如年份、连词等的特殊词。以视觉感知反馈功能为例，统计与其相联系或者相关的高频词，图 8-5 为筛除停用词前、后频率排名前 50 的词汇的折线图。由图 8-5 可见，在筛除前都是一些标点符号、连词等无关的词汇，还有一些论文特有标志（如 EI），而进行停用词筛除后结果就更加合理，提取出了该参与主体的代表性词库。

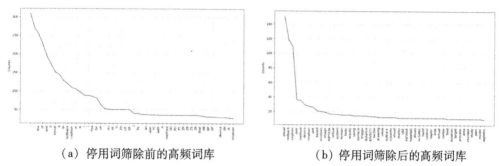

（a）停用词筛除前的高频词库　　　（b）停用词筛除后的高频词库

图 8-5　停用词筛除前和后的高频词库

（4）属性等级划分。对每个词库以词义为基准进行聚类，并以聚类数进行属性等级的划分。具体而言，选取合适的词语相似度计算方法进行聚类，以自主化程度为基准，划定该词库的等级。

ATS 的技术、组分和功能属性等级均按照此方法进行划分，而服务节点的等级定义为其前集功能节点等级的最小值。值得提出的是，对于需求节点属性的量化，上述文本聚类方法很难实际操作，主要是由于需求描述内容句子较长，呈现内容琐碎且不易归纳提炼，很难定位到关键词或词组。因此，从模型简化的角度，将内在需求属性量化为 0~1 变量，若当前交通系统自主水平下存在该交通需求，则该需求节点等级设置为 1，否则为 0。

8.3.4　基于 Petri 网的 ATS 演化规则

在 Petri 网中，对于一个变迁 l，$\cdot l$ 记为它的前集，即指向它的库所的集合；$l\cdot$ 记为它的后集，即它指向的库所的集合；$\cdot l\cdot$ 记为它的前集和后集集合。任意一个库所 $b \in B$ 是否能够发生变迁与该库所的前集和后集状态，以及库所自身容量和当前库所状态均相关。

变迁 l 在库所 b 状态为 M 时可以发生的条件是：

$$\forall b \in \cdot l : M(b) \geqslant W(b,l) \ \wedge\ \forall b \in l\cdot : M(b) + W(b,l) \leqslant Y(b) \tag{1}$$

若满足上述条件，则变迁 l 发生，将标识 M 改变为 M 的后继 M'，M' 的定义是：

$$\forall b \in B, M'(b) = \begin{cases} M(b) - W(b,l), & b \in \cdot l - l\cdot \\ M(b) + W(b,l), & b \in l\cdot - \cdot l \\ M(b) - W(b,l) + W(b,l), & b \in \cdot l \cap l\cdot \\ M(b), & b \notin \cdot l \end{cases} \tag{2}$$

ATS 多层网络的演化规则基于 Petri 网的基本变迁规则。但在交通系统演化中，由于各要素的属性值在演化过程中不会减小，对应的 Petri 网中各库所状态值不会在变迁发生后减小,这与 Petri 网的基本变迁规则不符。因此,为了更加符合交通系统演化特征,满足各要素经过演化后所处的状态,进一步改进了变迁规则,将 Petri 网的库所分为 3 类。

(1) 状态库所,表征当前该交通系统参与主体的属性状态。

(2) 变迁库所,作为 Petri 网中可以参与变迁的库所。

(3) 中间(虚拟)库所,构成演化模型变迁中的结构,体现交通要素之间的输入、输出关系。

图 8-6 为状态库所与变迁库所之间的结构,状态库所、变迁库所属于同一个变迁的后集和前集,因此状态库所的状态不会因为向后的变迁而发生变化,即其令牌数不会因变迁而减少。在该变迁之后,图 8-6 中的变迁库所的令牌数将变为:

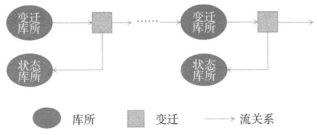

图 8-6 状态库所与变迁库所结构

$$M'(b) = M(b) - W(b,l)$$

状态库所的令牌数将变为:

$$M'(b) = M(b)$$

图 8-7 为代表技术的变迁库所经过虚拟库所作用于功能库所的示意图。具体而言,技术 1 同时作用于功能 1 和功能 2,技术 2 单独作用于功能 2。技术 1 若直接输入到功能 1 和功能 2,则两个过程间存在冲突、竞争的关系。但实际上两个过程可以并行发生。因此,将原先技术到功能的变迁转化为一个后集为虚拟库所的变迁和一个前集为虚拟库所的变迁的串联。

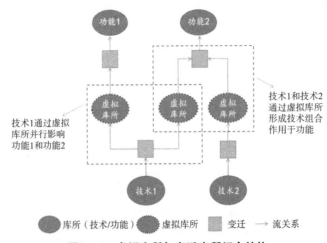

图 8-7 虚拟库所与变迁库所组合结构

8.3.5 研究实例

本节选取一个子服务和一个典型场景,应用基于 Petri 网的 ATS 多层网络演化模型对交通要素间的相互影响进行宏观描述。

8.3.5.1 子服务研究实例

以车载视觉感知子服务为例,展示了基于 Petri 网的多层网络模型的构建流程。首先根据该子服务相关联的交通要素,形成参与主体列表 8-1。

表 8-1 车载视觉感知构成要素

要素类型	要素名
子服务	车载视觉感知
功能	1. 摄像头采集实时环境信息 2. 环境信息导入与分析 3. 基于环境信息生成视觉感知决策 4. 视觉感知反馈
组分	1. 载运工具 2. 智能设备
技术	1. 传感器技术 2. 人工智能技术 3. 通信与传输技术
需求	1. 自动驾驶者应能够检测车辆相对于车道边界或道路肩的位置 2. 当车辆接近或超过车道边界时,车载安全设施厂商运营者应能够向驾驶者发出警告

演化模型构建步骤如下。

(1) 初始标识 M_0。设置组分、需求、技术对应的库所拥有初始令牌数,作为交通系统的输入。

(2) 组分、技术向功能变迁。与功能相关联的技术和智能设备满足触发条件时,共同向功能进行变迁(图 8-8),功能库所的令牌数增加。

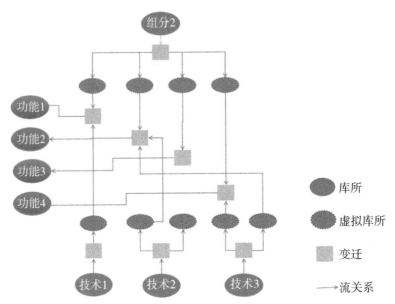

图 8-8　组分与技术向功能变迁 Petri 网示意图

（3）需求、功能向服务变迁。服务的实现和其服务水平与两方面因素密切相关，一方面是交通系统是否存在内部需求，另一方面是外在功能水平能否满足不同服务水平的实现。图 8-9 中给出了功能与需求共同向服务变迁的示意图。

图 8-9　需求与功能向服务变迁 Petri 网示意图

可以看出，服务层作为多层网络变迁的最后一层，其库所状态体现了交通的自主化水平。

8.3.5.2　交通场景研究实例

本节以车辆行驶场景为例，应用基于 Petri 网的 ATS 多层网络对车辆行驶场景中各参与组分、功能以及服务之间的相互关系进行模拟，并对 ATS 演化模型的变迁进行可视化动态展示。

（1）基于 Petri 网的多层静态网络搭建。根据第 3、4 和 6 章，选择车辆行驶场景下对应的服务、功能和组分。对场景内的子服务、功能、组分（包括智能设备和其他组分）进行建模，并作为 Petri 网的库所编号，其中服务层子服务节点的库所编号如表 8-2 所示。

8 演化模型——描述交通系统的演化升级

表8-2 车辆行驶场景下子服务（库所）编号

编号	子服务（库所）	编号	子服务（库所）	编号	子服务（库所）
1	车载视觉感知	18	制动系统控制	35	人工智能信息支撑设施维护
2	传感器智能感知	19	车载单元之间通信	36	充电桩基础设施维护
3	车载定位感知	20	车载单元与路侧单元通信	37	无障碍基础设施维护
4	道路环境识别	21	车载单元与行人设备通信	38	停车场基础设施维护
5	障碍物与车辆识别	22	车载单元与网络之间通信	39	交通事件信息
6	行人识别	23	车辆年检	40	交通法规信息
7	情景识别	24	无人车整车性能测试	41	道路工程施工信息
8	自动泊车	25	无人车情景测试	42	收费站信息
9	自适应巡航	26	无人车行驶里程测试	43	气象信息
10	自动换道	27	道路路面维护	44	交通状况信息
11	碰撞管理	28	道路侧设备维护	45	交通控制信息
12	车辆编队驾驶服务	29	道路交通标识维护	46	周边车辆信息
13	车辆-信号灯协同驾驶服务	30	桥梁隧道监测	47	充电桩信息
14	无信号灯交叉口通行服务	31	桥梁隧道维护	48	停车场信息
15	传动系统控制	32	客运基础设施维护	49	加油站信息
16	行驶系统控制	33	货运基础设施维护	50	加气站信息
17	转向系统控制	34	通信技术协同设施维护		

该场景包含50个服务节点，分别对应道路载运工具运行服务域、交通基础设施管理服务域、出行者信息服务域的50个三级子服务；包含208个功能节点，分别对应由50个子服务展开的ATS功能；包含135个组分节点，包括19个智能设备和116个组分实体。其中，19个智能设备对应车载智能设备、路侧智能设备、辅助运行系统、站场智能设备和管理部门设备下设实体，116个组分实体对应于用户主体、载运工具、基础设施的四级组分。考虑到技术对功能的影响可以通过智能设备作为中间载体，为了减少模型复杂度，本实例研究中通过智能设备的技术来体现技术对车辆行驶的影响。

将上述 ATS 要素定义为 Petri 网库所，并为库所编号。其中 1—50 号库所代表服务，51—258 号库所代表功能，259—393 号库所代表组分（259—277 号为智能设备，278—393 号为组分实体）。

（2）实现多层网络动态变迁。按照 ATS 模型的演化逻辑定义 Petri 网的变迁，并为变迁编号。其中变迁分为两类：一类为智能设备到功能的变迁；一类为功能到服务的变迁。由于在模型中组分除智能设备外均不存在自主属性，只是作为服务的载体存在，因此组分与服务间只存在静态的连接关系，不具备变迁条件。列举每个变迁对应的前集、后集对应的序号。共定义 69 个变迁，1—50 号变迁为功能到子服务的变迁，51—69 号变迁为智能设备到功能的变迁。定义库所的令牌数范围为 0—5，代表 ATS 各要素的智能化属性等级，其中 0 代表无智能化，5 代表完全自主水平。

令 Petri 网按照变迁条件及变迁规则进行变迁，即可得到在确定的交通内在需求下，特定智能化水平的智能设备如何影响 ATS 模型中组分、功能和服务的发展。假设某一初始状态 M_0，其中智能设备智能化等级设为 3，服务、功能的初始化智能化等级为 0，即 1—258 号库所令牌数为 3，259—277 号库所令牌数为 0。在演化过程中，Petri 网内若满足变迁条件，变迁将被触发，变迁后各库所的令牌数按照变迁规则进行更新，即 ATS 要素当前时刻的智能化水平等级，并储存每次变迁发生后所有库所的状态值。

（3）演化过程的可视化展示。多层网络演化模型的可视化如图 8-10 所示，其中组分节点置于上层（259—393 号），功能节点置于中层（51—258 号），子服务节点置于下层（1—50 号），连线代表要素层间的关联关系，动态表示库所间的变迁关系（备注：为了便于印刷，省去层间复杂的连接线，用局部连接进行展示）。

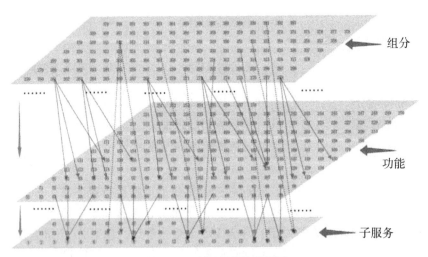

图 8-10　多层网络演化模型

图 8-11 为基于 Petri 网的多层网络演化过程中各节点的状态，图中浅灰色节点表示要素在当前时序下智能等级为 0，深灰色表示智能等级为 3，灰色由浅至深表示智能等级逐层提高。为使变迁过程更便于观察，省略图 8-11 中变迁代表的连线及节

点名称。图 8-11 (a) 中可以看出,初始状态(变迁时序 $t=1$)除智能设备外其他要素智能化水平都为 0。随着变迁时序的增加,在智能设备驱动下,功能的智能化等级逐渐提高,如图 8-11 (b) 所示,功能层的部分功能节点智能化水平提高。随着功能层智能化水平的提升,驱动服务层的智能化等级也逐渐升高,如图 8-11 (c-g) 所示。当智能设备中变迁库所内所有令牌数都变迁为 0 后,交通系统的变迁驱动力消失,系统逐渐进入稳定状态,最终变迁状态如图 8-11 (h) 所示。因此,对于某一确定的技术输入,从演化过程中可以观察到功能和服务相继被实现的顺序,这为交通管理者的政策制定以及未来的交通规划提供了一定的理论参考。

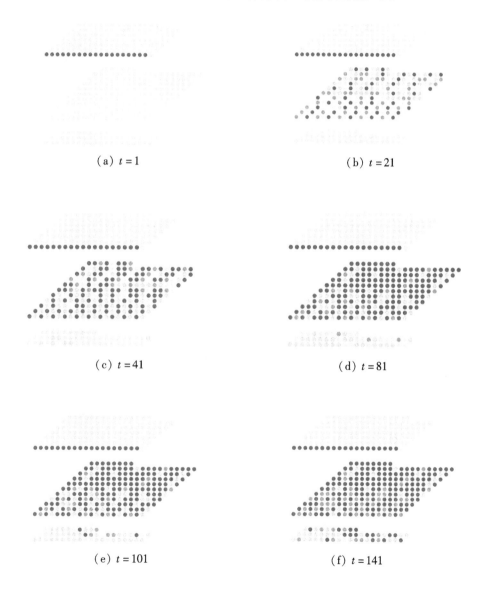

(g) $t=161$ (h) $t=190$ （演化结束）

图 8-11　多层网络演化过程中不同时序节点状态

8.4　基于群体博弈的微观 ATS 演化模型

8.4.1　复杂网络上的演化博弈研究现状

博弈论最早是基于完全理性假设来研究个体策略选择的，Nash[16]建立了博弈论的一般模型和分析框架，拓展了博弈论的适用范围。但是经典博弈论作为一种分析工具还存在一些缺陷，如建立完全理性假设作为博弈参与者的决策选择原则，无法反映参与者的学习过程，进而无法研究博弈的均衡形成过程及稳定性。

为解决此问题，美国经济学家 Arrow[17]提出了有限理性的假设，Simon[18]将有限理性作为建立决策理论的基石，并被学者们总结推广。因为理性本质上是讨论人在决策时选择行为的依据或原则。完全理性是指参与者可以完全掌握当前和未来的所有知识和信息，从而按照一定规则选择最优策略；有限理性是指参与者只能掌握有限的知识和信息，只能通过不断的学习提高有限的推理能力，不断选择可以提高自身收益的策略。很显然，在博弈论中采用有限理性的假设与现实更加贴合。

当在群体关系中引入有限理性的假设，个体则会表现出通过不断的学习朝着有利的方向调整自身策略的现象，从而提高自身的适应性，并将群体博弈描述为过程，类似于达尔文自然选择思想形成的生物进化理论，这种源于生物学的博弈分析方法被称为演化博弈论。

演化博弈的相关思想最早由 Fisher[19]提出，但是并没有具体的形式化表达。生物学家 Smith 等[20]将生物进化理论的思想引入博弈论，借鉴了生物种群群体状态进化和稳定机制的方法正式提出了演化博弈论的概念和分析框架，并由 Taylor 等[21]发展完善。演化博弈的核心概念是演化动态，描述了演化过程中个体改变策略的规则，包括演化系统结构、个体特征和策略的更新规则。演化博弈把有限理性下的演化动态稳定策略与完全理性下的 Nash 均衡策略有机联系了起来。

复杂网络被认为是对系统内部复杂作用在结构关系上的拓扑抽象。典型的复杂网络主要有随机网络、WS 小世界网络和 BA 无标度网络等。群体博弈中，参与个体间一般都存在特定的相互作用关系，为了研究种群的结构特性对个体策略选择的影响，需要将演化博弈放置在复杂网络上进行分析。

目前，很多学者都尝试将演化博弈和特定网络结合起来，并将其投入实际应用中。Ghoneim 等[22]认为复杂系统都可以抽象成网络，并通过建立博弈模型来理解广泛领域的复杂行为，所以网络中的个体的演化动态是由博弈的收益函数所决定的。通过重新定义双人博弈的分类并引入"winning networks"的概念，发现胜出或失败结果下的节点策略选择动态均存在周期循环行为，反向证明了可以根据网络演化的过程和结果，识别博弈类型和收益函数结构。Liu 等[23]基于对等网络（peer to peer，P2P）提出了社会生态网络模型，利用节点间的信任关系来研究网络生态的演化稳定性和演化规律。He 等[24]采用演化博弈动力学来分析模块化生产网络中生产集成商与模块化供应商之间的互动关系，提出了优化模块化外包整体效益的激励策略。Sun 等[25]将网络中使用雾设备的用户抽象为不同类型的玩家，根据信息交换和实际情况做出不同的行为决策，并设置了一种安全机制，即引入可信的第三方改变博弈的收益矩阵，这种安全机制被证明可以有效地减少攻击行为的数量，提高系统的整体安全性。Geng 等[26]提出了基于复杂网络的云制造平台扩散模型，构建 BA 无标度网络模拟供需企业之间的业务流程和演化博弈，分析不同共享机制下企业的服务利用率和需求满意度情况。Xie 等[27]结合复杂网络上的演化博弈理论研究有限理性企业的价格竞争问题，证实了复杂的竞争关系是维持价格的关键因素。Li 等[28]根据获取信息渠道的不同将博弈个体分成两层结构，分析了不同网络结构和参数对囚徒困境博弈的影响。Niu 等[29]将复杂网络上的演化博弈与行人动力学结合起来，建立了行人空间疏散模型，通过博弈对行人关系网络的决策过程进行建模，从而证明疏散时间与恐慌程度、初始合作者比例和行人流密度等因素有关。Zhao 等[30]通过研究不同网络拓扑下的新能源汽车的扩散特点，模拟了政府补贴对汽车市场的实际影响，从而为政府监管和企业运营提供决策依据。Zhang 等[31]构建了包括高效群体、低效群体和地方政府的三方博弈演化模型，从参与个体的角度建立收益函数，探讨了碳排放效率网络形成和演化的内在机制。

综上，目前研究的切入点大多将现实抽象为复杂网络，通过演化博弈模拟网络中节点的策略选择过程，在构建收益函数时考虑实际应用所涉及的因素，从而运用到实际问题的解决中。此类研究大多为传统博弈模型与现实的结合，侧重于研究双策略博弈的扩散趋势，在联系实际方面存在一定的局限性。并且只考虑博弈参与者所构成的单层网络拓扑结构，不能直观呈现与现实问题的有机耦合，以及和复杂系统的联动演化。

针对目前研究的不足，本节针对自主式交通系统演化问题，建立了双层演化博弈模型，分别构建表层要素演化网络和底层群体博弈网络，将系统构成要素抽象成策略，将群体博弈和复杂网络进行结合，研究具有网络结构的群体博弈中策略的更新演化过程。为和实际应用进行结合，将博弈个体所选策略推广至多策略间的组合，利用与交通要素相关的收益函数表示交通系统演化和群体博弈间的交互反馈，研究在投入有限配置下系统构成要素的演化趋势，从而预测交通系统发展方向并研判重点发展领域,以制定长期有效的市场调节手段和宏观调控计划。

8.4.2 双层网络构建

8.4.2.1 要素演化网络构建

本节以各要素为节点,以关联关系为边搭建了要素网络,实现了要素在微观层面上的精准串联。为避免网络太过复杂,为提高可读性,将"需求-服务"和"技术-功能"两种关系通过组分进行传递,不在搭建的表层要素网络中进行展现。经过简化后的要素节点及关系如图8-12所示,并使用 NetworkX 实现了网络可视化功能。

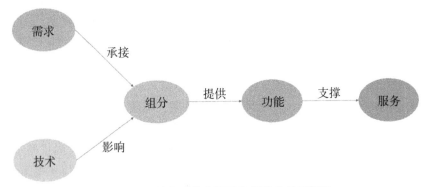

图8-12 简化后的交通要素关联关系示意图

要素演化网络用 $G' = (D, T, C, H, R, \varepsilon_{DC}, \varepsilon_{TC}, \varepsilon_{CH}, \varepsilon_{HR})$ 表示。其中,D、T、C、H、R 分别代表需求、技术、组分、功能和服务的节点集,ε 则代表不同类要素间存在的边关系。

需要注意的是,基础设施和载运工具等组分作为现实世界的物理要素,其市场占有率可以直观反映出来,是系统演化的切入点。所以将演化的核心落在组分上,通过某代际下组分的产生与消亡,直观反映交通系统的发展演化,在组分层内部单独构建了无向加权符号网络,用 $g_c = (C, \sigma, W)$ 表示。

其中 $C = \{c_1, c_2, \cdots, c_n\}$,为节点集,每个节点表示一个组分;$\sigma \subseteq C \times C$,为边集,描述组分之间的正负向连接关系,令 $A_c = (a_{ij})_{n \times n}$ 为组分层网络的邻接矩阵,如果两个组分之间存在关联则为1,无关联则为0;权重矩阵为 $W_c = (w_{ij})_{n \times n}$,用以刻画各组分节点之间的关联强度,对应组分属性中的关联强度;令 $N_i^C = \{c_j \in C \mid a_{ij} = 1\}$,表示组分节点 $c_i \in C$ 的邻居集。

8.4.2.2 群体博弈网络构建

(1) 网络结构搭建。本节提出的系统演化模型基于出行者群体网络的,并通过博弈提供演化动力,所以首先要明确博弈参与者,并构建群体博弈网络。

假设群体博弈网络是由有限理性的参与个体构成,在交通场景中可具象化为出行者。出行者间可能存在潜在关联,该网络在实际意义上类似于社交网络,所以考虑构建BA无标度网络进行模拟,根据博弈改变网络中节点的策略选择,从而驱动系统要素网络的演化。

首先假设参与决策选择的出行者有 p 个,生成的群体博弈网络为 $g_x = (X, \gamma)$,其中 $X = \{x_1, x_2, \cdots, x_p\}$,为节点集,每个节点表示一个出行者;$\gamma \subseteq X \times X$,为边集,描述出行者之间潜在的关联关系。网络生成的具体算法可以分为两步。

第一步,节点增长。开始于较少的节点数量 m_0,在每个时间间隔增添一个具有 $m(m \leq m_0)$ 条边的新节点,连接这个新节点到 m 个不同的已存在于系统的节点上,m 也被称为网络的连接强度。

第二步,择优连接。在选择新节点的连接点时,其连接到节点 x_i 的概率 $O(x_i)$ 取决于节点 x_i 的度 d_i^X,即。

$$O(x_i) = \frac{d_i^X}{\sum_j d_j^X}$$

$\sum_j d_j^X$ 为网络中已有节点度的求和。在 t 时间步后,网络中会存在 $t + m_0$ 个节点和 mt 条边。理论分析表明,由此构造的无标度网络的度分布满足幂律分布,即:

$$P(d^X) = \frac{2 m^2 t \cdot (d^X)^{-3}}{m_0 + t}$$

确定好群体博弈网络的节点总数 p,以及连接强度 m,即可通过计算机模拟生成网络。

(2)初始策略分配。一般来说,一个博弈模型通常由 3 个基本要素组成:决策个体集合(player set)、每个决策者所能采取的策略集合(strategy set)以及每个决策者的收益函数(payoff function)。所以将群体博弈定义为一个三元组 $\Phi = (X, \{S_i | x_i \in X\}, \{U_i | x_i \in X\})$,$S_i$ 为个体 $x_i \in X$ 的策略集合,U_i 为个体 $x_i \in X$ 的收益函数。

决策个体集合 X 在构建群体博弈网络时便可确定,所有参与个体的身份是等同的或匿名的,唯一的区别在于其选择的策略集合不同;收益函数 U_i 是博弈的核心要素,在"8.4.3 节的演化博弈过程"中会具体介绍。

为了和要素演化网络建立联系,通过博弈推动系统演化,本模型将个体所能采取的策略与组分要素对应,即组分层的每个节点代表一种策略。随着技术进步和需求提升,会产生新的策略(组分),通过博弈反馈,旧的策略会演化消亡,每次博弈迭代后个体的策略集合 S_i 都可能发生改变。一般的博弈只涉及竞争合作两种策略,如囚徒困境与雪堆博弈,但为了与实际应用相结合,模型中每一个体的策略集合为多各策略的排列组合。

在进行演化博弈之前,除了要搭建参与个体构成的网络,还要确定每个参与者初始的策略 $S_i(0)$。通过调研得到某代际下的各组分市场占有率,作为初始的状态,随机分配到各参与个体的策略集合上,使各策略的用户占比符合市场占有率。

8.4.3 演化博弈过程

在群体网络上进行的演化博弈流程如图 8-13 所示，由于出行者个体的有限理性，其博弈的最优均衡不能在初始时就找到，必须通过大量反复的博弈过程去修正和改进个体策略。

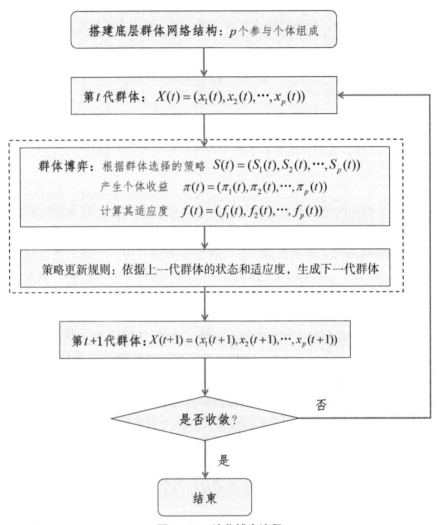

图 8-13 演化博弈流程

8.4.3.1 确定群体博弈模式

根据参与个体适应度与其本身策略的关系，可以将网络上的演化博弈分为两类：常数选择过程和频率依赖型选择过程。本模型的群体博弈选择了较为简单的常数选择过程，即：出行者的适应度是关于其自身策略的常数，不随群体状态（其他参与者的策略选择）的变化而变化，用于刻画效用值不同的策略（对交通系统自主化水平提升贡献大小不同的组分）在网络群体中竞争和扩散过程。

为了体现组分自主化水平的差异以及演化趋势，将组分具体细分为同类组分和不同类组分，如 L1 和 L2 互为同类组分，L2 和 RSU 互为不同类组分。假设组分层有 q 类同类组分，则组分层节点集合也可以表示为：$C = \{V_1, V_2, \cdots, V_q\}$。令 $S_i(t)$ 为 t 次迭代出行者 $x_i \in X$ 的策略选择集合，$c_j^t \in V_j$ 为 x_i 所选择的第 j 类同类组分，则：

$$S_i(t) = \{c_1^t \in V_1\} \cup \{c_2^t \in V_2\} \cdots \cup \{c_j^t \in V_j\} \cup \cdots \{c_q^t \in V_q\}$$

可以看出，每个出行者所能选择的策略集合是 q 个策略的排列组合，考虑顺序时序的更新过程，即每一步迭代最多只有一个出行者更新自己的策略集合，策略集合中的 q 个策略都可能发生变化。如果随机选中了出行者 $x_i \in X$ 进行策略更新，则得到 $t+1$ 次迭代 x_i 的策略选择集合：

$$S_i(t+1) = \{c_1^{t+1} \in V_1\} \cup \{c_2^{t+1} \in V_2\} \cdots \cup \{c_j^{t+1} \in V_j\} \cup \cdots \{c_q^{t+1} \in V_q\}$$

其中，c_j^{t+1} 不一定等于 c_j^t，$j = 1, 2, \cdots, q$。

8.4.3.2 相关指标计算

要素演化网络的组分类型等同于群体博弈网络中出行者所能选择的策略，这是群体博弈网络带动系统要素网络演化的关键。在群体网络进行演化博弈之前，首先需要明确策略对群体收益的影响，所以需要从组分层出发计算相关指标。

1）量化组分优劣程度。

在博弈中计算出行者收益及适应度的时候，暂且不考虑选择策略带来的成本问题，仅考虑自身策略的优劣，即对交通系统自主化水平的提升，所以首先要计算组分的优劣；由前文可知，在要素演化网络中，组分和技术、需求直接关联，并且组分层不同组间也存在正负向的关联关系，所以在量化组分优劣时，需要考虑两方面因素：①组分自身的竞争力；②其他组分的影响。

交通系统演化是技术和需求双驱动的结果，结合要素关联可以将组分自身竞争力分为技术竞争力和需求竞争力。前者代表技术对组分自主化水平的影响，后者代表组分满足需求的能力，所以重点就落在了如何衡量技术和需求的先进性指标以及组分与技术、需求的关联强度上。而其他组分的影响则是要考虑同类或不同类组分的促进或抑制作用，所以需要衡量组分内部的关联强度以及正负向。

（1）量化技术等级。假设系统中的需求要素为当前所能产生的最高需求，并且需求间都是独立的，则需求没有先进性水平差异，可以统一将其等级设置为 $class^D$。

但是技术的发展日新月异，作用在不同类型组分上的技术等级存在很大差别，如无线通信技术（2～5G）、云计算服务技术（PaaS、SaaS）和定位技术（GPS、DGPS）等，所以需要对技术等级进行量化。

在此采用了文献计量学的方法，数据均来源于 Web of Science。通过验证发现：技术所对应文献的相互引用与其先进性正相关，即当技术 A 引用技术 B 的数量大于技术 B 引用技术 A 的数量，则技术 A 的先进性大于技术 B。通过考虑各技术所对应文献的相互引用情况，假设某技术类别有 y 种技术，其中技术 t_i 的先进性指标如下：

$$Z_i = \frac{1}{y-1} \cdot \sum_{j=1, i \neq j}^{y} \left(\frac{N_{ij}^T}{N_{ji}^T} \cdot \log_{10}(N_{ij}^T \cdot N_{ji}^T) \right) \bigg/ \sum_{j=1, i \neq j}^{y} \log_{10}(N_{ij}^T \cdot N_{ji}^T)$$

其中：y 表示同类技术数量；N_{ij}^T 表示技术 t_i 引用技术 t_j 的数量，N_{ji}^T 表示技术 t_j 引用技术 t_i 的数量。

然后根据先进性指标对该技术类别下的技术进行排名，从而确定技术等级 $class^T$，先进性越低的技术等级越低。

（2）量化关联强度。

因为系统中的要素都太过抽象，很难找到相关指标去量化要素间的关联强度，仅通过专家测评也不够准确，所以本文利用 BERT（bidirectional encoder representations from transformers）模型度量文本语义相似度，从而得到关联强度。BERT 模型是 Google 在 2018 年提出的，是一个通用的自然语言处理模型。

首先，在预训练阶段。BERT 模型建立了掩码语言模型（masked language model，MLM）和下一句预测模型（next sentence prediction，NSP）两个任务，利用大规模无标注的语料库 I，无监督地训练模型参数，得到预训练后的语言模型。

接着，在特定任务阶段。基于预训练后的语言模型，增加少量神经网络层及特定任务参数，通过有标注的语料库 II，有监督地训练模型，从而完成语义相似度、多标签分类、文本生成等特定任务，相当于把下游任务的部分工作转移到预训练阶段，还可以使模型输出的每个向量都能尽可能全面、准确地刻画输入文本的整体信息，相较于词袋模型等传统语言模型有明显优势。

本模型将关联强度的量化分为两个准备阶段：①文本数据准备阶段。首先确定要素范式，划分场景要素并建立范式描述，然后根据关联关系确定需要计算关联强度的要素对。②BERT 模型准备阶段。下载 BERT 预训练模型文件，修改下游任务代码，用于语义相似度计算，然后利用开源数据集有监督地训练模型参数。

最后，将文本数据输入 BERT 模型中，输出语义相似度，在经过归一化和函数转换等处理后即可得到要素间的关联强度。

（3）考虑组分间促进或抑制作用，量化优劣程度。

首先计算组分 $c_i \in C$ 的自身竞争力 $J(c_i)$，采用加权求和的方法进行计算。

$$J(c_i) = \sum_{j=1}^{h^T} w_{ji}^{TC} \cdot class_j^T + \sum_{j=1}^{h^D} w_{ji}^{DC} \cdot class^D + \mu, \forall i = 1, 2, \cdots, n$$

式中：h^T 和 h^D 分别为组分 c_i 关联的技术、需求个数；w_{ji}^{TC} 和 w_{ji}^{DC} 分别为技术 t_j、需求 d_j 与组分 c_i 的关联强度；$class_j^T$ 表示技术 t_j 的等级；$class^D$ 表示需求的统一等级，一般取场景技术等级的平均值；μ 为波动系数，一般取 0。

同类组分间互为竞争关系，如 L3 的普及势必会对 L2 的市场发展造成抑制作用；不同类组分间一般互为合作关系，如路侧设施会对自动驾驶汽车的运行起到促进作用。由于组分间的促进和抑制作用，相同组分在不同时期的绝对竞争力可能不同。考虑这一影响因素，计算组分 $c_i \in C$ 的绝对竞争力，即策略优劣程度 $E(c_i)$，如下所示：

$$E(c_i) = J(c_i) + \sum_{v_j \in N_i^C} w_{ij}^{CC} J(c_j), \forall i = 1, 2, \cdots, n$$

式中：N_i^C 为组分 c_i 的邻居组分节点集合；w_{ij}^{CC} 为组分 c_i 和组分 c_j 的关联强度，正数代表促进作用,负数代表抑制作用。

2)计算出行者博弈收益及适应度。

在 t 次迭代时,出行者 $x_i \in X$ 的收益 $\pi_i(t)$ 仅由自身策略集合 $S_i(t)$ 和收益函数 U_i 决定,在此认为出行者的身份是等同的或匿名的,唯一的区别在于其选择的策略不同,不同个体的收益函数 U_i 相同,收益公式如下所示:

$$\pi_i(t) = U_i(S_i(t)) = \frac{1}{q}\sum_{i=0}^{q} E(c_i^t)$$

在演化博弈中,个体的收益常常被转化为适应度,为保证适应度为正数,一般通过一个非负递增函数进行转换。令 $f_i(t)$ 表示出行者 $x_i \in X$ 在 t 次迭代的适应度,则计算公式为:

$$f_i(t) = \exp(w_f \times \pi_i(t))$$

式中:w_f 为选择强度,表征收益对适应度的影响,一般取 1。

8.4.3.3 群体状态更新

在网络上的演化动力学中,每个个体根据其周围邻居的状态和适应度来更新自身状态。在本模型中,出行者在每一步更新状态的方式是由策略更新规则所决定的。根据策略更新规则改进出行者自身策略,导致群体状态变化,进而改变策略选择占比,导致组分市场占有率变化,并体现在表层要素网络中。

典型的策略更新规则有生灭过程、死生过程、洗边过程和 Wright-Fisher 过程等。针对本模型而言,生灭过程更加适用。

生灭过程是指:每一步,先以正比于适应度的概率,从群体网络中选择出一个个体,该个体产生一个与自己策略相同的复制个体,并将这个复制个体随机地代替它的一个邻居,每迭代一次便能生成下一代群体。如图 8-14 所示,在第 $t+1$ 次迭代中,选中了适应度较高的出行者 2,然后从邻居中随机选择了出行者 3 学习出行者 2 的策略集合,即 $S_3(t+1) = S_2(t)$。更新得到第 $t+1$ 代群体,根据群体状态和适应度得到下一代群体,不断迭代直至收敛。

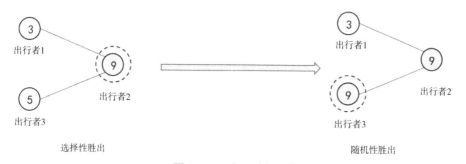

图 8-14 生灭过程示意图

8.4.3.4 与自主式交通系统的反馈

随着群体状态的不断迭代更新,出行者个体的自身策略集合不断改进,进而使整体的策略选择占比不断发生改变,还导致组分市场占有率变化,并体现在表层要素网络中，从而反映出交通系统要素的演化发展。群体博弈驱动系统演化的示意图如图 8-15 所示。

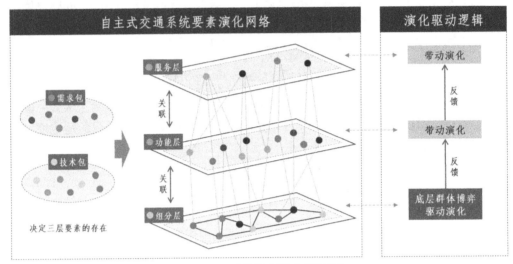

图 8-15　群体博弈驱动系统演化

8.4.4　研究实例

为了直观地展现微观演化模型的运作逻辑，并验证其合理性。本节选取电动汽车和燃油汽车两个同类组分作为切入点，以市场中电动汽车的扩散为例，获取了全球电动汽车的行业发展数据，标定了演化模型的最佳参数，确定了迭代次数与时间的对应关系，并最终验证了模型的合理性和实用性。

8.4.4.1　数据来源及描述

在未来技术进步和能源需求变化的驱动下，全球能源结构将发生重大调整。面对汽车工业发展所带来的环境和能源问题，车辆能源动力系统的低碳化转型升级成为必然趋势，发展电动汽车已成为国际社会的共识[32]。近年来电动汽车的产业规模和技术水平发展迅速，截至 2021 年底，全球电动汽车销量达到 675 万辆，比 2020 年增长了 108%，累计保有量已超过 1750 万辆。根据全球电动汽车数据库（EV-Volumes）的官方统计，得到了 2012—2021 年全球电动汽车的市场数据，部分数据如图 8-16 所示。其中，市场占有率也称市场份额，在本例中指电动汽车/燃油汽车的年度销售量在该年汽车总销量中所占比重，通常市场占有率越高，竞争力越强。

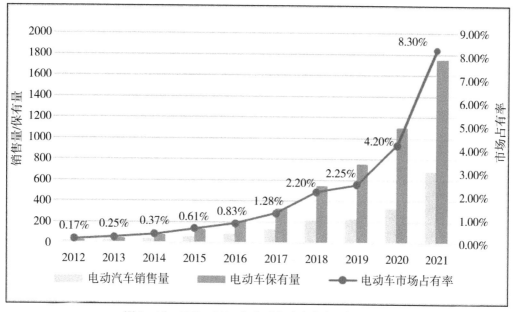

图 8-16　2012—2021 年全球电动汽车市场销售数据

8.4.4.2 双层网络搭建及指标计算

（1）网络搭建。首先根据本书第 2～7 章的基础理论对实例中的要素进行梳理和划分，围绕燃油汽车和电动汽车这两个核心的组分要素，根据其外联属性确定了关联的需求和技术，进而确定满足需求的交通服务，并最终得到了支撑服务的具体功能。总共确定了 2 种需求、8 种外部技术、2 种组分、17 种功能和 4 种子服务，并设置了各要素的属性。基于属性确定了模型运作所需要的要素关联关系，由此确定了构建表层要素演化网络 $G' = (D, T, C, H, R, \varepsilon_{DC}, \varepsilon_{TC}, \varepsilon_{CH}, \varepsilon_{HR})$ 所需要的要素节点集和边关系，如图 8-17 所示。组分节点下方的数字代表其市场占有率，该值随系统演化而不断变化。本例中涉及的 ATS 要素及描述如表 8-3 所示。

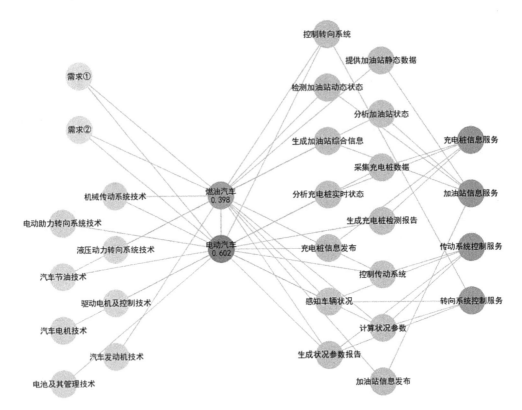

图 8-17 表层要素网络示意图

表 8-3 不同能源车辆市场相关要素

要素类型	描述
需求	需求①：驾驶者应能够制订合适的驾驶计划，以便在保证安全的前提下可以快速到达目的地，并且能够减少排放
	需求②：驾驶者应能够在需要时接收充电桩、加油站的信息
技术	液压动力转向系统技术
	电动助力转向系统技术
	机械传动系统技术
	驱动电机及控制技术
	汽车节油技术
	电池及其管理技术
	汽车发动机技术
	汽车电机技术

续表

要素类型	描述
服务	充电桩信息服务
	加油站信息服务
	传动系统控制服务
	转向系统控制服务
功能	采集充电桩数据
	分析充电桩实时状态
	生成充电桩检测报告
	充电桩信息发布
	提供加油站静态数据
	检测加油站动态状态
	分析加油站状态
	生成加油站综合信息
	加油站信息发布
	感知车辆状况
	计算状况参数
	生成状况参数报告
	控制传动系统
	感知车辆状况
	计算状况参数
	生成状况参数报告
	控制转向系统
组分	电动汽车
	燃油汽车

底层群体博弈网络通过蒙特卡洛方法模拟生成,可调整的参数有两个:网络节点总数 p,连接强度 m。图 8-18 为不同参数设置下的群体博弈网络示意图。

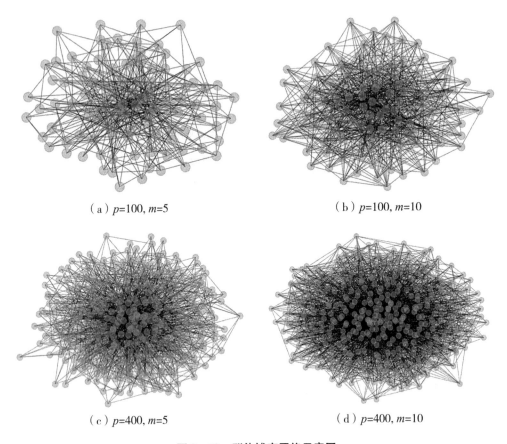

(a) $p=100, m=5$　　　　(b) $p=100, m=10$

(c) $p=400, m=5$　　　　(d) $p=400, m=10$

图 8-18　群体博弈网络示意图

（2）指标计算。在进行演化博弈之前，需要计算电动汽车和燃油汽车对应的策略优劣程度。根据 8.4.3 节 "相关指标计算" 中的算法和公式，分别量化了技术等级、需求等级以及要素关联强度，并考虑两类能源汽车之间的抑制作用，计算得到了两者的优劣程度，最终结果如表 8-4 所示。

表 8-4　电动汽车和燃油汽车对应的策略优劣程度

策略（组分）类型	策略优劣程度
电动汽车	39.25
燃油汽车	10.75

8.4.4.3　模型标定与合理性验证

将该模型应用于交通系统实际演化分析的关键，是标定博弈迭代次数与时间的对应关系，并验证其合理性。所以在研究实例中，设置了以下实验步骤。

（1）以 2013 年为演化起始点，并根据 2013 年两类能源汽车的实际市场占有率确定群体博弈网络中各节点的初始策略 $S_i(0)$。

（2）设置不同的模型参数组合 (p,m)，输出电动汽车和燃油汽车随迭代次数不断变化的市场占有率数据。

（3）根据 2013—2017 年的能源汽车市场数据，确定不同参数组合下迭代次数和时间的对应关系，并以此预测 2021 年的市场占有率数据。

（4）将预测得到的数据与实际的数据进行对比分析，计算损失率，并分析该演化模型的合理性和可行性，从而输出合理的全球能源汽车市场演化预测路线。

（5）最终确定最佳参数组合，并对模型进行标定。

根据上述实验步骤，首先固定连接强度为 $m=15$，设置节点个数 p 的范围为 $[100, 1000]$，输出不同参数组合下随迭代次数不断变化的市场占有率数据。通过对比实际市场数据，得到不同参数组合下的迭代次数和时间的对应关系。根据此关系预测电动汽车在 2021 年的市场占有率数据，并与实际数据对比计算出损失率。相关计算结果如表 8-5 所示，损失率变化曲线如图 8-19 所示。

表 8-5 不同参数组合下的相关计算结果（固定连接强度）

参数设置		2021年电动汽车市场占有率预测数据	损失率
p	m	（实际数据为 0.083）	
100	15	0.44	4.30
200	15	0.275	2.31
300	15	0.037	0.55
400	15	0.083	0.00
500	15	0.056	0.33
600	15	0.058	0.30
700	15	0.049	0.41
800	15	0.109	0.31
900	15	0.037	0.55
1000	15	0.033	0.60

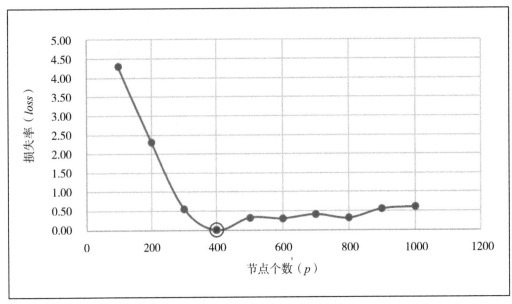

图 8-19　不同参数组合下的损失率变化曲线（$m = 15$）

通过分析发现，在固定连接强度的前提下，最佳节点个数为 $p = 400$。为确定最佳连接强度，本实验又设置连接强度 m 的范围为 [11, 19]。与上述步骤相同，通过模型输出相应的市场占有率变化数据，并计算损失率，相关计算结果如表 8-6 所示，损失率变化曲线如图 8-20 所示。

表 8-6　不同参数组合下的相关计算结果

参数设置		2021 年电动汽车市场占有率预测数据	损失率
p	m	（实际数据为 0.083）	
400	11	0.19	1.29
400	13	0.035	0.58
400	15	0.083	0.00
400	17	0.04	0.52
400	19	0.02	0.76

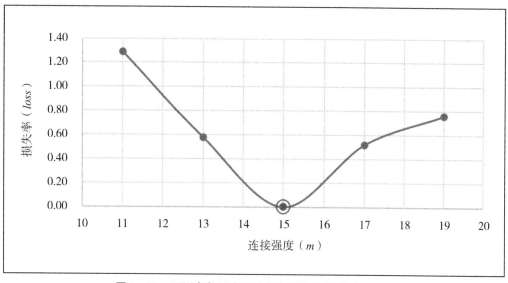

图 8-20 不同参数组合下的损失率变化曲线 ($p=15$)

通过将预测数据和实际数据进行对比,发现当 $p=400$、$m=15$ 时,损失率 $loss=0$,为最低值。如表 8-7 所示,将预测数据与实际数据进行对比分析,发现平均误差仅为 0.53%。

以上分析说明,在确定好最佳参数组合后,模型输出的演化路线在很大程度上与现实情况相吻合,从而也证明了该模型的合理性和可行性。

表 8-7 演化模型输出的预测数据对比分析

年份	全球电动汽车实际市场占有率/%	全球电动汽车预测市场占有率/%	误差/%
2018	2.20	2.20	0.00
2019	2.50	3.30	0.80
2020	4.20	5.50	1.30
2021	8.30	8.30	0.00
平均误差			0.53

通过分析,最终确定模型的最佳参数组合为:$p=400$,$m=15$。迭代次数和时间的对应关系为 79.5(次/年),从而完成了对 ATS 微观演化模型的标定,使其能更好地投入到实际的分析和应用中。

最终,通过微观演化模型,可以初步预测 2025—2045 年能源汽车市场的发展趋势,如图 8-21 所示。

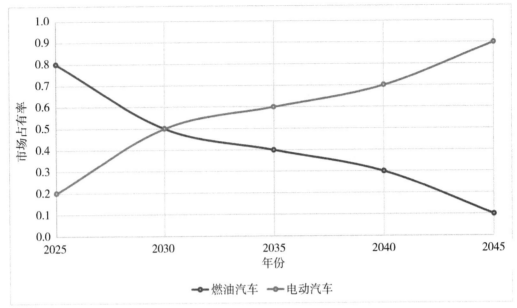

图 8-21　2025—2045 年能源汽车市场发展趋势的演化模型预测

8.5　小结

交通系统在沿着"辅助自主—高度自主—完全自主"的方向不断演化,而本章重点关注这一过程中的发展程度演化、发展方向演化和发展计量演化。面向该研究需要,分别构造了宏微观视角的交通演化模型。

从宏观角度,提出了基于离散系统仿真的交通系统多层网络演化模型,描述交通构成要素间的相互影响关系,刻画在外在技术和内在交通需求推动下的交通系统发展过程。在演化模型中,库所根据定义内容可分别表示组分、功能和服务等交通要素,库所容量代表交通要素的自主化属性,不同交通要素间的相互影响关系通过离散系统的变迁规则来定义,在技术和需求的作用下共同驱动模型的动态演化。

从微观角度,提出了基于复杂网络的双层演化博弈模型,分别构造了基于技术、需求、服务、功能和组分的要素网络和基于社交关系的博弈者网络,运用演化博弈的生灭过程,探究在投入有限配置下交通市场的自主化转型演化结果,可分析其演化博弈过程及运作机理,从而预测交通系统发展方向并研判重点发展领域,以制定长期有效的市场调节手段和宏观调控计划。

参考文献

[1] 刁晶晶，程苑，王倩，等. 城市交通系统特征及发展启示 [C] //交通治理与空间重塑：2020 年中国城市交通规划年会论文集. 北京：2020 年中国城市交通规划年会，2020：346-350.

[2] 吴群琪，陈文强. 交通运输系统演化机理与发展趋势 [J]. 长安大学学报（社会科学版），2009，11（2）：13-17.

[3] 王先进，李彦林，安然，等. 改革开放 40 年我国道路运输科技创新发展回顾与趋势研判 [J]. 交通运输研究，2019，5（1）：1-7.

[4] 蒋昌俊、闫春钢、陈闳中，等. 一种基于有色 Petri 网的城市交通系统建模方法及系统：CN105957343A [P]. 2016-06-07.

[5] 吕涛. 用 PETRI 网对智能交通系统建模 [D]. 重庆：西南大学，2001.

[6] DI FEBBRARO A, SACONE S. Hybrid Petri nets for the performance analysis of transportation systems [C] //Proceedings of the 37th IEEE Conference on Decision and Control (Cat. No. 98CH36171). Piscataway：IEEE, 1998：3232-3237.

[7] PAVLENKO O, VELYKODNYI D, FILATOV S. The procedures of logistic transport systems simulation in the Petri nets environment [C] //CEUR Workshop Proceedings, Stockport：Easychair, 2020.

[8] QU Y, LI L, LIU Y, et al. Travel routes estimation in transportation systems modeled by Petri nets [C] //Proceedings of 2010 IEEE International Conference on Vehicular Electronics and Safety. Piscataway：IEEE, 2010：73-77.

[9] BOUYEKHF R, ABBAS-TURKI A, GRUNDER O, et al. Modelling, performance evaluation and planning of public transport systems using generalized stochastic Petri nets [J]. Transport reviews, 2003, 23（1）：51-69.

[10] LOPEZ D F, TRIANA A M, CHAMORRO H R. Simulation model of public transportation system using multiagent approach by means of petri nets：Bogotá study case [C] //IX Latin American Robotics Symposium and IEEE Colombian Conference on Automatic Control, 2011 IEEE. Piscataway：IEEE, 2011：1-6.

[11] ABBAS-TURKI A, GRUNDER O, ELMOUDNI A. Public transportation systems：modeling and analysis based on a new Petri net approach [C] //IEEE International Conferenceon Systems, Man and Cybernetics. Piscataway：IEEE, 2002, 4：177-182.

[12] MOH A N S, MANIER M A, EL MOUDNI A, et al. Petri net with conflicts and (max, plus) algebra for transportation systems [J]. IFAC proceedings volumes, 2006, 39（12）：548-553.

[13] OUTAFRAOUT K, NAIT-SIDI-MOH A. A control approach based on colored hybrid petri nets and (max, +) algebra：Application to multimodal transportation systems

[J]. IEEE transactions on automation science and engineering, 2020, 17 (3): 1208-1220.

[14] KABASHKIN I. Modelling of regional transit multimodal transport accessibility with Petri net simulation [J]. Procedia computer science, 2015, 77: 151-157.

[15] DOTOLI M, FANTI M P, MANGINI A M, et al. The impact of ICT on intermodal transportation systems: a modelling approach by Petri nets [J]. Control engineering practice, 2010, 18 (8): 893-903.

[16] NASH Jr J F. The bargaining problem [J]. Econometrica: Journal of the econometric society, 1950, 18 (2): 155-162.

[17] ARROW K J. Rational choice functions and orderings [J]. Economica, 1959, 26 (102): 121-127.

[18] SIMON H A. A behavioral model of rational choice [J]. The Quarterly Journal of Economics, 1955, 69 (1): 99-118.

[19] FISHER R A. The genetical theory of natural selection [M]. 2nd ed. New York: Dover, 1958.

[20] SMITH J, PRICE G R. The logic of animal conflict [J]. Nature, 1973, 246 (5427): 15-18.

[21] TAYLOR P D, JONKER L B. Evolutionary stable strategies and game dynamics [J]. Mathematical Biosciences, 1978, 40 (1/2): 145-156.

[22] GHONEIM A, ABBASS H, BARLOW M. Characterizing game dynamics in two-player strategy games using network motifs [J]. IEEE transactions on systems, man, and cybernetics, Part B (Cybernetics), 2008, 38 (3): 682-690.

[23] LIU F, WANG L, JOHNSON H, et al. Analysis of network trust dynamics based on the evolutionary game [J]. Scientia Iranica, 2015, 22 (6): 2548-2557.

[24] HE W. A dynamic evolutionary game model of modular production network [J]. Discrete dynamics in nature and society, 2016, 2016 (10): 6425158.1-6425158.9.

[25] SUN Y, LIN F, ZHANG N. A security mechanism based on evolutionary game in fog computing [J]. Saudi Journal of Biological Sciences, 2018, 25 (2): 237-241.

[26] GENG C, QU S, XIAO Y, et al. Diffusion mechanism simulation of cloud manufacturing complex network based on cooperative game theory [J]. Journal of systems engineering and electronics, 2018, 29 (2): 321-335.

[27] XIE F J, SHI J. The evolution of price competition game on complex networks [J]. Complexity, 2018, 2018: 9649863.1-9649863.13.

[28] LI D, DU J, HAN D. The evolutionary prisoner's dilemma game considering behavior interaction in a two-layered network [J]. EPL (Europhysics Letters), 2019, 126 (3): 30002.1-30002.7.

[29] NIU Y, CHEN Y, YUAN B, et al. Dynamic evolution model of pedestrian cooperation behavior based on coordination game [J]. Expert Systems with Applications,

2021, 167: 114173.1-114173.11.

[30] ZHAO D, JI S, WANG H, et al. How do government subsidies promote new energy vehicle diffusion in the complex network context? A three-stage evolutionary game model [J]. Energy, 2021, 230: 120899.1-120899.13.

[31] ZHANG R, TAI H, CHENG K, et al. Carbon emission eficiency network: evolutionary game and sensitivity analysis between differentiated efficiency groups and local governments [J]. Sustainability, 2022, 14 (4): 2191.

[32] HE J K. Global low-carbon transition and China's response strategies [J]. Advances in climate change research, 2016, 7 (4): 204-212.

本书总结

  我国智能交通系统从诞生至今已有三十余载，其历程可以用电子化、信息化、网联化、协同化，再向智慧化的演变过程来进行简要概括。而环顾世界各地区 ITS 的发展情况，不论在应用规模上，还是在发展质量上，各地方都呈现出不均衡的状态，通常情况下，智能交通的建设水平与当地经济发展呈正相关关系。实际上，先进交通系统的发展与迭代，不仅会深刻地受到新兴科学技术进步和客货运需求提升的影响，还会面临不同智能化水平交通系统同步运行的挑战，要想完全实现高效与智慧的交通系统，中间还会经历若干阶段。

  在我国，部分学者把从网联化、协同化到智慧化中间的发展趋势称作为自主式交通，相关的理论研究工作也随即开展。本书中，通过解析自主式交通基础的构成要素及研究要素间的关联关系，来建立 ATS 基础理论框架。具体地，第 1 章从 ITS 阶段发展特点出发，结合当今智能交通建设情况介绍了自主式交通在我国的萌芽过程，同时围绕国家战略、社会需求和技术发展三个方面总结了自主式交通产生背景，给出了自主式交通的定义，并从其内涵与意义两方面进行了详细阐述，希望能给读者以清晰的概念认识；在此基础上，调研总结了中美欧日等国家 ITS 构成分析方法现状，厘清了各地区的 ITS 组成要素，并用以为 ATS 要素集的构建提供参考；最后，基于面向对象的系统工程思想，从要素内涵、关联关系和联动机制的视角解析自主式交通的 5 类基础要素，即需求、服务、功能、技术和组分。

  其次，从第 2 章到第 6 章，本书面向这 5 类要素进行了系统性的论述，并通过一个贯穿始终的交通场景进行实例分析。需求方面，基于活动理论建立多层用户需求体系框架，实现对用户多目标运输需求的推演，形成较为完善的交通系统用户需求库。已初步完成驾车出行、步行出行、非机动车出行等 7 个出行活动的需求列表 56 个，共计需求 581 条。服务方面，目前从"要素、信息、管理" 3 个维度出发，划分了 12 个服务域、52 个二级服务、186 个三级服务，形成了能够涵盖交通运输全过程的服务体系。功能方面，从"感知、学习、决策、响应" 4 个环节分析，成功建立了面向自主式交通系统服务的功能集，共包含了 659 个功能。利用文本分析、模糊聚类等方法，对功能文本进行分析，探究功能特征，跨领域应用量化技术，聚类形成 12 个功能域。技术方面，分解为交通系统的外部技术和内部技术，基于自主感知、自主学习、自主决策、自主响应和辅助运行 5 个部分，定义了 8 类外部一级技术、43 类二级外部技术、231 类三级外部技术，考虑交通系统的信息处理流程和服务的实现，确定了自主式交通系统的 8 类内部技术，并采用文献计量学等方法研究了其构成和关联关系，初步形成了 8 类一级技术发展路线图、有效技术组合 22 个，为交通系统演化提供了驱动力。组分方面，提出了基于智能设备的组分框架，适应交通系统的自主化转型。定义了组分的表达范式，形成了以用户主体、载运工具、基础设施、运输货物和交通环境 5 类一级组分为构成的分层树状结构框架，向下划分了 13 类二级组分、36 类三级组分，以三级组分为基础定义了 36 个共性组分集、166 个组分实体；并形成了面向载运工具和基础设施的 50 个智能设备类组分。

最后，在明确了 5 类构成要素的基础上，开展了各要素间关联关系以及自主式交通演化机理的研究。具体地，在第 7 章里分别从技术驱动各类要素、需求驱动各类要素两种方式构建了 5 类要素关系，并通过共性属性项的设置构建了相应联动机制。在此基础上我们尝试了一项充满挑战的研究工作，即探索 ATS 面向未来的变化规律。在第 8 章里首先明确了演化模型在系统发展程度演化、系统发展方向演化以及系统发展计量演化 3 个层次的研究任务；然后提出了宏、微观两类演化模型，其中宏观模型立足于探索不同自主化水平的技术与需求对交通系统服务、功能与组分的影响，用系统稳定态来解释 ATS 的发展态势，微观模型立足探索场景下组分市场占有率的变化，用组分的消亡与增长来解释 ATS 的演化规律；最后通过模型结果分析和领域知识推演，初步明确了 ATS 沿着"辅助自主 – 高度自主 – 完全自主"的演变方向。

总结全书，系统性地介绍了自主式交通基础构成理论和演化模型，但这还不足以完全支撑未来自主式交通的建设与实施，与 ATS 架构相关的参考法则和设计标准还未见雏形，这对于交通系统设计师和工程师们而言，仍是巧妇难为无米之炊的窘境。首先，面向 ATS 服务，如何设计与之对应的功能、逻辑与物理架构，形成 ATS 架构设计的标准知识库和参考方案，为交通系统建设从业人员提供基础素材，是 ATS 架构理论接下来首要考虑解决的问题。其次，智能交通时代已经形成了较好的信息化建设基础，面向现有交通系统如何实现高效且低成本的自主化转型，以及各类系统未来在不同 ATS 代间的演进变化，是 ATS 架构理论需要重点解决的问题。同时，交通运输过程具有充分的随机性和复杂性，无法构建出所有的交通系统，因此在构建了 ATS 架构设计单元集的基础上，如何设计出架构间的协作机制，并用流程化的架构设计规程进行约束指导，使得 ATS 能够具备对各类型交通场景的响应能力，是 ATS 架构理论的难点所在。最后，在开展 ATS 建设之初，需要有充分的方案效果支撑，如何基于现实交通系统，面向信息系统运行和交通运输两个方面，建立起 ATS 信息物理孪生技术，是推动 ATS 架构理论走向应用的关键。

我们期待能进一步开展深入的研究，以回答上述问题，但这是一项艰难的任务，所以我们将自主式交通系统构成理论基础的研究整理成此书，期待能分享给更多同行，听取各位同仁的批评指正意见，以此联合更多力量促进自主式交通系统的建设，为越来越多的具有不同程度自主式水平的交通系统提供顶层设计参考，这就是撰写本书的目的。

附录1 专有名词表

章序号	专有名词	含义
第1章	ITS	智能交通系统（intelligent transportation system），将先进的信息技术、通讯技术、传感技术、控制技术以及计算机技术等有效地集成运用于整个交通运输管理体系，建立起一种实时、准确、高效的综合运输和管理系统，可以在大范围、全方位发挥作用
	TOCC	综合交通协调指挥中心（transportation operations coordination center），是实现包括交通运行监测、交通信息提供服务、多种运输方式调度协调等功能的综合交通运输协调平台
	ETC	电子收费系统（electronic toll collection），是通过设置在收费公路收费站出入口处的天线及车型识别系统和安装在车辆的车载装置，利用信息通信技术，自动实现通行费用支付的系统
	A-CDM	机场协同决策（airport-collaborative decision-making），是将机场、空管、航空公司等相关方集成至统一平台，以实现机场营运管理的协同决策目的
	ATS	自主式交通系统（autonomous transportation system），是一种面向出行者能提供自主化服务，面向决策者能实现自组织运行的交通系统
	MaaS	出行即服务（mobility-as-a-service），是一种将飞机、火车、地铁、公交、等交通方式的出行服务进行整合，进而满足各种交通需求的新型出行理念
	C-V2X	蜂窝车联网（cellular vehicle-to-everything），是一种能保证低时延和高可靠性能的车联网专用无线通信技术
	ISTEA	《综合地面运输效率法案》（*The Intermodal Surface Transportation Efficiency Act*），是美国于1991年通过的法案，标志着美国ITS进入国家统筹、顶层规划模式
	TEA-21	《21世纪运输平衡法案》（*Transportation Equity Act for the 21st Century*），是美国于1998年通过的法案，标志美国ITS正式进入实际应用阶段
	ARC-IT	美国ITS体系框架（*Architecture Reference for Cooperative and Intelligent Transportation*），于20世纪90年代形成，并持续更新，现已迭代至9.0版本

续表

章序号	专有名词	含义
第1章	面向过程	是一种以过程为中心的系统开发思想。它通过分析解决问题的步骤，以依次调用模块的形式建立系统，不支持丰富的面向对象特性，比如继承、多态等
	利益相关方	是在一个系统中有直接或间接利益关系（或利害关系）的个人、群体、组织或其他实体
	企业对象	是 ARC-IT 中对于利益相关者的封装，包括其作用与职责，是企业视图的基本构成单位
	过程	在 ARC-IT 中被定义为支持服务所需的功能或活动，是实现服务所需操作的最小单元
	终端（ARC-IT）	在 ARC-IT 中被定义为系统外部的交通对象，作为信息的来源或接收器
	物理对象	在 ARC-IT 中被定义为表示 ITS 架构的主要物理组件，包括子系统与终端
	信息流	在 ARC-IT 中被定义为物理对象之间交互的表现形式，由数据流构成
	KAREN	欧洲运输网络架构项目（Keystone Architecture required for European Networks），是 ERTICO 提出的构建 ITS 框架的项目，执行期限为 1998—2000 年
	FRAME	欧洲 ITS 框架（the Framework Architecture Made for Europe），于 2000 年 10 月首次发布，至今保持更新
	用户需求	在欧洲 FRAME 中被定义为交通管理者、出行者等对框架设计、设施兼容性与安全性、交通服务的要求
	面向对象	是一种以对象为中心的开发思想，它把业务需求按照特点、功能划分，将共性部分封装成类，并基于类与实例的调用来解决问题
	信息模型	在日本 ITS 框架中被定义为表示 ITS 信息之间关系的分层结构，与控制模型共同构成日本 ITS 逻辑框架
	详细模型	在日本 ITS 框架中被定义为表示低层信息与高层信息的继承关系的结构，隶属于信息模型
	核心模型	在日本 ITS 框架中被定义为显示 9 个主要开发领域中最高层信息之间关系的视图，隶属于信息模型
	控制模型	在日本 ITS 框架中被定义为表示实现子服务所需逻辑功能与信息之间关系的模型
	高层子系统	在日本 ITS 框架中被定义为根据系统所处区域位置划分的物理系统

续表

章序号	专有名词	含义
第1章	子系统	在日本ITS框架中被定义为多个底层子系统的组合,是一个分类方式,不具备实际意义
	底层子系统	在日本ITS框架中被定义为根据控制模型转化而来的物理模块
	物理模型	在日本ITS框架中被定义为针对用户服务的、由底层子系统组成的模型
	用户主体（中国ITS框架）	在中国ITS框架中被定义为ITS中被服务的对象
	服务主体	在中国ITS框架中被定义为ITS中提供服务的角色
	终端（中国ITS框架）	在中国ITS框架中被定义为参与ITS服务的角色
	用户服务	在中国ITS框架中被定义为一个涵盖服务域、服务、子服务的三层结构,表示交通系统满足用户出行需求的能力
	逻辑功能	在中国ITS框架中被定义为包括功能域、功能、过程与子过程在内的树状功能分层结构,表示支持服务的、易于实现的处理过程
	物理框架元素	在中国ITS框架中被定义为包括系统、子系统、模块在内的三层结构,分别对应功能域、功能、过程,描述了实际ITS物理系统的功能
第2章	需求	指定义产品或流程可操作性、功能性、设计特征或约束条件的明确的、可测试或可度量的陈述,其对产品或流程的可接受性是必须的
	IEEE	美国电气与电子工程师协会（Institute of Electrical and Electronics Engineers）,是一个国际性的电子技术信息工程师的协会,也是全球最大的非盈利性专业技术学会
	需求工程	系统工程的一个子集,涉及识别、开发、跟踪、分析、检验、沟通和管理在连续抽象层级上定义系统的需求
	用户主体（ATS）	对拟建ATS系统有看法、有责任或者受其影响的任何个人或组织
	国际系统工程协会（INCOSE）	系统工程国际委员会（International Council on Systems Engineering）是一个非营利性的会员组织,致力于发展系统工程和提高系统工程师的专业地位
	主体	发起活动的个体或组织
	客体	人类行为作用的对象,可以是物质的或精神的
	共同体	与主体分享共同目标的活动参与者
	工具	包括将客体转化为结果需要使用各种事物,可以是物质工具或心理工具

续表

章序号	专有名词	含义
第2章	规则	包括与活动实现相关的法律法规、规章制度和文化习俗等
	劳动分工	包括工作任务的分工或社会权力和地位的分层
	活动理论（AT）	活动理论（activity theory, AT）起源于康德与黑格尔的古典哲学，形成于马克思辩证唯物主义，被维果斯基提出，成熟于苏联心理学家列昂捷夫与鲁利亚，是社会文化活动与社会历史的研究成果。活动理论强调了活动在知识技能内化过程中的桥梁性作用。活动构成了心理特别是人的意识发生、发展的基础。而人的活动具有对象性和社会性
	ISO	国际标准化组织（International Organization for Standardization），是标准化领域中的一个国际性非政府组织
	HOV车道	高占有率车道（high-occupancy vehicle lane），交通管理中将仅供乘坐至少某一规定乘客数的车辆通行的车道称为高占有率车道，并规定可以使用该车道的车辆包括公交车、两人以上的小轿车或货车
第3章	服务集	以交通系统用户需求为中心，从系统用户角度描述了交通系统"应该做什么"，涵盖了对交通系统出行、管理、规划以及标准法规等方方面面的服务。交通系统服务集一般可分为服务域、用户服务和用户子服务3个层次
	服务域（一级服务）	交通系统中某特定应用领域，包含一个或多个具有相同目的的服务，服务域也可称为一级服务
	服务（二级服务）	为交通用户提供一项或多项相似或互补的子服务，服务也可称为二级服务
	子服务（三级服务）	为交通用户提供的某一具体的服务，旨在提高交通系统安全性、可持续性、效率或出行舒适度等，子服务也可称为三级服务
	C-ITS	协同式智能运输系统（Cooperative Intetlingent Transportation Systems），目的是实现相互协作，互联互通的移动交通
	CEN	欧洲标准化委员会（Comité Européen de Normalisation），定于1961年成立的一个公共标准组织，主要的国家标准化机构组成
	TC204	智能运输系统技术委员会，于1992年成立。负责城乡地面交通领域信息、通信和控制系统的标准化，包括智能交通系统领域的多式联运、出行者信息、交通管理、公共交通、商业运输、应急服务和商业服务
	CENELEC	欧洲电工标准化委员会（European Committee for Electrotechnical Standardization），于1976年成立，制定统一的IEC范围外的欧洲电工标准，实行电工产品的合格认证制度

续表

章序号	专有名词	含义
第3章	ETSI	欧洲电信标准化协会（European Telecommications Standards Institute），是由欧共体委员会于1988年批准建立的非盈利性电信标准化组织
	VERTIS	车辆-道路-交通智能协会（Vehicle, Road and Traffic Intelligence Society），于1994年1月成立，标志日本ITS形式统一体制
	V2X	车载单元与外界通信（Vehicle to Everything），是车辆与任何可能影响车辆或可能受车辆影响的实体之间的通信，包含V2V、V2I、V2P、V2N等多种具体的通信类型
	GPS	全球定位系统（global positioning system），是一种以人造地球卫星为基础的高精度无线电导航的定位系统，它在全球任何地方以及近地空间都能够提供准确的地理位置、车行速度及精确的时间信息
	V2V	车载单元之间通信（vehicle to vehicle），指车辆间的无线数据传输。为了防止事故发生，通过专设的网络发送车辆位置和速度信息给另外的车辆
	V2I	车载单元与路侧单元通信（vehicle to infrastructure），是车辆和道路基础设施之间的无线数据交换。来自基础设施设备的信息很容易通过自组织网络传输到车辆，反之亦然
	V2P	车载单元与行人设备通信（vehicle to pedestrian），建立车辆和行人之间的直接通信。如果行人位于汽车附近，将会有警报提醒司机有行人正在靠近，或者通知行人附近有汽车
	V2N	车载单元与网络之间通信（vehicle to network），旨在实现车辆与管理系统之间的信息传输。从而使汽车可以收到关于交通拥堵或道路事故的广播警报，为未来移动领域的自动驾驶铺平道路
第4章	功能	ATS基本要素之一，实现系统服务的基础单元，由技术驱动发展
	功能特征	功能具备的各类特征，特征的不同组合能够定义不同功能
	功能提供者	提供功能的物理实体或交通部门平台
	服务对象	能够直接使用功能或是利用功能的输出结果的组分，一般为物理实体或交通用户
	过程信息	功能实现所利用或处理的信息
	运作逻辑	系统"感知、学习、决策、响应"等运作逻辑在功能模块中的体现
	实现途径	实现功能所需要的过程
	技术	一项技术是关于某一领域有效的科学（理论和研究方法）的全部，以及在该领域为实现公共或个体目标而解决设计问题的规则的全部。本书中的技术主要指支撑系统功能实现的技术，大致分为交通系统内部技术与外部技术

续表

章序号	专有名词	含义
第4章	功能集	面向服务的功能所组成的集合，包含功能命名及其相应的属性
	功能域	具备相似特征的功能集合
	View	视图，此处特指美国 ARC-IT 框架的划分层次，包括用户视图、功能视图、物理视图、通信视图
	Process	过程，此处特指部分交通系统架构的元素，含义与功能一致
	High Level Function	高级功能（FRAME），包括概述以及具体的次级功能列表
	Low level Function	次级功能（FRAME），是功能视图中的最小单元，包括基本描述、数据输入、输出、数据流动以及功能需求
	功能分析框架	分析实现系统服务所需的功能框架，进一步建立服务与功能之间的映射关系
	LDA	隐含狄利克雷分布（latent dirichlet allocation），是自然语言处理技术中一种文本主题模型，可以将文档集中每篇文档的主题按照概率分布的形式给出
	NLP	自然语言处理（natural language processing），是计算机科学领域与人工智能领域中的一个重要方向，是以语言为对象，利用计算机技术来分析、理解和处理自然语言的一门学科，即在计算机的支持下对语言信息进行定量研究，并提供可供人与计算机之间共同使用的语言描写
	分词处理	自然语言处理技术中的基础步骤，将连贯的语句拆分成词或者词组
	THULAC	THU lexical analyzer for chinese，由清华大学自然语言处理与社会人文计算实验室研制推出的一套中文词法分析工具包，具有中文分词和词性标注功能
	NLPIR	NLPIR 是北京理工大学张华平开发的中文分词系统，包含中文分词、英文分词、词性标注、命名实体识别、新词识别、关键词提取等功能，支持用户专业词典与微博分析
	词云图	一种用来展现高频关键词的可视化表达，通过文字、色彩、图形的搭配，产生有冲击力的视觉效果，而且能够传达有价值的信息
	jieba	结巴分词，是自然语言处理中常用的中文文本分词工具，具备分词、词性标注、关键词抽取等多种功能
	SnowNLP	一种基于 Python 的中文分词工具，技术框架参考了英语自然语言处理工具库 TextBlob，可用于分词、文本情感分析等领域
	ACC	自适应巡航控制（adaptive cruise control），是在按设定车速进行巡航控制的系统上，增加了与前方车辆保持合理间距控制功能的新系统

续表

章序号	专有名词	含义
第4章	CC	定速巡航控制（cruise control），是一种利用电子控制技术保持汽车自动等速行驶的功能
	RFID	无线射频识别技术（radio frequency identification），是一种通过无线射频方式进行非接触双向数据通信的自动识别技术
第5章	DMI	直接媒体接口（direct media interface），是Intel（英特尔）公司开发用于连接主板南北桥的总线，取代了以前的Hub-Link总线
	DSRC	专用短程通信技术（dedicated short range communication），是一种新型的技术，专门用于机动车辆在高速公路等收费点实现不停车自动收费ETC技术
	LTE-V	LTE-V是专门针对车间通信的协议，被称为是影响车联网"连接"的起始点。目前的LTE-V版本属于4.5G技术，未来可以平滑演进到5G
	3GPP	3rd generation partnership project，是指第三代合作计划，其目标是实现由2G网络到3G网络的平滑过渡，保证未来技术的后向兼容性，支持轻松建网及系统间的漫游和兼容性
	ITU	国际电信联盟（international telecommunication union），国际电联是主管信息通信技术事务的联合国机构，负责分配和管理全球无线电频谱与卫星轨道资源，制定全球电信标准，向发展中国家提供电信援助，促进全球电信发展
	SDN	软件定义网络（software defined network），是由美国斯坦福大学Clean-Slate课题研究组提出的一种新型网络创新架构，是网络虚拟化的一种实现方式。其核心技术OpenFlow通过将网络设备的控制面与数据面分离开来，从而实现了网络流量的灵活控制，使网络作为管道变得更加智能，为核心网络及应用的创新提供了良好的平台
	NFV	网络功能虚拟化（network functions virtualization），一种对于网络架构（network architecture）的概念，利用虚拟化技术，将网络节点阶层的功能分割成几个功能区块，分别以软件方式实现，不再局限于硬件架构
	GNSS	全球导航卫星系统（global navigation satellite system），泛指所有的卫星导航系统
	GIS	地理信息系统（geographic information system 或 geo-information system），有时又称为"地学信息系统"。它是一种特定的十分重要的空间信息系统。它是在计算机硬、软件系统的支持下，对整个或部分地球表层（包括大气层）空间中的有关地理分布数据进行采集、储存、管理、运算、分析、显示和描述的技术系统

续表

章序号	专有名词	含义
第5章	PKI	公钥基础设施（public key infrastructure），是一个包含硬件、软件、人员、策略和规程的集合，用来实现基于公钥密码体制的密钥和证书的产生、管理、存储、分发和撤销等功能
	PPDR	policy protection detection response，PPDR策略-保护检测-响应模型是在整体的安全策略的控制和指导下，综合运用防护工具（如防火墙、身份认证、加密等）的同时，利用检测工具（如漏洞评估、入侵检测系统）了解和评估系统的安全状态，通过适当的响应将系统调整到一个比较安全的状态。保护、检测和响应组成了一个完整的、动态的安全循环
	MPP	大规模并行处理系统（massively parallel processing），是一种非共享架构，每个节点都有独立的操作系统和数据库等，节点之间信息交互只能通过网络连接实现
	Hadoop技术	Hadoop是一个提供分布式存储和计算的软件框架，它具有无共享、高可用、弹性可扩展的特点，非常适合处理海量数据
	ETL	extract-transform-load，数据仓库技术的缩写，用来描述将数据从来源端经过抽取（Extract）、转换（Transform）、加载（Load）至目的端的过程。ETL一词较常用在数据仓库，但其对象并不限于数据仓库
	Spark生态系统	Spark设计遵循"一个软件满足不同应用场景"的理念，逐渐形成了一整套完整的生态系统，既能够提供内存计算框架，也可以支持SQL及时查询（spark SQL）、流计算（spark streaming）、机器学习（MLlib）和图计算（GraphX）等
	NR-V2X	5G-V2X是5G通信的V2X标准，也称作NR-V2X，因4G-LTE技术设计之初并未充分考虑车联网技术，随着智能汽车迅速发展起来，4G-LTE技术就显得不够用，因此5G通信在设计之初就将智能汽车的需求考虑进去，V2X将是5G网络的一部分，5G-V2X有融合LTE-V2X及DSRC的可能，为汽车提供更安全、更高效的运行能力
	MPU	微处理器（microprocessor unit），是构成微机的核心部件，也可以说是微机的心脏。它起到控制整个微型计算机工作的作用，产生控制信号对相应的部件进行控制，并执行相应的操作。

续表

章序号	专有名词	含义
第5章	MCU	微控制单元（microcontroller unit），又称单片微型计算机（single chip microcomputer）或者单片机，是把中央处理器（central process unit, CPU）的频率与规格做适当缩减，并将内存（memory）、计数器（Timer）、USB、A/D转换、UART、PLC、DMA等周边接口，甚至LCD驱动电路都整合在单一芯片上，形成芯片级的计算机，为不同的应用场合做不同组合控制
	DSP	数字信号处理器（digital signal processing），是将信号以数字方式表示并处理的理论和技术。数字信号处理与模拟信号处理是信号处理的子集。数字信号处理的目的是对真实世界的连续模拟信号进行测量或滤波。因此在进行数字信号处理之前需要将信号从模拟域转换到数字域，这通常通过模数转换器实现。而数字信号处理的输出经常也要变换到模拟域，这是通过数模转换器实现的
	PID	比例-积分-微分控制器（proportion integration differentiation），由比例单元（P）、积分单元（I）和微分单元（D）组成，包括对K_p、K_i和K_d 3个参数设定。PID控制器主要适用于基本上线性，且动态特性不随时间变化的系统
第6章	组分	组分是指交通系统在物理世界的实体成分
	API	应用程序接口（application programming interface），又称为应用编程接口，就是软件系统不同组成部分衔接的约定
	RSU	路侧单元（road side unit），是ETC系统中，安装在路侧，采用DSRC（dedicated short range communication）技术，与车载单元（OBU, on board unit）进行通信，实现车辆身份识别、电子扣分的装置
第7章	关联关系	ATS 5类要素之间的直接或间接相互作用关系
	要素属性	5类交通要素的属性包括两层含义：一是要素本身固有的状态和特征，即内核属性；二是要素和要素之间的关联关系，即外联属性
	联动机制	不同要素在属性层面的联动特征及运作逻辑
	时空维度	包含时间性和空间性两个维度特征，表明要素在系统中存在或者发挥作用是否会受到时间和空间的限制
	目标维度	包含自主化和个性化两个维度特征，表明要素参与交通系统的运作逻辑及自主化水平，以及满足用户期望和顺应社会发展的适配能力
	连接维度	包含关联性和关联程度两个维度特征，反映两个要素间确定的关联关系，以及关联的强弱程度

续表

章序号	专有名词	含义
第7章	存在时间段	技术/需求要素在交通系统中存在的时间段
	演化时间点	技术要素参与交通系统演化的时间点
	关键技术识别测度指标	技术要素参与交通系统的关键性程度
	自主化水平	技术要素实现自主式运作逻辑的能力
	对应交通场景	需求/功能/服务要素参与交通活动的具体场景
	需求目标水平	需求要素所体现出的用户/社会期望程度
	个性化测度指标	服务要素满足交通需求的能力
	促进、竞争、无关	描述服务要素之间的关系类型
	自主式运作逻辑	包含"感知、学习、决策、响应",一个功能要素对应一个运作逻辑
	串行、竞争、并行	描述功能要素之间的关系类型
	技术竞争力	组分要素受技术影响所获得的竞争力
	需求竞争力	组分要素满足需求所呈现出的竞争力
	正负向	描述组分要素之间的关系类型,正向代表合作关系,负向代表竞争关系
	关联强度	描述组分要素之间关系的强弱程度
	知识图谱	一种常见的计量可视化分析方法,通过用结构化的形式描述客观世界中的概念、实体及其关系,使其从抽象变得直观,具备很强的组织管理和数据描述能力
	共现分析	以心理学的邻近理论和社会学的知识结构及映射原则作为理论基础的一种定量分析方法,根据是否共同出现在同一事件或情形中,来判断事物之间是否存在联系
	中心性分析	是社会网络分析中常用的一种定量分析方法,通过计算中心度等网络拓扑统计指标来衡量节点的重要程度
	度中心性	刻画节点局部中心性最直接的度量指标,节点的邻节点数目越多,度中心性就越高
	特征向量中心性	节点的特征向量中心性是相邻节点中心性的函数,取决于其邻居节点的数量和重要性

续表

章序号	专有名词	含义
第8章	ATS多层网络	由ATS组分层、功能层与服务层组成的三层网络结构,其中组分层由多个组分节点组成,功能层由多个功能节点组成,服务层由多个子服务节点组成,层内无连接,层间相互关联
	变迁库所	在Petri网描述的多层网络中参与节点状态变化的库所
	状态库所	在Petri网描述的多层网络中表征节点状态的库所
	虚拟(中间)库所	在Petri网描述的多层网络中辅助实现节点间多输入多输出变迁关系的库所
	市场占有率	也称市场份额。在本书中指某一组分要素的销售量在交通市场同类组分中所占比重。反映要素参与交通活动的关键程度,通常市场占有率越高,竞争力越强
	群体博弈	当在群体关系中引入有限理性的假设,个体则会表现出通过不断的学习朝着有利的方向调整自身策略的现象,从而提高自身的适应性,此行为被称为群体博弈
	演化博弈	将群体博弈描述为过程,类似于达尔文自然选择思想形成的生物进化理论,这种源于生物学的博弈分析方法被称为演化博弈
	双层网络	ATS微观演化模型中的双层网络结构,包含表层要素演化网络和底层群体博弈网络
	表层要素演化网络	以交通系统构成要素为节点,呈现要素的关联关系及动态演化的结果
	底层群体博弈网络	以出行者为节点,通过博弈更新群体状态,从而预测策略选择结果,反映系统要素占有率变化趋势
	理性	讨论人在决策时选择行为的依据或原则
	完全理性	参与者可以完全掌握当前和未来的所有知识和信息,从而按照一定规则选择最优策略
	有限理性	参与者只能掌握有限的知识和信息,只能通过不断学习提高有限的推理能力,不断选择可以提高自身收益的策略
	复杂网络	是对系统内部复杂作用在结构关系上的拓扑抽象。典型的复杂网络主要有随机网络、WS小世界网络和BA无标度网络等
	P2P	对等网络(peer to peer),即对等计算机网络,是一种在对等者(peer)之间分配任务和工作负载的分布式应用架构,是对等计算模型在应用层形成的一种组网或网络形式
	社交网络	是由许多节点构成的一种社会结构,节点通常是指个人或组织,社会网络代表各种社会关系

续表

章序号	专有名词	含义
第8章	幂律分布	是指某个具有分布性质的变量,其分布密度函数是幂函数的分布
	BERT	基于转换器的双向编码表征模型(bidirectional encoder representations from transformers),是Google在2018年提出的通用的自然语言处理模型
	MLM	掩码语言模型(masked language model),BERT模型在预训练阶段的两大核心任务之一,用于训练模型的双向特征
	NSP	下一句预测模型(next sentence prediction),BERT模型在预训练阶段的两大核心任务之一,为了让模型捕捉两个句子的联系,使模型具备理解长序列上下文的联系的能力

附录2 符号表

章序号	符号	含义
第4章	Ψ	语料库的文档数量
	N_τ	每篇文档 τ 的词汇量
	α、β	服从狄利克雷分布的参数
	θ_τ	文档 τ 的主题分布概率
	$z_{\tau,\xi}$	第 τ 篇文档中第 ξ 个词汇的主题
	φ_k	主题 k 的词汇分布概率，k 为某个主题
	$\omega_{\tau,\xi}$	第 τ 篇文档中的第 ξ 个词汇
第7章	$\vec{Z}$	技术的自主化水平
	Q	需求的目标水平
	DC_i	网络节点 i 的度中心性
	d_i^{DC}	网络节点 i 的度
	n	网络中的节点数目
	EC_i	网络节点 i 的特征向量中心性
	λ	特征向量比例常数
	$\boldsymbol{A}$	网络节点 i 的邻接矩阵
	j	节点 j 为除节点 i 外的其他节点
	a_{ij}	邻接矩阵 $\boldsymbol{A}$ 中的值
第8章	t	时序或迭代次数
	$\vec{G}$	Petri 网的有向网络系统
	B	库所集
	L	变迁集
	F	流关系集合
	W	流关系对应的权函数，表示变迁规则

续表

章序号	符号	含义
第8章	Y	库所容量函数
	M, M', M_0	库所状态,也称为标识,其中 M_0 为库所初始状态
	b	库所
	l	变迁
	$l \cdot$	变迁 l 的后集
	$\cdot l$	变迁 l 的前集
	$\cdot l \cdot$	变迁 l 的前集和后集集合
	f	流关系
	G'	表层要素演化网络
	D	需求节点集
	T	技术节点集
	C	组分节点集
	H	功能节点集
	R	服务节点集
	ε	不同类要素间存在的边关系
	g_c	组分网络
	σ	组分网络边集
	A_c	组分层网络的邻接矩阵
	W_c	组分层网络的权重矩阵
	w_{ij}	组分 c_i 和 c_j 之间的权重值
	N_i^C	组分 c_i 的邻居集
	p	群体博弈网络的节点总数
	g_x	底层群体博弈网络
	X	出行者节点集
	γ	群体博弈网络边集
	m_0	构建群体博弈网络时初始节点数量
	m	群体博弈网络的连接强度
	$O(x_i)$	新增出行者节点连接到节点 x_i 的概率

续表

章序号	符号	含义
第8章	d_i^X	出行者节点 x_i 的度
	$P(d')$	群体博弈网络的度分布
	Φ	博弈的三元组
	S_i	出行者节点 x_i 的策略集合
	U_i	出行者节点 x_i 的收益函数
	$S_i(0)$	出行者节点 x_i 的初始策略选择
	$X(t)$	群体博弈网络的第 t 代群体
	$S(t)$	群体博弈网络所有节点在第 t 代的策略选择集合
	$\pi(t)$	群体博弈网络所有节点在第 t 代的收益集合
	$f(t)$	群体博弈网络所有节点在第 t 代的适应度集合
	V_q	第 q 类同类组分集合
	$S_i(t)$	出行者节点 x_i 在第 t 代的策略选择集合
	c_j^t	出行者节点 x_i 在第 t 代所选择的第 j 类同类组分
	$class^D$	需求等级
	Z_i	技术 t_i 的先进性指标
	y	同类技术数量
	N_{ij}^T	技术 t_i 引用技术 t_j 的数量
	$class^T$	技术等级
	$J(c_i)$	组分 c_i 的自身竞争力
	h^T	组分 c_i 关联的技术个数
	h^D	组分 c_i 关联的需求个数
	w_{ji}^{TC}	技术 t_j 与组分 c_i 的关联强度
	w_{ji}^{DC}	需求 d_j 与组分 c_i 的关联强度
	$class_j^T$	技术 t_j 的技术等级
	μ	波动系数
	$E(c_i)$	组分 c_i 对应的策略优劣程度
	w_{ij}^{CC}	组分 c_i 与组分 c_j 的关联强度
	$\pi_i(t)$	出行者节点 x_i 的收益
	$f_i(t)$	出行者节点 x_i 的适应度
	w_f	选择强度,表征收益对适应度的影响

附录3 要素内容

附录3-1 需求列表

表1 出行活动编码

出行活动	编码
驾车出行（by private car）	PC
非机动车出行（by non-motorized vehicle）	NV
步行出行（on foot）	OF
出租车出行（by taxi）	BT
网约车出行（by ride-hailing）	BR
公共交通出行（by bus）	BB
多方式换乘出行（multi-mode transfer）	MT
货物运输（freight transport）	FT

表2 子活动类型编码

子活动类型	编码
主体—出行前—工具—客体	SBTO
主体—出行前—规则—客体	SBRO
主体—出行前—劳动分工—客体	SBDO
主体—出行中—工具—客体	STTO
主体—出行中—规则—客体	STRO
主体—出行中—劳动分工—客体	STDO
主体—出行后—工具—客体	SATO
主体—出行后—规则—客体	SARO
主体—出行后—劳动分工—客体	SADO
共同体—出行前—工具—客体	CBTO
共同体—出行前—规则—客体	CBRO

续表

子活动类型	编码
共同体—出行前—劳动分工—客体	CBDO
共同体—出行中—工具—客体	CTTO
共同体—出行中—规则—客体	CTRO
共同体—出行中—劳动分工—客体	CTDO
共同体—出行后—工具—客体	CATO
共同体—出行后—规则—客体	CARO
共同体—出行后—劳动分工—客体	CADO

表3 使用者用户需求

活动类型	子活动类型	需求
PC	SBTO	驾驶者/辅助驾驶系统应能够获取交通法规信息
PC	SBTO	驾驶者/辅助驾驶系统应能够获取气象信息
PC	SBTO	驾驶者/辅助驾驶系统应能够获知机动车的状态是否正常
PC	SBRO	驾驶者/辅助驾驶系统应能够拥有驾驶证
PC	STTO	驾驶者/辅助驾驶系统应能够在保证安全的前提下可以快速移动
PC	STTO	驾驶者/辅助驾驶系统应能够接收车辆自身、乘客或驾驶者指令
PC	STTO	驾驶者/辅助驾驶系统应能够探测车辆附近的其他车辆,并确定其行驶状态
PC	STTO	驾驶者/辅助驾驶系统应能够准确感知车辆自身地理位置、行驶速度、转向和变更路线等行驶状态
PC	STTO	驾驶者/辅助驾驶系统应能够向周围车辆或路侧设备发送请求,用以获取附近车辆位置等信息
PC	STTO	驾驶者/辅助驾驶系统应能够接收附近其他车辆和路侧设备的反馈信息
PC	STTO	驾驶者/辅助驾驶系统应能够感知特定区域内车辆位置及运行状态信息
PC	STTO	驾驶者/辅助驾驶系统应能够分析相关车辆数据,并完成信息的转化与生成
PC	STTO	驾驶者/辅助驾驶系统应能够接收指令并实时反馈周边车辆信息
PC	STTO	驾驶者/辅助驾驶系统应能够计算自车与周边机动车的运行轨迹,并发出碰撞预警,使得车辆能够调整速度以避免碰撞

续表

活动类型	子活动类型	需求
PC	STTO	驾驶者/辅助驾驶系统应能够识别车辆相对于车道线、路肩的位置
PC	STTO	驾驶者/辅助驾驶系统应能够判断车辆是否横跨两个车道,并警告驾驶者
PC	STTO	驾驶者/辅助驾驶系统应能够识别主车周围普通车辆及其他交通参与者,并警告驾驶者它们的存在
PC	STTO	驾驶者/辅助驾驶系统应能够识别主车周围的应急车辆,并警告驾驶者它们的存在
PC	STTO	驾驶者/辅助驾驶系统应能够识别基础设施维护车辆,并对驾驶者进行警告
PC	STTO	驾驶者/辅助驾驶系统应能够接收车队的相关信息,以调整车头间距
PC	STTO	驾驶者/辅助驾驶系统应能够接收车队的相关信息,以进行速度协调
PC	STTO	驾驶者/辅助驾驶系统应能够准确识别标志标线
PC	STTO	驾驶者/辅助驾驶系统应能够识别主车盲区中其他交通参与者,并警告驾驶者它们的存在
PC	STTO	驾驶者/辅助驾驶系统应能够识别并预测主车的行驶轨迹
PC	STTO	驾驶者/辅助驾驶系统应能够识别并预测周边交通参与者的轨迹
PC	STTO	驾驶者/辅助驾驶系统应能够将主车与周围交通参与者的轨迹进行对比,并评估冲突大小
PC	STTO	驾驶者/辅助驾驶系统应能够通过车载设备和路侧设备警告主车驾驶者和与之发生冲突的交通参与者
PC	STTO	驾驶者/辅助驾驶系统应能够检测到车辆前方车道上的静止物体的存在,并通过车载设备向驾驶者发出警告
PC	STTO	驾驶者/辅助驾驶系统应能够自动报警或由驾驶者一键手动报警
PC	STTO	驾驶者/辅助驾驶系统应能够监测驾驶者的驾驶状态,并在疲倦、身体突发疾病等不利的状态下警告驾驶者
PC	STTO	辅助驾驶系统应能够在发生危险时自动驾驶车辆至路侧安全位置
PC	STTO	驾驶者/辅助驾驶系统应能够在车辆超速通过弯道时收到警告
PC	STTO	驾驶者/辅助驾驶系统应能够在车辆接近低速限制区或即将通过的道路中有车道封闭或道路配置发生变化的情况时收到警告

续表

活动类型	子活动类型	需求
PC	STTO	驾驶者/辅助驾驶系统应能够收到附近特殊车辆的警告,以便采取适当措施来保障安全通行
PC	STTO	驾驶者/辅助驾驶系统应能够在车内访问道路标志和路况信息,以保证驾驶安全
PC	STTO	驾驶者/辅助驾驶系统应能够在需要时接收充电桩、加油站、加气站的信息
PC	STTO	驾驶者/辅助驾驶系统应能够从移动端或诱导屏获得前方道路或替代道路的动态交通状态、实时交通事件和行程时间信息
PC	STRO	驾驶者/辅助驾驶系统应能够在部分路段临时停车
PC	STTO	驾驶者/辅助驾驶系统应能够在车辆出现故障后第一时间联系到维修人员
PC	STTO	驾驶者/辅助驾驶系统应能够识别和判断车辆所处场景是否为自动驾驶汽车的关键场景
PC	STTO	驾驶者/辅助驾驶系统应能够在确定可执行自动驾驶后,征求驾驶者意见,以进行交接驾驶权
PC	STTO	驾驶者应能够在确认自动驾驶后,将驾驶权交给自动驾驶系统
PC	STTO	辅助驾驶系统应能够在接受驾驶权后,执行自动驾驶
PC	STTO	辅助驾驶系统应能够将驾驶权交接给驾驶者
PC	STTO	辅助驾驶系统应能够在接收到自动驾驶请求后实行自动巡航
PC	STTO	辅助驾驶系统应能够脱离自动巡航,将驾驶权给予驾驶者
PC	STDO	驾驶者/辅助驾驶系统应能够从出行者信息系统或路边显示屏接收有关停车的信息
PC	SATO	驾驶者/辅助驾驶系统应能够在寻求驾驶者意见后执行自动泊车
PC	SBTO	驾驶者/辅助驾驶系统应能够在出行前获取交通事件信息
PC	SBTO	驾驶者/辅助驾驶系统应能够获取道路工程施工信息
PC	SBTO	驾驶者/辅助驾驶系统应能够获取道路收费信息
PC	SBTO	驾驶者/辅助驾驶系统应能够获取个人支持类信息(如医院、饭店等)
PC	SBTO	驾驶者/辅助驾驶系统应能够获取路径规划信息
PC	STTO	辅助驾驶系统应能够判断车主是否要变道并告知驾驶者变道条件
PC	SBTO	驾驶者/辅助驾驶系统应能够拥有并维护个人账户

续表

活动类型	子活动类型	需求
PC	STTO	驾驶者/辅助驾驶系统应能够不停车通过收费站
PC	STTO	驾驶者/辅助驾驶系统应能够识别周边车队的存在
PC	STTO	驾驶者/辅助驾驶系统应能够确定何时何地加入车队
PC	STTO	驾驶者/辅助驾驶系统应能够与车队内其他车辆进行通信
PC	STTO	驾驶者/辅助驾驶系统应能够接收到交通运营中心的车队运行建议
PC	STTO	驾驶者/辅助驾驶系统应能够接收到交叉口的拥堵状况、信号灯信息等
PC	STTO	驾驶者/辅助驾驶系统应能够接收到备选路径的相关信息
PC	STTO	驾驶者/辅助驾驶系统应能够向目标停车场提出预定以减少停车时间
PC	STTO	驾驶者/辅助驾驶系统应能够接收到停车场的回复消息,包括是否预定成功、有无替代停车位等
PC	STTO	驾驶者/辅助驾驶系统应能够获取所处交通路网或路段的实时或历史时段的拥挤状况,以及可以评价交通拥堵状况的相关参数
PC	STTO	驾驶者/辅助驾驶系统应能够利用账户支付费用,以在低排放区驾驶他们的车辆
PC	SATO	驾驶者/辅助驾驶系统应能够根据引导信息迅速找到停车位
PC	STTO	辅助驾驶系统应能够为驾驶者提供驶入和驶出交叉口的建议,以减少车辆运行对环境的影响
PC	SBTO	驾驶者/辅助驾驶系统应能够获取第三方支付平台优惠政策
PC	SBTO	驾驶者/辅助驾驶系统应能够获取保险服务
PC	STTO	驾驶者/辅助驾驶系统应能够收到定制的实时驾驶建议,以便他们调整驾驶行为来节省燃油和减少排放
BT	SBTO	出行者应能够获取车辆的实时位置及距离,以便迅速地寻找合适的出租车辆
OF	SBTO	步行出行者应能够获取交通法规信息
OF	SBTO	步行出行者应能够获取气象信息
OF	SBTO	步行出行者应能够获取个人支持类信息(如医院、景点等)
OF	SBTO	步行出行者应能够获知目的地的状态(如是否在营业时间等)
OF	SBTO	步行出行者应能够获取道路状况(如出行环境等)

续表

活动类型	子活动类型	需求
OF	SBTO	步行出行者应能够获取步行所需时间的信息
OF	SBTO	步行出行者应能够获知出行路径的环境状况
OF	SBTO	步行出行者应能够获取路径规划信息
OF	STTO	步行出行者应能够向应急管理部门发送求救警报,以便从紧急服务部门获得帮助
OF	STTO	步行出行者应能够及时获知周边服务设施的位置(如洗手间等)
OF	STTO	步行出行者应能够通过先进的感知系统感知行驶车辆的存在
OF	STTO	步行出行者应能够感知行驶车辆的速度、转向和变更路线等行驶状态或意向
OF	STTO	步行出行者应能够通过先进的信息与信号系统得到更便利和更有保障的安全服务
OF	STTO	步行出行者应能够通过声光信号得到交叉口和人行横道通行状况
OF	STTO	步行出行者应能够使用无障碍通道
NV	SBTO	非机动车驾驶者应能够获知非机动车是否允许通行
NV	SBTO	非机动车驾驶者应能够提前知晓共享单车的位置及数量信息
NV	SBTO	非机动车驾驶者应能够知晓道路上的非机动车辆运行状况和管制状况
NV	STTO	非机动车驾驶者应能够在弯道、路口、狭窄街道等视野受限制区域感知行驶车辆的存在
NV	STTO	非机动车驾驶者应能够掌握共享单车的停靠点位置信息
NV	STTO	非机动车驾驶者应能够在弯道、路口、狭窄街道等视野受限制区域感知行驶车辆的速度、转向和变更路线等行驶状态或意向
NV	STTO	非机动车驾驶者应能够发送紧急求救信号并通告其所在位置
NV	SATO	非机动车驾驶者应能够获取非机动车停放地点信息
BB	SBTO	公共交通出行者应能够发布行程预定信息(包括起点、终点和出发时间等)
BB	SBTO	公共交通出行者应能够获知到达目的地的公交线路及路程时间
BB	STTO	公共交通出行者应能够知晓公交车辆与公交车站的距离,以及公交车辆是否是他们想要登上的车辆
BB	SBTO	公共交通出行者应能够向公交运营部门提供出行计划,并要求为他们提供出行服务

续表

活动类型	子活动类型	需求
BB	STTO	公共交通出行者应能够获知各换乘点的换乘情况
BB	STTO	公共交通出行者应能够在发生事故时，及时获知紧急出口位置及有关急救措施
MT	SBTO	公共交通出行者应能够设置和更新区域不同运输方式支付系统的用户账户

表4 管理者用户需求

活动类型	子活动类型	需求
PC、BT、BR、FT	CBRO	交通管理者应能够授予出行者驾驶资格
PC、BT、BR、FT	CTTO	交通管理者应能够根据特定的天气条件，通过车载显示器向驾驶者发出最高限速警告
PC、BT、BR、FT	CTTO	交通管理者应能够根据当前的交通、天气和道路状况，在现行最高限速的基础上推荐安全限速
PC、BT、BR、FT	CTTO	交通管理者应能够使用路障来控制车辆进入特定区域
PC、BT、BR、FT	CTTO	交通管理者应能够根据当前的速度限制、天气和道路状况，通过车载设备向驾驶者推荐安全的最低车头时距
PC、BT、BR、FT	CTTO	交通管理者应能够在主车违反了最低车头时距时警告驾驶者
PC、BT、BR、FT	CTTO	交通管理者应能够警告驾驶者相交道路上的安全风险
PC、BT、BR、FT	CTTO	交通管理者应能够对涉及不同运输方式的交叉口进行管理，以避免冲突
PC、OF、NV、BT、BR、FT	CTTO	交通管理者应能够收集违反交通法规的证据，以进行适当的法律处罚
PC、BT、BR、FT	CADO	交通管理者应能够通过先进的通信手段或监控系统获得车辆被盗、驾驶者人身安全受到威胁的信息，并运用定位技术自动确定出事地点，自动调度警力进行处理
PC、BT、BR、FT、BB	CBTO	紧急事件管理者应能够提供紧急事件应急预案

续表

活动类型	子活动类型	需求
PC、OF、NV、BT、BR、FT、BB	CTTO	紧急事件管理者应能够提供公共安全呼叫服务,以便为紧急情况提供快速、合理的资源调配
PC、OF、NV、BT、BR、FT、BB	CTTO	紧急事件管理者应能够对事故现场安全装置进行远程监控,以检测事故现场指定区域内的车辆入侵情况
PC、OF、NV、BT、BR、FT、BB	CTTO	紧急事件管理者应能够在车辆进入事故区域时接收到警报
PC、OF、NV、BT、BR、FT、BB	CTTO	紧急事件管理者应能够在车辆进入事故区域时发出警报,并根据需要指示驾驶者改变车道路线,以保持他们与应急人员之间的安全距离
PC、OF、NV、BT、BR、FT、BB	CTTO	紧急事件管理者应能够在重大紧急情况下通过各种途径向公众发出警报
PC、OF、NV、BT、BR、FT、BB	CTDO	紧急事件管理者应能够在车辆进入事故区域时与交通管理机构共享疏散信息,以便实施特殊的交通控制策略来疏散交通
PC、OF、NV、BT、BR、FT、BB	CTDO	紧急事件管理者应能够在重大事故发生时与运输机构共享疏散信息,以便在有效利用道路容量的同时将人员从疏散区域转移出去
PC、BT、BR、FT	CBTO	交通设施管理者应能够定期对充电点的充电桩进行内部组件的功能巡检,并对异常和老化的充电桩进行维修和护理
PC、BT、BR、FT	CBTO	交通设施管理者应能够对道路基础设施进行定期检测和维护
PC、BT、BR、FT	CBRO	载运工具管理者应能够为机动车所有者提供车辆年检
PC、BT、BR、FT	CTTO	交通管理者应能够允许车辆不停车收费
PC、BT、BR、FT	CTTO	交通管理者应能够统一多个收费机构的用户设备,以便支持收费机构间的协调和金融支付清算
PC、BT、BR、FT	CTTO	交通管理者应能够实施道路使用收费体系,向使用特定道路的车主收费
PC、BT、BR、FT	CTTO	交通管理者应能够便于联网或常规车辆支付道路使用费
PC、BT、BR、FT	CATO	交通管理者应能够支持停车场自动收费
PC、BT、BR、FT	CATO	交通管理者应能够在商场、电影院、餐厅等娱乐场所附近设置足够的停车位
PC、BT、BR、FT	CADO	交通管理者应能够利用通信与感测技术向公安人员提供足够的交通信息,以辅助公安人员的工作

续表

活动类型	子活动类型	需求
PC、OF、NV、BB	CTTO	紧急事件管理者应能够为应急响应人员提供有关事件的态势感知信息，以支持人员及其设备调配的决策
PC、OF、NV	CBTO	交通设施管理者应能够管理无障碍交通设施
PC、BT、BR、FT	CBTO	交通管理者应能够允许用户建立和维护一个用户账户
PC、BT、BR、FT	CBTO	交通管理者应能够发布出行引导的相关信息
PC、BT、BR、FT	CTTO	交通管理者应能够支持建立有关道路网络上所有速度限制的数据库
PC、BT、BR、FT	CTTO	交通管理者应能够支持包含所有已知或未来交通事件的数据库
PC、BT、BR、FT	CTTO	交通管理者应能够支持建立关于道路网、基础设施和路边设备的数据库
PC、BT、BR、FT	CTTO	交通管理者应能够模拟路网上的需求管理策略实施效果
PC、BT、BR、FT	CTTO	交通管理者应能够模拟路网上的通行能力变化
PC、BT、BR、FT	CTTO	交通管理者应能够通过车辆设备向驶近路口的驾驶者提供有关行驶车道、速度等方面的建议
PC、BT、BR、FT	CTTO	交通管理者应能够将信号相位和配时数据分发给联网的车辆，以便改善交叉口的交通状况
PC、BT、BR、FT	CTTO	交通管理者应能够接收主车驾驶者一系列绿色相位（即绿波）的交通信号请求，以配合即将行驶的重要路线
PC、BT、BR、FT	CTTO	交通管理者应能够通过车载显示器通知驾驶者绿波建议速度
PC、BT、BR、FT	CTTO	交通管理者应能够记录车辆在绿波带信号交叉口之间的速度
PC、BT、BR、FT	CTTO	交通管理者应能够对高速公路交通与非高速公路的交通流进行协同调控
PC、BT、BR、FT	CTTO	交通管理者应能够制定缓解交通拥堵的措施
PC、BT、BR、FT	CTTO	交通管理者应能够远程控制其管辖交叉口的交通信号
PC、BT、BR、FT	CTTO	交通管理者应能够管理和实施信号交叉口协同控制计划
PC、BT、BR、FT	CTTO	交通管理者应能够利用收集到的信息来改进交通信号控制系统的运营
PC、BT、BR、FT	CTTO	交通管理者应能够监控交通信号控制设备的状态
PC、BT、BR、FT	CTTO	交通管理者应能够对高速公路出入口和匝道处进行控制以及对道路上行驶车辆的速度分布进行适当的控制

续表

活动类型	子活动类型	需求
PC、OF、NV、BT、BR、FT	CTRO	交通管理者应能够在所有特定措施执行前确认控制策略
PC、BT、BR、FT	CTRO	交通管理者应能够根据紧急管理的要求调整信号配时,为紧急车辆提供信号优先
PC、BT、BR、FT	CTRO	交通管理者应能够提供紧急车辆优先后恢复正常交通信号的操作
PC、OF、NV、BT、BR、FT	CTRO	交通管理者应能够在具备条件的地方自动执行区域内的交通法规
PC、BT、BR、FT	CTTO	交通管理者应能够定期对交叉口信号配时做优化处理,以适应不断变化的车流量波动
PC、BT、BR、FT	CATO	交通管理者应能够对停车场进出车辆和停车位使用情况进行管理
PC、BT、BR、FT	CATO	交通管理者应能够提供车辆被盗时的位置或车辆何时经过某一地点等相关信息
PC、BT、BR、FT	CATO	交通管理者应能够存储用户出行信息
PC、BT、BR、FT、BB	CTTO	紧急事件管理者应能够根据车载传感器检测到的速度、车辆方向和安全气囊状态变化确定是否发生碰撞或紧急情况
PC、BT、BR、FT、BB	CTTO	紧急事件管理者应能够直接从联网车辆收集有关碰撞的信息,以便安全有效地应对车辆碰撞
PC、OF、NV、BT、BR、FT、BB	CTTO	紧急事件管理者应能够从各种子系统收集潜在的威胁、警报和建议,以识别紧急情况
PC、OF、NV、BT、BR、FT、BB	CTTO	紧急事件管理者应能够验证报告的紧急情况,以便激活警报系统
PC、OF、NV、BT、BR、FT、BB	CTTO	紧急事件管理者应能够核实事故信息
PC、BT、BR、FT、BB	CTTO	紧急事件管理者应能够识别被盗车辆
PC、BT、BR、FT、BB	CTTO	紧急事件管理者应能够对轻微事故(爆胎、事故、汽油耗尽等)做出快速反应,以减少对交通流的干扰
PC、OF、NV、BB	CTTO	紧急事件管理者应能够从事故现场获取信息,以支持应急响应
PC、OF、NV、BT、BR、FT、BB	CTTO	紧急事件管理者在发生重大灾害后,应能够制定相应的交通运输恢复计划并组织实施

续表

活动类型	子活动类型	需求
PC、OF、NV、BT、BR、FT、BB	CTTO	紧急事件管理者应能够为应急响应者提供实时导航指令，使用所有可用的数据源快速有效地调动响应者
PC、OF、NV、BT、BR、FT、BB	CTTO	紧急事件管理者应能够向应急人员提供天气信息和天气警告
PC、OF、NV、BT、BR、FT、BB	CTDO	紧急事件管理者应能够与其他应急管理机构协调并支持各机构之间的信息共享
PC、OF、NV、BT、BR、FT、BB	CTDO	紧急事件管理者应能够将事故警报发送到相应的应急通信中心，以便采取行动
PC、OF、NV、BT、BR、FT、BB	CTDO	紧急事件管理者应能够提醒相关机构所发现的紧急情况
PC、BT、BR、FT	CTTO	交通产品服务商管理者应能够从停车区收集停车信息
PC、BT、BR、FT	CTTO	交通产品服务商管理者应能够从基础设施的探测器和网联车收集信息，以便监控停车场的出入口以及确定停车场、车库和其他停车区的可用性
PC、BT、BR、FT	CTTO	交通产品服务商管理者应能够为客户设置和管理电子用户账户
PC、BT、BR、FT	CTTO	交通产品服务商管理者应能够结合总体行程来规划停车
PC、BT、BR、FT	CTTO	交通产品服务商管理者应能够识别违反停车规定的车辆（如未付款、停留时间过长等）
PC、BT、BR、FT	CTDO	交通产品服务商管理者应能够与驾驶者和其他相关机构共享收集的停车信息
PC、BT、BR、FT	CADO	交通产品服务商管理者应能够向执法机构提供违法停车的记录
PC、BT、BR、FT	CTTO	交通管理者应能够提供改道建议，以减少交通拥堵或大气污染
PC、BT、BR、FT	CTTO	交通管理者应能够使用收集的车辆排放和环境数据来调节立交桥、干道等主要道路设施的交通流量
PC、OF、NV、BT、BR、FT	CTRO	交通管理者应能够通过政策、基础设施建设等方式引导绿色交通发展
PC、OF、NV、BT、BR、FT	CTRO	交通管理者应能够在管理道路交通时尽量减少环境污染程度
PC、BT、BR、FT	CTTO	交通管理者应能够根据时间、交通状况、车辆特性以及预设的收费价格来设置道路收费标准

续表

活动类型	子活动类型	需求
BT	CBTO	交通产品服务商管理者应能够监控出租车辆的具体情况（包括车型、剩余油量、是否载客等信息）
BT	CBTO	交通产品服务商管理者应能够根据出行需求及时调度出租车辆
BT	CTTO	交通产品服务商管理者应能够统计各时段乘车乘客人数
OF	CTTO	交通管理者应能够监测和控制人行横道的交通信号灯，以保障行人在人行横道上的安全
OF	CTTO	交通管理者应能够为行人提供充足的步行空间
OF	CTTO	交通管理者应能够消解路段或交叉口人行道和非机动车道的交通冲突
OF	CTTO	交通管理者应能够根据行人流量设置人行横道宽度，以保证行人过街的舒适感
OF	CTTO	交通管理者应能够确保信号交叉口配时合理，以方便行人快速通过交叉口
OF	CBTO	交通设施管理者应能够准确快速识别行人交通设施的破坏并能及时处理
OF	CBTO	交通设施管理者应能够给步行出行者提供必要的支持类交通设施（如遮阳伞、休息座椅等）
OF	CTTO	紧急事件管理者应能够在发生行人交通事故时及时疏散其他车辆，以促进交通尽快恢复
NV	CTTO	交通管理者应能够监控骑行空间的交通运行状况
NV	CBTO	交通管理者应能够通过交通标志规范非机动车的车道使用
NV	CBTO	交通管理者应能够通过标线设置规范非机动车在交叉口的行驶路径，以减少与机动车的交通冲突
NV	CBTO	紧急事件管理者应能够针对夏季易燃易爆的电动车辆提供应急预案
BB	CBTO	交通产品服务商管理者应能够认证公交车辆的运营商，并在必要时对车辆进行远程禁用，以确保车辆的安全运营
BB	CBRO	交通产品服务商管理者应能够对公交车辆司机提供必要的驾驶培训
BB	CBTO	交通产品服务商管理者应能够对公交车辆进行发车前的检查，确保车辆的状态正常及安全

续表

活动类型	子活动类型	需求
BB	CTTO	交通产品服务商管理者应能够为弱势群体（如坐轮椅者）提供支持设施，以保障其公交出行
BB	CTTO	交通产品服务商管理者应能够监控公交站点设施，以便为乘客提供一个安全的环境
BB	CTTO	交通产品服务商管理者应能够监控公共汽车、站场、轨道和隧道等公共交通基础设施，以便为公共交通资产提供安全保障
BB	CTTO	交通产品服务商管理者应能够远程监控公交车辆的运行状况，以确定是否需要对车辆进行维护
BB	CTTO	交通产品服务商管理者应能够统计上下公交车辆的乘客，以支持公交系统高效运营
BB	CTTO	交通产品服务商管理者应能够为乘客提供休闲娱乐活动（如公交车辆内的影音系统等）
BB	CTTO	交通产品服务商管理者应能够实时监测车门处上下车乘客的行动状态，以保证乘客的安全
BB	CTTO	交通产品服务商管理者应能够为公交车司机之间建立顺畅便捷的联系
BB	CTTO	交通产品服务商管理者应能够监测公交车辆内的温度、湿度等，为乘客提供舒适的乘坐环境
BB	CTDO	交通产品服务商管理者应能够在车辆、车站或其他监控资产发生事故时向应急服务部门发出警报
BB	CTDO	交通产品服务商管理者应能够与其他公共交通运营部门共享静态和实时的公交信息，以促进多系统出行规划
BB	CATO	交通产品服务商管理者应能够提供公共交通系统使用情况的统计数据
MT	CBTO	交通设施管理者应能够对交通枢纽内的设施进行定时检查与维护
MT	CATO	交通管理者应能够对交通枢纽内的换乘流量进行分析汇总，以便后续决策
MT	CTTO	紧急事件管理者应能够对交通枢纽内的突发状况进行及时处理
FT	CBTO	物流运输服务商管理者应能够对运输车辆进行检查，以确保车辆的运行安全

续表

活动类型	子活动类型	需求
FT	CBTO	物流运输服务商管理者应能够对驾驶者进行健康检查，以确保驾驶者的人身安全以及能适应长距离运输活动
FT	CBTO	物流运输服务商管理者应能够确定未经授权的驾驶者何时试图操作运输车辆，以防止盗窃或人员和财产受到危害
FT	CBTO	物流运输服务商管理者当检测到未经授权的驾驶者时，应能够远程禁用运输车辆
FT	CBTO	物流运输服务商管理者应能够为驾驶者和车辆提供准确合理的路线信息（包括尺寸和重量限制、通行时间限制等）
FT	CBDO	物流运输服务商管理者应能够在运输车辆发生事故时及时通知相应的应急管理部门
FT	CTTO	物流运输服务商管理者应能够监测和收集运输车辆车载数据，以支持运输车辆通过认证并获得营运许可
FT	CTTO	物流运输服务商管理者应能够在运输车辆通过路侧设施时快速读取车辆和驾驶者的识别信息并确定其是否有权运输危险品
FT	CTTO	物流运输服务商管理者应能够从货运管理部门或直接从运输车辆收集信息，以便在发生事故时快速确定车辆的状态、位置
FT	CTTO	物流运输服务商管理者应能够监测运输车辆的重量
FT	CTTO	物流运输服务商管理者应能够监控运输车辆的速度
FT	CTTO	物流运输服务商管理者应能够监控运输车辆的运营状态（包括驾驶者、车辆和货物状态）
FT	CTTO	物流运输服务商管理者应能够在确定车辆携带未经批准的危险品时要求运输车辆停车接受检查
FT	CTTO	物流运输服务商管理者应能够向运输委托单位提供实时的货物运输状态
FT	CTTO	物流运输服务商管理者应能够提供运输车辆检修场所，以确保运输车辆在发生故障时能得到修理
FT	CTTO	物流运输服务商管理者应能够提供安全停放车辆的场所，以确保运输车辆的安全停放
FT	CTTO	物流运输服务商管理者应能够告知驾驶者任务的变化（例如送货地址、路线等的变化）
FT	CTTO	物流运输服务商管理者应能够使驾驶者随时接收驾驶任务信息

续表

活动类型	子活动类型	需求
FT	CTTO	物流运输服务商管理者应能够收集和保存运输车辆及其驾驶者行驶的电子记录，以支持高效的通关作业
FT	CTTO	物流运输服务商管理者应能够使用运输车辆及其驾驶者的证件和安全记录以协助进行电子通关
FT	CTTO	物流运输服务商管理者应能够掌握运输车辆及其驾驶者的位置和状态，以便有效地管理和维护车队
FT	CTTO	物流运输服务商管理者应能够监控和记录运输车辆的里程、维修和违规情况，以便有效地管理车队
FT	CTTO	物流运输服务商管理者应能够确定其货运设备（包括卡车、拖车、集装箱和底盘）的运行状态
FT	CTTO	物流运输服务商管理者应能够在运输车辆出发前和行驶途中接收停车信息
FT	CTTO	物流运输服务商管理者应能够在车辆通关时从其获取电子通关信息并与中心系统交换相关信息
FT	CTDO	物流运输服务商管理者应能够收集和管理驾驶者日志信息，以便向相应的监管机构提供信息
FT	CTDO	物流运输服务商管理者应能够安全地访问驾驶者日志信息，以支持路边检查，确保车辆安全运行
FT	CTDO	物流运输服务商管理者应能够向相应的应急管理部门提供危险品运输车的状态、位置和货物信息，以确保公众和应急处置人员的安全
FT	CTDO	物流运输服务商管理者应能够及时通知相应的应急管理人员，以便加快应急响应
FT	CTDO	物流运输服务商管理者应能够与跨区域司法监管部门以及其他货运管理部门交换危险品运输路线限制信息
FT	CTDO	物流运输服务商管理者应能够具备从运输车辆获取安全检查数据的能力
FT	CTDO	物流运输服务商管理者应能够为运输车辆发布安全检查报告，并与承运商和其他货运管理部门共享，以促进货物的安全运输
FT	CTDO	物流运输服务商管理者应能够与其他货运管理部门交换安全检查报告、事故数据、运输凭证等信息

续表

活动类型	子活动类型	需求
FT	CTDO	物流运输服务商管理者应能够向运输车辆管理机构提供其车队车辆维修状态，以便更新其运输凭证
FT	CTDO	物流运输服务商管理者应能够向运输车辆管理机构提供车辆和驾驶者在途行驶的电子凭证和安全记录，以支持高效的通关作业
FT	CTDO	物流运输服务商管理者应能够与运输车辆管理机构交换安全凭据、燃油和里程税信息，以支持电子认证
FT	CTDO	物流运输服务商管理者应能够核实运输车辆管理部门维护的运营记录内容的准确性
FT	CTDO	物流运输服务商管理者应能够向商用车服务提供商提供车辆重量信息（包括车辆及其拖车的配重数据），以便获得电子许可证
FT	CTDO	物流运输服务商管理者应能够向商用车运营商、多式联运货运服务商和其他授权代理提供其货运设备的运行状态信息
FT	CTDO	物流运输服务商管理者应能够告知运输路径沿线有关各方关于运输车辆或驾驶者的放行信息，以保持货物运输畅通
FT	CADO	物流运输服务商管理者应能够从私人、商业、特种和公共车辆收集数据，以确定天气对其业务的影响
FT	CATO	物流运输服务商管理者应能够提供用户反馈平台，以提高运输服务质量
FT	CATO	物流运输服务商管理者应能够从运输费用等方面评估不同货物运输路线的效益
FT	CATO	物流运输服务商管理者应能够记录每日的车辆通行记录和里程，统计运输费用
FT	CBRO	交通管理者应能够为运输车辆提供相关的运输资质，以保证车辆符合运输条件
FT	CTTO	交通管理者应能够为特殊车辆（如危险品运输车、特大载重车等）提供具体的交通管理
FT	CTTO	交通管理者应能够按照规定对特殊车辆进行出行限制及罚款
FT	CTTO	交通管理者应能够收集和同步处理常规车辆和特殊运输车辆运行数据
FT	CTTO	交通管理者应能够为特殊需求的运输车辆制定信号优先方案

续表

活动类型	子活动类型	需求
FT	CTTO	交通管理者应能够与现场交通控制设备通信，以便向交叉口发布特殊车辆信号优先指令
FT	CTDO	交通管理者应能够从货运设施和运输车辆管理部门收集数据，以支持交通信号系统优化
FT	CTTO	紧急事件管理者应能够在发生危险品意外泄漏时及时疏散附近居民，进行有效处置
FT	CTTO	交通产品服务商管理者应能够向驾驶者和调度员提供运输车辆停车场的位置和剩余车位等实时信息
FT	CTTO	交通产品服务商管理者应能够监控货物装卸区的占用情况
FT	CTTO	交通产品服务商管理者应能够接受货物装卸区的预定
FT	CTTO	交通产品服务商管理者应能够在货物装卸区支持电子支付系统

表5 运营者用户需求

活动类型	子活动类型	需求
PC、BT、BR、FT	CTTO	交通中心运营者应能够接收和处理不同来源的数据，以便为驾驶者提供危险警告
PC、BT、BR、FT	CTTO	交通中心运营者应能够警告驾驶者前方道路上的危险，以减少交通事故的发生
PC、BT、BR、FT	CTTO	交通中心运营者应能够通过检测车辆运行方向和使用其他管控手段，确保可变车道的安全运行
PC、BT、BR、FT	CTTO	交通中心运营者应能够向驾驶者提供当前可变车道状态信息
PC、BT、BR、FT	CTTO	交通中心运营者应能够监测车速，以确定何时车速过高
PC、BT、BR、FT	CTTO	交通中心运营者应能够在驾驶者超速时向其发出警告
PC、BT、BR、FT	CTTO	交通中心运营者应能够接收不同来源的路况数据，以便在需要时进行道路封闭
PC、BT、BR、FT	CTTO	交通中心运营者应能够封闭道路，禁止车辆通行，并将相关信息告知驾驶者
PC、BT、BR、FT	CTTO	交通中心运营者应能够在驾驶者进入隧道前告知其隧道内的交通或安全问题
PC、BT、BR、FT	CTTO	交通中心运营者应能够判断车辆以当前行驶速度进入弯道是否会增加事故风险

续表

活动类型	子活动类型	需求
PC、BT、BR、FT	CTTO	交通中心运营者应能够向在弯道上超速行驶的车辆提供警告以及建议的速度
PC、BT、BR、FT	CTTO	交通中心运营者应能够通过监控确定交叉口主要道路的车头间距,从而支持车辆从次要道路穿过主要道路
PC、BT、BR、FT	CTTO	交通中心运营者应能够在交叉口主要道路存在可接受间隙时告知次要道路上的车辆或驾驶者
PC、BT、BR、FT	CTTO	交通中心运营者应能够确定车辆是否超过隧道、桥梁、立交桥或路段的高度或重量限制
PC、BT、BR、FT	CTTO	交通中心运营者应能够及时警告潜在违反高度或重量限制的车辆或驾驶者,以便其提前采取行动
PC、BT、BR、FT	CTDO	交通中心运营者应能够在车辆超速行驶时及时通知执法机构
PC、BT、BR、FT	CTDO	交通中心运营者应能够收集和存储车辆超速等违法行驶相关证据,以便于执法机构对其做出处理
PC、BT、BR、FT、OF、NV	CBTO	环境气候信息中心运营者应能够测量能见度的范围,并及时探测由恶劣天气和环境污染造成的能见度下降
PC、BT、BR、FT、OF、NV	CBTO	环境气候信息中心运营者应能够预测天气状况,特别是雾和冰的形成
PC、BT、BR、FT、OF、NV	CBTO	交通基础设施厂商运营者应能够启动道路网络上的固定除冰设备
PC、BT、BR、FT	CTTO	交通中心运营者应能够查询和接收交通相关的各种数据(如高速公路数据、收费数据、停车数据、交通量数据等)
PC、BT、BR、FT	CTTO	交通中心运营者应能够存储数据以便于自身和其他运营商的长期访问
PC、BT、BR、FT	CTTO	交通中心运营者应能够管理数据,包括数据聚合、数据标记(预处理、编辑、转换等)、数据质量分析、数据格式和元数据分配等
PC、BT、BR、FT	CTTO	交通中心运营者应能够使用收集的数据(包括环境数据)管理和实施信号交叉口协调控制计划
PC、BT、BR、FT	CTTO	交通中心运营者应能够利用车辆数据、交通数据、货运数据、天气数据和其他运输相关数据来支持交通数据分析、运输网络性能监控、运输规划、安全分析等

续表

活动类型	子活动类型	需求
PC、BT、BR、FT	CTTO	交通中心运营者应能够管理可变车道设施，以便在一天中的不同时间允许车道在不同方向上运行
PC、BT、BR、FT	CTTO	交通中心运营者应能够根据交通需求改变车道配置（包括车道方向和道路上路肩车道的使用），以提高交通管理的灵活性
PC、BT、BR、FT	CTTO	交通中心运营者应能够将当前车道配置通知驾驶者和其他相关部门
PC、BT、BR、FT	CTTO	交通中心运营者应能够禁止或限制各种类型的车辆使用特定车道，以便在高峰或事故期间控制道路上的车流量
PC、BT、BR、FT	CTTO	交通中心运营者应能够收集有关区域交通系统内的高速公路、城市主干路等干道的多源实时数据
PC、BT、BR、FT	CTTO	交通中心运营者应能够根据多源实时数据制定可应用于交通走廊或整个区域的管控措施
PC、BT、BR、FT	CTTO	交通中心运营者应能够利用匝道、立交桥和主线上的检测和控制设备实施管控措施
PC、BT、BR、FT、OF、NV	CTTO	交通中心运营者应能够使用检测设备实时监控道路网络，以便识别交通事故或拥堵，并支持交通管控措施的实施
PC、BT、BR、FT、OF、NV	CTTO	交通中心运营者应能够使用网联车信息监控道路网络，以便识别交通事故或拥堵，并支持交通管控措施的实施
PC、BT、BR、FT、OF、NV	CTTO	交通中心运营者应能够使用来自收费系统的探测数据来监控公路网
PC、BT、BR、FT	CTTO	交通中心运营者应能够从停车和收费运营部门收集信息，以支持需求管理策略的制定
PC、BT、BR、FT	CTTO	交通中心运营者能够收集排放数据，以支持需求管理策略的制定
PC、BT、BR、FT	CTTO	交通中心运营者应能够根据对当前和预测的道路交通状况分析制定运营决策和交通管理计划
PC、BT、BR、FT	CTTO	交通中心运营者应能够实施需求管理策略，以平衡路网流量分布、提高路网利用效率
PC、BT、BR、FT	CTTO	交通中心运营者应能够对现有管控策略进行临时更改
PC、BT、BR、FT、OF、NV	CTTO	交通中心运营者应能够对大型活动（如体育、文化等）实施已计划的管控策略

续表

活动类型	子活动类型	需求
PC、BT、BR、FT、OF、NV	CTTO	交通中心运营者应能够自动运行预先设定的交通事件疏导策略
PC、BT、BR、FT	CTTO	交通中心运营者应能够分析交通系统的运行状况
PC、BT、BR、FT	CTTO	交通中心运营者应能够监控道路基础设施监控设备与网络，以便检测设备或通信中的故障
PC、BT、BR、FT、OF、NV	CTTO	交通中心运营者应能够监控路侧设备，以便检测设备或通信中的故障
PC、BT、BR、FT	CTTO	交通中心运营者应能够管理和控制可变车道的交通工程设施和相关电子设备等
PC、BT、BR、FT	CTTO	交通中心运营者应能够管理河流、运河吊桥处和其他涉及不同运输方式交叉口的交通控制设备
PC、BT、BR、FT	CTTO	交通中心运营者应能够从运营中心或车道封闭设施附近的车辆远程控制车道封闭设施，以减少人员在恶劣天气和其他必须关闭道路的情况下暴露在不安全条件下的风险
PC、BT、BR、FT	CTTO	交通中心运营者应能够根据交通状况、天气和环境信息确定速度建议
PC、BT、BR、FT	CTTO	交通中心运营者应能够告知驾驶者建议的行驶速度，以提高道路通行能力并减少交通事故
PC、BT、BR、FT	CTTO	交通中心运营者应能够告知驾驶者建议速度的确定依据，以提高他们遵守建议的意愿
PC、BT、BR、FT	CTTO	交通中心运营者应能够根据多源数据实时调整可变限速
PC、BT、BR、FT	CTTO	交通中心运营者应能够及时提醒驾驶者通道封闭，以便驾驶者采取适当行动
PC、BT、BR、FT、OF、NV	CTTO	交通中心运营者应能够识别道路上的交通事故
PC、BT、BR、FT	CTTO	交通中心运营者应能够使用路侧设备（如可变交通标志和高速公路咨询无线电）向驾驶者提供交通和事故信息
PC、BT、BR、FT	CTTO	交通中心运营者应能够检测到逆向行驶的车辆
PC、BT、BR、FT	CTTO	交通中心运营者应能够向逆向行驶车辆的驾驶员发出及时警告

续表

活动类型	子活动类型	需求
PC、BT、BR、FT	CTTO	交通中心运营者应能够使用基础设施设备和网联车信息来检测车队形成
PC、BT、BR、FT	CTTO	交通中心运营者应能够生成车队响应策略（包括降低速度、车道更改或分流）
PC、BT、BR、FT	CTTO	交通中心运营者应能够监控车队，通过共享车辆性能参数和目的地促使车队更有效地形成
PC、BT、BR、FT	CTTO	交通中心运营者应能够管理高速公路或公路上自动驾驶专用车道的运营
PC、BT、BR、FT	CTRO	交通中心运营者应能够确定车辆是否非法进入交叉口
PC、BT、BR、FT、OF、NV	CTRO	交通中心运营者应能够监控违反交通信号的行为
PC、BT、BR、FT、OF、NV	CTDO	交通中心运营者应能够向其他中心发送网络监控数据
PC、BT、BR、FT、OF、NV	CTDO	交通中心运营者应能够向媒体提供交通和事故信息
PC、BT、BR、FT、OF、NV	CTDO	交通中心运营者应能够向信息提供商提供交通和事故信息
PC、BT、BR、FT、OF、NV	CTDO	交通中心运营者应能够向交通维护和应急中心提供交通和事故信息
PC、BT、BR、FT、OF、NV	CTDO	交通中心运营者应能够与其他部门交换交通信息，以支持跨区域协调
PC、BT、BR、FT、OF、NV	CTDO	交通中心运营者应能够与其他部门交换事故信息，以便协调事故应急响应
PC、BT、BR、FT、OF、NV	CTDO	交通中心运营者应能够与其他部门共享收集到的环境信息
PC、BT、BR、FT、OF、NV	CTDO	交通中心运营者应能够与应急和维护中心协调资源请求，以支持事故发生后的清理工作
PC、BT、BR、FT	CTDO	交通中心运营者应能够向其他部门发布推荐的速度信息
PC、BT、BR、FT	CTDO	交通中心运营者应能够向附近的停车运营商提供停车需求等交通信息
PC、BT、BR、FT、OF、NV、BB	CTTO	交通基础设施厂商运营者应能够跟踪维修施工车辆和设备，以便确定其资产的位置

续表

活动类型	子活动类型	需求
PC、BT、BR、FT、OF、NV、BB	CTTO	交通基础设施厂商运营者应能够管理维修施工车辆和设备的常规活动和调度
PC、BT、BR、FT、OF、NV、BB	CTTO	交通基础设施厂商运营者应能够自动收集维修施工车辆和设备的数据,以便安排和管理车辆和设备维护
PC、BT、BR、FT、OF、NV、BB	CTTO	交通基础设施厂商运营者应能够在不利天气条件下监控环境传感器的运行状态
PC、BT、BR、FT、OF、NV、BB	CTTO	交通基础设施厂商运营者应能够保证有足够的维修施工车辆和设备等资产的库存
PC、BT、BR、FT、OF、NV、BB	CTTO	交通基础设施厂商运营者应能够警告驾驶者和工作人员其所在的车道、路肩附近存在维修施工车辆和设备
PC、BT、BR、FT、OF、NV、BB	CTTO	交通基础设施厂商运营者应能够推荐维护和施工工作时间安排,以减小施工对交通的干扰
PC、BT、BR、FT、OF、NV、BB	CATO	交通基础设施厂商运营者应能够统计道路使用情况,以估计可能的维修需求
PC、BT、BR、FT、OF、NV、BB	CTDO	交通基础设施厂商运营者应能够与其他部门(例如出行者信息、交通运营和其他维护和施工中心)协调施工区域信息
PC、BT、BR、FT、OF、NV、BB	CTDO	交通基础设施厂商运营者应能够向运输机构分发维护和施工活动信息和业务
PC、BT、BR、FT、OF、NV、BB	CBDO	交通基础设施厂商运营者应能够将当前和未来的维护和施工计划发送给交通控制中心
PC、BT、BR、FT	CBTO	交通中心运营者应能够在高速公路上运行高占有率车道
PC、BT、BR、FT	CTTO	交通中心运营者应能够设置仅供特殊车辆使用的专用车道,以便在交通高峰、事故或特殊活动期间增加道路通行能力
PC、BT、BR、FT	CBTO	交通中心运营者应能够确定是否应沿道路设置或停用生态车道
PC、BT、BR、FT	CATO	交通中心运营者应能够处理不同来源的当前和历史数据,以便研究支持生态车道运行的条件
PC、BT、BR、FT	CTTO	交通中心运营者应能够为驾驶者提供生态车道相关信息,以便其以更环保的方式驾驶
PC、BT、BR、FT	CBTO	交通中心运营者应能够设立低排放区,以减少该区内的交通排放
PC、BT、BR、F	CTTO	交通中心运营者应能够告知驾驶者低排放区的运营情况以及驶入低排放区的限制或费用

续表

活动类型	子活动类型	需求
PC、BT、BR、FT	CTTO	交通中心运营者应能够向进入低排放区的驾驶者收取费用
PC、BT、BR、FT、BB	CTTO	环境气候信息中心运营者应能够从车辆或基础设施收集数据
PC、BT、BR、FT、OF、NV、BB	CTTO	环境气候信息中心运营者应能够监测和记录环境污染情况，并在超过某一阈值时发出警报
PC、BT、BR、FT、OF、NV、BB	CTTO	环境气候信息中心运营者应能够根据当前和预测的交通状况制定和实施交通环境管理策略
PC、BT、BR、FT、OF、NV、BB	CTTO	环境气候信息中心运营者应能够根据交通状况和天气状况预测道路交通产生的环境污染状况
PC、BT、BR、FT、BB	CATO	环境气候信息中心运营者应能够根据历史环境监测数据预测未来环境污染状况
BT	CTTO	交通产品服务商运营者应能够接受用户从路侧设备或他们的个人设备发出的停车请求
BT	CTTO	交通产品服务商运营者应能够评估出租车辆的延误，以便制定纠正措施
BR	CBTO	交通产品服务运营者应能够登记网约车驾驶者和（付费）乘客
BR	CBTO	交通产品服务运营者应能够提供准确的网约车等待时间（候车排队时间）
BR、BT	CBTO	交通产品服务运营者应能够提供各种出行方案与费用（包括网约车或者出租车等）
BR、BT	CBTO	交通产品服务运营者应能够提供确认乘坐匹配情况的方法
BR、BT	CBTO	交通产品服务运营者应能够支持拼车出行，即运营商提供的车辆在不同出行者之间共享
BR、BT	CBTO	交通产品服务运营者应能够建立汽车共享者交互式数据库，以便他们能够找到合适的出行伙伴
BR、BT	CBTO	交通产品服务运营者应能够在出行者接受服务之前，向其提供出行费用清单
BR、BT	CBTO	交通产品服务运营者应能够构建包含分别为驾驶者、乘客设置的服务费用数据库，以便驾驶者和乘客在接受提供的服务之前查询

续表

活动类型	子活动类型	需求
BR、BT	CBTO	交通产品服务运营者应能够接收乘车共享的出行者和驾驶者信息（包括偏好、付款方式、出发地、目的地、到达时间、出发时间、乘车人数、可用乘客空间数量）
BR、BT	CBTO	交通产品服务运营者应能够匹配出行者和驾驶者
BR、BT	CTTO	交通产品服务运营者应能够实时提供车辆位置等信息
BR、BT	CTTO	交通产品服务运营者应能够提供乘客修改和终止行程的服务
BR、BT	CATO	交通产品服务运营者应能够记录行程信息，以便统计和征收可能的费用
BR	CATO	交通产品服务运营者应能够维护网约车系统的运行
BR	CATO	交通产品服务运营者应能够告知用户网约车系统的使用情况
BR	CATO	交通产品服务运营者应能够根据记录路线费用、时间等信息确定网约车行驶路线的收益
OF	CTTO	交通中心运营者应能够向网联车提供交叉口行人过街信息，以降低车辆撞击行人的可能性
OF	CTTO	交通中心运营者应能够在车辆进入人行横道时警告行人，以保障行人安全过街
OF、NV	CTTO	交通中心运营者应能够根据行人或非机动车出行者的要求为其提供交叉口优先通行权
OF、NV	CTTO	交通中心运营者应能够告知行人和非机动车出行者交叉口的状态（包括等待时间等）
OF	CATO	交通中心运营者应能够对步行出行效益进行合理的评估
NV	CTTO	交通产品服务运营者应能够掌握道路上共享单车的数量、位置和使用状况
NV	CTTO	交通产品服务运营者应能够检测长时间占用共享单车为己用的使用者
NV	CTTO	交通产品服务运营者应能够对违规使用和停放共享单车的使用者采取处理措施
NV	CBTO	交通产品服务运营者应能够按地区需求量对共享单车进行合理调度，以方便使用者使用
NV	CBTO	交通产品服务运营者应能够及时发现并送检出现故障的共享单车
NV	CBTO	交通产品服务运营者应能够在骑行前为使用者提供价格信息

续表

活动类型	子活动类型	需求
NV	CATO	交通产品服务运营者应能够对违规停放的共享单车迅速地进行处理
NV	CBTO	交通产品服务运营者应能够对共享单车的停放位置进行合理规划
NV	CATO	交通产品服务运营者应能够记录使用者使用共享单车的信息
BB	CBRO	交通产品服务运营者应能够及时淘汰、更新公交车辆
BB	CBTO	交通产品服务运营者应能够为固定线路或灵活线路创建和更新时间表
BB	CBTO	交通产品服务运营者应能够为固定路线或灵活路线运行安排车辆和驾驶者
BB	CBTO	交通产品服务运营者应能够了解城市的地理和人口分布以及各区域的公交需求
BB	CBTO	交通产品服务运营者应能够向出行者信息中心发布固定线路或灵活线路的公交时刻表
BB	CBTO	交通产品服务运营者应能够在第一时间告知乘客公交线路调整情况，以减少他们在不知情的情况下继续等待而造成的延误
BB	CTTO	交通产品服务运营者应能够根据视障乘客的位置和目的地制定合理的运行路线和停车位置，以方便其出行
BB	CTTO	交通产品服务运营者应能够监测公交车辆的位置
BB	CTTO	交通产品服务运营者应能够根据乘客人数、路线拥挤度等实时调度车辆，以保证乘客的正常出行活动
BB	CTTO	交通产品服务运营者应能够确定每辆公交车辆是否遵守其时间表
BB	CTTO	交通产品服务运营者应能够减少公交车进出站的时间，以提高公交运行效率
BB	CTTO	交通产品服务运营者应能够减少公交车进出站时与社会车辆的冲突，以保障公交运行安全
BB	CTTO	交通产品服务运营者应能够实时掌握路网信息，以提高公交运行的时效性
BB	CTTO	交通产品服务运营者应能够接收预订需求响应行程（包括出行者的起点、终点和出发时间），以便进行需求响应调度

续表

活动类型	子活动类型	需求
BB	CTTO	交通产品服务运营者应能够根据乘客的出行请求安排需求响应公交车辆
BB	CTTO	交通产品服务运营者应能够提供和更新乘客名单,以便根据乘客要求管理需求响应公交车辆
BB	CTTO	交通产品服务运营者应能够实时监控需求响应公交车辆的位置
BB	CTTO	交通产品服务运营者应能够使用电子支付方式在公交车辆、公交站收取公交票价
BB	CTTO	交通产品服务运营者应能够从公交车辆或公交车站检票口下载公交检票信息以便管理检票业务
BB	CTTO	交通产品服务运营者应能够向路边信号控制器提供接近公交车辆的位置和方向,以便其进行公交优先信号配时
BB	CTTO	交通产品服务运营者应能够根据固定时间或公交运营部门的要求开放和关闭间歇性公交专用道,以提高公交运营效率
BB	CTTO	交通产品服务运营者应能够通知驾驶者间歇性公交车道的状态
BB	CTTO	交通产品服务运营者应能够接收乘客从路边站点或他们的个人设备发出的停车请求
BB	CTTO	交通产品服务运营者应能够通过个人设备向乘客提供公交车辆的路线和位置信息
BB	CTTO	交通产品服务运营者应能够在站点面向各类乘客(包括视障乘客)提供公交车到达信息
BB	CTTO	交通产品服务运营者应能够确定公交车辆的延误并制定纠正措施
BB	CTTO	交通产品服务运营者应能够动态调整公交车辆的时刻表,以方便乘客换乘
BB	CTDO	交通产品服务运营者应能够向出行者信息系统或媒体通报与公交相关的事件,以便让公众了解这些事件可能对其出行造成的影响
BB	CTDO	交通产品服务运营者应能够向其他部门发送公交车辆位置和到站时间数据
BB	CTDO	交通产品服务运营者应能够与出行者信息系统和其他公交运营部门共享票价信息

续表

活动类型	子活动类型	需求
BB	CTDO	交通产品服务运营者应能够向交通运营部门提供公交车辆的位置和方向，以便他们调整有利于公交车辆的信号配时
BB	CTDO	交通产品服务运营者应能够向交通运营部门提供公交车辆运行数据（包括载客和调度信息）
BB	CTDO	交通产品服务运营者应能够通知执法部门公交车道上的车辆违规行为
BB	CTDO	交通产品服务运营者应能够与其他部门（如交通运营中心、停车场等）共享公交系统信息
BB	CBDO	交通产品服务运营者应能够与区域收费系统内的其他公交机构进行公交票价调节
BB	CATO	交通产品服务运营者应能够为公交车辆提供能源支持
BB	CATO	交通产品服务运营者应能够评估现有公交路线的运营效能
BB	CATO	交通产品服务运营者应能够与其他公交运营部门协调服务信息，以强化区域公交的服务联系
BB	CBTO	交通产品服务运营者应能够与其他运输方式（如轮渡业务、机场）运营部门协调服务信息，以强化不同运输方式的服务联系
MT	CBTO	交通产品服务运营者应能够提供因各种原因而取消的从联运枢纽（例如火车站、机场、港口或长途汽车站）出发的班次资料
MT	CTTO	交通产品服务运营者应能够具有跨不同模式或系统运行的电子支付功能

表6 供应者用户需求

活动类型	子活动类型	需求
PC、BT、BR、FT、BB、OF、NV	CBTO	交通信息供应商应能够利用出行者信息系统向公众提供实时的灾难信息
PC、BT、BR、FT、BB、OF、NV	CBTO	交通信息供应商应能够向撤离人员提供疏散信息（包括避难所位置、可用性和疏散路线等）
PC、BT、BR、FT、BB、OF、NV	CBTO	交通信息供应商应能够向撤离人员提供返回其所在地区的时间和路线信息

续表

活动类型	子活动类型	需求
PC、BT、BR、FT、BB、OF、NV	CBTO	交通信息供应商应能够就道路网的危险路段向道路使用者发出警告
PC、BT、BR、FT、BB、OF、NV	CBRO	交通信息供应商应能够传播给网联车及个人设备当地现行的法规、规章、条例和规则
PC、BT、BR、FT、BB	CTTO	交通信息供应商应能够通过车载和路侧装置告知驾驶者慢速移动的障碍物（例如人、动物、慢速车辆）并建议适当的行动
PC、BT、BR、FT、BB	CTTO	交通信息供应商应能够在前方发生事故时通过车载显示器及时向驾驶者发出警告信息（包括受影响的行车路段及预计的延误情况）
PC、BT、BR、FT、BB	CTTO	交通信息供应商应能够通过车载显示器及时向驾驶者警告计划路线上的不利路面和天气状况
PC、BT、BR、FT、BB	CTTO	交通信息供应商应能够通过路侧装置就前方的不利驾驶情况（例如湿滑路面、低能见度、排队等候等）向驾驶者发出警告并建议适当的行动
PC、BT、BR、FT、BB	CTTO	交通信息供应商应能够在车辆即将驶入危险弯道时发出警告
PC、BT、BR、FT、BB	CTTO	交通信息供应商应能够通过车载设备提醒驾驶者车辆即将进入路面附着力低于正常水平的路段
PC、BT、BR、FT、BB	CTTO	交通信息供应商应能够通过车载设备将下一路段路侧设备检测的事故信息发送给驾驶者
PC、BT、BR、FT、BB	CTTO	交通信息供应商应能够通过车载设备向驾驶者提供与当前路段有关的交通标志信息
PC、BT、BR、FT、BB	CTRO	交通信息供应商应能够了解当地交通管理策略并提供符合交通管理策略的信息
PC、BT、BR、FT、BB	CBRO	驾驶培训服务供应者应能够为驾驶者提供培训
PC、BT、BR、FT、BB、OF、NV	CBTO	交通信息供应商应能够支持安全的支付交易，以便为出行者提供完整和可靠的服务
PC、BT、BR、FT、BB、OF、NV	CBTO	交通信息供应商应能够访问不同来源的交通、运输和其他路况数据，以便为出行者生成和提供准确合理的路线
PC、BT、BR、FT、BB、OF、NV	CBTO	交通信息供应商应能够从"兴趣点"（如商铺、图书馆等）的提供者、所有人、管理者处接收有关该兴趣点的信息

续表

活动类型	子活动类型	需求
PC、BT、BR、FT、BB	CBTO	交通信息供应商应能够向出行者提供充电站信息
PC、BT、BR、FT、BB	CBTO	交通信息供应商应能够向驾驶者发布桥梁、隧道等设施的状态信息
PC、BT、BR、FT、BB、OF、NV	CBTO	交通信息供应商应能够提供当前和预测的不同区域范围的交通信息
PC、BT、BR、FT、BB、OF、NV	CBTO	交通信息供应商应能够在相关区域为有特殊需要的出行者提供信息（如实体通道、电梯、自动扶梯、停车场及厕所、导盲犬通道等）
PC、BT、BR、FT、BB、OF、NV	CBTO	交通信息供应商应能够提供有关"兴趣点"（如商铺、图书馆等）的资料，例如位置、开放时间、服务价格、最近的运输服务点等
PC、BT、BR、FT、BB、OF、NV	CBTO	交通信息供应商应能够向出行者提供特定地区的个人支持服务（如医院、银行等）信息
PC、BT、BR、FT、BB、OF、NV	CBTO	交通信息供应商应能够提供替代路径或出行方式切换建议
PC、BT、BR、FT、BB、OF、NV	CBTO	交通信息供应商应能够在换乘枢纽或有出行资料的地方显示可供选择的路线或出行方式
PC、BT、BR、FT、BB、OF、NV	CBTO	交通信息供应商应能够保证提供的服务资料清晰、易懂并能很快被所有旅客（包括有特殊需要的旅客）理解
PC、BT、BR、FT、BB、OF、NV	CBTO	交通信息供应商应能够根据个人出行的历史信息对出行者进行分析、画像并个性化推荐出行方式和目的地
PC、BT、BR、FT、BB、OF、NV	CBTO	交通信息供应商应能够根据出行者提供的出行参数来制订动态路线
PC、BT、BR、FT、BB	CTTO	交通信息供应商应能够提供最新的到预订停车场（或等候区）的路线信息
PC、BT、BR、FT、BB、OF、NV	CBTO	交通产品服务供应商应能够准确识别道路、交叉口和停车场几何图形，以便为地图更新提供信息
PC、BT、BR、FT、BB、OF、NV	CBDO	交通产品服务供应商应能够与其他地图操作员交换地图信息（地图数据和更新协调）
PC、BT、BR、FT、BB、OF、NV	CBTO	交通信息供应商应能够提供步行、自行车出行信息，以提高绿色出行比例

续表

活动类型	子活动类型	需求
PC、BT、BR、FT、BB	CATO	环境气候信息供应者应能够向驾驶者提供排放信息或警告
PC、BT、BR、FT、BB	CTRO	环境气候信息供应者应能够向执法部门发送有关排放超标车辆的信息
PC、BT、BR、FT、BB、OF、NV	CBDO	环境气候信息供应者应能够向媒体、出行者信息中心和其他交通中心提供广域污染信息
PC、BT、BR、FT、BB	CBTO	交通产品服务供应商应能够提供保险产品
PC、BT、BR、FT、BB	CTTO	交通产品服务供应商应能够提供保险服务
OF	CBTO	交通信息供应商应能够在高峰时段提供多条备选路段
OF	CBTO	交通信息供应商应能够综合考虑时间、费用、延误等推荐最佳出行路径
OF	CTTO	交通信息供应商应能够根据出行后的情况实时更新出行路径
OF	CTTO	交通信息供应商应能够告知行人有关步行设施（如过街天桥、地下通道等）的位置、距离或人流状态
OF	CTTO	交通信息供应商应能够告知行人步行过程中前方有危险的路段，以保障行人安全出行
NV	CBTO	交通信息供应商应能够给非机动车出行者提供当天的气象信息、交通状况信息、管制状况信息
NV	CBTO	交通产品服务供应商应能够提供非机动车的停放场所信息
NV	CBTO	交通产品服务供应商应能够为非机动车提供必要的支持设备（如电动车的充电装置等）
BB	CBTO	交通信息供应商应能够向出行者信息系统和媒体提供静态和实时的公交信息，以方便出行者公交出行
BB	CBTO	交通信息供应商应能够在出行前或途中直接向乘客提供静态和实时的公交信息，以支持乘客出行决策
MT	CBTO	交通信息供应商应能够提供及时、准确、可靠的公交和换乘信息
MT	CBTO	交通信息供应商应能够提供及时准确的涉及不同运输方式交叉口的状态数据

续表

活动类型	子活动类型	需求
MT	CBTO	交通信息供应商应能够提供广泛的多模式出行信息（如价格、路线、实时及预测交通情况、交通管制、需求管理措施等）
MT	CBTO	交通信息供应商应能够告知旅客所有公共交通出行方式（如公共汽车、铁路、地铁、航空、出租车、拼车等）
FT	CBTO	物流运输服务提供商应能够获得商用车电子许可证，以便使用电子许可证高效地将货物运至目的地
FT	CBTO	物流运输服务提供商应能够根据货物种类、信息为其调配合适的车辆与驾驶者
FT	CBTO	物流运输服务提供商应能够提供证明满足用户运输需求的相关材料
FT	CBTO	物流运输服务提供商应能够为货车驾驶者提供路径规划
FT	CBTO	物流运输服务提供商应能够获得最新且准确的交通路况信息，以便车队做出明智的决策
FT	CTTO	物流运输服务提供商应能够让驾驶者了解公司的运营管理信息及实时的行驶指令
FT	CTTO	物流运输服务提供商应能够提前预订装载、卸载区空间
FT	CTDO	物流运输服务提供商应能够为客户、码头和其他配送物流系统提供货运状态
FT	CTTO	交通信息供应商应能够给驾驶者提供行驶途中必要场所（如洗手间、餐厅等）的位置及路线

表7 获取者用户需求

活动类型	子活动类型	需求
PC、BT、BR、BB、FT、OF、NV	CTTO	环境气候信息采集者应能够从气象中心、环境中心、现场设备和私人、商业、专业和公共交通车辆收集环境情况数据
PC、BT、BR、BB、FT、OF、NV	CTTO	交通信息采集者应能够从多个来源（包括交通、运输、公共安全、应急管理、避难所提供商和出行服务提供商等部门）收集灾害相关信息
PC、BT、BR、BB、FT、OF、NV	CTTO	交通信息采集者应能够从道路上或附近的环境传感器、车载传感器收集道路状况和天气数据

续表

活动类型	子活动类型	需求
PC、BT、BR、BB、FT、OF、NV	CTTO	交通信息采集者应能够收集和存储每个事件的数据（如地点、类型、严重程度、涉及车辆的数量和类型、应急救援车辆等）
PC、BT、BR、BB、FT、OF、NV	CTTO	交通信息采集者应能够在非事故事件升级为交通事故之前检测到它们（例如恶劣天气条件、道路上的物体、幽灵驾驶者等）
PC、BT、BR、BB、FT、OF、NV	CTTO	交通信息采集者应能够监控道路上的运营状况（包括车辆存在和天气状况），以便确定照明策略
PC、BT、BR、BB、FT	CTTO	交通信息采集者应能够从多个来源收集交通、运输和其他路况数据，以便广播影响出行的最新路况
PC、BT、BR、BB、FT、OF、NV	CTTO	环境气候信息采集者应能够测量广域污染数据，以便监测广域污染水平
PC、BT、BR、BB、FT	CTTO	环境气候信息采集者应能够监测排放热点区域
PC、BT、BR、BB、FT	CTDO	环境气候信息采集者应能够与交通运营部门协调排放热点区域信息，以建立低排放区
PC、BT、BR、BB、FT	CTTO	交通信息采集者应能够检测车辆中的乘客数量，以确定车辆是否违反 HOV 车道使用要求
PC、BT、BR、BB、FT、OF、NV	CTDO	交通信息采集者应能够收集 HOV 车道交通数据，以支持 HOV 车道的生态运行
OF	CBTO	环境气候信息采集者应能够判断天气是否适合步行出行并告知出行者
OF	CATO	交通信息采集者应能够采集和存储行人出行交通信息
NV	CBTO	环境气候信息采集者应能够判断天气是否适合非机动车出行并告知出行者
NV	CTTO	交通信息采集者应能够实现对非机动车出行信息进行分类，以便后期统计分析
NV	CTTO	交通信息采集者应能够识别违规驾驶非机动车的出行者，并能及时通知相关部门进行处理
NV	CTDO	交通信息采集者应能够将非机动车出行违规信息及时通知相关部门
MT	CTTO	交通信息采集者应能够采集交通枢纽处的乘客信息

表8 维护者用户需求

活动类型	子活动类型	需求
PC、BT、BR、BB、FT	CBTO	交通基础设施维护者应能够定期对道路设施进行保养、维修
PC、BT、BR、BB、FT、OF、NV	CTTO	交通基础设施维护者应能够在道路维护启动时警告驾驶者
PC、BT、BR、BB、FT、OF、NV	CBTO	交通基础设施维护者应能够管理道路系统的维护和施工
PC、BT、BR、BB、FT、OF、NV	CTTO	交通基础设施维护者应能够管理施工区域并控制正在进行维护和施工活动的区域交通
PC、BT、BR、BB、FT、OF、NV	CTTO	交通基础设施维护者应能够告知驾驶者即将到来的施工区域交通信息（包括速度降低、车道受影响和延误）
PC、BT、BR、BB、FT、OF、NV	CTTO	交通基础设施维护者应能够控制所有施工区域的现场设备
PC、BT、BR、BB、FT、OF、NV	CTTO	交通基础设施维护者应能够维护安装在施工区域的现场设备，以保障设备继续按设计运行
PC、BT、BR、BB、FT、OF、NV	CBTO	交通基础设施维护者应能够支持其公共设备的硬件和软件维护
PC、BT、BR、BB、FT、OF、NV	CBTO	交通基础设施维护者应能够对道路交通标识进行维护管理
PC、BT、BR、BB、FT、OF、NV	CBTO	交通基础设施维护者应能够根据相关监测数据对桥梁、隧道等基础设施形成相应的维护方案
PC、BT、BR、BB、FT、OF、NV	CBDO	交通基础设施维护者应能够安排专业技术人员实施基础设施维护方案
PC、BT、BR、BB、FT	CTDO	交通基础设施维护者应能够提供隧道、桥梁、立交桥等重要路段的高度或重量限制信息
PC、BT、BR、BB、FT、OF、NV	CTTO	交通基础设施状态监测者应能够使用固定和基于车辆的基础设施监测传感器来监测有关基础设施的状况
PC、BT、BR、BB、FT、OF、NV	CTTO	交通基础设施状态监测者应能够判断交通基础设施是否存在潜在威胁，以预防事故并在事故发生时减轻事故的影响
PC、BT、BR、BB、FT、OF、NV	CTTO	交通基础设施状态监测者应能够跟踪和管理基础设施现场设备的配置
PC、BT、BR、BB、FT、OF、NV	CTTO	交通基础设施状态监测者应能够识别和纠正基础设施现场设备的服务问题

续表

活动类型	子活动类型	需求
PC、BT、BR、BB、FT、OF、NV	CTTO	交通基础设施状态监测者应能够监控提供服务的设备的性能
PC、BT、BR、BB、FT、OF、NV	CTTO	交通基础设施状态监测者应能够监控提供服务的设备的物理安全和网络安全
PC、BT、BR、BB、FT、OF、NV	CTTO	交通基础设施状态监测者应能够监控中心硬件资产的状态,以便诊断运营期间可能出现的问题
PC、BT、BR、BB、FT、OF、NV	CTTO	交通基础设施状态监测者应能够监控桥梁、隧道的安全设施,以保障其安全运行
PC、BT、BR、BB、FT	CATO	车辆维修保养提供商应能够远程诊断车辆车载设备内的维护问题
PC、BT、BR、BB、FT	CATO	车辆维修保养提供商应能够远程执行车辆车载设备的维护操作(如配置调整、软件安装或升级)
PC、BT、BR、BB、FT、OF、NV	CBTO	交通基础设施维护者应能够根据环境条件或天气状况自动管控道路路段
PC、BT、BR、BB、FT、OF、NV	CATO	交通基础设施维护者应能够根据不同来源的当前和历史数据为冬季道路维护提供支持
PC、BT、BR、BB、FT、OF、NV	CBTO	交通基础设施维护者应能够为养护车辆操作员提供冬季维护说明(包括处理路线、处理应用率、起动和结束时间等)
PC、BT、BR、BB、FT、OF、NV	CBTO	交通基础设施维护者应能够制订供维护人员使用的治理计划
PC、BT、BR、BB、FT、OF、NV	CTDO	交通基础设施维护者应能够向其他部门提供冬季道路维护状态
PC、BT、BR、BB、FT、OF、NV	CTDO	交通基础设施维护者应能够与交通和其他管理部门协调维护和施工活动
PC、BT、BR、BB、FT、OF、NV	CTDO	交通基础设施状态监测者应能够监测现场设备的状态,并与交通运营部门协调设备维护
OF	CTTO	交通基础设施维护者应能够监测维护/维修人员的周边环境,以确保人员的人身安全
OF	CTTO	交通基础设施维护者应能够定位到维护/维修人员的实时位置,以便能够安排最近人员及时到达现场处置
NV	CTTO	交通基础设施状态监测者应能够监测路面状态是否适合非机动车行驶

续表

活动类型	子活动类型	需求
BB	CBTO	交通基础设施维护者应能够维护公交站点的设施，以保障乘客顺利出行
MT	CBTO	交通基础设施状态监测者应能够通过监控系统实时监控换乘枢纽的运转状况
MT	CBTO	交通基础设施状态监测者应能够对换乘枢纽的安全隐患发出警告信号
MT	CTTO	交通基础设施状态监测者应能够自动报警并自动引导乘客通过紧急通道进行疏散
FT	CBTO	交通基础设施维护者应能够保证路面、桥梁等基础设施满足大型、超大型运输车辆的通行需求

附录 3-2 服务列表

表9 ATS服务域、服务、子服务名称和子服务描述

服务域名称	二级服务名称	三级子服务名称	三级子服务描述
1 出行者信息服务域	1.1 交通信息服务	1.1.1 交通事件信息	出行者所处地区所发生的交通事件，包含交通事故的地点和时间、影响范围以及因其他因素所导致的路段限行、限速以及封路信息
		1.1.2 交通法规信息	为了维护道路交通秩序，预防和减少交通事故，保护人身安全，保护公民、法人和其他组织的财产安全及其他合法权益，提高道路通行效率而制定的法规。出行者在实施交通行为时需要遵守相应的法规。包含行驶车速限制、让行、行驶方向、行驶车道等信息
		1.1.3 道路工程施工信息	包含施工地点和时间，施工影响的范围以及因施工所导致的交通政策调整。出行者和车辆需要根据相应的施工信息提前做出规划以避开施工地
		1.1.4 收费站信息	车辆行驶路线中所经过和待经过的收费站信息，包含收费站位置、数量、缴费情况、收费站闸口数以及是否允许通行的信息。出行者可根据收费站信息提前或实时规划路线

续表

服务域名称	二级服务名称	三级子服务名称	三级子服务描述
1 出行者信息服务域	1.1 交通信息服务	1.1.5 气象信息	产生交通行为时所经过和预计经历区域的气象信息，包含实时天气信息、预报的天气信息以及因极端天气所导致的实时交通政策信息。出行者需根据预报气象信息作提前规划，根据实时信息进行路径调整
		1.1.6 交通状态信息	指出行者或驾驶者所处交通路网或路段的实时或历史时段的拥挤状况，以及可以评价交通拥堵状况的交通流参数，包括车流量、占有率、饱和度等
		1.1.7 交通控制信息	在车联网和车路协同框架下，路段上各车辆与路侧信息设备进行信息交互，包含历史时刻和查询时刻的各相位绿灯时间、红灯时间以及车辆等待时间等，以提高出行效率
		1.1.8 周边车辆信息	在车联网和车路协同框架下，行驶车辆的自动驾驶系统通过网络云端实时下载以及车辆上的摄像头或雷达等感知设备所获得的路段上其他车辆的实时信息，包括实时车辆绝对位置、前后及左右车距、车辆速度和加速度的信息
		1.1.9 充电桩信息	包含电能源车辆为了长距离行驶在规划行程时必须提前考虑的能源补给场所的位置、可同时充电车辆数、实时剩余可用充电桩数、充电价格、充电所需时间以及充电高峰时期预测的信息
		1.1.10 停车场信息	包含停车场的位置、进出口位置、开放时间、允许停车种类、车位数、实时剩余车位数、充电桩数、是否允许预约和收费标准的信息。车辆需根据停车场信息提前或实时规划路线
		1.1.11 加油站、加气站等信息	包含加油站、加气站等能够补充车辆所需能源场所的地理位置，站内可加油或气的品种、开放时间、加油井数量、实时排队信息和收费标准
	1.2 路径导航服务	1.2.1 自主导航信息	根据驾驶者设定的出发地和目的地来规划路线，提供多种线路给驾驶者进行选择的服务，并在驾驶过程中智能提供路段方向信息、预警信息、交通事件信息等辅助驾驶者完成行程
		1.2.2 路径诱导信息	包含出行者从移动端或诱导屏获得的前方道路和替代道路的动态交通状态、实时交通事件、行程时间的信息，为出行者提供多路径选择

续表

服务域名称	二级服务名称	三级子服务名称	三级子服务描述
1 出行者信息服务域	1.3 出行规划服务	1.3.1 提供可出行方案服务	交通辅助系统根据用户输入的出发地和目的地及出发时间，综合环境、经济、效率因素计算出所有出行方案，包含路径信息、交通工具信息、路径预估总花费以及行程时间的信息
		1.3.2 票价信息	包含出行者在计划一次出行中所有需要乘坐的公共交通工具班次的票价信息，包含乘坐公共交通工具所需要的服务费、调度费、使用共享交通工具的费用
		1.3.3 公共交通调度信息	包含出行者所使用的公共交通运输工具的运营信息、班次、站点和实时到站时间的信息。出行者可以从移动端或者站点查询设备获得该信息，用以辅助出行
		1.3.4 联运设施信息	包含交通行为人采用两种和两种以上运输工具完成交通行为所需要的信息，运输工具包含火车、飞机、高铁、出租车、网约车、公交、地铁、有轨电车、无人驾驶车辆，信息包含所采用运输工具的班次、运输工具之间衔接所需的地图信息、导航信息以及是否正常运营的信息
	1.4 出行预约服务	1.4.1 出租车和网约车预约	包含从移动客户端、电话等渠道进行预约出租车和网约车的服务，出行者给定出发地和目的地、联系方式、出发时间的信息，车辆运营公司派车提供服务，并给出预计到达目的地的时间，预估消费金额的服务
		1.4.2 无人车预约	包含从移动客户端、无人车站点等渠道预约无人驾驶车辆的服务，运营系统根据出行者需求分配无人车完成服务
		1.4.3 停车位预约	包含从移动客户端、电话、停车场站点等渠道进行预约停车位的服务，出行者给定目标停车位置，停车场服务提供商提供周边停车场信息，并根据出行者的预约请求更新相应停车位的预约状态
	1.5 个性化信息服务	1.5.1 公共服务设施信息	包含如商圈、医院、饭店、学校等公共服务设施的地理位置、周边地图、开放模式与时间、停车场出入口位置的信息、直达公共交通工具的线路和票价等信息
		1.5.2 旅游景点信息	包含旅游景点的地理位置、周边地图、直达公共交通工具的线路和票价、停车场出入口位置、景点开放时间、门票价格、预约方式等信息
		1.5.3 个人出行信息推送	根据个人出行的历史信息，结合历史与当前的交通状况等多源数据，对出行者进行分析、画像，个性化推荐出行方式和目的地

续表

服务域名称	二级服务名称	三级子服务名称	三级子服务描述
2 道路载运工具运行服务域	2.1 车辆环境感知服务	2.1.1 车载视觉感知	在车辆运行过程中,通过高清摄像头的不间断采集,实现对环境信息的实时感知,在空间分辨率和感知距离方面达到或超越人类肉眼感知能力。按照摄像头安装位置和功能的差异,分为前视、环视、侧视、后视以及内视等
		2.1.2 传感器智能感知	通过车载激光雷达、车载毫米波雷达等传感器获取目标的位置(距离、方位和高度)、运动状态(速度、姿态)等信息,实现对目标的探测
		2.1.3 车载定位感知	通过道路运输车辆卫星定位系统车载终端和系统平台的数据交换,基于通用多种无线通信网络,获取车辆实时的时间、经度、纬度、速度、高程和方向等定位状态信息
	2.2 目标识别服务	2.2.1 道路环境识别	识别路面状况、道路交通拥堵情况和天气状况。对于结构化道路,识别行车线、道路边缘、道路隔离物和恶劣路况;对于非结构化道路,确认车辆行驶前方路面环境状况和可行驶路径
		2.2.2 障碍物与车辆识别	识别其他车辆,地面上可能影响车辆安全通行的各种移动或静止的物体和各种交通标志
		2.2.3 行人识别	识别地面上可能影响车辆安全通行的行人
		2.2.4 情景识别	基于仿真的工具链,识别和判断车辆所处场景是否为自动驾驶汽车的关键场景(包含传感器错误、地图错误和其他交通参与者激进驾驶行为等不同场景),从而根据关键场景做出相应计算决策
	2.3 自动车辆驾驶服务	2.3.1 自动泊车	通过对周围环境的实时监测,应用车辆自动驾驶技术和精确定位技术,自动将车辆准确地停靠在目标位置
		2.3.2 自适应巡航	通过车距传感器持续扫描车辆前方道路,同时轮速传感器采集车速信号,自动调整速度以使车辆与前方车辆始终保持安全距离
		2.3.3 自动换道	利用现代传感技术、信息技术及自动控制技术,使车辆从当前车道自动驶入目标车道
		2.3.4 碰撞管理	利用传感器和控制系统,检测车辆之间或车辆与周围物体之间发生碰撞的可能性,提示驾驶者或其他道路使用者采取措施或自动启动车辆回避措施。当发现潜在的碰撞即将发生时,无须驾驶者或任何其他车辆乘员的任何输入,自动启动碰撞保护系统

续表

服务域名称	二级服务名称	三级子服务名称	三级子服务描述
2 道路载运工具运行服务域	2.4 车路协同驾驶服务	2.4.1 车辆编队驾驶	以最前方车辆作为头车，其后车辆通过车联网实时连接，根据头车的操作改变驾驶策略，整个车队以极小的车距编队自动驾驶
		2.4.2 车辆与信号灯协同驾驶	在交叉路口，自动驾驶车辆和信号灯控制器通过无线通信等方式进行信息交换，同步优化车辆行驶速度、路径以及信号灯的相位设置等，以提高交叉口车辆通行效率和减少车辆能源消耗
		2.4.3 无信号灯路口通行	在未装有交通信号灯的交叉路口，为避免自动驾驶车辆发生碰撞危险，自动驾驶车辆判断交叉路口其他方向是否有车辆、车辆类型、是否存在碰撞危险，从而确定本车是否能够通行
	2.5 车辆动作控制服务	2.5.1 传动系统控制	根据车辆驾驶行为决策，控制车辆的传动系统，包括摩擦式离合器、变速器及分动器（手动）、自动传动系统、万向节与传动轴、主减速器与车轮传动的控制
		2.5.2 行驶系统控制	根据车辆驾驶行为决策，通过传动系统的动力控制车辆的车架、车桥、车轮和悬架等，以产生车辆行驶的牵引力，保持行驶的平顺性和操纵的稳定性
		2.5.3 转向系统控制	根据车辆驾驶行为决策，控制车辆的转向系统，包括转向操纵机构、转向器和转向传动机构，从而改变和保持汽车的行驶方向
		2.5.4 制动系统控制	根据车辆驾驶行为决策，控制车辆的制动系统，包括制动操纵机构和制动器，从而保证汽车行驶中按要求减速或可靠停放，保障汽车和车内人员的安全
	2.6 自动驾驶安全通信服务	2.6.1 车载单元之间通信	通过车载单元之间通信技术，无须通过基站转发，车辆终端彼此直接交换无线信息进行通信
		2.6.2 车载单元与路侧单元通信	通过车与路侧单元通信技术，车辆行驶过程中与遇到的红绿灯、公交站、电线杆、大楼、立交桥、隧道等所有基础设施进行通信
		2.6.3 车载单元与行人设备通信	通过车与行人通信技术，借助于智能手机或智能穿戴设备检测行人位置、方向、速度，并通过短波通信技术，获取周围行人的位置、方向及速度，从而对危险状况进行预警

续表

服务域名称	二级服务名称	三级子服务名称	三级子服务描述
2 道路载运工具运行服务域	2.6 自动驾驶安全通信服务	2.6.4 车载单元与网络之间通信	通过车与网络通信技术，让车辆通过移动网络与云端的服务器相连，进而能够实现导航、娱乐、防盗等应用功能
	2.7 车辆性能测试服务	2.7.1 车辆年检	机动车从注册登记之日起，按照一定期限进行安全技术检验，以及时消除车辆安全隐患，督促加强汽车的维护保养，减少交通事故的发生。流程包括尾气检测、违章记录、外观检验和上线检测
		2.7.2 无人车整车性能测试	测试无人车是否具备支持实现无人驾驶的基本性能，包括：具备人工操作和自动驾驶两种模式，能够以安全、快速、简单的方式实现模式转换并有相应提示，保证在任何情况下都能将车辆即时转换为人工操作模式；具备车辆状态记录、存储及在线监控功能，能实时回传下列第1至4项信息，并自动记录和存储下列各项信息在车辆事故或失效状况发生前至少90 s的数据，数据存储时间不少于1年： —车辆标识（车架号或临时行驶车牌信息等）； —车辆控制模式； —车辆位置； —车辆速度、加速度、行驶方向等运动状态； —环境感知与响应状态； —车辆灯光、信号实时状态； —车辆外部360°视频监控情况； —反映驾驶人和人机交互状态的车内视频及语音监控情况； —车辆接收的远程控制指令（如有）； —车辆故障情况（如有）
		2.7.3 无人车情景测试	无人车需通过一系列特定场景下的驾驶测试，包括交通信号识别及响应（交通信号灯、交通标志、交通标线等），道路交通基础设施与障碍物识别及响应，行人与非机动车识别及响应（横穿道路和沿道路行驶），周边车辆行驶状态识别及响应（影响本车行驶的周边车辆加减速、切入、切出及静止等状态），动态驾驶任务干预及接管，风险减缓策略，自动紧急避险（自动驾驶系统开启及关闭状态）和车辆定位
		2.7.4 无人车行驶里程测试	以自动驾驶模式在拟申请示范应用的路段和区域进行过合计不少于240 h或1000 km的道路测试，在测试期间无交通违法行为且未发生道路测试车辆方承担责任的交通事故，视为通过车辆行驶里程测试

续表

服务域名称	二级服务名称	三级子服务名称	三级子服务描述
3 道路货物运输服务域	3.1 货物运输规划服务	3.1.1 货物可行运输方案	交通网络货物运输平台根据货主输入的货物类型、出发地、目的地和时间要求，综合环境、经济、效率等因素规划出所有货物运输方案，包含货物运输车辆类型、行驶路径以及达到时间等信息
		3.1.2 货物运输费用	根据货物类型、体积、重量和运输路线，给出货物在整个运输过程中的各项费用，包括包装费、运输费、装卸费、服务费以及贵重物品保险费等
		3.1.3 货物运输质量评定	结合用户对货物运输全过程各环节的评价，对货物运输服务质量进行评定，优化运输过程中承运、运输与调度、装卸与交接等各环节的运行效率
	3.2 货物（自动）承运服务	3.2.1 货物揽件与信息登记	应用图像识别和感知技术对货物类型、体积、重量、材质等静态属性进行自动识别与在线登记
		3.2.2 货物分类	根据货物运输规范，从货物包装、装卸方式、运输方式以及安全等级方面对货物提供自动分类服务，确定运载车辆的规格。做到运力与运量、车种与货类相适应
		3.2.3 货物包装	根据货物类型，提供能够在运输过程中保证货物不受损伤的包装容器进行（自动）包装，同时确保包装容器不与货物发生化学反应
		3.2.4 货物装卸	货物装卸以包装容器为单位，提供分类货物批号。根据货物类型，提供安全的（自动）装卸方式。严禁普通货车运输危险化学品物质
		3.2.5 货物交接	对不同类型货物按照不同方式与用户进行交接，货物运输前和到达后仔细核对货物件数或重量。对于货损或货差的现象进行电子记录和双重身份确认
	3.3 货运运输信息服务	3.3.1 货物信息	货物的基本静态信息，包括货物类型、数量、体积、重量、坚固度等以及货物出厂日期、货物承运人和托运人信息等
		3.3.2 货物状态	采用感知技术对包装容器内货物状态进行实时监测，在线同步货物在运输全过程中的状态或质量
		3.3.3 货物位置	利用卫星定位和物联网等技术，对货物在整个运输过程中的动态位置信息进行监测，包括货物中转信息、实时路线等

续表

服务域名称	二级服务名称	三级子服务名称	三级子服务描述
3 道路货物运输服务域	3.3 货运运输信息服务	3.3.4 货运状态更新	货物运输在发货、转运、到达、交接各个环节，货运状态自动即时更新。托运人因故变更运输中货物的起讫地点、运输时间、收发货人等，货物信息平台及时更新货物信息，并远程规划新的运输线路和运输车辆
		3.3.5 货运信息共享	利用云平台技术，对货物运输、交易全过程进行动态管理，将货物出厂日期、货物承运人和托运人信息、货物运输轨迹以及货物实时状态等静态和动态信息同时共享给货主、货物运输运营商以及监管部门，供其查询
	3.4 特种货物运输服务	3.4.1 特种货物运输安全防护	应用符合国家标准的专用车辆载运特种货物，并配备相应应急处理器材和安全防护设备。妥善包装特种货物并在外包装设置标志，向承运人说明特种货物品名、数量、危害、应急措施等情况。配备特种货物专用停车区域，并设立明显的警示标牌
		3.4.2 运输路线事先选定与登记	在特种货物（如危险品以及超重、超大货物）运输前，选定运输路线和制订运营计划，与相关管理部门进行信息同步
		3.4.3 特种货物实时检测跟踪	道路特种货物运输运营商通过卫星定位监控平台或者监控终端实时监控和跟踪特种货物运输情况，及时纠正和处理超速行驶、疲劳驾驶、不按规定线路行驶等违法违规驾驶行为
		3.2.4 特种货物运输信息共享	将特种货物运输实时监控信息共享给路线沿途负责部门。发生紧急事件时，自动通告周围的车辆以及相应负责部门
4 道路交通基础设施服务域	4.1 道路智能管理服务	4.1.1 道路路面维护	对道路路面的情况进行定期检测，形成数据库并进行评估，以确定道路维护管理方案。包括具备车路协同功能的智慧公路的规划、设计、建造、养护和运行管理
		4.1.2 道路侧设备维护	定期对道路路侧环境进行检测、评估和维护，如护栏等安全设备、通信设备、绿化带和照明设备等。包括智慧交通路侧辅助设备，如电子不停车收费系统（ETC），智能检测监测设施和智能供电设施
		4.1.3 道路交通标识维护	定期对道路路面和路上的标识、标志、标线等交通标志进行检测、评估和维护

续表

服务域名称	二级服务名称	三级子服务名称	三级子服务描述
4 道路交通基础设施服务域	4.2 桥梁隧道管理服务	4.2.1 桥梁隧道监测	通过各种有效的技术手段，获得桥梁、隧道的结构部分的受力特征、地质情况和变形情况等监测数据，分析和评价桥梁、隧道的安全状态
		4.2.2 桥梁隧道维护	相关专家根据获得的监测数据对桥梁、隧道形成相应的维护方案，并由专业技术人员实施
	4.3 交通枢纽基础设施管理服务	4.3.1 客运枢纽基础设施维护	对各种交通方式中用于旅客运输的固定设施进行检测和维护，包括公交站台、汽车站、火车站、地铁站等客运站，旅客联程运输服务设施，智能联程导航、自助行李直挂、票务服务、安检互认、标识引导、换乘通道等服务设施，和不同运输方式有效衔接的智慧客运枢纽
		4.3.2 货运枢纽基础设施维护	对各种交通方式中用于货物运输的固定设施进行检测和维护，包括仓储和转运站等货运站。对具有仓储库存数字化管理、安全生产智能预警、车辆货物自动匹配、园区装备智能调度等功能的绿色智慧货运枢纽进行维护
	4.4 交通信息基础设施管理服务	4.4.1 通信技术协同设施维护	统筹利用物联网、车联网、光纤网等，对高速公路和铁路重点路段、重要综合客运枢纽和物流园区等交通场景的信息基础设施进行协调管理，定期检测和维护
		4.4.2 人工智能信息支撑设施维护	对国家级自动驾驶、智能航运基地等先导示范区或研发基地进行定期检测和维护，为无人驾驶车辆提供车辆及配件仓储、远程大数据云控、营运指挥、维修与标定、研发测试等服务
	4.5 交通能源基础设施管理服务	4.5.1 加油站基础设施维护	对公路或服务区内的加油站等服务设施进行维护、运营和管理，确保相关设施功能完好，油料供应充足，车辆维修快速便捷，环境整洁有序，为过往车辆和司乘人员提供基本服务
		4.5.2 加气站基础设施维护	对公路或服务区内的加气站进行维护，以确保其能正常、稳定地给天然气汽车补充相应的压缩天然气或液态天然气。也包括沿海沿江液化天然气码头的维护，以为大型液化天然气运输船补充燃料
		4.5.3 充电站基础设施维护	日常或定期对城市群等公路服务区的大功率电动汽车充电设施或港口码头的船舶受电设施进行维护、运营和管理
		4.5.4 氢气站基础设施维护	对给氢能汽车提供氢气的燃气站进行维护、运营和管理，确保其储氢功能正常

续表

服务域名称	二级服务名称	三级子服务名称	三级子服务描述
4 道路交通基础设施服务域	4.6 交通辅助基础设施管理服务	4.6.1 充电桩基础设施维护	定期对各电瓶车、新能源汽车充电点的充电桩进行内部组件与功能巡检,并对异常及老化的充电桩进行维修护理
		4.6.2 无障碍交通设施维护	对为减轻残疾人、老年人、儿童及其他行动不便者的出行负担建设的交通设施进行维护,包括为行动不便者建设的人行道、非机动车道、人行天桥和隧道、公交停靠站、地铁站、交通信号、停车位等
		4.6.3 停车场基础设施维护	主要对大型公共建筑、综合客运枢纽的停车场及路侧停车位设施进行定期检测和维护,也包括居住社区配建停车场、棚改区停车场、各类商业设施配套停车场、旅游景区配套停车场、工业园区配套停车场等的维护
5 交通环境服务域	5.1 交通道路环境监测与发布	5.1.1 道路监测	通过人工勘测设备或者部署在道路上和道路周围的传感器以及道路网络中车辆的车载传感器,采集道路构造、宽窄、路面质量以及道路的平曲线和纵曲线特征
		5.1.2 绿化带监测	通过人工勘测设备或者部署在道路上和道路周围的传感器以及道路网络中车辆的车载传感器,对道路两侧的绿化带面积、绿化树木类型和高度以及路缘石进行监测和数据采集
		5.1.3 建筑物监测	通过人工勘测设备或者部署在道路上和道路周围的传感器以及道路网络中车辆的车载传感器,对道路两侧的建筑物高度、占地面积以及两侧构筑物进行监测和数据采集
		5.1.4 道路环境信息发布	通过智能计算设备和智能算法对监测的交通道路环境进行识别与分析,通过短信、平台交互以及多媒体等渠道,将道路状态、道路两侧绿化带以及建筑物信息与交通管理部门和出行者进行同步。对于影响车辆正常出行的异常状况,及时发布给相关交通管理部门,包括道路损坏、道路两侧的违规绿化带和建筑以及遮挡物等
	5.2 交通驾驶环境监测与发布	5.2.1 光线监测	通过部署在道路上和道路周围的传感器以及道路网络中车辆的车载传感器,对驾驶过程中的光线进行监测和数据采集
		5.2.2 噪声监测	通过部署在道路上和道路周围的传感器以及道路网络中车辆的车载传感器,对驾驶过程中的噪声进行监测和数据采集
		5.2.3 天气监测	通过部署在道路上和道路周围的环境传感器以及道路网络中车辆的车载传感器,对道路周围天气进行监测和数据采集,包括雾、冰、雪、风、雨和热等天气状况

续表

服务域名称	二级服务名称	三级子服务名称	三级子服务描述
5 交通环境服务域	5.2 交通驾驶环境监测与发布	5.2.4 自然灾害监测	根据地理形势，对交通运输网络中的特定道路进行交通环境监测，包括水位/潮汐、地震、雪崩、泥石流以及落石监测等。具体而言，对道路侧河流、湖泊和海洋等水域的水位和潮汐状况进行监测；对影响交通状况的地震事件进行监测，包括震源位置、地震范围以及地震等级；对雪崩、泥石流和落石等灾害进行监测，包括受灾位置、灾害范围和严重性等信息
		5.2.5 驾驶环境信息发布	根据采集的交通驾驶环境数据，评估各类因素存在的安全驾驶隐患以及对交通运输网络造成破坏的风险程度，通过短信、平台交互以及多媒体等渠道发出警告，以便相关交通管理部门及个人采取相应的措施；在环境灾害影响范围内的道路上设置交通指示牌，告知可能未收到警报的出行者
	5.3 交通管控环境监测与发布	5.3.1 交通安全设施监测	通过部署在道路上和道路周围的环境传感器以及道路网络中车辆的车载传感器，对路面上或路侧的交通安全设施进行监测，其中安全设施包括防撞设施、隔离栅、视线诱导设施、防眩设施、里程标、百米标、公路界碑等
		5.3.2 交通信号监测	通过部署在道路上和道路周围的环境传感器以及道路网络中车辆的车载传感器，对路侧和路面的交通信号进行监测，其中交通信号包括交通信号灯、交通标志、交通标线和交通警察的指挥
		5.3.3 管控环境信息发布	通过智能计算设备和智能算法对监测的交通管控环境进行识别与分析，将交通安全设施、交通信号等的状态及时发布给相关交通管理部门和交通出行者，并同步推送国家交通法规政策等
6 商用车管理服务域	6.1 商用车运输管理服务	6.1.1 商用车预检	在机动车综合性能检测机构对商用车进行定期综合性能检测和技术等级评定，确保道路上行驶商用车符合国家技术要求
		6.1.2 商用车派遣	根据运输内容以及起始点，择优派遣符合国家车辆技术类型划分规定且车辆技术等级较高的商用车
		6.1.3 商用车跟踪	利用卫星定位和无线传输技术，对商用车的位置进行实时跟踪，可供商用车运营商以及监管部门进行查询
		6.1.4 商用车内部系统监控	运输过程中，对商用车驾驶系统进行实时监控和预警，包括车辆动力系统、刹车、胎压等，确保车辆驾驶安全

续表

服务域名称	二级服务名称	三级子服务名称	三级子服务描述
6 商用车管理服务域	6.1 商用车运输管理服务	6.1.5 商业车不停车检测	应用感知检测技术在商用车正常行驶过程中识别车辆身份，检测其轮胎承重、行驶速度以及安全驾驶记录，辅助筛查违章和可疑车辆并进行停车检查
		6.1.6 商业车过境管理	在国际边境口岸提供自动通关服务，包括处理车辆、乘客或货物以及驾驶者入境文件，检查是否符合进出口和入境条例，征收关税，并报告过境事件的结果
		6.1.7 商业车中途停车管理	为商业车配备专门停车设施，用于装卸货物或休息日期间停放商业车。提供商业车停车设施信息管理，用于车位预约和精准服务，避免影响正常交通运行
		6.1.8 商用车电子档案	建立商用车技术档案，包括车辆基本信息，车辆技术等级评定、车辆类型等级评定、车辆维护和修理、车辆主要零部件更换、车辆变更、行驶里程、对车辆造成损伤的交通事故等记录，以及车辆承运商信息等，并进行车辆各类技术认证证书在线更新
	6.2 商用车驾驶者管理服务	6.2.1 驾驶者派遣	根据运输货物类型或乘客数量，结合驾驶者身份信息、驾驶资格以及工作日志等，在线匹配驾驶者与订单任务
		6.2.2 驾驶者驾驶状态监控	在符合国家商用车视频监控标准的情况下，应用图像识别等技术对驾驶者驾驶状态和驾驶时间进行监控和预警，确保行车安全
		6.2.3 驾驶者信息更新	根据驾驶者身份信息、身体健康状况等个人信息，以及相关从业驾驶资格证书，对驾驶者的驾驶信息进行管理，包括出入境许可、允许驾驶车辆类型以及特殊货物承运资质等。每次订单结束后，记录驾驶者运输过程中违章、超载以及事故记录等，并对驾驶者运输服务进行在线多指标综合评估
	6.3 商用车运输运营服务	6.3.1 商用车运输调度	道路运输车辆运营商根据人或货的运输需求、商用车分布以及驾驶者信息，在运输前对商用车调度和运输路线进行管理与优化，以减小运输成本，提高商用车实载率和运输效率。在运输过程中，驾驶者在商用车远程信息服务的指示下根据实时交通状态调整运输路线，提高运输效率
		6.3.2 城际（自动）商用车运输车队管理	道路运输车辆运营商对城际（自动）商用车运输车队进行远程跟踪和在线管理，以协同方式控制车队运行，提高车队运输效率和安全性

续表

服务域名称	二级服务名称	三级子服务名称	三级子服务描述
6 商用车管理服务域	6.3 商用车运输运营服务	6.3.3 商用车本地送货管理	道路货物运营商对到达货物提供本地配送服务，根据配送任务对本地商用车进行派遣和送货路线优化。跟踪本地商用车行驶轨迹，及时提供送货区和停车信息
		6.3.4 商用车运输质量评估	面向客车，主要根据商用车是否将人准时准确地运输到目的地以及商用车的实载率进行运输质量评估；面向货车，分析商用车在货物承运过程、调度与运输过程以及货物装卸与交接方面的服务质量
	6.4 商用车远程信息服务	6.4.1 信息服务提供者的监管	信息服务提供者需向相关审批机构申请信息经营许可证，并加强对信息来源准确性的监测和实施信息保密措施，对信息服务参与人员进行综合管理
		6.4.2 商用车位置、速度监控	为商用车提供车载设备，并将其位置、速度信息实时提供给相关监管机构或其指定和批准的服务提供商，以供车载系统在提供其他服务时使用，其中货物分类为"危险品"时需要额外监控。该子服务可以在统一框架下实现，也可以由一个或多个服务提供商同时提供
		6.4.3 商用车质量监控	将商用车基本数据，包括商用车技术等级评定、维护与修理、交通事故记录以及承运商信息等提供给相关监管机构，并支持交互操作于其他运输信息系统
		6.4.4 驾驶者信息	提供部分或全部工作日志，以供驾驶者将其提供给相关监管机构或其指定和批准的服务提供商。该子服务可以在统一框架下实现，也可以由一个或多个服务提供商同时提供
		6.4.5 车辆进出管理	提供车辆进入不同区域的权限，并由相关监管机构或其指定和批准的服务提供商进行监视和管理。该子服务可以在统一框架下实现，也可以由一个或多个服务提供商同时提供
		6.4.6 紧急信息发布	由监管机构或网络货物运输运营商向商用车提供"紧急消息呼叫"服务。由于商用车在运输过程中可能会经过不同司法管辖区，紧急信息发布子服务应该在统一框架下由通信标准来进行规范，该框架可以包含一个或多个监管机构或网络货物运输运营商

续表

服务域名称	二级服务名称	三级子服务名称	三级子服务描述
7 公共交通服务域	7.1 公共交通规划服务	7.1.1 公共交通线路布局	利用城市地理和人口分布信息，市民需求以及城市建设发展规划，根据公共交通业务的运营情况，合理设计和优化公共汽车、轨道交通等公共交通工具在城市、跨城以及全国层面的运营线路
		7.1.2 公共交通载运工具配置	在公共交通线网确定的基础上，平衡公交运营成本和居民服务水平，通过分析公交线路车辆配置的影响主体（乘客行为、企业行为和政府行为），为每条线路配置满足需求的车辆或载运工具，包含城市公交、轨道交通以及火车等车辆的数量，相应车辆型号等
		7.1.3 公共交通场站设置	利用城市地理和人口分布信息和需求，配合公共交通的线路布局，合理设计公交、城市轨道交通、火车等公共交通工具的场站。包含综合性管理、车辆保养和停放的"中心车场"，车辆大修所需的"大修厂"，专为车辆保养的"保养场"，或专为车辆停放设置的"中心站"以及面向乘客的换乘枢纽站、首末站和到发站等
		7.1.4 公共交通法规制定	为了加强公共交通管理，促进公共交通事业健康发展，提升公共交通保障水平，会同发展改革、公安、财政、自然资源、生态环境、住房城乡建设等部门，制定管理法规条例，涉及城市公交、地铁、火车等公共交通的规划建设、运营管理、安全保障等
	7.2 公共交通运营服务	7.2.1 公共交通调度	根据公共交通的规划和业务的运营情况、民众出行需求的改变、国家或城市的相应政策以及突发事件等，对公共交通车辆进行实时的调度，合理设计和优化公交的运营线路、方式等。包含时间、线路、车辆的调整，根据出行需求设置的定制公交服务与动态公交。并将实时动态信息或结合历史数据的预测信息如：即将到站时间、运营情况、所剩座位等信息在站点、移动客户端等多个平台进行发布。 —时间、线路、车辆调整：指根据实时政策改变或根据交通调查所得到的出行需求的改变，对已规划的运行线路进行调整，对时刻表和运营时间进行优化以及对车辆进行调整。 —定制公交：出行者可以通过特定平台提出出行的需求，公交集团根据需求和客流情况调整运营计划，设计出公交线路并运营。 —动态公交：根据乘客的实时出行需求确定公交车辆运营路线的模式，通过实时需求收集，结合车辆当前位置、空余座位数根据算法实时动态规划公交车辆行驶路线，向乘客提供接近于点对点出行的模式

续表

服务域名称	二级服务名称	三级子服务名称	三级子服务描述
7 公共交通服务域	7.2 公共交通运营服务	7.2.2 公共交通收费管理	从经济发展层面出发，对公共交通收费进行管理，目的是协调民众消费水平和保障交通系统正常运营，包含公共汽车、轨道交通的收费服务，以及集成多模式统一支付的收费方式。根据公交运营情况、城市经济发展水平、民众消费水平合理制定和调整公交、轨道交通、火车等交通工具的票价，分时段、距离、车型、不同出行者进行收费
		7.2.3 公共交通效能评估	对公共交通的运营效能进行分析，包含公共交通的吞吐量统计，民众出行需求的满足程度分析，对公共交通的服务质量和环境影响进行分析。 —吞吐量统计：利用高精度计数设备对公共交通客运量进行统计，目的是辅助交通管理部门和城市公交公司制定和检查运输生产计划，研究运输发展规模和速度，提高客运量。借助计数设备对公交、地铁、轻轨和火车等公共交通设备的客运量进行周期性分类统计。 —服务质量分析：分析出行者在公共交通出行过程中内在的生理、心理特征，考虑了出行者的舒适性、时效性、安全性等各种基本要求，评价公共交通服务以提升公共交通的运营质量。 —环境影响：为了缓解交通拥堵、降低环境污染，分析因采用低污染、适合城市环境的公共交通运输工具而提升的质量指标，例如空气质量改善程度，碳排放减少量，出行节省费用等指标
	7.3 公共交通管理服务	7.3.1 公共交通综合管理	结合公共交通规划和运营状况，根据相关管理条例和法规制度，对公共交通行业的工作人员、道路、铁路、车辆、运营公司和安全进行综合管理
		7.3.2 无人公共交通管理	根据城市环境和交通需求，在特定线路提供无人驾驶公交服务。对无人驾驶车辆的准入资格、准许行驶道路、行驶规范、有人驾驶车辆与无人驾驶车辆并行的相关道路进行管理
		7.3.3 共享交通管理	根据城市绿色发展的需要和民众的需求，对共享单车，共享汽车等共享出行的交通工具进行管理，目的是提升交通出行效率，减少机动车的使用，降低交通拥堵。包含对共享交通相关法规的完善、共享交通特定的车道设计、共享交通工具停放点的规划、车辆投放位置和数量的管理

续表

服务域名称	二级服务名称	三级子服务名称	三级子服务描述
7 公共交通服务域	7.3 公共交通管理服务	7.3.4 慢行交通管理	对步行和自行车、助力车等特定慢行出行方式进行管理，包含相关法规的完善与执行，对特定步行道、车道的规划设计以及非机动相位时间的划分等方面进行管理，以提高短程出行效率、填补公交服务空白、促进交通可持续发展、保障弱势群体出行便利
		7.3.5 无障碍公共交通管理	为了减轻残疾人、老年人、儿童及其他行动不便者的出行负担建设相应的交通设施及信息系统，并对其进行管理，本服务主要包含无障碍交通信息系统。 ——无障碍交通信息系统：服务于特定行动不便者，在移动端，特定无障碍交通辅助设施提供相关交通信息服务，如无障碍导航等
8 交通管理与控制服务域	8.1 交通监测服务	8.1.1 交通流量监测	应用传感器、摄像头等监测设备对交通状态进行实时监控，包括路段交通流量、车辆平均速度、车辆间距以及排队车辆数等。实时采集数据被存档和分析处理以提供给其他服务使用
		8.1.2 车辆监测	应用无线通信技术，如5G、短程通信技术、WIFI等，对车辆个体状态包括位置、速度、加速度以及车辆类型和及时请求等进行实时检测。实时采集数据被存档和分析处理以提供给其他服务使用
		8.1.3 交通事故监测	应用传感器、无线通信以及无人机等技术，对事故发生地以及周边交通状况进行监测，为事故救援和事故后恢复提供准确的信息保障
		8.1.4 交通施工区监测	对交通施工区以及周边交通状况进行监测，对潜在危险进行预警，以保障施工区工作人员的安全
	8.2 交通需求管理服务	8.2.1 交通需求规划	通过交通规划与城市规划配合，发展与城市形态、人口密度相适配的交通模式，合理规划轨道交通和公交行驶路线，疏解中心城区功能，减少出行需求
		8.2.2 车辆限行	通过车辆限行的政策手段，减少高峰期交通出行量，避免路网在短时间内负荷过大
		8.2.3 区域拥堵定价	对于交通拥堵严重的区域，设计不同的收费标准，通过征收拥堵费的政策手段，调整出行时空分布，将过于集中的交通需求分散

续表

服务域名称	二级服务名称	三级子服务名称	三级子服务描述
8 交通管理与控制服务域	8.3 交通管理控制服务	8.3.1 城市地面交通管理	采用适当控制策略对路面交通流进行控制，实现城市或区域交通流通畅平稳地运行。适用于路面交通管理的方式包括以下一种或多种： —交通诱导：采用交通指示牌或多媒体信息对车辆驾驶行为进行诱导，包括换道、改变行驶路径等，以提高交通通行效率和安全性为目标。 —信号灯控制：使用交通信号灯控制器对车辆启动进行控制，控制方法可使用预编程的交通信号控制器进行固定信号时长设置，或者根据交通检测信息对信号时长进行感应式控制；在车联网环境下，网联车与信号灯协同控制，以提高路口通行效率和减少燃油消耗。 —可变车道控制：在交通量随时间周期性变化较大的路段设置可变车道，在特定时段通过设置行驶方向变换的可变车道来提高道路的通行能力。 —行人控制：使用交通信号控制器，响应行人的过马路需求。 —无人车调控：控制无人车行驶车队，调节车流流畅性，提高通行效率。 —特定车型优先通行：允许优先考虑特定类型的车辆能够在地面交通路网中快速通行，具有优先权的车辆类型应包括以下部分或全部：自行车、公共交通工具（包括公共汽车和有轨电车以及路线与公路网相互作用的轻轨车辆）、紧急车辆（即警察，消防和救护车）、货运车辆、特种车辆（例如军用车辆）
		8.3.2 高速公路交通控制	通过高速公路出入口和匝道处进行控制以及对道路上行驶的车辆的速度分布进行适当的控制，来达到使路网或高速公路的交通流运行稳定的目的
		8.3.3 城市地面交通和高速公路协同管理	对地面交通与高速公路的交通流进行协同调控来平衡整体交通流量分布，减少局部拥堵现象。针对因突发状况或天气因素而关闭局部高速路段的情况，通过协同调控对应地面交通路段，进行交通流量管理
		8.3.4 综合运输交叉口管理	对多式联运公路交叉口进行管理，避免冲突，当通行某种交通方式时最大限度地减少对其他方式的干扰，可支持的联运交叉口管理方式包括： —以停止一种或多种交通方式的方式，优先通行一种或多种其他方式，例如停止道路交通以允许重型或轻轨车辆通过路口，或封闭部分公路网以允许在河流或运河上的桥梁向水上交通开放。 —对一种或多种交通模式进行临时速度限制，使其在其他交通模式车辆通行时不会停车等待，或者为让行的交通模式车辆提供一条或多条替代路线的建议

续表

服务域名称	二级服务名称	三级子服务名称	三级子服务描述
8 交通管理与控制服务域	8.3 交通管理控制服务	8.3.5 施工区管理	对公路隧道等施工时间和施工区交通进行管理。结合历史交通需求和天气情况，选择最佳的公路和隧道等施工时间，降低对正常交通流的影响。对经过施工区的车辆进行管理，减少对正常交通流的影响，确保施工区工作人员的安全，可用措施包括以下一种或多种： —对施工活跃地带或全部路段实施限速。 —为道路工人、设备以及建筑材料提供适当和安全地进入施工区的通道。 —提供相应的车道管理，如暂时关闭相应车道，以确保道路工人和过往车辆的安全。 —在施工区设置物理屏障，以确保道路工人和过往车辆的安全。 —向驾驶者提供适当的提前警告，说明在行进方向存在施工区
		8.3.6 车辆电子收费	应用通信、电子和信息处理技术，以非现金、非手工交易的方式，对使用收费道路、桥梁和隧道的车辆使用者不停车收取使用费，减少车辆排队和等待时间，提高交通通行效率。对专用停车场以及路边停车提供自动收费服务，提高停车场出入口通道通行能力，缓解停车场周边交通压力
	8.4 停车管理服务	8.4.1 停车位管理	停车位管理包括对路侧停车位、区域临时停车位、社区停车位等停车位的管理。对停车场进出车辆和车位使用情况进行管理。对停车场允许进入车辆的类型进行管理，并配合交通流调控，永久性或暂时性地打开或关闭部分或全部停车位。实时监控停车场的使用情况，确定任一时间点空闲车位情况。对允许预约的停车场，根据预约情况，实时更改相关车位的状态
		8.4.2 停车收费	停车收费指使用无感支付等方式收取停车费用，并记录停车用户的支付信息和信用信息。支付信息包括停车消费账单、账户余额和充值记录。信用信息包括停车预约、失约、停车、取车等停车行为历史数据，用于账户信用评估
		8.4.3 效能分析	停车场效能分析包括对停车效率、交通影响、经营收入、用户满意度等方面进行分析。停车效率分析使用小时利用率、小时周转率、小时平均停车时间等指标，体现停车场的整体运行情况。交通影响分析使用停车场入口流率、出口流率、出入口总流率等指标，体现停车场对交通的影响程度。经营收入分析使用小时平均收费价格、车位平均收入等指标，体现停车场的经营收入情况。用户满意度分析根据用户反馈的评分和意见，得到停车便捷程度、停车场环境满意程度等指标的平均评分和意见统计。分析结果可用于改进停车场的收费规则和运营管理模式，以提升停车场效能

续表

服务域名称	二级服务名称	三级子服务名称	三级子服务描述
8 交通管理与控制服务域	8.5 交通管理执行服务	8.5.1 交通信息发布与传播	通过交通指示牌、演示大屏以及多媒体渠道，对交通管控信息以及交通法律法规进行发布与传播
		8.5.2 车辆区域进出管理	对于特殊区域，对进出车辆和驾驶者身份提供检查服务，对不符合规定的车辆和驾驶者不予进入
		8.5.3 专用车道管理	对专用车道提供监测服务，对于违法车道使用行为执行相关处罚
		8.5.4 限速执行	在道路侧安装车速检测设备，对驾驶速度超过道路限定速度的行为给予相应处罚
9 综合交通运输服务域	9.1 综合交通运输规划服务	9.1.1 综合运输枢纽位置规划	结合国家城镇体系布局和实际交通需求，优化国际性综合交通枢纽、全国性综合交通枢纽和区域性综合交通枢纽的位置布局并进行规划选址，完善周边的集疏运条件，如实施重要客运枢纽的轨道交通引入工程、推进港口和货运站等直通铁路
		9.1.2 综合运输线路规划	根据综合运输枢纽位置分布以及旅客出行和货物运输需求，以安全、便捷、高效、绿色、经济为目标提供综合运输线路规划服务。针对特殊需求，提供增设或取消相关运输线路服务
		9.1.3 综合交通运输规范	建立旅客联程运输标准体系，制定旅客联程运输信息代码、标志标识、服务质量要求等标准规范，明确旅客联程运输发展中各方的权利义务。提供多式货物联运中货物包装与装载要求、货物交接转运以及责任识别等方面的衔接规范，制定有利于"门到门"一体化运输组织的多式联运服务规则
	9.2 综合运输枢纽设计服务	9.2.1 综合运输枢纽功能区设计	本子服务对综合客运枢纽和货运枢纽的各功能区进行设计，根据国家布设规范，对功能区进行合理划分和布局。 ——综合客运枢纽：设计运输组织功能区用于客流组织、总控室和运输设备调度停靠，功能服务区用于票务、候车、行包托运和提取、信息采集与发布、问询以及检票等基本服务，辅助服务功能区用于餐饮、住宿、娱乐、商业、小件快货、社会及公共交通方式车辆的维修、停车场服务等，明确各功能区域范围，结合枢纽周边配套合理设计各功能区位置。 ——综合货运枢纽：设计不同货物类型的多式联运作业区、仓储区、停车区以及配套设施等功能区，结合不同运输方式的装卸特点对各功能区进行合理划分与布局

续表

服务域名称	二级服务名称	三级子服务名称	三级子服务描述
9 综合交通运输服务域	9.2 综合运输枢纽设计服务	9.2.2 客运枢纽内旅客换乘设计	综合利用良好的交通位置、完善的内部设施及现代化的管理手段，为乘客提供不同运输线路之间、不同运输方式之间，以及各种运输方式与城市公共交通之间的换乘集散服务，实现各种运输方式之间的"零距离换乘"
		9.2.3 货运枢纽内货物转运设计	根据货物装卸方式以及联运设备配置，设计货物装卸、包装以及转运作业流线，优化转运过程，实现不同运输方式之间货物的有效换装与"无缝衔接"
	9.3 综合交通运输运营服务	9.3.1 多式联运车辆调度	本子服务以安全、便捷、高效、绿色、经济为目标对综合旅客运输与货物运输的不同运输方式车辆进行调度。 —综合客运调度：根据规划的旅客综合运输线路，对不同运输方式车辆的时刻表进行优化与调度，根据旅客出行需求的变化进行动态调整；对不同运输方式车辆的运行信息进行实时预测和发布，包括实时位置、预计到达时间等，还包括对于特定需求开设个性化综合旅客运输路线以提高综合服务质量。 —综合货运调度：根据货主下单需求，对不同类型运输车辆的装载货物数量、类型以及进出站时间进行统一调度，以提高货物综合运输效率和站场吞吐量。对不同类型运输车辆的运输状态进行预测和发布，包括实时位置、预计到达货运站时间等，还包括对于特定需求开设个性化综合货物运输路线以提高综合服务质量
		9.3.2 综合交通运输收费	本子服务对综合客运和货运收费进行管理。对于综合旅客运输，建立全程"一次付费"的服务方式，实现铁路、公路、水运、民航客运之间统一收费和"无缝衔接"，支持电子客票、刷脸通行等互联网服务新模式。对于综合货物运输，建立全程"一次委托"、运单"一单到底"、结算"一次收取"的服务方式，实现公路、铁路、水路、航空和邮政运输统一收费，支持企业应用电子运单、网上结算等互联网服务新模式
		9.3.3 综合运输效能分析	本子服务对综合交通旅客运输和货物运输进行效能分析，从安全、便捷、高效、绿色、经济5个角度对综合交通运输运营管理进行评估，旨在进一步提高综合运输效率，推进综合交通运输发展

续表

服务域名称	二级服务名称	三级子服务名称	三级子服务描述
9 综合交通运输服务域	9.4 综合交通运输管理服务	9.4.1 综合运输枢纽管理	本子服务对综合客运枢纽与货运枢纽内联运设施、人员等进行综合管理，旨在确保枢纽有序运行，提高旅客换乘和货物换装效率。 —综合客运枢纽：对旅客联运中心所有内部资源，包括客流导向设备、信息共享设备、综合服务设备、安全保障设备、停车场以及相关负责人员等，进行统一协调管理，引导客流在各种运输方式间的有效分流，确保不同运输方式车辆有序停靠。 —综合货运枢纽：对货物联运中心所有内部资源，包括装卸、中转以及存储设备等，进行协调管理，提高货运站整体吞吐量。该子服务还包括对联运车辆和集装箱的运输和装卸进行监控，无论它们是否载有货物
		9.4.2 综合交通运输信息管理	本子服务对综合交通客运和货运进行信息管理，包括运输前与运输中不同运输方式之间的信息共享。 —综合客运信息管理：运输前，按照旅客提出的联运计划请求，由交通信息服务提供商向旅客提供详细的多式联运方案。运输过程中，不同运输方式的客运部门向交通信息服务提供商提供客运相关数据，包括运输状态、预计到达时间等；旅客联运枢纽向交通信息服务提供商提供换乘车辆信息；每种运输方式的客运部门可以从交通信息服务提供商获取其他运输方客运数据。旅客可向交通信息服务提供商请求联运途中各运输方式的动态信息。 —综合货运信息管理：运输前，按照货主提出的货物联运计划请求，由交通信息服务提供商向货主提出详细的多式货物联运计划方案，经货主确认并付费后，交通信息服务提供商为货主提供货物联运文件和单据。运输过程中，不同运输方式的货运部门向交通信息服务提供商提供货运相关数据，包括货物所在地点、货物信息以及预计到达目的地时间等信息。每种运输方式的货运部门可以从交通信息服务提供商获取其他运输方式的货运资源信息，并受理交通信息服务提供商提出的货运业务请求。货主可向交通信息服务提供商提出货物联运途中动态跟踪查询请求
10 交通安全管理服务域	10.1 自然灾害安全管理服务	10.1.1 自然灾害监测与预警	根据交通环境监测信息发布的灾害信息，及时提醒所有出行者可能影响行程的灾害情况，建议尽量避开灾害发生区域；对灾害范围内的出行者发送警报或者警告信息，告知可能的安全撤离路线；对灾害范围内的关键道路，设置警告标识

续表

服务域名称	二级服务名称	三级子服务名称	三级子服务描述
10 交通安全管理服务域	10.1 自然灾害安全管理服务	10.1.2 自然灾害响应	当道路途经范围内的天气状况出现异常或发生洪水、陆地运动（地震，泥石流等）等灾害时，根据灾害发生的时间、类型、规模范围、频率等信息，采取以下应对措施： —组织运力疏散、撤离受困人员，组织搜救突发事件中的遇险人员，组织应急物资运输。 —调集人员、物资、设备、工具，对受损的交通基础设施进行抢修、抢通或搭建临时性设施。 —对受灾区域进行控制，设立警示标志。 —采取必要措施，防止次生、衍生灾害发生
		10.1.3 自然灾害应对方案发布	向交通管理部门及道路使用者发布极端天气及灾害的应对方案，并按照应急预案规定的程序报告突发灾害信息以及应急处置的进展情况
		10.1.4 灾后重建与数据管理	从相关机构收集影响车辆和其他道路使用者的灾害数据，在交通管理者和道路使用者之间共享数据，并在灾害后实施交通运输的恢复和重建。包括灾害和应急数据收集，灾害和应急数据共享和灾后重建。 —灾害和应急数据收集：系统地收集有关灾害和紧急情况的数据，并对其进行分析处理，以向道路运输和紧急情况的管理者以及道路使用者提供信息。 —灾害和应急数据共享：将收集的有关灾害或紧急情况的数据和信息分发给道路运输和紧急情况的管理者以及道路使用者，或通过相关装置或公众平台直接发布灾难或紧急情况的警报。 —灾后重建：交通运输突发事件应急处置结束后，制定相应的交通运输恢复重建计划并组织实施，重建受损的交通基础设施，消除突发事件造成的破坏及影响
	10.2 交通事故安全管理服务	10.2.1 交通事故监测	利用交通检测器、路侧摄像头、车队人工巡查以及无人机空中监视等手段，对交通道路网络进行监测，判断道路上是否有掉落物影响安全驾驶、是否存在交通事故发生的隐患；利用安全监控、自动检测等手段自动识别交通事故，自动获取交通事故状态、事故车辆位置等信息
		10.2.2 紧急车辆管理	利用现代通信和信号控制技术，在事故发生时，根据当前采集到的实时信息（如紧急车辆的位置、交通状况、事故发生的位置及性质等），由紧急事件管理中心对紧急车辆进行合理调配，并为其提供适当的优先通行信息和路线引导信息，从而使紧急车辆按最优行驶路线快速、安全到达现场进行紧急救援活动

续表

服务域名称	二级服务名称	三级子服务名称	三级子服务描述
10 交通安全管理服务域	10.2 交通事故安全管理服务	10.2.2 紧急车辆管理	—紧急车辆调度：事故发生时，通过搜集紧急车辆位置及状态、事故发生的位置及性质等相关的实时信息，合理调配紧急车辆，为事故当事人提供适当、快速的救援服务。 —紧急车辆优先通行线路诱导：事故发生时，根据当前道路及交通状况的实时信息确定最优行驶路线，引导紧急车辆沿该路线迅速到达目的地，进行适当的救援服务。 —应急车辆车队管理：对应急车辆车队进行管理，确保紧急事件发生时及时调配最合适的紧急车辆，确保各区域间紧急车辆的合理部署。 —应急车辆交通管理协调：为了有效应对紧急情况，协调紧急车辆和其他有关车辆的有序派遣，协调紧急车辆和交通设施（如铁路道口和升降桥）的高效配合
		10.2.3 交通事故响应	针对交通事故的性质、特点、社会危害程度以及可能需要提供的交通运输应急保障措施，制定处置程序、应急保障措施等紧急事件的响应方案，并由负责或者参与应急处置的交通运输主管部门根据有关规定和实际需要采取措施
		10.2.4 交通事故应对方案发布	在交通事故发生后建立事件的通告信息，自动向周围区域的车辆发出警告信息并发送给相关部门及人员，以防止后续车辆发生追尾或其他事故。通告应包含下列信息：事件所涉及的车辆及其精确位置、损失程度及人员受伤程度等
	10.3 公共卫生事件安全管理服务	10.3.1 公共卫生事件预案	在公共卫生事件未发生或暂未对交通运输产生影响时，进行抵离公路水路通道查控和疫情联防联控应急物资运输保障准备工作，结合疫情防治应急物资运输的实际需求，以道路运输应急保障车队为基础，进行冷链运输车辆、重型载货车辆、危险货物运输车辆等相关运力的储备；建立应急保障车队管理人员、驾驶者、车辆信息库；建立全国重点营运车辆联网联控系统和全国道路货运车辆公共监管与服务平台，强化车辆的全程动态监控。研究制定疫情分类应对预案，提升客运疫情防控标准
		10.3.2 公共卫生事件响应	在公共卫生事件发生时，投入道路运输应急保障车队应急运输；接到应急命令后，在指定时间内迅速集结应急保障车队及管理人员、驾驶者，及时运输；利用全国重点营运车辆联网联控系统和全国道路货运车辆公共监管与服务平台，强化车辆的全程动态监控

续表

服务域名称	二级服务名称	三级子服务名称	三级子服务描述
10 交通安全管理服务域	10.3 公共卫生事件安全管理服务	10.3.3 公共卫生事件应对方案发布	根据疫情防控形势和客流变化情况，动态优化交通运输服务保障方案，并及时向民众及承运单位发布运输政策，严格执行疫情防控措施
	10.4 社会安全事件安全管理服务	10.4.1 社会安全事件预案	建立交通运输突发事件风险评估机制，对影响或者可能影响交通运输的相关信息及时进行汇总分析，必要时同相关部门进行会商，评估突发事件发生的可能性及可能造成的损害，研究确定应对措施，制定应对方案。对可能发生重大或者特别重大突发事件的，立即向本级人民政府及上一级交通运输主管部门报告相关信息
		10.4.2 社会安全事件应急疏散响应	当需要应急疏散的紧急事件发生时，获取人流量、疏散场所信息、疏散口位置、周边交通状况等信息，迅速制定应急疏散方案，调度交通安全事故救援人员及紧急车辆
		10.4.3 社会安全事件疏散路线发布	当需要应急疏散的紧急事件发生时，利用信息技术及公众平台，根据应急疏散方案向交通安全事故救援人员和待疏散人员发布疏散路线信息，并由救援人员帮助指导疏散，以保证人员的有序离开
11 交通数据管理服务域	11.1 交通数据感知服务	11.1.1 静态对象信息感知	对交通运输领域的重点站场、隧道、桥梁、互通枢纽等重要节点的静态信息进行交通感知网络覆盖，多维监测、智能网联，实时更新。 —高精地图构建：高精地图指比普通导航电子地图有更高的绝对坐标精度，更丰富的道路交通信息元素的电子地图。利用云端互联感知网络，丰富高精地图的细节信息，包含精确的道路形状，如车道坡度、曲率、航向、高程、倾斜角等，并构建真实三维世界的电子地图，包含绝对位置的形状信息、拓扑关系、点云、语义、特征等属性
		11.1.2 动态对象信息感知	通过多种感知手段实时采集交通运行中而产生的数据（如车辆行驶信息等），并对众包、手机信令等社会数据融合采集实时交通信息，访问不同来源的数据，生成城市及其交通的实时图像。 —云端互联感知网络：将手机、车载定位、交通基础设施等每一边缘感知/采集设备与云互联，实时采集精细化交通数据和地理信息数据，提升交通数据采集的颗粒度
		11.2.1 交通数据传输定义标准	包括传输数据元标准、分类和代码标准、数据字典标准、信息集标准、元数据标准等的定义，规定交通专业领域中的数据项的定义、格式、类型、单位、值域及约束等属性

续表

服务域名称	二级服务名称	三级子服务名称	三级子服务描述
11 交通数据管理服务域	11.2 交通数据传输服务	11.2.2 交通数据传输交换标准	规定交通系统间交换的数据内容和格式，包括报文、数据结构等标准。便于异构系统进行非定制交换，实现机器可读的目标
		11.2.3 数据通信服务	实现大带宽、低时延、高实时性、高可靠性的数据通信，并应用于交通系统间，车联网通信等，以支撑车辆实时高精度定位、交通态势感知、交通控制与车路协同等应用。 —网络化传输：在交通运输基础设施与信息基础设施一体化建设的背景下，将交通专网与"天网""公网"深度融合，结合车联网、5G、卫星通信信息网络等部署应用，完善全国高速公路通信信息网络，形成多网融合的交通信息通信传输网络
	11.3 交通数据存储服务	11.3.1 数据存储与转换标准	包含交通数据存储过程中对元数据进行描述的标准，对数据进行层次划分的标准以及规定不同层次数据之间的转换方式，以便于形成更为广泛的云存储体系或者分布式存储体系
		11.3.2 交通数据资源库建立	根据不同的数据类型、应用场景、指标、交通模型构建交通基础数据资源库，对数据进行分类整合。主要应用包括交通数据字典、数据仓库、云存储等。 —数据字典：包含交通相关数据的数据项、数据结构、存储和处理的逻辑进行描述和定义，对各个元素进行说明，从而对交通数据和术语进行有效索引。 —数据仓库：建立面向交通的集成的、随时间变化的、信息本身相对稳定的数据集合，服务于交通数据挖掘与分析，辅助相关决策。 —云存储：它是指通过集群应用、网络技术或分布式文件系统等功能，网络中大量各种不同类型的存储设备通过应用软件集合起来协同工作，共同对外提供存储和业务访问功能的一个系统。使用者可以在任何时间地点，透过任何可联网的装置连接到云上方便地存取交通数据
	11.4 交通数据处理服务	11.4.1 多源数据融合	指从大量的原始交通数据抽取出有价值的信息，转换成信息的过程。主要对所输入的各种来源、形式、结构的交通数据进行加工整理，其过程包含对感知数据的加工、分类、归并、计算、排序、转换、检索和传播的演变与推导全过程，以支撑基础研究或协助相关部门进行决策。 —多源数据融合分析：对提取到的不同结构，不同种类的交通数据，利用一系列算法挖掘数据间的关联，分析多种交通数据间的特征与规律以辅助决策

续表

服务域名称	二级服务名称	三级子服务名称	三级子服务描述
11 交通数据管理服务域	11.4 交通数据处理服务	11.4.1 多源数据融合	—边缘计算：在靠近感知设备或数据源头的一侧，采用网络、计算、存储、应用核心能力为一体的开放平台，就近提供最近端服务。其计算功能在边缘侧发起，产生更快的网络服务响应，满足在实时交通状态分析、交通辅助决策、安全与隐私保护等方面的基本需求。 —数据云计算：通过云网络将巨大的交通数据计算处理程序分解成无数个小程序，然后通过多部服务器组成的系统进行处理和分析这些小程序得到结果并返回给用户，在很短的时间内（几秒钟）完成对数以万计的数据的处理，从而达到强大的数据处理服务
		11.4.2 数据辅助决策	对多源交通数据进行分析的基础上，通过对各类交通组织和参与主体所提供准确且清晰的数据信息，支持行为决策，以推进交通基础设施的使用效率，降低相关的资源消耗
	11.5 交通数据共享与应用服务	11.5.1 数据共享	数据共享服务将交通数据提供给用户应用。主要分为应用与管理两个种类。其中，管理类将主要向注册授权的开发者、用户提供数据，服务于数据互联、转换等。而应用类接口则主要向公众日常需求提供数据，实现数据的选择性共享
		11.5.2 数据应用	向特定服务系统提供数据支持，协助服务系统输出有效出行方案、交通预测数据与决策数据等
12 交通数据安全服务域	12.1 交通数据安全管理制度服务	12.1.1 交通数据安全法规制度	从国家层面加强交通基础设施安全、数据安全、个人隐私保护、数据跨境流动等方面的法律法规的建设与维护，建立和健全科学合理的安全管理制度，以保障交通数据安全
		12.1.2 交通数据安全技术标准	建立统一的数据格式和模型，实现数据的互相连通，在统一的安全规范框架下运行传输，保障数据采集制式化、数据资源库建设标准化、应用系统规范化
	12.2 交通数据环境安全服务	12.2.1 数据运行环境可信保障服务	包含了交通数据计算环境可信、网络可信、接入可信，以保障可信的基础运行环境。利用可信计算理念和技术，确保登录系统的用户是可信的、系统运行的程序是可信的，有效防止非法用户、进程及已知或未知攻击；其次，在可持续、自适应网络安全框架下，利用可信计算、机器学习、行为分析等技术，对系统运行环境的整体安全状态进行全面监控，洞察影响主机系统安全的多方面因素，及时发现安全隐患并予以处置，为数据载体提供可信的基础运行环境，形成高防护壁垒

续表

服务域名称	二级服务名称	三级子服务名称	三级子服务描述
12 交通数据安全服务域	12.2 交通数据环境安全服务	12.2.2 数据运行环境风险检测与分析服务	对数据运行流程进行实时风险检测,对敏感数据源进行全流程检测,分析风险产生原因,预测可能产生的风险并提前给出预案
		12.2.3 数据运行环境可信防御服务	基于可信度量技术,构建交通系统免疫能力模型,实现在内核层对可执行程序以及用户行为的精准控制;构建交通系统主动防御机制,实现对已知/未知恶意代码的主动防御;此外,通过对安全事件分析还原技术,在满足网络安全相关标准的同时,全面提升各数据载体系统的主动防御能力,全面洞察、精准管控和敏锐反馈
	12.3 交通数据运行安全管理服务	12.3.1 区块链	结合区块链技术构建数据安全的区块链日志审计和隐私保护系统,实现大数据中心的数据安全防护,防止敏感数据泄露,并实现数据全生命周期操作记录的区块链登记,实现审计数据的不可篡改、不可否认及可追溯,结合区块链的隐私保护技术,有效降低大数据中心的数据泄露风险,提高大数据中心的数据安全防护能力
		12.3.2 交通数据分级	以数据分类为基础,采用规范、明确的方法区分数据的重要性和敏感度差异,确定交通数据级别,以保障交通数据在其生命周期的各个环节应采取的数据安全防护策略和管控措施,进而提高交通数据管理和安全防护水平,确保数据的完整性、保密性和可用性
		12.3.3 交通数据脱敏	对敏感信息通过脱敏规则进行数据的变形,实现敏感隐私数据的可靠保护。在涉及交通参与者隐私安全数据或者一些商业性敏感数据的情况下,在不违反系统规则条件下,对真实数据进行改造并提供测试使用,如人脸信息、行车轨迹、个人行踪、自动驾驶车辆信息等敏感信息都需要进行数据脱敏
		12.3.4 授权保护	对限制设备、用户访问的资源的控制、管理,基于授权证书实现授权管理服务,包含授权的获取、更新、发布授权状态以及更新本地授权状态存储
		12.3.5 交通数据审计	记录网络上的交通数据库,对数据库操作进行细粒度审计的合规性管理,对数据库遭受到的风险行为进行告警,对攻击行为进行阻断。采用基于数字证书的数字签名功能,对设备或用户在系统中的操作行为进行责任认定和证据管理。同时也通过建立相应日志实时记录系统运行中的重要操作,包括操作人员的信息、时间,对重要数据库的操作信息,系统运行成功或失败的信息等,以进行后期的责任认定与回溯

附录3-3 功能列表

表10 出行者信息服务域对应的功能

服务	子服务	功能	所属功能域	功能提供者	过程信息	服务对象	实现途径	逻辑环节	技术	作用
1.1 交通信息服务	1.1.1 交通事件信息	监测交通事件	交通信息采集	路侧感知设备	交通状态信息	路侧学习设备	数据采集	感知	传感器技术	实时监测交通异常情况
		分析交通事件	交通数据管理与协同	路侧学习设备	交通状态信息	路侧决策设备	数据存储、数据分析	学习	人工智能技术、计算技术、大数据技术	分析采集到的视频或图像信息
		生成交通事件信息	交通运输管理	路侧决策设备	事件信息	路侧响应设备、交通服务者	数据分析	决策	人工智能技术	综合采集到的信息和分析后的信息生成交通事件信息，供有关平台发布或有关部门进一步采取行动措施
		发布交通事件信息	交通运输管理	路侧响应设备、交通服务者	事件信息	交通使用者	信息输出	响应	控制技术	发布交通事件信息
	1.1.2 交通法规信息	采集当前出行数据	交通信息采集	路侧感知设备、交通服务者	交通状态信息	路侧学习设备	数据采集	感知	传感器技术、地理信息技术	实时采集道路交通出行数据
		识别交通违法行为	交通数据管理与协同	路侧学习设备	交通状态信息	信息存储管理设备	数据采集、数据分析	学习	人工智能技术、计算技术、大数据技术	分析处理采集到的出行数据，并及时识别出异常或不符合规范的交通行为

续表

服务	子服务	功能	所属功能域	功能提供者	过程信息	服务对象	实现途径	逻辑环节	技术	作用
1.1 交通信息服务	1.1.2 交通法规信息	提取相关法规信息	交通运输管理	信息存储管理设备	政策法规信息	管理部门、响应设备、交通服务者	数据分析	决策	大数据技术	针对识别出的交通行为提取相应的交通法规信息
		发布交通法规信息	交通运输管理	管理部门、响应设备、交通服务者	政策法规信息	交通使用者	信息输出	响应	人工智能技术	发布提取出的交通法规相关信息,为出行者的出行或管理者的工作提供依据与保障
	1.1.3 道路施工工程信息	监测道路工程施工	交通信息采集	路测感知设备、交通管理者	施工方案信息	管理部门、学习设备	数据采集	感知	传感器技术	采集道路施工信息,记录施工地点、时间以及施工进程等信息
		分析道路施工数据	交通数据管理与协同	管理部门、学习设备	施工方案信息	管理部门、决策设备	数据存储、数据分析	学习	计算技术、大数据技术	对采集到的道路施工相关数据进行分析,判断施工影响范围,预测对交通的影响
		生成道路施工应对方案	交通运输管理	管理部门、决策设备	施工方案信息	管理部门、响应设备	数据分析	决策	人工智能技术	根据综合各因素分析的结果生成相应的道路施工应对方案
		发布道路工程施工方案	交通运输管理	管理部门、响应设备、交通服务者	施工方案信息	交通使用者	信息输出	响应	人工智能技术	有关部门发布道路工程施工方案,方便人们出行与管理人员的管控

续表

服务	子服务	功能	所属功能域	功能提供者	过程信息	服务对象	实现途径	逻辑环节	技术	作用
1.1 交通信息服务	1.1.4 收费站信息	采集收费站信息	交通信息采集	路侧感知设备	服务设施信息	路侧学习设备	数据采集	感知	传感器技术	采集收费站相关信息，如位置、排队情况等
		分析收费站实时排队情况	交通基础设施管理	路侧学习设备	服务设施信息	路侧决策设备	数据分析	学习	人工智能技术、计算技术、大数据技术	利用采集到的数据计算出收费站排队长度
		生成收费站分析报告	交通基础设施管理	路侧决策设备	服务设施信息	站场响应设备、交通服务者	数据分析、数据传输	决策	人工智能技术	根据分析计算结果生成交通情况分析报告，判定其排队拥堵程度
		发布收费站信息	交通运输管理	站场响应设备、交通服务者	服务设施信息	驾驶者	信息输出	响应	控制技术	发布收费站信息分析报告，起到交通诱导的作用，同时为出行者和管理者提供信息服务
	1.1.5 气象信息	监测气象信息动态	环境信息管理	路侧感知设备	气象信息	路侧学习设备	数据采集	感知	传感器技术	实时监测气象动态并采集相关信息
		分析气象信息	环境信息管理	路侧学习设备	气象信息	管理部门决策设备	数据分析、数据传输	学习	计算技术、大数据技术	对采集到的相关数据进行分析计算，判断气象变状况对交通的影响
		生成气象综合信息	环境信息管理	管理部门决策设备	气象信息	管理部门响应设备、交通服务者	数据分析	决策	人工智能技术	在气象数据分析的基础上进一步获取能见度、路面温度等综合信息

附录3 要素内容

续表

服务	子服务	功能	所属功能域	功能提供者	过程信息	服务对象	实现途径	逻辑环节	技术	作用
1.1 交通信息服务	1.1.5 气象信息	发布气象信息	环境信息管理	管理部门、响应设备、交通服务者	气象信息	交通使用者	信息输出	响应	控制技术	将气象综合信息发布到各平台或采取气象实况预警的方式服务交通使用者
	1.1.6 交通状态信息	监测路网交通状态	交通信息采集	路侧感知设备	交通状态信息	管理部门、学习设备	数据采集、数据传输	感知	传感器技术、通信及传输技术、地理信息技术	采集路网交通状态信息，如车流量、车流密度及其他交通流参数等
		分析交通路网状态	交通数据管理与协同	管理部门、学习设备	交通状态信息	管理部门、决策设备	数据存储、数据分析	学习	计算技术、大数据技术	进行数据存储分析，并对路网状态进行分析，评估拥挤程度
		判断交通状态	交通数据管理与协同	管理部门、决策设备	交通状态信息	管理部门、响应设备、交通服务者	数据分析	决策	人工智能技术	基于对交通路网状态相关的数据分析，进一步判别出路网交通状态情况，可分为畅通、轻度拥挤、拥挤、阻塞状态
		发布交通状态信息	交通运输管理	管理部门、响应设备、交通服务者	交通状态信息	交通使用者	信息输出	响应	控制技术	发布交通状态信息，实现交通信息服务
	1.1.7 交通控制信息	监测交通基础信息	交通信息采集	路侧感知设备	交通状态信息	管理部门、学习设备	数据采集、数据传输	感知	传感器技术	采集交通基础动态交通信息及交通基础设施信息，包括静态交通信息，前者一般指交通基础设施信息，后者则包含道路交通流信息、交通控制状态信息及实时交通环境信息

续表

服务	子服务	功能	所属功能域	功能提供者	过程信息	服务对象	实现途径	逻辑环节	技术	作用
1.1 交通信息服务	1.1.7 交通控制信息	分析交通基础信息	交通数据管理与协同	管理部门、学习设备	路侧设备状态信息	管理部门决策设备	数据存储、数据分析	学习	计算技术、大数据技术	整合采集到的交通基础信息,分析交通控制信息对交通状态的影响
		生成交通控制方案	交通数据管理与协同	管理部门决策设备	交通控制信息	管理部门响应设备、交通服务者	数据分析	决策	人工智能技术	依据分析结果生成科学合理高效的交通控制方案
		发布交通控制方案	交通运输管理	管理部门响应设备、交通服务者	交通控制信息	交通使用者	信息输出	响应	控制技术	发布交通控制方案,为交通组织管理者和公众出行者提供信息服务
	1.1.8 周边车辆信息	监测周边车辆信息	载运工具数据采集	车载感知设备、路侧感知设备	周边车辆信息	车载学习设备、路侧学习设备	数据采集	感知	传感器技术	通过相关感知设备采集周边车辆图像、信息,包括周边车辆的运动情况及位置数据等
		分析周边车辆信息	交通数据管理与协同	车载学习设备、路侧学习设备	周边车辆信息	车载决策设备、路侧决策设备	数据分析	学习	人工智能技术、计算技术、大数据技术	对数据进行进一步处理,分析周边车辆的运动情况及轨迹等信息
		生成周边车辆信息报告	交通数据管理与协同	车载决策设备、路侧决策设备	周边车辆信息	路侧设备、交通服务者	数据分析	决策	人工智能技术	根据信息分析情况生成周边车辆信息报告,并转化为可存储、传输的数据

续表

服务	子服务	功能	所属功能域	功能提供者	过程信息	服务对象	实现途径	逻辑环节	技术	作用
1.1 交通信息服务	1.1.8 周边车辆信息	发布周边车辆信息	交通运输管理	路侧响应设备、交通服务者	周边车辆信息	交通使用者	信息输出	响应	控制技术	向相关平台或设备发布获取的周边车辆情况，以便于及时掌握车辆运行的安全围情况，保证车辆运行的安全
	1.1.9 充电桩信息	采集充电桩数据	交通信息采集	站场感知设备	服务设施信息	站场学习设备	数据采集	感知	传感器技术	收集充电桩相关信息，如地理位置信息、剩余电量、充电价格、占用情况等
		分析充电桩实时状态	交通基础设施管理	站场学习设备	服务设施信息	站场决策设备	数据分析	学习	计算技术、大数据技术	对采集的充电桩实时信息进行分析并判别其工作运行状态，预测用户需求
		生成充电桩检测报告	交通基础设施管理	站场决策设备	服务设施信息	站场响应设备、交通服务者	数据分析	决策	人工智能技术	根据分析后得出的充电报告，检测位置信息、使用情况等
		更新发布充电桩信息	交通运输管理	站场响应设备、交通服务者	服务设施信息	驾驶者	信息输出	响应	控制技术	发布分析后得出的充电信息，包括位置信息、使用情况等，为出行者提供便利
	1.1.10 停车场信息	提供停车场静态数据	交通基础设施管理	信息存储管理设备、交通服务者	服务设施信息	站场学习设备	数据存储、数据传输	感知	通信及传输技术	提供停车场静态数据，如位置、车位数等
		检测停车场动态状态	交通信息采集	站场感知设备、交通服务者	服务设施信息	站场学习设备	数据采集	感知	传感器技术	实时采集停车场信息，采集停车场和停车位的动态信息

续表

服务	子服务	功能	所属或功能域	功能提供者	过程信息	服务对象	实现途径	逻辑环节	技术	作用
1.1 交通信息服务	1.1.10 停车场信息	分析停车场状态	交通基础设施管理	站场学习设备	服务设施信息	站场决策设备	数据分析	学习	人工智能技术、计算技术、大数据技术	对采集到的数据进行分析计算，得出停车场剩余车位情况、各车位状态等信息，并预测短期需求情况
		生成停车场综合信息	交通基础设施管理	站场决策设备	服务设施信息	站场响应设备、交通服务者	数据分析	决策	人工智能技术	根据停车场状态分析进一步生成用户所需要的停车场综合信息
		发布停车场信息	交通运输管理	站场响应设备、交通服务者	服务设施信息	驾驶者	信息输出	响应	控制技术	向平台发布生成的停车场综合信息，为用户出行提供便利
	1.1.11 加油站、加气站信息	提供加油站静态数据	交通基础设施管理	信息存储管理设备、交通服务者	服务设施信息	站场学习设备	数据存储、数据传输	感知	通信及传输技术	加油站信息系统提供加油站位置、设备，可以提供的货品和服务等静态数据
		检测加油站动态状态	交通信息采集	站场感知设备、交通服务者	服务设施信息	站场学习设备	数据采集	感知	传感器技术	加油站信息系统实时监测加油站油量、车流量、排队情况等动态数据
		分析加油站状态	交通基础设施管理	站场学习设备	服务设施信息	站场决策设备	数据分析	学习	人工智能技术、计算技术、大数据技术	输入加油站动态和静态信息，对加油站状态进行分析，预测短期需求情况

续表

服务	子服务	功能	所属功能域	功能提供者	过程信息	服务对象	实现途径	逻辑环节	技术	作用
1.1 交通信息服务	1.1.11 加油站、加气站信息	生成加油站综合信息	交通基础设施管理	站场决策设备	服务设施信息	站场响应设备、交通服务者	数据分析	决策	人工智能技术	根据分析结果生成加油站状态综合信息,包括动态信息和静态信息
		发布加油站信息	交通运输管理	站场响应设备、交通服务者	服务设施信息	驾驶者	信息输出	响应	控制技术	根据用户需求,发布加油站相关状态信息,如地理位置、使用情况等
	1.2.1 自主导航信息	提供用户定位	载运工具数据采集	车载感知设备	车辆运行信息	车载学习设备	数据采集	感知	地理信息系统技术	获取用户定位、出行OD、道路状况等信息
		规划导航路线	载运工具运行与控制	车载学习设备	交通状态信息	车载决策设备	数据传输、数据分析	学习	人工智能技术、计算技术、大数据技术	完成坐标转换、数据融合等处理步骤,规划路径策略
		生成导航路线	载运工具运行与控制	车载决策设备	路径导航信息	驾驶者	数据分析	决策	人工智能技术	根据路径规划生成导航路线
1.2 路径导航服务		反馈导航信息	交通运输管理	通信设备	路径导航信息	信息存储设备、交通管理者、驾驶者	信息输出	响应	通信及传输技术	实时更新车辆位置和路况信息,规划新的最优路径
	1.2.2 路网诱导信息	监测路网实时动态	交通信息采集	信息存储管理设备	交通状态信息	管理部门学习设备	数据采集	感知	地理信息系统技术、传感技术	通过路网监测设备实时获取路网流量信息

续表

服务	子服务	功能	所属功能域	功能提供者	过程信息	服务对象	实现途径	逻辑环节	技术	作用
1.2 路径导航服务		定位用户车辆	载运工具数据采集	车载感知设备	车辆运行信息	管理部门学习设备	数据采集、设备控制	感知	定位技术	获取用户车辆位置数据
		分析路网交通状态	交通数据管理与协同	管理部门学习设备	交通状态信息	管理部门决策设备	数据分析	学习	人工智能技术、计算技术、大数据技术	根据所获取的信息，分析是否拥挤，判断路网交通状态
	1.2.2 路径诱导信息	生成路网交通状态报告	交通数据管理与协同	管理部门决策设备	交通状态信息	管理部门响应设备、交通管理者	数据分析	决策	人工智能技术、计算技术、大数据技术	根据分析结果生成路网交通状态报告
		规划路径诱导方案	载运工具运行与控制	管理部门决策设备	路径导航信息	管理部门响应设备、交通服务者	数据分析	决策	人工智能技术、计算技术、大数据技术	根据分析结果划分诱导时空边界，求解最优流量分配，从而选定诱导起点、诱导路径等，生成诱导方案
		发布路径诱导信息	交通运输管理	信息存储响应设备	路径导航信息	驾驶者、交通管理者	信息输出	响应	通信及传输技术	将诱导方案和路网信息发布至相关用户和交通管理者
1.3 出行规划服务	1.3.1 提供可出行方案服务	收集出行计划	商用交通运营管理	管理部门管理设备	出行者信息	管理部门学习设备	数据采集、数据传输	感知	大数据技术、通信及传输技术	收集用户出行计划、出行偏好等信息
		分析出行信息	公共交通信息服务	管理部门学习设备	出行者信息	管理部门决策设备	数据分析	学习	人工智能技术、计算技术、大数据技术	分析出行方案选择的影响因素

续表

服务	子服务	功能	所属功能域	功能提供者	过程信息	服务对象	实现途径	逻辑环节	技术	作用
1.3 出行规划服务	1.3.1 提供可出行方案服务	规划出行方案	公共交通信息管理	管理部门决策设备	出行方案信息	管理部门响应设备	数据分析	决策	人工智能技术、计算技术、大数据技术	根据出行信息分析结果，以用户效用为目标规划出行方案
		发布出行方案	交通运输管理	管理部门响应设备	出行方案信息	驾驶者、乘客、行人、交通管理者	信息输出	响应	通信及传输技术	将出行方案发布给用户终端和相关管理运营系统
	1.3.2 公共交通票价信息	收集出行信息	商用交通运营管理	信息存储管理设备	出行者信息	信息存储管理设备	数据采集、数据传输	感知	大数据技术	收集旅客未来出行计划、市场信息，获取历史票价、定价标准等票价信息
		计算票价	商用交通运营管理	信息存储管理设备	设施收费信息	通信设备	数据采集	感知	人工智能技术、计算技术、大数据技术	根据所收集的信息依据定价规则计算票价
		发布票价信息	商用交通运营管理	通信设备	设施收费信息	驾驶者、乘客、行人	数据传输、信息输出	响应	通信及传输技术	将票价信息发布到用户终端并存储至相关售票系统
	1.3.3 公共交通信息调度服务	监测公共交通运行实时信息	交通信息采集	信息存储管理设备	车辆运行信息	管理部门学习设备	数据采集	感知	传感技术、通信及传输技术	实时监测公共交通线路、车辆位置、站台情况等信息
		综合路网信息分析交通状况	公共交通信息管理	管理部门学习设备	交通状态信息	管理部门决策设备	数据分析	学习	人工智能技术、计算技术、大数据技术	结合公共交通调度区域路网情况，对公共交通运行状态进行分析预测

续表

服务	子服务	功能	所属功能域	功能提供者	过程信息	服务对象	实现途径	逻辑环节	技术	作用
1.3 出行规划服务	1.3.3 公共交通调度信息	生成公共交通调度信息	公共交通信息管理	管理部门决策设备	服务信息	管理部门响应设备	数据分析、信息输出	决策	人工智能技术、计算技术、大数据技术	根据分析结果,生成交通调度信息,并在系统内更新
		发布公交调度信息	交通运输管理	管理部门响应设备、交通服务者	服务信息	交通管理者、驾驶者	数据传输、信息输出	响应	通信及传输技术	将实时调度信息发布至用户终端、站台等,为乘客提供选择公交的决策依据;同时将实时调度信息发布至运营人员,以提高公共交通服务水平
	1.3.4 联运设施信息	采集联运设施运行数据	商用交通运营管理	信息存储管理设备	车辆运行信息	管理部门学习设备	数据采集	感知	传感技术、通信及传输技术	从各相关运输系统实时采集装箱、列车、船舶和汽车等运载工具的实时位置、编号、班次等信息
		分析设施运行数据	商用交通运营管理	管理部门学习设备	交通状态信息	管理部门决策设备	数据采集	学习	人工智能技术、计算技术、大数据技术	分析各运输方式运行过程信息,衔接根据用户需求分析联运可行性
		生成联运方案	商用交通运营管理	管理部门决策设备	出行方案信息	管理部门响应设备	数据分析、信息输出	决策	人工智能技术、计算技术、大数据技术	根据分析结果生成联运方案,包括联运方式、各环节时间等具体内容
		发布联运设施信息及方案	交通运输管理	管理部门响应设备	出行方案信息	信息存储管理设备、物流运输服务使用者	信息输出	响应	通信及传输技术	将联运设施信息及方案发布至各运输方式的管理系统

续表

服务	子服务	功能	所属功能域	功能提供者	过程信息	服务对象	实现途径	逻辑环节	技术	作用
1.4 出行预约服务	1.4.1 出租车和网约车预约	收集出行计划	商用交通运营管理	信息存储管理设备	出行者信息	管理部门、学习设备	数据采集、数据传输	感知	大数据技术	收集乘客的出行计划，监测乘客时空数据，同时获取乘客周围车辆相关数据
		分析出行信息	商用交通运营管理	管理部门学习设备	出行者信息	管理部门、决策设备	数据分析	学习	人工智能技术、计算技术、大数据技术	分析乘客时空数据和车辆数据
		生成出行计划	商用交通运营管理	管理部门决策设备	任务派遣信息	管理部门、响应设备	数据分析	决策	人工智能技术、计算技术、大数据技术	根据分析结果生成乘客出行计划，乘客进入订单队列，等待平台派单
		平台发布计划	交通运输管理	管理部门响应设备	任务派遣信息	车载感知设备、通信设备、交通服务者	信息输出	响应	通信及传输技术	平台在需求邻近区域内向空载司机发布的订单
		司机接受或认领计划	交通运输管理	车载感知设备、通信设备、交通服务者	任务派遣信息	通信设备、驾驶者	数据传输	响应	通信及传输技术	司机接收平台发布的订单或认领平台发布的订单可供选择并将认领信息反馈给平台
		发布车辆预约信息	交通运输管理	通信设备、驾驶者	任务派遣信息	通信设备、乘客	信息输出	响应	通信及传输技术	将车辆预约信息发布至乘客终端及网约车平台

续表

服务	子服务	功能	所属或功能域	功能提供者	过程信息	服务对象	实现途径	逻辑环节	技术	作用
1.4 出行预约服务	1.4.2 无人车预约	收集出行计划	商用交通运营管理	信息存储管理设备	出行者信息	管理部门学习设备	数据采集	感知	大数据技术	采集出行计划数据，无人车行驶数据、道路流量数据等信息
		分析出行信息	商用交通运营管理	管理部门学习设备	出行者信息	管理部门决策设备	数据分析	学习	人工智能技术、计算技术、大数据技术	根据交通状况以及乘客的请求计算行驶路径
		生成出行计划	商用交通运营管理	管理部门决策设备	任务派遣信息	管理部门响应设备、交通服务者	数据分析	决策	人工智能技术、计算技术、大数据技术	根据分析结果，一般以最短路径为最优，进而生成出行计划，涵盖路线、运行时间、起停位置等信息
		分配平台预约计划	交通运输管理	管理部门响应设备、交通服务者	任务派遣信息	车载感知设备、通信设备、交通服务者	数据传输	决策	通信及传输技术	平台在需求邻近区域内向车辆分配任务
		发布无人车预约信息	交通运输管理	车载感知设备、通信设备、交通服务者	任务派遣信息	乘客	信息输出	响应	通信及传输技术	将无人车预约信息发布至乘客终端
	1.4.3 停车位预约	收集停车计划	商用交通运营管理	信息存储管理设备	出行者信息	管理部门学习设备	数据采集	感知	传感器技术、地理信息技术	收集用户停车计划，采集停车场空余车位信息，获取停车场及停车场进出口路况

续表

服务	子服务	功能	所属功能域	功能提供者	过程信息	服务对象	实现途径	逻辑环节	技术	作用
1.4 出行预约服务	1.4.3 停车位预约	分析停车信息	公共交通信息管理	管理部门学习设备	出行者信息	管理部门决策设备	数据分析	学习	人工智能技术、计算技术、大数据技术	分析车位占用信息,分析并选择用户停车最优路径,分析停车场及停车场进出口路况信息
		生成停车计划	公共交通信息管理	管理部门决策设备	任务派遣信息	管理部门响应设备	数据分析	决策	人工智能技术、计算技术、大数据技术	生成停车预约计划、停车诱导计划等
		发布停车位计划	交通运输管理	管理部门响应设备、交通管理者	任务派遣信息	车载感知设备、交通服务者	信息输出	响应	通信及传输技术	将停车位占用计划发布至停车场管理系统
		发布车辆预约信息	交通运输管理	车载感知设备、交通服务者	任务派遣信息	乘客	信息输出	响应	通信及传输技术	系统发布引导信息、停车位信息、停车场信息等至车辆
1.5 个性化信息服务	1.5.1 公共服务设施信息	采集公共服务设施分布信息	交通基础设施管理	信息存储管理设备、交通服务者	服务设施信息	路侧学习设备、站场学习设备	数据采集	感知	大数据技术	采集现有公共服务设施点的分布信息,包括商圈附近数据和属性数据
		监测公共服务设施实时动态	交通信息采集	路侧感知设备、站场感知设备、交通服务者	服务设施信息	路侧学习设备、站场学习设备	数据采集、数据传输	感知	传感器技术	实时获取公共服务设施点的动态信息,如商店营业状况、饭店营业状况、公共交通实时运行位置等
		分析公共服务设施状态	交通基础设施管理	路侧学习设备、站场学习设备	服务设施信息	管理部门决策设备	数据存储、数据分析	学习	人工智能技术、计算技术、大数据技术	根据采集到的公共服务设施相关数据分析其状态,如排队情况、附近车位状态等

续表

服务	子服务	功能	所属功能域	功能提供者	过程信息	服务对象	实现途径	逻辑环节	技术	作用
1.5 个性化信息服务	1.5.1 公共服务设施信息	生成服务设施综合信息	交通基础设施管理	管理部门决策响应设备、交通服务者	服务设施信息	管理部门响应设备、交通服务者	数据分析	决策	人工智能技术	生成针对某用户的个性化服务设施综合信息
		发布公共服务设施信息	交通运输管理	管理部门响应设备、交通服务者	服务设施信息	驾驶者、行人、乘客	信息输出	响应	人工智能技术	将生成的个性化公共服务设施信息传递给用户
	1.5.2 旅游景点信息	采集旅游景点信息	交通信息采集	路侧感知设备、交通服务者	服务设施信息	路侧学习设备	数据采集	感知	传感器技术	采集旅游景点的实时信息,如进出景点人员信息、出入停车场车辆信息等
		分析旅游景点实时情况	环境信息管理	路侧学习设备	服务设施信息	路侧决策设备	数据分析	学习	人工智能技术、计算技术、大数据技术	根据采集到的信息分析出旅游景点的实时情况,如购票及出入口排队情况、停车场使用情况并预测短期内景点客流情况
		生成旅游景点情况报告	环境信息管理	路侧决策设备	服务设施信息	路侧响应设备、交通服务者	数据分析	决策	人工智能技术	生成旅游景点个性化服务信息,如景点基础设施介绍、出行路线推荐、停车场位置推荐等
		发布旅游景点信息	环境信息管理	路侧响应设备、交通服务者	服务设施信息	驾驶者	信息输出	响应	控制技术	发布获取的旅游景点信息,为用户提供及时有效的个性化信息服务

续表

服务	子服务	功能	所属功能域	功能提供者	过程信息	服务对象	实现途径	逻辑环节	技术	作用
1.5 个性化信息服务	1.5.3 个人出行信息推送	获取个人出行信息	交通信息采集	信息存储管理设备、交通服务者	出行者信息	管理部门学习设备	数据采集	感知	大数据技术	采集个人出行历史信息，如出行方式选择情况、出行路线等数据
		存储与分析个人出行信息	商用交通运营管理	管理部门学习设备	出行者信息	管理部门决策设备	数据存储、数据分析	学习	计算技术、大数据技术	对采集到的个人出行历史信息进行存储与分析，推测用户出行偏好，对用户进行画像
		生成个性化出行信息方案	商用交通运营管理	管理部门决策设备	出行方案信息	管理部门响应设备、交通服务者	数据分析	决策	人工智能技术	针对分析得到的用户画像，结合当前交通状态，为用户制定出行方案
		推送个性化出行信息	商用交通运营管理	管理部门响应设备、交通服务者	出行方案信息	驾驶者、乘客、行人	信息输出	响应	人工智能技术	发布个性化出行信息方案，提供个性化服务

表 11 道路载运工具运行服务域对应的功能

服务	子服务	功能	所属功能域	功能提供者	过程信息	服务对象	实现途径	逻辑环节	技术	作用
2.1 车辆环境感知服务	2.1.1 车载视觉感知	摄像头采集实时环境信息	载运工具数据采集	车载感知设备	周边环境信息	车载学习设备	数据采集、数据传输	感知	传感器技术、人工智能技术	主要通过摄像头对周围环境进行感知，并将感知数据输送至下一对象，为交通事故分析、判定提供可靠凭证，方便驾乘人员查看车内情况，为车辆行驶提供安全保障等
	2.1.2 传感器智能感知	传感器实时感知目标	载运工具数据采集	车载感知设备	周边环境信息	车载学习设备	数据采集、数据传输	感知	传感器技术、地理信息技术	通过车载激光雷达、雷达等传感器获取目标（距离、方位和高度）、运动状态（速度、姿态）等信息
	2.1.3 车载定位感知	获取车辆位置信息	载运工具数据采集	车载感知设备	车辆运行信息	车载学习设备	数据采集、数据传输	感知	地理信息技术	通过定位导航技术实时获取高精度车辆位置信息
		分析车辆位置信息	载运工具运行与控制	车载学习设备	车辆运行信息	车载决策设备	数据存储、数据传输	学习	计算技术	存储和导入分析采集到的车辆定位相关信息
		生成车辆位置信息	载运工具运行与控制	车载决策设备	车辆运行信息	车载响应设备	数据采集、设备控制	决策	计算技术	利用导入的数据计算得到车辆定位信息
		反馈车辆位置信息	载运工具运行与控制	车载响应设备	车辆状态信息	载运工具	设备控制、数据传输	响应	计算技术	为用户提供数据分析结果，指导其作出导航、咨询、探测数据、避免碰撞和紧急/事件检测等反馈行为

续表

服务	子服务	功能	所属功能域	功能提供者	过程信息	服务对象	实现途径	逻辑环节	技术	作用
2.2 目标识别服务	2.2.1 道路环境识别	感知道路环境	载运工具数据采集	车载感知设备	路面基础信息	车载学习设备	数据采集、数据分析	感知	传感器技术、人工智能技术	通过车载传感器感知道路环境，获取交通信号灯、标志标线、路面区域等信息
		存储导入与分析环境信息	载运工具运行与控制	车载学习设备	路面基础信息	车载决策设备	数据存储、数据传输	学习	人工智能技术、计算技术、大数据技术	将采集到的环境信息进行存储处理并导入数据库，生成数据集
		基于道路环境生成识别报告	载运工具运行与控制	车载决策设备	路面基础信息	车载响应设备	数据分析	决策	人工智能技术	通过数据分析计算对检测信息进行识别并形成归类报告，如识别道路上的标志标线、道路所处的地形地质条件、气象条件等
		反馈道路环境信息	载运工具运行与控制	车载响应设备	路面基础信息	载运工具	数据传输	响应	控制技术	将识别结果反馈给车主或数据中心
	2.2.2 障碍物与车辆识别	检测障碍物与车辆	载运工具数据采集	车载感知设备	周边环境信息	车载学习设备	数据采集、数据分析	感知	传感器技术、人工智能技术	通过车载传感器感知车辆周围的障碍物，包括周围车辆
		存储导入与分析检测信息	载运工具运行与控制	车载学习设备	周边环境信息	车载决策设备	数据存储、数据传输	学习	人工智能技术、计算技术、大数据技术	将采集到的数据进行存储分析，方便进一步计算处理
		基于障碍物与车辆检测生成决策方案	载运工具运行与控制	车载决策设备	周边环境信息	车载响应设备	数据分析	决策	人工智能技术	计算分析得出车辆与障碍物的距离和角度，并生成规避障碍物的最优路线规划方案

续表

服务	子服务	功能	所属功能域	功能提供者	过程信息	服务对象	实现途径	逻辑环节	技术	作用
2.2 目标识别服务	2.2.2 障碍物与车辆识别	反馈障碍物与车辆检测情况	载运工具运行与控制	车载响应设备	周边环境信息	载运工具	数据传输	响应	控制技术	接收决策方案并作出相应反馈行为
		检测行人	载运工具数据采集	车载感知设备	周边行人信息	车载学习设备	数据采集、数据分析	感知	传感器技术、人工智能技术	通过传感器采集路上行人及其周围情况的视频或图像数据
	2.2.3 行人识别	存储导入与分析检测信息	载运工具运行与控制	车载学习设备	周边行人信息	车载决策设备	数据存储、数据传输	学习	人工智能技术、计算技术、大数据技术	将采集到的数据导入到相关设备中,并进行一定的数据分析处理
		生成行人信息报告	载运工具运行与控制	车载决策设备	周边行人信息	车载响应设备	数据分析	决策	人工智能技术	基于分析情况形成行人位置、运动状态等信息报告
		反馈行人检测信息	载运工具运行与控制	车载响应设备	周边行人信息	载运工具	数据传输	响应	控制技术	车主或运载工具接收决策显示结果并作出相应行为反馈,如减速、绕行等
	2.2.4 情景识别	感知周围场景	载运工具数据采集	车载感知设备	交通状态信息	车载学习设备	数据采集、设备控制	感知	传感器技术、人工智能技术	通过传感器等车载设备对周围场景进行识别
		读取场景库并存储导入感知的周围场景信息	载运工具运行与控制	车载学习设备	交通状态信息	车载决策设备	数据存储、数据传输	学习	人工智能技术、计算技术、大数据技术	载入场景库同时导入感知的周围场景信息

续表

服务	子服务	功能	所属功能域	功能提供者	过程信息	服务对象	实现途径	逻辑环节	技术	作用
2.2 目标识别服务	2.2.4 情景识别	验证自动驾驶车辆关键场景	载运工具运行与控制	车载决策设备	交通状态信息	车载响应设备	数据分析	决策	人工智能技术	通过计算中心对周围场景进行验证，确定场景为自动驾驶车辆关键场景
		监测实时周围环境	载运工具数据采集	车载感知设备	周边环境信息	车载学习设备	数据采集、数据传输	感知	传感器技术、人工智能技术	泊车周围环境监测与感知
		存储、号入、分析周围环境信息	载运工具运行与控制	车载学习设备	周边环境信息	车载决策设备	数据存储、数据分析	学习	计算技术、大数据技术	分析对象信息，将其转换到传感器坐标系、车体坐标系下的位置信息，分析泊车可行性
2.3 自动车辆驾驶服务	2.3.1 自动泊车	生成自动泊车方案	载运工具运行与控制	车载决策设备	周边环境信息	车载响应设备	数据分析	决策	人工智能技术	根据分析情况选用合适的车位，规划出合理可行的泊车路径，随后将车辆控制权交给泊车控制器
		车辆泊车自动控制	载运工具运行与控制	车载响应设备	设备操作信息	载运工具	数据传输、设备控制	响应	控制技术	由控制单元实行决策机构发出控制信号，同时计算车辆估计位姿，实时利用车辆估计位姿与反馈信息的误差作为跟踪跟随，实现车辆按预定的轨迹准确进入车位
	2.3.2 自适应巡航	监测前方道路环境	载运工具数据采集	车载感知设备	周边环境信息	车载学习设备	数据采集	感知	传感器技术、人工智能技术	用于检测本车状态和周围行车环境信息，主要包括输出雷达或摄像头感知的相对距离、相对车速等信号以或摄像头信息和安装在本车上的各类传感器信息

续表

服务	子服务	功能	所属功能域	功能提供者	过程信息	服务对象	实现途径	逻辑环节	技术	作用
2.3 自动车辆驾驶服务	2.3.2 自适应巡航	道路环境信息存储导入与分析	载运工具运行与控制	车载学习设备	周边环境信息	车载决策设备	数据传输、数据存储、数据分析	学习	计算技术、大数据技术	针对前方车辆行驶状态和不同类型车辆制动性能差异，给出相应的安全距离估算模型与算法，最小安全车距控制模型与算法
		基于前方道路环境信息生成自动巡航方案	载运工具运行与控制	车载决策设备	设备操作信息	车载响应设备	数据分析	决策	人工智能技术	根据分析得到的信息，通过相应的控制算法决策出期望的加速度，然后再转化成相应的节气门开度或制动主缸压力信息来控制车辆自动行驶
		车辆自动巡航控制	载运工具运行与控制	车载响应设备	设备操作信息	载运工具	数据传输、设备控制	响应	控制技术	根据控制算法发出油门和刹车指令到自动执行机构，从而实现对车辆的车速控制
	2.3.3 自动换道	监测车道情况	载运工具运行与控制	车载感知设备	周边环境信息	车载响应设备	数据采集、设备控制	感知	传感器技术、人工智能技术	综合各个传感器感知以及附近的车辆运动情况以及附近的车道线，护栏等静态信息
		存储导入与分析车道信息	载运工具运行与控制	车载学习设备	周边环境信息	车载决策设备	数据传输、数据存储、数据分析	学习	人工智能技术	主要是将得到的目标信息进行分析处理，得到周围的驾驶环境，以及便于下一步给出换道，避障等决策信息
		基于车道信息生成更换车道方案	载运工具运行与控制	车载决策设备	设备操作信息	车载响应设备	数据分析	决策	人工智能技术	进行运动规划，包括方向盘转角规划和油门以及制动信号的规划，并将信号传给下层的执行设备

续表

服务	子服务	功能	所属功能域	功能提供者	过程信息	服务对象	实现途径	逻辑环节	技术	作用
2.3 自动车辆驾驶服务	2.3.3 自动换道	自动更换车道	载运工具运行与控制	车载响应设备	设备操作信息	载运工具	数据传输、设备控制	响应	控制技术	以自车前方的目标车道中心线位置为参考，结合车辆换道运动状态安全边界，确定期望前轮转角。最后由自动转向控制器控制车辆转向，实现安全和稳定的换道控制
	2.3.4 碰撞管理	获取周边车辆信息	载运工具数据采集	车载感知设备	周边环境信息	车载学习设备	数据采集、设备控制	感知	传感器技术、通信与传输技术	综合利用感知设备获取车辆周边信息，如护栏、信号灯等静态障碍物位置信息以及周边车辆、行人的位置，运动状态等动态信息
		处理周边车辆数据	载运工具运行与控制	车载学习设备	周边环境信息	车载决策设备	数据传输、数据存储、数据分析	学习	计算技术	分析周边环境情况，计算与当前车辆的碰撞风险
		产生碰撞预警信息	载运工具运行与控制	车载决策设备	设备操作信息	车载响应设备	数据分析	决策	人工智能技术	对车辆预测轨迹上的潜在碰撞风险进行等级划分，最终生成相应的预警信息
		发布碰撞预警信息	载运工具运行与控制	车载响应设备	设备操作信息	载运工具、通信设备	设备控制	响应	通信及传输技术	根据预警信息对驾驶者发出提醒

续表

服务	子服务	功能	所属功能域	功能提供者	过程信息	服务对象	实现途径	逻辑环节	技术	作用
2.4 车路协同驾驶服务	2.4.1 车辆编队驾驶	监测路况动态	交通信息采集	车载感知设备	交通状态信息	车载学习设备	数据采集、数据传输	感知	传感器技术、通信及传输技术	通过感知设备实时监测并采集路况数据,如车速、车流量、信号周期等
		分析路网状态	交通数据管理与协同	车载学习设备	交通状态信息	车载决策设备	数据分析	学习	人工智能技术、计算技术、大数据技术	根据采集到的路网和车辆间通信数据,分析路网状态,一般包括拥堵、缓慢、畅通3种状态
		确定编队头车	载运工具运行与控制	车载决策设备	设备操作信息	车载响应设备	数据分析	决策	人工智能技术	根据路网状态分析结果,判断是否满足编队驾驶的条件,若满足则指定一辆车作为头车,其他车辆作为跟随车辆,通过与头车保持不同的距离来保证编队行驶的队形;若不满足则无须进行编队驾驶
		车辆编队行驶控制	载运工具运行与控制	车载响应设备	任务派遣信息	载运工具	设备控制	响应	控制技术	车队中车辆通过利用无线通信技术获得下游车辆行驶信息或者整个车队的车辆行驶信息进行协同控制,能够有效地提高车辆行驶的安全性和经济性
	2.4.2 车辆信号灯与信号灯协同驾驶	获取车辆前方信号灯信息	载运工具数据采集	车载感知设备	路面基础信息	车载学习设备	数据采集、数据传输	感知	传感器技术、人工智能技术	借助通信网络检测获取车辆前方信号灯控制信息

续表

服务	子服务	功能	所属功能域	功能提供者	过程信息	服务对象	实现途径	逻辑环节	技术	作用
2.4 车路协同驾驶服务	2.4.2 车辆与信号灯协同驾驶	分析信号控制信息与车辆运动情况	载运工具运行与控制	车载学习设备	路面基础信息	车载决策设备	数据存储、数据传输	学习	人工智能技术	根据前方信号控制情况，分析车辆最佳运动状态
		生成车辆运动方案	载运工具运行与控制	车载决策设备	设备操作信息	车载响应设备	数据采集、设备控制	决策	人工智能技术	车辆根据路口信号控制情况，生成车辆运动方案，以高效通过路口
		车辆通过信号灯有信号灯的路口	载运工具运行与控制	车载响应设备	设备操作信息	驾驶者	设备控制、数据传输	响应	控制技术	根据车辆协同运动方案，对车辆进行相应的调整控制，如车辆加减速、车道选择
	2.4.3 无信号灯路口通行	路口车辆及环境信息感知	载运工具数据采集	车载感知设备	周边车辆信息	车载学习设备	数据采集、数据分析	感知	传感器技术、人工智能技术	自主车辆通过传感器获取自身状态信息，通过基站等获取路口区域内道路环境信息和其余车辆信息
		分析预测路口车辆情况	交通数据管理与协同	车载学习设备	周边车辆信息	车载决策设备	数据分析、数据传输	学习	人工智能技术	所有车辆计算出当前时刻最优控制输入信息，包括加速度、速度和实时位移等。分析路口及相连路段的车辆情况，预测车辆汇入路口的流量与运动情况

· 337 ·

续表

服务	子服务	功能	所属功能域	功能提供者	过程信息	服务对象	实现途径	逻辑环节	技术	作用
2.4 车路协同驾驶服务	2.4.3 无信号灯路口通行	生成车辆通过无信号路口方案	载运工具运行与控制	车载决策设备	周边车辆信息	车载响应设备	数据分析、数据传输	决策	人工智能技术	根据路口车辆运动分析情况,生成车辆运动方案,以保本车安全顺利通过无信号路口区域
		车辆通过无信号灯路口	载运工具运行与控制	车载响应设备	设备操作信息	驾驶者	设备控制、信息输出	响应	控制技术	根据运动方案控制车辆,保证本车安全顺利通过路口区域
		感知车辆状况	载运工具数据采集	车载感知设备	车辆基础信息	车载学习设备	数据采集、数据传输	感知	传感器技术	利用可装载在车辆上的传感器采集数据、角速度等姿态数据,利用人工智能技术对车辆行驶状态进行识别
		计算传动控制相关的状况参数	载运工具运行与控制	车载决策设备	车辆基础信息	车载决策设备	数据传输、数据分析	学习	计算技术、大数据	对车辆状况参数进行计算分析,从而得到期望的传动控制参数
		生成传动控制相关的状况数据报告	载运工具运行与控制	车载决策设备	车辆基础信息	车载响应设备	数据分析	决策	人工智能技术	根据计算结果,生成传动控制参数据报告
2.5 车辆动作控制服务	2.5.1 传动系统控制	控制传动系统	载运工具运行与控制	车载响应设备	设备操作信息	驾驶者	设备控制、信息输出	响应	控制技术	实现根据计算决策结果控制车辆的传动系统,包括摩擦式离合器、变速器及分动器(手动)、自动传动系统、万向节与传动轴、主减速器与车轮传动等控制设备

续表

服务	子服务	功能	所属功能域	功能提供者	过程信息	服务对象	实现途径	逻辑环节	技术	作用
2.5 车辆动作控制服务		感知车辆状况	载运工具数据采集	车载感知设备	车辆基础信息	车载学习设备	数据采集、数据传输	感知	传感器技术、人工智能技术	利用可装载在车辆上的传感器采集车辆加速度、角速度等姿态数据，利用人工智能技术对车辆行驶状态进行识别
		计算行驶控制相关的状况参数	载运工具运行与控制	车载学习设备	车辆基础信息	车载决策设备	数据传输、数据分析	学习	计算技术、大数据技术	利用计算技术，根据模型对车辆状况参数进行计算分析并给出决策
	2.5.2 行驶系统控制	生成行驶控制的数据报告	载运工具运行与控制	车载决策设备	车辆基础信息	车载响应设备	数据分析	决策	人工智能技术	根据计算决策结果，生成行驶控制数据报告
		控制行驶系统	载运工具运行与控制	车载响应设备	设备操作信息	驾驶者	设备控制、信息输出	响应	控制技术	根据计算决策结果，通过系统的动力控制车架、车桥、车轮和悬架等，以产生车辆行驶的牵引力，保持行驶的平顺性和操纵的稳定性
		感知车辆状况	载运工具数据采集	车载感知设备	车辆基础信息	车载学习设备	数据采集、数据传输	感知	传感器技术	利用可装载在车辆上的传感器采集车辆加速度、角速度等姿态数据，利用人工智能技术对车辆行驶状态进行识别
	2.5.3 转向系统控制	计算转向控制相关的状况参数	载运工具运行与控制	车载学习设备	车辆基础信息	车载决策设备	数据传输、数据分析	学习	计算技术	将感知信息输入车载学习设备，计算并输出参考轨迹点以及预期速度、转向角度等参数

续表

服务	子服务	功能	所属功能域	功能提供者	过程信息	服务对象	实现途径	逻辑环节	技术	作用
2.5 车辆动作控制服务	2.5.3 转向系统控制	生成转向控制相关参数报告	载运工具运行与控制	车载决策设备	车辆基础信息	车载响应设备	数据分析	决策	人工智能技术	根据计算结果,生成转向控制参数报告
		控制转向系统	载运工具运行与控制	车载响应设备	设备操作信息	驾驶者	设备控制、信息输出	响应	控制技术	根据转向控制相关参数报告,调动车辆相应的设备完成转向任务
		感知车辆及车辆周围状况	载运工具数据采集	车载感知设备	车辆基础信息	车载学习设备	数据采集、数据传输	感知	传感器技术	通过传感器感知车辆及车辆周围障碍物状况
		计算制动控制相关的状况参数	载运工具运行与控制	车载学习设备	车辆基础信息	车载决策设备	数据传输、数据分析	学习	计算技术、大数据技术	对采集到的状况参数进行计算分析
	2.5.4 制动系统控制	生成制动控制相关的状况参数报告	载运工具运行与控制	车载决策设备	车辆基础信息	车载响应设备	数据分析	决策	数据分析技术	对制动控制相关的参数计算结果进一步分析,并生成相关参数报告
		控制制动系统	载运工具运行与控制	车载响应设备	设备操作信息	车载学习设备、驾驶者	设备控制、信息输出	响应	智能车技术	根据报告结果控制车辆制动系统,包括制动机构和制动器,从而保证汽车行驶中按要求减速或可靠停放,保障汽车和车内人员的安全

续表

服务	子服务	功能	所属功能域	功能提供者	过程信息	服务对象	实现途径	逻辑环节	技术	作用
2.6 自动驾驶安全通信服务	2.6.1 车载单元之间通信	车载单元接受指令	载运工具数据采集	车载感知设备	车辆状态信息、交通状态信息	车载学习设备、驾驶者	数据采集、数据传输	感知	计算技术、人工智能技术	通过车载感知设备获取需要通信的信息,主要包括车辆状态信息与交通状态信息
		车载单元转化信息	载运工具运行与控制	车载学习设备	驾驶者信息	车载决策设备	数据分析	学习	计算技术	将需传递的车辆状态信息进行处理,筛选转化可通信网络所需的信息。同时,也可将对方发送的信息进行解析,用于其他具体功能
		车载单元生成信息	载运工具运行与控制	车载决策设备	车车通信信息	车载响应设备	数据分析	决策	计算技术	对采集信息进一步分解处理后完成对车载单元信息的转化,即转化为待传递的信息
		车载单元传递信息	载运工具运行与控制	车载响应设备	车车通信信息	通信设备、车载感知设备	数据传输	响应	通信及传输技术	将转化后的信息传输给其他车载单元
	2.6.2 车载单元与路侧单元通信	车载单元接受指令	载运工具数据采集	车载感知设备	车辆状态信息、交通状态信息	车载学习设备、驾驶者	数据采集、数据传输	感知	计算技术、人工智能技术	通过车载感知设备获取需要通信的信息,主要包括车辆状态信息与交通状态信息
		路侧单元感知信息	交通信息采集	路侧感知设备	交通状态信息	路侧学习设备	数据采集、数据传输	感知	传感器技术	通过路侧感知设备实时感知交通状态信息,为车辆提供有效信息,如道路车流量、信号灯状态等

续表

服务	子服务	功能	所属功能域	功能提供者	过程信息	服务对象	实现途径	逻辑环节	技术	作用
2.6 自动驾驶安全通信服务	2.6.2 车载单元与路侧单元通信	车载单元转化信息	载运工具运行与控制	车载学习设备	驾驶者信息	车载决策设备	数据分析	学习	计算技术	将传递的车辆状态信息进行处理,筛选转化可通讯网所需的信息。同时,进行转化可将对方发送的信息进行解析,用于其他具体功能
		路侧单元转化信息	交通信息采集	路侧学习设备	交通状态信息	路侧学习设备	数据分析	学习	计算技术	将传递的交通状态信息进行处理,筛选转化所需信息。同时,转化可通讯对方发送的信息进行解析,用于其他具体功能
		车载单元生成信息	载运工具运行与控制	车载决策设备	车路通信信息	车载响应设备	数据分析	决策	计算技术	对采集信息进一步解析处理后完成对车载单元信息的转化,即转化为待传递的信息
		路侧单元生成信息	交通信息采集	路侧学习设备	车路通信信息	通信设备	数据分析	决策	计算技术	对采集信息进一步解析处理后完成对路侧单元信息的转化,即转化为待传递的信息
		车载单元传递信息	载运工具运行与控制	车载响应设备	车路通信信息	通信设备、车载感知设备	数据传输	响应	通信及传输技术	将转化后的信息迅速、高效、准确地传输给路侧单元
		路侧单元传递信息	交通数据管理与协同	通信设备	车路通信信息	车载感知设备	数据传输	响应	通信及传输技术	将转化后的信息迅速、高效、准确地传输给车载单元,为协同运行提供基础

附录3 要素内容

续表

服务	子服务	功能	所属功能域	功能提供者	过程信息	服务对象	实现途径	逻辑环节	技术	作用
2.6 自动驾驶安全通信服务	2.6.3 车载单元与行人设备通信	车载单元信息感知	载运工具数据采集	车载感知设备	驾驶者信息	车载学习设备、驾驶者	数据采集、数据传输	感知	传感器技术、人工智能技术	通过车载感知设备获取需要通信的信息，包括车辆状态信息、车辆位置信息、道路环境信息等
		完成车载单元信息转化	载运工具运行与控制	车载决策设备	车车通信信息	车载响应设备	数据分析	学习	人工智能技术	将需传递的车辆状态信息进行处理，筛选信息并进行转化通信可将对方发送的信息进行解析，也可将对方发送的信息进行解析，用于其他具体功能
		传递车载单元信息	载运工具运行与控制	车载感知设备	车车通信信息	行人	信息输出	响应	控制技术	将转化后的信息迅速、高效、准确地传输给行人设备
		接收行人设备反馈信息	载运工具运行与控制	车载响应设备	人车通信信息	载运工具	信息输出、信息反馈	响应	控制技术	接收行人设备发出的反馈信息
	2.6.4 车载单元网络之间通信	车载单元信息感知	载运工具数据采集	车载感知设备	驾驶者信息	车载学习设备、驾驶者	数据采集、数据传输	感知	传感器技术、人工智能技术	通过车载感知设备获取需要通信的信息，包括车辆状态信息、车辆位置信息、道路环境信息等
		完成车载单元信息转化	载运工具运行与控制	车载决策设备	车车通信信息	车载响应设备	数据分析	学习	人工智能技术	将传递的车辆状态信息进行处理，筛选信息并进行转化通信可将对方发送的信息进行解析。同时，也可将对方发送的信息进行解析，用于其他具体功能

续表

服务	子服务	功能	所属功能域	功能提供者	过程信息	服务对象	实现途径	逻辑环节	技术	作用
2.6 自动驾驶安全通信服务	2.6.4 车载单元与网络之间通信	传递车载单元信息	载运工具运行与控制	车载响应设备	车车通信信息	通信设备	数据传输	响应	控制技术、通信及传输技术	将转化后的信息迅速、高效、准确地传输给网络单元
		接收网络指令或反馈信息	载运工具运行与控制	车载感知设备	云端通信信息	载运工具	信息输出、信息反馈	响应	控制技术、通信及传输技术	车载单元接收网络单元发出的指令或成反馈信息
2.7 车辆性能测试服务	2.7.1 车辆年检	采集车况数据	载运工具辅助与安全	信息存储管理设备、交通服务者	车辆基础信息	管理部门、学习设备	数据采集、数据传输	感知	传感器技术、大数据技术	采集车辆各项设备状况数据,即需要进行检测的有关指标数据
		获取车辆违章记录	载运工具辅助与安全	信息存储管理设备、交通服务者	车辆基础信息	管理部门、学习设备	数据采集、数据存储	感知	大数据技术	获取车辆违章记录数据
		评估车辆状况	载运工具辅助与安全	管理部门、学习设备	车辆基础信息	管理部门、决策设备	数据分析	学习	人工智能技术、计算技术、大数据技术	依据获取的检测数据进行综合评估
		生成车辆安全信息	载运工具辅助与安全	管理部门、决策设备	车辆基础信息	管理部门、响应设备、交通服务者	数据分析	决策	人工智能技术	生成检测结果,并录入车辆检信息

续表

服务	子服务	功能	所属功能域	功能提供者	过程信息	服务对象	实现途径	逻辑环节	技术	作用
服务2.7 车辆性能测试服务	2.7.1 车辆年检	发布车辆年检信息	载运工具辅助与安全	管理部门响应设备、交通服务者	车辆基础信息	驾驶者	信息输出	响应	人工智能技术	发布车辆年检结果并向系统上传年检数据
		监测无人车状态	载运工具数据采集	车载感知设备、交通服务者	车辆基础信息	车载学习设备	数据采集	感知	传感器技术、大数据技术	采集无人车车况数据,如车辆标识、车辆控制模式、车辆位置等
		存储与分析无人车状态信息	载运工具辅助与安全	车载学习设备	车辆基础信息	车载决策设备	数据存储、数据分析	学习	人工智能技术、计算技术、大数据技术	对采集到的信息进行存储和分析整理
	2.7.2 无人车整车性能测试	设计整车测试方案并生成结果	载运工具辅助与安全	车载决策设备	车辆基础信息	车载响应设备、交通服务者	数据分析	决策	人工智能技术	在处理过的信息基础上做出决策,判断出该无人车是否具备支持无人驾驶的基本性能,并生成测试报告
		发布无人车整车性能测试报告	载运工具辅助与安全	车载响应设备、交通服务者	设备操作信息	载运工具	设备控制	响应	人工智能技术	发布无人车整车性能测试结果报告
	2.7.3 无人车情景测试	选定测试场景	交通数据管理与协同	交通服务者	车辆基础信息	车载感知设备	数据采集	感知	大数据技术、人工智能技术	根据测试需求选择相应的场景,在仿真平台、封闭测试场或开放道路中进行测试

续表

服务	子服务	功能	所属功能域	功能提供者	过程信息	服务对象	实现途径	逻辑环节	技术	作用
2.7 车辆性能测试服务	2.7.3 无人车情景测试	监测无人车状态	载运工具数据采集	车载感知设备、交通服务者	车辆基础信息	车载学习设备	数据采集	感知	传感器技术、大数据技术	对应测试指标,采集无人车车况数据
		存储与分析无人车状态信息	载运工具辅助与安全	车载学习设备	车辆基础信息	车载决策设备	数据存储、数据分析	学习	人工智能技术、计算技术、大数据技术	对采集到的信息进行存储和分析整理
		生成车辆情景测试报告	载运工具辅助与安全	车载决策设备	车辆基础信息	车载响应设备、交通服务者	数据分析	决策	人工智能技术	在处理过的信息基础上,生成测试报告
		发布车辆情景测试报告	载运工具辅助与安全	车载响应设备、交通服务者	设备操作信息	载运工具	信息输出	响应	人工智能技术	发布车辆情景测试的报告
	2.7.4 无人车行驶里程测试	监测车辆行驶状况	载运工具数据采集	车载感知设备、交通服务者	车辆运行信息	车载学习设备	数据采集	感知	传感器技术、大数据技术	对应测试指标,采集无人车车况数据
		记录行驶里程及状态	载运工具辅助与安全	车载学习设备	车辆运行信息	车载学习设备	数据采集、数据存储	感知	计算技术	通过车载设备对行驶里程进行计数,同时记录车辆行驶测试过程的状态
		分析车辆行驶信息	载运工具运行与控制	车载学习设备	车辆运行信息	车载决策设备	数据存储、数据分析	学习	人工智能技术、计算技术、大数据技术	对采集到的数据进行分析

续表

服务	子服务	功能	所属功能域	功能提供者	过程信息	服务对象	实现途径	逻辑环节	技术	作用
2.7 车辆性能测试服务	2.7.4 无人车行驶里程测试	评估车辆行驶状况	载运工具辅助与安全	车载决策设备	车辆运行信息	车载响应设备、交通服务者	数据分析	决策	人工智能技术	根据数据分析得到评估报告
		发布车辆行驶测试报告	载运工具辅助与安全	车载响应设备、交通服务者	车辆运行信息	驾驶者	信息输出	响应	人工智能技术	发布车辆行驶的最终测试报告

表12 道路货物运输服务域对应的功能

服务	子服务	功能	所属功能域	功能提供者	过程信息	服务对象	实现途径	逻辑环节	技术	作用
3.1 货物运输规划服务	3.1.1 货物可行运输方案	收集货运计划	货物运输	信息存储管理设备、交通服务者	货物信息	管理部门学习设备	数据采集、数据传输	感知	大数据技术	收集货运计划相关数据,如货运量、始终点、途径站等
		分析货运信息	货物运输	管理部门学习设备	货物信息	管理部门决策设备、交通服务者	数据存储、数据分析	学习	计算技术、大数据技术	对收集到的数据进行整理分析
		规划货运方案	货物运输	管理部门决策设备、交通服务者	货物信息	管理部门响应设备、交通服务者	数据分析	决策	人工智能技术	规划并生成货物运输方案

续表

服务	子服务	功能	所属功能域	功能提供者	过程信息	服务对象	实现途径	逻辑环节	技术	作用
3.1 货物运输规划服务	3.1.1 货物同行运输方案	发布货物运输方案	货物运输	管理部门响应设备、交通服务者	货物信息	物流运输服务使用者、交通服务者	信息输出	响应	人工智能技术	向有关部门或人员发布货物运输方案
		制定货物运输定价方案	货物运输	管理部门决策设备、交通服务者	设施收费信息	管理部门决策设备	数据分析	学习	人工智能技术	对货运量进行分析和预测，并根据数据模型进行市场分析、效益分析等，从而制定货物运输定价方案
	3.1.2 货物运输费用	确定货物运输价格	货物运输	管理部门决策设备	设施收费信息	管理部门决策设备、物流运输服务使用者	数据分析	决策	人工智能技术	根据运量、运输距离、货物种类、包装固定方式等条件，依据定价方案确定一批货物的运价
		存储收费数据	货物运输	信息存储管理设备	设施收费信息	交通服务者	数据存储	响应	大数据技术	储存货运单据、订单运价等数据，作为历史数据，方便分析和调用
		发布货物运输价格	货物运输	信息存储管理设备、交通服务者	设施收费信息	物流运输服务使用者	信息传输	响应	通信及传输技术	将物货运输费用详细清单发送至物流运输服务使用者，并提供支付方式
	3.1.3 货物运输质量评定	收集货物运输质量数据	货物运输	管理部门学习设备	货物信息	管理部门学习设备	数据采集	感知	大数据技术	获取、收集货物运输质量评价体系所需要的指标数据
		分析货物运输情况	货物运输	管理部门学习设备	货物信息	管理部门决策设备	数据分析	学习	人工智能技术、计算技术、大数据技术	将897指标入评价体系模型，对货物运输情况进行分析

续表

服务	子服务	功能	所属功能域	功能提供者	过程信息	服务对象	实现途径	逻辑环节	技术	作用
3.1 货物运输规划服务	3.1.3 货物运输质量评定	生成货物运输质量评定报告	货物运输	管理部门决策设备	货物信息	管理部门响应设备、交通服务者	数据分析	决策	人工智能技术	根据分析结果，生成货物运输质量评定报告
		发布货物运输质量评定报告	货物运输	管理部门响应设备、交通服务者	货物信息	交通服务者、交通管理者、物流运输服务使用者	信息输出	响应	人工智能技术	向有关部门和人员发布货物运输质量评定报告
3.2 货物（自动）承运服务	3.2.1 货物揽件与信息登记	采集货物图像	货物运输	站场感知设备、交通服务者	货物信息	站场学习设备	数据采集	感知	传感器技术	获取货物图像并对图像进行信息采集
		导入存储分析货物图像	货物运输	站场学习设备	货物信息	站场决策设备	数据存储、数据分析	学习	人工智能技术、计算技术、大数据技术	导入货物图像信息，进行处理分析，识别货物属性并归类
		输出图像分析结果	货物运输	站场决策设备	货物信息	站场响应设备、交通服务者	信息输出	决策	人工智能技术	得到货物图像分析结果，将分析识别结果输出到货物承运系统
		货物识别登记	货物运输	站场响应设备、交通服务者	货物信息	物流运输服务使用者	数据存储	响应	人工智能技术	对货物识别结果和相关信息登记到系统

续表

服务	子服务	功能	所属功能域	功能提供者	过程信息	服务对象	实现途径	逻辑环节	技术	作用
3.2 货物(自动)承运服务	3.2.2 货物分类	感知货物图像	货物运输	站场感知设备、交通服务者	货物信息	站场学习设备	数据采集	感知	传感器技术	获取货物图像并进行特征采集
		载入货物图像并分析	货物运输	站场学习设备	货物信息	站场决策设备	数据存储、数据分析	学习	人工智能技术、计算技术、大数据技术	导入图像信息并进行分析
		生成货物图像分类结果	货物运输	站场决策设备	货物信息	站场响应设备、交通服务者	数据分析、信息输出	决策	人工智能技术	根据分类算法计算,识别出货物种类
		反馈分类结果	货物运输	站场响应设备、交通服务者	货物信息	物流运输服务使用者	信息反馈	响应	人工智能技术	将分类结果反馈至货物承运系统和工作人员
	3.2.3 货物包装	感知货物图像及信息	货物运输	站场感知设备、交通服务者	货物信息	站场学习设备	数据采集	感知	传感器技术	获取货物图像并进行尺寸等相关信息的采集
		载入图库分析	货物运输	站场学习设备	货物信息	站场决策设备	数据存储、数据分析	学习	人工智能技术	将货物信息载入图库进行对比分析
		识别货物包装类型	货物运输	站场决策设备	货物信息	站场响应设备、交通服务者	数据分析	决策	人工智能技术	根据分析结果识别出货物需要的包装类型

续表

服务	子服务	功能	所属功能域	功能提供者	过程信息	服务对象	实现途径	逻辑环节	技术	作用
3.2 货物（自动）承运服务	3.2.3 货物包装	包装货物	货物运输	站场响应设备、交通服务者	货物信息	物流运输服务使用者	设备控制	响应	控制技术	根据识别结果包装货物
		感知货物图像及信息	货物运输	站场感知设备、交通服务者	货物信息	站场学习设备	数据采集	感知	传感器技术	感知货物图像，获取货物装卸信息
		载入图库及分析	货物运输	站场学习设备	货物信息	站场决策设备	数据存储、数据分析	学习	人工智能技术	载入图库，对比作业原则对照分析
	3.2.4 货物装卸	识别货物类型	货物运输	站场决策设备	货物信息	站场响应设备、交通服务者	数据分析	决策	人工智能技术	针对具体作业类型，根据作业计划自动生成作业指令至自动化控制系统
		装卸货物	货物运输	站场响应设备、交通服务者	货物信息	物流运输服务使用者	设备控制	响应	控制技术	装卸控制系统自动根据作业计划装卸货物
		感知货物图像及信息	货物运输	站场感知设备、交通服务者	货物信息	站场学习设备	数据采集	感知	传感器技术	感知货物图像，获取货物运输信息
	3.2.5 货物交接	载入图库及分析	货物运输	站场学习设备	货物信息	站场决策设备	数据存储、数据分析	学习	人工智能技术	载入图库，对比分析货物运输信息

续表

服务	子服务	功能	所属功能域	功能提供者	过程信息	服务对象	实现途径	逻辑环节	技术	作用
3.2 货物（自动）承运服务	3.2.5 货物交接服务	识别货物类型	货物运输	站场决策设备	货物信息	站场响应设备、交通服务者、物流运输服务使用者	数据分析	决策	人工智能技术	识别货物类型，根据货物交接方案分析得出货物交接方案
		交接货物	货物运输	站场响应设备、交通服务者、物流运输服务使用者	货物信息	物流运输服务使用者	设备控制	响应	控制技术	根据货物交接方案对货物进行交接操作，并将交接单据存储进系统
3.3 货运信息服务	3.3.1 货物信息	收集货物静态基本信息	货物运输	信息存储管理设备、交通服务者	货物信息	管理部门学习设备	数据采集	感知	大数据技术	录入货物静态数据，包括类型、数量、重量、车同度等，以及托运人、承运人、收货人等
		分析货物静态信息	货物运输	管理部门学习设备	货物信息	管理部门学习设备	数据分析	学习	人工智能技术	处理货物静态数据，分析货物运输潜在注意事项及运输方式、路线的选择情况
		生成货物综合信息细则	货物运输	管理部门决策设备	货物信息	管理部门响应设备、交通服务者	数据分析	决策	人工智能技术	根据静态数据及分析情况生成货物综合报告
		发布货物信息细则	货物运输	管理部门响应设备、交通服务者	货物信息	交通服务者	信息输出	响应	人工智能技术	向承运货物的运营者发布货物信息

附录3 要素内容

续表

服务	子服务	功能	所属功能域	功能提供者	过程信息	服务对象	实现途径	逻辑环节	技术	作用
3.3 货运信息服务	3.3.2 货物状态	监测货物状态	货物运输	车载感知设备、交通服务者	货物信息	管理部门学习设备	数据采集	感知	传感器技术	将车、货关键部位动态应力、冲击和振动加速度、减载率等参数实时反馈给系统
		分析货物状态情况	货物运输	管理部门决策设备	货物信息	管理部门决策设备	数据分析	学习	人工智能技术	掌握货物运输状态，分析参数判断是否有异常情况
		生成货物状态报告	货物运输	管理部门决策设备	货物信息	管理部门响应设备、交通服务者	数据分析	决策	人工智能技术	根据分析结果得到货物状态报告，如有异常给出处理方案等
		发布货物状态报告	货物运输	管理部门响应设备、交通服务者	货物信息	交通服务者	信息输出	响应	人工智能技术	将货物状态报告和后续运输方案传入系统并发布至相关平台
	3.3.3 货物位置	感知货物动态位置	货物运输	车载感知设备	货物信息	管理部门学习设备	数据采集	感知	地理信息技术	系统通过传感技术、地理信息技术、遥感技术等技术跟踪货物位置信息，实时更新动态位置信息
		分析货物位置情况	货物运输	管理部门决策设备	货物信息	管理部门决策设备	数据分析	学习	人工智能技术	对位置信息进行融合、分析处理、矫正等，实时更新动态位置并对比货物运输的计划路线，判断运输情况

· 353 ·

续表

服务	子服务	功能	所属功能域	功能提供者	过程信息	服务对象	实现途径	逻辑环节	技术	作用
3.3 货运运输信息服务	3.3.3 货物位置	生成货物位置信息	货物运输	管理部门决策设备	货物信息	管理部门响应设备	数据分析	决策	人工智能技术	根据分析结果生成动态位置信息
		共享货物位置信息	货物运输	管理部门响应设备	货物信息	物流运输服务使用者、交通管理者、交通服务者	信息输出	响应	人工智能技术、通信及传输技术	将货物实时位置共享至物流运输服务使用者及相关管理、运营平台
	3.3.4 货运状态更新	采集货物实时运输状态信息	货物运输	车载感知设备、路侧感知设备、交通服务者	货物信息	管理部门学习设备	数据采集	感知	传感器技术、地理信息技术	实时采集货物运输在各个环节的状态信息，如货物自身状态信息、车辆状态信息等
		分析货物运输状态	货物运输	管理部门学习设备	货物信息	管理部门决策设备	数据存储、数据分析	学习	人工智能技术、计算技术、大数据技术	对采集到的货物运输状态信息进行分析处理
		生成货运规划方案	货物运输	管理部门决策设备	货物信息	管理部门响应设备、交通服务者	数据分析	决策	人工智能技术	对分析处理后得到的数据进一步挖掘，生成新的货运规划
		更新货运规划	货物运输	管理部门响应设备、交通服务者	货物信息	物流运输服务使用者	信息输出	响应	人工智能技术	在平台上或向有关部门人员实时更新的运输方案，如新的货运线路和运输车辆

附录3 要素内容

续表

服务	子服务	功能	所属功能域	功能提供者	过程信息	服务对象	实现途径	逻辑环节	技术	作用
3.3 货运运输信息服务	3.3.5 货运信息共享	录入货物运输信息	货物运输	信息存储管理设备、交通服务者	货物信息	管理部门学习设备	数据采集、数据存储	感知	大数据技术	将货物的名称、类型、重量、体积、运输目的地等信息录入系统
		感知货物实时运输信息	货物运输	车载感知设备、路侧感知设备	货物信息	管理部门决策设备	数据采集	感知	传感器技术、地理信息技术	实时采集货物运输在各个环节的状态信息，如货物自身状态信息、车辆位置信息、车辆状态信息等
		生成货物信息异常报告	货物运输	管理部门决策设备	货物信息	管理部门响应设备、交通服务者	数据分析	决策	人工智能技术、计算技术、大数据技术	根据收集到的信息分析得出货物信息异常报告，如货物运输延迟、运输路线错误、货物失窃等
		共享信息	货物运输	管理部门响应设备、交通服务者	货物信息	物流运输服务使用者	信息输出、信息反馈	响应	人工智能技术、通信及传输技术	在平台发布货物信息，实现实时的多方信息共享
3.4 特种货物运输服务	3.4.1 特种货物运输安全防护	采集特种货物信息	货物运输	信息存储管理设备、交通服务者	货物信息	管理部门学习设备	数据采集	感知	大数据技术	采集特种货物信息，包括货物类别、数量及注意事项等
		分析特种货物信息	货物运输	管理部门决策设备	货物信息	管理部门决策设备	数据存储、数据分析	学习	计算技术、大数据技术	对货物信息进行分析，以便根据货物的特殊性安排针对性的安全措施
		生成货物防护加装方案	货物运输	管理部门决策设备	货物信息	管理部门响应设备、交通服务者	数据分析	决策	人工智能技术	制定满足货物装载要求的防护加装方案，保证货物运输的安全

续表

服务	子服务	功能	所属功能域	功能提供者	过程信息	服务对象	实现途径	逻辑环节	技术	作用
3.4 特种货物运输服务	3.4.1 特种货物运输安全防护	特种货物防护加装与检查	货物运输	管理部门、响应设备	货物信息	驾驶者、物流运输服务使用者	信息输出、设备控制	响应	人工智能技术	依据生成的货物防护加装方案对货物进行防护加装与检查，确保货物装载安全
		备选运输路线核验查探	货物运输	信息存储管理设备、交通服务者	交通控制信息	管理部门、学习设备	数据采集	感知	传感器技术	查探备选路线周边的人流量、建筑物情况及节点位置等信息
	3.4.2 运输路线事先选定与登记	分析路线数据	货物运输	管理部门、学习设备	交通控制信息	管理部门、决策设备	数据分析	学习	计算技术、大数据技术	对采集到的信息进行综合分析，方便进一步选定运输路线
		生成运输路线	货物运输	管理部门、决策设备	交通控制信息	管理部门、响应设备、交通服务者	数据分析	决策	人工智能技术	分析计算得到运输线方案
		运输路线登记与公布	货物运输	管理部门、响应设备、交通服务者	交通控制信息	交通服务者、物流运输服务使用者	信息输出	响应	人工智能技术	将运输路线进行登记并公布，实现信息共享
	3.4.3 特种货物实时检测跟踪	感知特种货物实时运输信息	货物运输	路侧感知设备、车载感知设备	货物信息	管理部门、学习设备	数据采集	感知	传感器技术、地理信息技术	实时采集特种货物运输在各个环节的状态信息，如货物自身状态信息、位置信息、车辆状态信息等

续表

服务	子服务	功能	所属功能域	功能提供者	过程信息	服务对象	实现途径	逻辑环节	技术	作用
3.4 特种货物运输服务	3.4.3 特种货物实时检测跟踪	分析特种货物运输信息	货物运输	管理部门学习设备	货物信息	管理部门决策设备	数据存储、数据分析	学习	人工智能技术、计算技术、大数据技术、地理信息技术	对采集到的信息进行全面的空间分析
		生成特种货物信息报告	货物运输	管理部门决策设备	货物信息	管理部门响应设备、交通服务者	数据分析	决策	人工智能技术	根据信息分析结果进一步挖掘生成特种货物信息报告,为进一步采取相关安全措施提供依据
		更新特种货物信息	货物运输	管理部门响应设备、交通服务者	货物信息	交通服务者	信息输出	响应	人工智能技术	将生成的特种货物信息报告分发给相关的部门或人员,降低运输风险
	3.4.4 特种货物运输信息共享	录入特种货物运输信息	货物运输	信息存储管理设备、交通服务者	货物信息	管理部门学习设备	数据采集、数据存储	感知	大数据技术	将特种货物的名称、类型、重量、体积、运输目的地等信息录入系统
		感知特种货物实时运输信息	货物运输	路侧感知设备、车载感知设备	货物信息	管理部门决策设备	数据采集	感知	传感器技术、地理信息技术	实时采集特种货物运输任务各个环节的状态信息,如货物自身状态信息、车辆位置信息,车辆状态信息等
		生成特种货物信息异常报告	货物运输	管理部门决策设备	货物信息	管理部门响应设备、交通服务者	数据分析	决策	人工智能技术	根据信息分析结果进一步挖掘生成特种货物信息报告,为进一步采取相关安全措施提供依据
		共享信息	货物运输	管理部门响应设备、交通服务者	货物信息	驾驶者、物流运输服务使用者、交通服务者	信息输出、信息反馈	响应	人工智能技术、通信及传输技术	对获取的特种货物运输相关信息进行多方共享

表 13 道路交通基础设施服务域对应的功能

服务	子服务	功能	所属功能域	功能提供者	过程信息	服务对象	实现途径	逻辑环节	技术	作用
4.1 道路智能管理服务	4.1.1 道路路面维护	监控路面情况	交通信息采集	路侧感知设备、交通管理者	路面基础信息	路侧学习设备	数据采集	感知	传感器技术	采集道路养护时间、养护措施、养护路段范围、道路铺设材料、道路病害情况等信息
		分析道路信息	交通基础设施管理	路侧学习设备	路面基础信息	路侧决策设备	数据分析	学习	人工智能技术、计算技术、大数据技术	对采集到的数据进行处理，分析路面受损程度
		生成路面维护方案	交通基础设施管理	路侧决策设备	路面基础信息	交通管理者	数据分析	决策	人工智能技术	根据分析结果进一步研判路面情况，针对受损严重或其他异常情况形成维护方案
		路面维护施工	交通基础设施管理	交通管理者	施工方案信息	交通使用者	信息输出、设备控制	响应	人工智能技术	依据维护方案进行路面维护施工，从源头治理防护
	4.1.2 路侧设备维护	监控路侧设备操作	交通信息采集	路侧感知设备、交通服务者	路侧设备状态信息	路侧学习设备	数据采集	感知	传感器技术	实时监控路侧设备操作
		采集交通现场设备故障数据	交通信息采集	路侧感知设备、交通服务者	路侧设备状态信息	路侧学习设备	数据采集、数据传输	感知	传感器技术、大数据技术	采集交通现象设备故障的信息
		分析设备异常情况	交通基础设施管理	路侧学习设备	路侧设备状态信息	路侧决策设备	数据分析	学习	人工智能技术、计算技术、大数据技术	对采集到的信息进行分析，了解设备故障的情况

续表

服务	子服务	功能	所属功能域	功能提供者	过程信息	服务对象	实现途径	逻辑环节	技术	作用
4.1 道路智能管理服务	4.1.2 路侧设备维护	生成异常情况报告	交通基础设施管理	路侧决策设备	路侧设备状态信息	交通管理者	数据分析	决策	人工智能技术	根据分析得出的设备故障情况进一步生成报告，为有关人员及时进行维护施工提供依据
		路侧设备维护施工	交通基础设施管理	交通管理者	设施维护信息	交通使用者	信息输出、设备控制	响应	人工智能技术	根据异常情况报告，对路侧设备进行相应的施工维护
	4.1.3 道路交通标识维护	检测交通标识	交通基础设施管理	路侧感知设备、交通管理者	路面基础信息	路侧学习设备	数据采集	感知	传感器技术	通过路侧感知设备或设施管理者采集交通标识数据，如标志牌外形、车道线轮廓等
		分析交通标识信息	交通基础设施管理	路侧学习设备	路面基础信息	管理部门决策设备	数据分析	学习	人工智能技术	对检测到的信息进行处理，判断标识是否清晰且符合规范，是否与实际交通环境相符
		评估交通标识信息	交通基础设施管理	管理部门决策设备	路面基础信息	管理部门响应设备、交通管理者	数据分析	决策	人工智能技术	根据分析判断结果，生成评估报告以及相应维护方案
		管理标识	交通基础设施管理	管理部门响应设备、交通管理者	路面基础信息	交通使用者	信息输出	响应	人工智能技术	由系统或相关部门对交通信号标识进行管理维护，确保标识能起到高效有序引导交通的作用

·359·

续表

服务	子服务	功能	所属功能域	功能提供者	过程信息	服务对象	实现途径	逻辑环节	技术	作用
4.2 桥梁隧道管理服务	4.2.1 桥梁隧道监测	监测桥梁隧道信息	交通信息采集	路侧感知设备、交通服务者	路面基础信息	路侧决策设备	数据采集、数据传输	感知	传感器技术	实时监测桥梁隧道信息，便于进一步计算分析其安全性
		桥梁隧道安全评估	交通基础设施管理	路侧决策设备	路面基础信息	交通管理者	数据分析	决策	人工智能技术	综合考虑多方因素，并对这些参数进行分析处理和识别判断，评估桥梁隧道的安全等级和使用条件
		监控桥梁隧道情况	交通信息采集	路侧感知设备、交通服务者	路面基础信息	路侧学习设备	数据采集	感知	传感器技术	对桥梁隧道日常指标进行监测，判断隧道运行状态是否超过预警阈值
		分析桥梁隧道信息	交通基础设施管理	路侧学习设备	路面基础信息	路侧决策设备	数据分析	学习	人工智能技术	分析桥梁隧道里程信息、设计信息、运行状态信息等
	4.2.2 桥梁隧道维护	生成桥梁隧道检测报告	交通基础设施管理	路侧决策设备	路面基础信息	路侧响应设备、交通管理者	数据分析	决策	人工智能技术	根据分析结果生成桥梁隧道的检测报告
		桥梁隧道维护施工	交通基础设施管理	路侧响应设备、交通管理者	设施维护信息	交通使用者	信息输出、设备控制	响应	控制技术	根据检测报告调动人员和设备处理异常情况，进行维护施工

续表

服务	子服务	功能	所属功能域	功能提供者	过程信息	服务对象	实现途径	逻辑环节	技术	作用
4.3 交通枢纽基础设施管理服务	4.3.1 客运枢纽基础设施维护	获取客运基础设施状态信息	交通信息采集	站场感知设备、交通服务者	站场设施基础信息	站场学习设备	数据采集	感知	传感器技术	实时监测客运设施及相关系统的运行状态,监测是否有故障信息提示
		分析客运基础设施状态信息	交通基础设施管理	站场学习设备	站场设施基础信息	站场决策设备	数据分析	学习	人工智能技术	对运行数据进行分析,判断设施是否安全正常运行,判断设施是否需要维修、更换
		生成客运基础设施维护方案	交通基础设施管理	站场决策设备	站场设施基础信息	站场响应设备、交通管理者	数据分析	决策	人工智能技术	生成客运基础设施维护修理方案
		维护修理客运基础设施	交通基础设施管理	站场响应设备、交通管理者	设施维护信息	交通使用者	信息输出、设备控制	响应	控制技术	维修设备或人员根据维修方案进行维修,并将维修结果反馈至系统进行故障管理
	4.3.2 货运枢纽基础设施维护	获取货运基础设施状态信息	交通信息采集	站场感知设备、交通服务者	站场设施基础信息	站场学习设备	数据采集	感知	传感器技术	通过多传感器采集货运板纽基础设施运行数据,运动数据等
		分析货运基础设施状态信息	交通基础设施管理	站场学习设备	站场设施基础信息	站场决策设备	数据分析	学习	人工智能技术	处理货运基础设施运行状态数据,分析设施运行状态,判断其是否健康运行,排查安全隐患
		生成货运基础设施维修方案	交通基础设施管理	站场决策设备	站场设施基础信息	站场响应设备、交通管理者	数据分析	决策	人工智能技术	针对分析中的异常情况,生成各运基础设施维护修理方案
		维护修理货运基础设施	交通基础设施管理	站场响应设备、交通管理者	设施维护信息	交通使用者	信息输出、设备控制	响应	控制技术	维修设备或人员根据维修方案进行维修,并将维修结果反馈至系统进行故障管理

续表

服务	子服务	功能	所属功能域	功能提供者	过程信息	服务对象	实现途径	逻辑环节	技术	作用
4.4 交通信息基础设施管理服务	4.4.1 通信技术协同设施维护	收集通信技术协同设施运行数据	交通信息采集	路侧感知设备、交通服务者	站场设施基础信息	路侧学习设备	数据采集	感知	传感器技术	监测设施运行情况,采集设备运行数据
		综合分析通信技术协同设施数据	交通基础设施管理	路侧学习设备	站场设施基础信息	路侧决策设备	数据分析	学习	通信及传输技术、大数据技术	对各通信设施数据进行处理,分析彼此协同管理的可行性,同时对异常数据进行标注,分析其潜在的影响
		生成通信技术协同设施情况报告	交通基础设施管理	路侧决策设备	站场设施基础信息	路侧响应设备、交通管理者	数据分析	决策	人工智能技术	根据分析结果生成设施情况报告及协同管理方案,同时针对异常情况形成相应的维修方案
		协同通信设施维护施工	交通基础设施管理	路侧响应设备、交通管理者	设施维护信息	交通使用者	信息输出、设备控制	响应	控制技术	发送维护指令至维修人员或维修设备,对异常情况进行处理
	4.4.2 人工智能信息支撑设施维护	收集人工智能信息支撑设施运行数据	交通信息采集	路侧感知设备、交通服务者	站场设施基础信息	路侧学习设备	数据采集	感知	传感器技术	收集人工智能信息支撑设施的运行数据
		分析人工智能信息支撑设施状态	交通信息采集	路侧学习设备	站场设施基础信息	路侧决策设备	数据分析	学习	大数据技术	对人工智能信息支撑设施历史数据与实时运行数据进行处理,分析运行规律,检测异常情况,并判断其影响

续表

服务	子服务	功能	所属功能域	功能提供者	过程信息	服务对象	实现途径	逻辑环节	技术	作用
4.2 桥梁隧道管理服务	4.2.2 桥梁隧道维护	生成人工智能信息支撑设施状态报告	交通基础设施管理	路侧决策设备	站场设施基础信息	路侧响应设备、交通管理者	数据分析	决策	人工智能技术	根据分析情况生成综合状态报告,针对异常情况生成维修方案
		支撑设施维护施工	交通基础设施管理	路侧响应设备、交通管理者	设施维护信息	交通使用者	信息输出、设备控制	响应	控制技术	维修部门根据设备异常情况进行维护管理
4.5 交通能源基础设施管理服务	4.5.1 加油站基础设施维护	获取加油站基础设施运行数据	交通信息采集	站场感知设备、交通服务者	服务设施信息	站场学习设备	数据采集	感知	传感器技术	获取加油站基础设施运行数据,采集基础设施故障频次、轮换日期等数据
		分析加油站基础设施数据	交通基础设施管理	站场学习设备	服务设施信息	站场决策设备	数据分析	学习	计算技术、大数据技术	分析加油站基础设施运行情况,预测设备异常情况,维修周期
		生成加油站基础设施维修方案	交通基础设施管理	站场决策设备	服务设施信息	站场响应设备、交通管理者	数据分析	决策	人工智能技术	根据分析结果生成加油站基础设施维护方案
		加油站基础设施维护修理	交通基础设施管理	站场响应设备、交通管理者	设施维护信息	驾驶者	信息输出、设备控制	响应	控制技术	发送维护指令至维修人员或维修设备,对异常情况进行处理,监视维修过程,保证安全

续表

服务	子服务	功能	所属功能域	功能提供者	服务对象	过程信息	实现途径	逻辑环节	技术	作用
4.5 交通能源基础设施管理服务	4.5.2 加气站基础设施维护	获取加气站基础设施运行数据	交通信息采集	站场感知设备、交通服务者	站场学习设备	服务设施信息	数据采集	感知	传感器技术	获取加气站基础设施的状态
		分析加气站基础设施数据	交通基础设施管理	站场学习设备	站场决策设备	服务设施信息	数据分析	学习	计算技术、大数据技术	分析加气站基础设施的状态数据，监测异常情况，预测设备维修、更换周期
		生成加气站基础设施维护方案	交通基础设施管理	站场决策设备	站场响应设备、交通管理者	服务设施信息	数据分析	决策	人工智能技术	根据加气站基础设施状态生成维护方案
		维护修理加气站基础设施	交通基础设施管理	站场响应设备	驾驶者	设施维护信息	信息输出、设备控制	响应	控制技术	将维护方案发送至维修人员或维修设备，以便于对加气站基础设施的异常情况进行及时处理，并监视维修过程，保证安全
	4.5.3 充电站基础设施维护	获取充电站基础设施运行数据	交通信息采集	站场感知设备、交通服务者	站场学习设备	服务设施信息	数据采集	感知	传感器技术	对充电站各子系统的数据进行汇总、统计，获取充电机运行数据和动力电池充电数据等
		分析充电站基础设施数据	交通基础设施管理	站场学习设备	站场决策设备	服务设施信息	数据分析	学习	计算技术、大数据技术	对比系统故障特征库对数据进行分析，排查设备运行问题
		生成充电站基础设施维护方案	交通基础设施管理	站场决策设备	站场响应设备、交通管理者	服务设施信息	数据分析	决策	人工智能技术	根据分析情况，生成对异常情况的维护方案

续表

服务	子服务	功能	所属功能域	功能提供者	过程信息	服务对象	实现途径	逻辑环节	技术	作用
4.5 交通能源基础设施管理服务	4.5.3 充电站基础设施维护	维护修理充电站基础设施	交通基础设施管理	站场响应设备、交通管理者	设施维护信息	驾驶者	信息输出、设备控制	响应	控制技术	发送维护指令至维修人员或维修设备，对充电站基础设施的异常情况进行处理，监视维修过程，保证安全
	4.5.4 氢气站基础设施维护	获取氢气站基础设施运行数据	交通信息采集	站场感知设备、交通服务者	服务设施信息	站场学习设备	数据采集	感知	传感器技术	获取氢气站基础设施的运行数据
		分析氢气站基础设施数据	交通基础设施管理	站场学习设备	服务设施信息	站场决策设备	数据分析	学习	计算技术、大数据技术	处理分析氢气站基础设施运行状态，对异常设施进一步分析，判断其严重程度
		生成氢气站基础设施维护方案	交通基础设施管理	站场决策设备	服务设施信息	站场响应设备、交通管理者	数据分析	决策	人工智能技术	根据氢气站基础设施状态及异常情况生成维护方案
		维护修理氢气站基础设施	交通基础设施管理	站场响应设备、交通管理者	设施维护信息	驾驶者	信息输出、设备控制	响应	控制技术	根据氢气站基础设施维护方案对设备进行维护

续表

服务	子服务	功能	所属功能域	功能提供者	过程信息	服务对象	实现途径	逻辑环节	技术	作用
4.6 交通辅助基础设施管理服务	4.6.1 充电桩基础设施维护	获取充电桩基础设施运行数据	交通信息采集	路侧感知设备、交通服务者	服务设施信息	路侧学习设备	数据采集	感知	传感器技术	获取充电桩运行数据，如充电桩占用情况、收费情况、预约信息等
		分析充电桩基础设施运行状态	交通基础设施管理	路侧学习设备	服务设施信息	路侧决策设备	数据分析	学习	计算技术、大数据技术	根据历史数据和实时运行数据分析充电桩基础设施进一步分析，对异常数据判断其严重程度
		生成充电桩基础设施维护方案	交通基础设施管理	路侧决策设备	服务设施信息	路侧响应设备、交通管理者	数据分析	决策	人工智能技术	根据分析结果生成基础设施综合信息报告，对异常情况生成维护方案
		维护修理充电桩	交通基础设施管理	路侧响应设备、交通服务者	设施维护信息	驾驶者	信息输出、设备控制	响应	控制技术	发送维护指令至维修人员或维修设备，对异常情况进行处理，监视维修过程，保证安全
	4.6.2 无障碍交通设施维护	获取无障碍基础设施运行数据	交通基础设施管理	路侧感知设备、交通服务者	服务设施信息	路侧学习设备	数据采集、数据传输	感知	传感器技术	获取无障碍车道，如专用车道的平整运行情况、专用信号灯的运行情况
		分析无障碍基础设施运行状态	交通基础设施管理	路侧学习设备	服务设施信息	管理部门决策设备、交通设施管理者	数据存储、数据分析	学习	计算技术、大数据技术	处理无障碍历史数据分析其状态，对比历史数据分析其状态，专用车道的损坏情况、专用信号灯是否符合标准

服务	子服务	功能	所属功能域	功能提供者	过程信息	服务对象	实现途径	逻辑环节	技术	作用
续表										
	4.6.2 无障碍交通设施维护	生成无障碍基础设施状态报告及维护方案	交通基础设施管理	管理部门决策设备、交通管理者	服务设施信息	交通设施管理者	数据分析	决策	人工智能技术	根据无障碍基础设施状态生成综合报告，针对有损耗的设施生成维护方案
		维护修理无障碍基础设施	交通基础设施管理	交通管理者	设施维护信息	交通设施使用者	信息输出、设备控制	响应	控制技术	将无障碍基础设施报告及维护方案发布至管理平台或管理人员，指导设备维护
4.6 交通辅助基础设施管理服务	4.6.3 停车场基础设施维护	获取停车场基础设施运行数据	交通基础设施管理	站场感知设备、交通服务者	服务设施信息	站场学习设备	数据采集、数据传输	感知	传感器技术	监测设备运行信息，记录并存储运行信息至系统
		分析停车场基础设施状态	交通基础设施管理	站场学习设备	服务设施信息	站场决策设备、交通设施管理者	数据存储、数据分析	学习	计算技术、大数据技术	分析停车场运行数据，分析运行状态，排查设备出现的问题
		生成停车场基础设施状态报告及维护方案	交通基础设施管理	站场决策设备、交通设施管理者	服务设施信息	站场响应设备、交通设施管理者	数据分析	决策	人工智能技术	根据分析结果生成报告，针对停车场基础设施状态报告，针对异常情况制定合理的维护方案
		维护修理停车场基础设施	交通基础设施管理	站场响应设备、交通管理者	设施维护信息	交通设施使用者	信息输出、设备控制	响应	控制技术	发送维护指令至维修人员或维修设备，对停车场基础设施异常情况进行处理，监视维修过程，保证安全

表 14 交通环境服务域对应的功能

服务	子服务	功能	所属功能域	功能提供者	过程信息	服务对象	实现途径	逻辑环节	技术	作用
5.1 交通道路环境监测与信息发布	5.1.1 道路环境监测	监测道路环境状况	交通基础设施管理	路侧感知设备	路面基础信息	路侧学习设备	数据采集	感知	传感器技术	实时监测道路状况，包括道路线形、路面状况等
		评估道路环境质量	交通基础设施管理	路侧学习设备	路面基础信息	交通服务者	数据分析	学习	人工智能技术	根据监测到的情况评估道路环境质量
	5.1.2 绿化带监测	监测路侧绿化带状况	交通基础设施管理	路侧感知设备	路面基础信息	路侧学习设备	数据采集	感知	传感器技术	监测绿化带植被生长状况
		评估绿化带质量	交通基础设施管理	路侧学习设备	路面基础信息	交通服务者	数据分析	学习	人工智能技术	综合处理历史数据与实时状态数据，分析绿化带植被变化情况，评估绿化质量及其对交通道路环境的影响
	5.1.3 建筑物监测	监测路侧建筑物状况	交通基础设施管理	路侧感知设备	路面基础信息	路侧学习设备	数据采集	感知	传感器技术	监测道路周围建筑物状况
		获取路侧建筑物信息	交通信息采集	路侧感知设备	路面基础信息	交通服务者	数据采集	学习	人工智能技术	获取周围建筑物信息，可为出行者提供服务推荐，同时识别建筑物遮挡情况等
	5.1.4 道路环境信息发布	收集道路环境状况信息	交通信息采集	信息存储管理设备	路面基础信息	管理部门学习设备	数据采集	感知	传感器技术	收集监测到的各种道路环境信息，为进一步综合分析道路环境状况提供依据

续表

服务	子服务	功能	所属功能域	功能提供者	过程信息	服务对象	实现途径	逻辑环节	技术	作用
5.1 道路环境监测与发布		分析道路环境状况	交通基础设施管理	管理部门学习设备	路面基础信息	管理部门决策设备	数据分析	学习	人工智能技术	综合处理道路环境信息，分析交通环境的整体运行情况，判断交通环境对交通运行的影响
	5.1.4 道路环境信息发布	生成道路环境综合分析报告	交通基础设施管理	管理部门决策设备	路面基础信息	管理部门响应设备、交通服务者	数据分析	决策	人工智能技术	根据分析结果生成道路环境综合分析报告，并标注异常情况
		发布道路环境分析报告	交通运输管理	管理部门响应设备、交通服务者	路面基础信息	交通使用者	信息输出	响应	人工智能技术、通信及传输技术	根据用户或相关平台的需求将道路环境分析报告发布至对应的设备或平台
5.2 交通驾驶环境监测与发布	5.2.1 光线监测	感知周围光线状况	环境信息管理	路侧感知设备	气象信息	路侧学习设备	数据采集	感知	传感器技术	监测道路周围的光照强度、光污染等情况
		评价光线质量	环境信息管理	路侧学习设备	气象信息	交通服务者	数据分析	学习	人工智能技术	根据监测情况分析计算得到光线相关的评价指标结果，分析其对车辆运行的影响
	5.2.2 噪声监测	感知周围噪声状况	环境信息管理	路侧感知设备	气象信息	路侧学习设备	数据采集	感知	传感器技术	监测道路周围的噪声来源及强度，如施工区域、车辆行驶产生的噪声
		评价噪声污染	环境信息管理	路侧学习设备	气象信息	交通服务者	数据分析	学习	人工智能技术	根据监测情况分析计算得到噪声污染相关的评价指标结果

续表

服务	子服务	功能	所属功能域	功能提供者	过程信息	服务对象	实现途径	逻辑环节	技术	作用
5.2 交通驾驶环境监测与发布	5.2.3 天气监测	感知周围天气状况	环境信息管理	路侧感知设备	气象信息	路侧学习设备	数据采集	感知	传感器技术	监测道路周围的天气状况，如气温、风力、风向、降水概率等
		评价天气质量	环境信息管理	路侧学习设备	气象信息	交通服务者	数据分析	学习	人工智能技术	根据监测情况分析计算得到天气相关的评价指标结果
	5.2.4 自然灾害监测	监测灾害危险源状况	环境信息管理	路侧感知设备	气象信息	路侧学习设备	数据采集	感知	传感器技术	监测道路周围灾害危险源状况，如塌方、滑坡、泥石流等
		评估自然灾害发生概率	环境信息管理	路侧学习设备	气象信息	交通服务者	数据分析	学习	人工智能技术	根据监测情况分析计算得到灾害发生概率
	5.2.5 驾驶环境信息发布	收集驾驶环境状况信息	环境信息管理	信息存储管理设备	气象信息	管理部门学习设备	数据采集	感知	传感器技术	收集监测到的各种驾驶环境信息，为进一步综合分析驾驶环境状况提供依据
		分析驾驶环境状况	环境信息管理	管理部门学习设备	气象信息	管理部门决策设备	数据分析	学习	人工智能技术	对采集到的驾驶环境状况信息进行综合处理，分析对驾驶的影响或潜在危害
		生成驾驶环境综合分析报告	环境信息管理	管理部门决策设备	气象信息	管理部门响应设备、交通服务者	数据分析	决策	人工智能技术	根据分析结果生成驾驶环境综合分析报告

续表

服务	子服务	功能	所属功能域	功能提供者	过程信息	服务对象	实现途径	逻辑环节	技术	作用
5.3 交通管控环境监测与发布	5.2.5 驾驶环境信息发布	发布驾驶环境分析报告	环境信息管理	管理部门、响应设备、交通服务者	气象信息	交通使用者	信息输出	响应	人工智能技术	通过相关技术将驾驶环境分析报告发布至对应的设备或平台
	5.3.1 交通安全设施监测	监测交通安全设施状态	交通基础设施管理	路侧感知设备	服务设施信息	路侧学习设备	数据采集	感知	传感器技术	监测道路交通安全设施状况
		识别交通安全设施信息	交通信息采集	车载感知设备	交通控制信息	车载学习设备	数据采集、数据分析	感知	人工智能技术	识别道路交通安全设施信息及使用状况
	5.3.2 交通信号监测	监测交通信号状态	交通基础设施管理	路侧感知设备	服务设施信息	路侧学习设备	数据采集	感知	传感器技术	监测交通信号设备运行状况
		识别交通信号信息	交通信息采集	车载感知设备	交通控制信息	车载学习设备	数据采集、数据分析	感知	人工智能技术	识别道路交通信号信息及运行状况
	5.3.3 交通标线与标识监测	监测交通标线与标识状况	交通基础设施管理	路侧感知设备	服务设施信息	路侧学习设备	数据采集	感知	传感器技术	监测交通标线与标识使用状况
		识别交通标线与标识信息	交通信息采集	车载感知设备	交通控制信息	车载学习设备	数据采集、数据分析	感知	人工智能技术	识别道路交通标线与标识信息及使用状况

续表

服务	子服务	功能	所属功能域	功能提供者	过程信息	服务对象	实现途径	逻辑环节	技术	作用
5.3 交通管控环境监测与发布	5.3.4 管控环境信息发布	收集管控环境信息	交通信息采集	信息存储管理设备	交通控制信息	管理部门、学习设备	数据采集	感知	大数据技术	收集监测到的各种管控环境信息,为进一步综合分析路道管控环境状况提供依据
		分析管控环境信息	交通基础设施管理	管理部门、决策设备	交通控制信息	管理部门、决策设备	数据分析	学习	人工智能技术	对采集到的管控环境状况信息进行综合处理,分析其对交通影响以及管控环境中存在的异常情况
		生成管控环境综合分析报告	交通基础设施管理	管理部门、决策设备	交通控制信息	管理部门、响应设备、交通服务者	数据分析	决策	人工智能技术	根据分析结果生成管控环境综合分析报告
		发布管控环境分析报告	交通运输管理	管理部门、响应设备、交通服务者	交通控制信息	交通使用者	信息输出	响应	人工智能技术	通过相关技术将管控环境分析报告发布至对应的设备或平台

表15 商用车管理服务域对应的功能

服务	子服务	功能	所属功能域	功能提供者	过程信息	服务对象	实现途径	逻辑环节	技术	作用
6.1 商用车运输管理服务	6.1.1 商用车预检	载入车辆数据性能信息	载运工具辅助与安全	信息存储管理设备、交通服务者	车辆基础信息	管理部门、学习设备、交通服务者	数据采集	感知	大数据技术	全面检测车辆并将载入各项性能数据
		对比性能指标及标准	载运工具辅助与安全	管理部门、学习设备、交通服务者	车辆基础信息	管理部门、决策设备	数据分析	学习	计算技术	将载入的数据与性能标准进行对比分析

续表

服务	子服务	功能	所属功能域	功能提供者	过程信息	服务对象	实现途径	逻辑环节	技术	作用
6.1 商用车运输管理服务	6.1.1 商用车预检	生成检测报告	载运工具辅助与安全	管理部门决策设备	车辆基础信息	管理部门响应设备	数据分析	决策	人工智能技术	生成各项指标检测分析报告
		输出检测结果	载运工具辅助与安全	管理部门响应设备	车辆基础信息	驾驶者	信息输出	响应	人工智能技术	将检测结果发布至有需求的对象
	6.1.2 商用车派遣	采集用户信息	商用交通运营管理	信息存储管理设备、交通服务者	货物信息	管理部门学习设备	数据采集	感知	大数据技术	收集用户出行或运输货物的需求
		分析用户需求	商用交通运营管理	管理部门学习设备	货物信息	管理部门决策设备	数据分析	学习	计算技术、大数据技术	对用户的出行需求进行分析，包括起终点，预计出发时间或到达时间等，以便于进一步匹配合适的车辆
		生成派遣方案	商用交通运营管理	管理部门决策设备	任务派遣信息	管理部门响应设备	数据分析	决策	人工智能技术	根据分析结果，结合商用车使用情况等基础信息生成派遣车辆方案
		实施派遣方案	商用交通运营管理	管理部门响应设备	货物信息	交通服务者	信息输出	响应	人工智能技术	传输信息实施方案
	6.1.3 商用车跟踪	监测商用车状态	交通信息采集	车载感知设备	车辆基础信息	管理部门学习设备	数据采集	感知	地理信息技术	监测车辆运行状态数据，如位置数据、路线选择等数据

续表

服务	子服务	功能	所属域或功能域	功能提供者	过程信息	服务对象	实现途径	逻辑环节	技术	作用
6.1 商用车运输管理服务	6.1.3 商用车跟踪	发布车辆位置信息	商用交通运营管理	管理部门响应设备、交通服务者	车辆基础信息	交通服务者、交通管理者	信息输出	响应	人工智能技术	实现商用车位置的信息共享,便于商用车运营商以及监管部门相关人员进行查询
		采集车辆运行数据	载运工具数据采集	车载感知设备	车辆基础信息	车载学习设备	数据采集	感知	传感器技术	实时采集车辆运行及设备运作数据,保证车辆安全高效地行驶
	6.1.4 商用车内部系统监控	分析预估车辆状态	载运工具运行与控制	车载学习设备	车辆基础信息	车载决策设备	数据分析	学习	人工智能技术、计算技术、大数据技术	分析车辆状态并预测
		生成状态报告	载运工具运行与控制	车载决策设备	车辆基础信息	车载响应设备	数据分析	决策	人工智能技术	根据分析结果生成运行状态报告
		报告异常情况	载运工具运行与控制	车载响应设备	车辆基础信息	驾驶者	信息输出	响应	控制技术	异常情况预警
	6.1.5 商用车不停车检测	采集商用车电子标签	交通信息采集	路侧感知设备	车辆基础信息	信息存储管理设备	数据采集	感知	传感器技术	采集录入商用车电子标签
		识别电子标签	商用交通运营管理	路侧学习设备、路侧学习设备	车辆基础信息	交通管理者	数据采集、数据分析	决策	传感器技术	通过相关技术设备识别商用车电子标签
		存储或更新电子标签信息	商用交通运营管理	信息存储管理设备	车辆基础信息	路侧感知设备、运输载运工具	数据存储	学习	大数据技术	根据识别结果对商用车检测到的车辆信息进行存储或更新

附录3 要素内容

续表

服务	子服务	功能	所属功能域	功能提供者	过程信息	服务对象	实现途径	逻辑环节	技术	作用
6.1 商用车运输管理服务	6.1.6 商用车过境管理	采集过境商用车过境信息	交通信息采集	信息存储管理设备、交通服务者	车辆基础信息	管理部门、响应设备、交通服务者	数据采集	感知	大数据技术	采集过境商用车相关资料或信息,如车辆、驾驶员、乘客以及货物的入境文件等
		办理车辆通行许可证	商用交通运营管理	管理部门、响应设备、交通服务者	车辆基础信息	管理部门、响应设备、交通服务者	信息输出	响应	人工智能技术	审核过境商用车是否符合入境标准
		出入境前检查	商用交通运营管理	管理部门、响应设备、交通服务者	驾驶者信息	管理部门、响应设备	信息输出	感知	人工智能技术	对符合通关标准的车辆发放通行许可证
		出入境通关	商用交通运营管理	管理部门、响应设备	驾驶者信息	运输载运工具	设备控制	响应	人工智能技术、控制技术	持证通关
	6.1.7 商用车中途停车管理	收集商用车停车需求	商用交通运营管理	信息存储管理设备、交通服务者	车辆基础信息	管理部门、学习设备	数据采集	感知	大数据技术	收集商用车中途停车的需求,为进行中途停车管理提供依据
		生成中途停车管理方案	商用交通运营管理	管理部门、决策设备	车辆基础信息	交通管理者	数据分析	决策	人工智能技术	根据商用车中途停车的需求,如装卸货物或法定休息等,生成合理的中途停车管理方案
		进行中途停车管理	商用交通运营管理	管理部门、响应设备	车辆基础信息	运输载运工具	信息输出、设备控制	响应	人工智能技术、控制技术	将生成商用车中途停车管理方案发布给相关人员、车位,便于提前预约,提供精准服务

续表

服务	子服务	功能	所属功能域	功能提供者	过程信息	服务对象	实现途径	逻辑环节	技术	作用
6.1 商用车运输管理服务	6.1.8 商用车电子档案	采集商用车信息	交通信息采集	信息存储管理设备、交通服务者	车辆基础信息	管理部门学习设备	数据采集	感知	大数据技术	录入商用车基本信息包括车型、使用年数等
		评定商用车基本信息	商用交通运营管理	管理部门学习设备	驾驶者信息	管理部门决策设备	数据分析	学习	大数据技术	通过基本信息评定商用车等级，该等级与商用车自身车辆状况、违规记录等因素有关
		生成车辆认证信息报告	商用交通运营管理	管理部门决策设备	设备操作信息	信息存储管理设备、交通服务者	数据分析	决策	人工智能技术	生成对商用车车况与基本信息认证报告，并及时更新商用车各类技术认证证书
		商用车信息存储	商用交通运营管理	信息存储管理设备、交通服务者	车辆基础信息	交通管理者、运输载运工具	信息输出、数据存储	响应	大数据技术	存储商用车信息，建立电子档案
6.2 商用车驾驶者管理服务	6.2.1 驾驶者派遣	收集驾驶任务	商用交通运营管理	信息存储管理设备、交通服务者	驾驶者信息	管理部门学习设备	数据采集	感知	大数据技术	将系统接收的驾驶任务进行收集归类
		评估驾驶任务	商用交通运营管理	管理部门学习设备	驾驶者信息	管理部门决策设备	数据分析	学习	人工智能技术	对各个驾驶任务进行评估筛选
		匹配驾驶者与驾驶任务	商用交通运营管理	管理部门决策设备	驾驶者信息	管理部门响应设备、交通服务者	数据分析	决策	人工智能技术	将数据库中存有的驾驶者与驾驶任务进行匹配对，形成匹配方案

续表

服务	子服务	功能	所属功能域	功能提供者	过程信息	服务对象	实现途径	逻辑环节	技术	作用
6.2 商用车驾驶者管理服务	6.2.1 驾驶者派遣	分配驾驶任务	商用交通运营管理	管理部门、响应设备、交通服务者	任务派遣信息	驾驶者	信息输出	响应	人工智能技术	将配对结果生成驾驶者个人接受的驾驶任务并分配给驾驶者
	6.2.2 驾驶者驾驶状态监控	驾驶者行为状态感知	载运工具数据采集	车载感知设备	驾驶者信息	车载学习设备	数据采集	感知	传感器技术	利用传感器技术采集驾驶者在驾驶过程中的行为状态信息
		驾驶者状态数据存储与分析	载运工具数据采集	车载学习设备	驾驶者信息	车载决策设备	数据存储、数据分析	学习	人工智能技术	导入并存储驾驶者动作影像并对动作进行分类
		生成实时驾驶者状态信息	载运工具数据采集	车载决策设备	驾驶者信息	车载响应设备	数据分析	决策	人工智能技术	根据动作影像分类比对确定驾驶者驾驶状态
		反馈状态信息	载运工具数据采集	车载响应设备	驾驶者信息	驾驶者	信息反馈	响应	控制技术	将驾驶状态反馈给管理者
	6.2.3 驾驶者信息更新	采集驾驶者个人信息	商用交通运营管理	信息存储管理设备、交通服务者	驾驶者信息	信息存储管理设备	数据采集	感知	大数据技术	采集驾驶者最新的个人信息，包括身份信息、身体健康状况等
		采集驾驶者行驶记录信息	商用交通运营管理	信息存储管理设备、交通服务者	驾驶者信息	信息存储管理设备	数据采集	感知	大数据技术	采集驾驶者相关的从业驾驶资格证书信息，以及运输过程中违章、超载等信息

续表

服务	子服务	功能	所属功能域	功能提供者	过程信息	服务对象	实现途径	逻辑环节	技术	作用
	6.2.3 驾驶者信息更新	存储并更新驾驶者相关信息	商用交通运营管理	信息存储管理设备	驾驶者信息	驾驶者、交通服务者	数据存储	响应	大数据技术	将采集到的驾驶者个人信息及驾驶记录信息进行更新与存储,便于驾驶者对运输服务进行多指标综合评估
		采集客货运输需求信息	交通信息采集	信息存储管理设备、交通服务者	客货需求信息	管理部门学习设备	数据采集	感知	大数据技术	收集居民选择商用车出行的需求及选择商用车运输货物的需求
		采集商用车运行信息	交通信息采集	车载感知设备、交通服务者	车辆运行状态信息	管理部门学习设备	数据采集	感知	传感器技术、地理信息技术	采集商用车辆运行状态信息,如位置分布及载人载货情况等
		采集驾驶者信息	交通信息采集	信息存储管理设备、交通服务者	驾驶者信息	管理部门学习设备	数据采集	感知	大数据技术	采集驾驶者基本信息,并判定其资质
6.3 商用车运输运营服务	6.3.1 商用车运输调度	分析可行调度车辆及运输路线	商用交通运营管理	管理部门学习设备	交通状态信息	管理部门决策设备	数据分析	学习	人工智能技术、计算技术、大数据技术	分析客货运输需求信息,商用车运行状态及驾驶者信息计算所有的可行车辆及调度路线
		生成运输调度优化方案	商用交通运营管理	管理部门决策设备	任务派遣信息	管理部门响应设备、交通服务者	数据分析	决策	人工智能技术	对商用车调度和运输路线进行管理和优化,生成商用车运输调度优化方案

续表

服务	子服务	功能	所属功能域	功能提供者	过程信息	服务对象	实现途径	逻辑环节	技术	作用
6.3 商用车运输运营服务	6.3.1 商用车运输调度	发布运输调度方案	商用交通运营管理	管理部门、响应设备、交通服务者	任务派遣信息	驾驶者	信息输出	响应	人工智能技术	平台发布商用车运输调度方案
	6.3.2 城际（自动）商用车运输车队管理	采集车队实时运行数据	交通信息采集	车载感知设备、交通服务者	车辆运行信息	管理部门、学习设备	数据采集	感知	传感器技术、地理信息技术	采集城际商用车运输车队实时运行数据，包括位置、速度、运行路线等
		分析车队实时运行情况	商用交通运营管理	管理部门、学习设备	车辆运行信息	管理部门、决策设备	数据分析	学习	人工智能技术、计算机技术、大数据技术	根据采集的数据分析城际商用车运输车队实时运行情况以及潜在的风险
		生成车队管理方案	商用交通运营管理	管理部门、决策设备	车辆管理信息	管理部门、响应设备、交通服务者	数据分析	决策	人工智能技术	根据分析结果生成商用车运输车队管理方案以及风险防范措施
		发布车队管理方案	商用交通运营管理	管理部门、响应设备、交通服务者	车辆管理信息	驾驶者	信息输出	响应	人工智能技术	发布城际商用车运输车队管理方案，便于对运输车队进行远程跟踪和在线管理
	6.3.3 本地送货商用车运管理	收集配送货物信息	货物运输	信息存储管理设备、交通服务者	货物信息	管理部门、学习设备	数据采集	感知	大数据技术	收集并记录需要运输的货物信息，包括货物出发地点、到达地点、品类、重量、是否易碎等信息
		采集本地商用车运行数据	交通信息采集	车载感知设备、交通服务者	车辆运行信息	管理部门、学习设备	数据采集	感知	传感器技术、地理信息技术	收集本地商用车运行数据，掌握其运行线路途径地点、始发到终地点等信息

续表

服务	子服务	功能	所属功能域	功能提供者	过程信息	服务对象	实现途径	逻辑环节	技术	作用
6.3 商用车运输运营服务	6.3.3 商用车本地送货管理	分析路网交通状况	交通数据管理与协同	管理部门学习设备	交通状态信息	管理部门决策设备	数据分析	学习	人工智能技术、计算技术、大数据技术	根据车辆及货物数据,分析本地路网交通状况,如道路拥堵情况
		生成货物配送方案	商用交通运营管理	管理部门决策设备	任务派遣信息	管理部门响应设备、交通服务者	数据分析	决策	人工智能技术	根据货物信息、本地商用车运行信息和实时交通路网状况,生成商用车本地送货方案
		发布本地送货方案	货物运输	管理部门响应设备、交通服务者	任务派遣信息	驾驶者	信息输出	响应	人工智能技术	平台将生成的送货方案发布至商用车
		采集商用车运过程信息	交通信息采集	车载感知设备、交通服务者	车辆运行信息	管理部门学习设备	数据采集	感知	传感器技术	收集商用车运输过程信息,如运输速度、收费情况等
		获取客货运输情况反馈信息	商用交通运营管理	信息存储管理设备、交通服务者	货物信息	管理部门学习设备	数据采集、数据传输	感知	大数据技术	收集用户对商用车运输服务的反馈信息
	6.3.4 商用车运输质量评估	分析评价商用车运输服务质量	商用交通运营管理	管理部门学习设备	货物信息	管理部门决策设备	数据分析	学习	人工智能技术	根据商用车运输过程信息和客货运情况反馈信息,综合分析评价商用车运输服务质量

续表

服务	子服务	功能	所属功能域	功能提供者	过程信息	服务对象	实现途径	逻辑环节	技术	作用
6.3 商用车运输运营服务	6.3.4 商用车运输质量评估	生成商用车运输质量评估报告	商用交通运营管理	管理部门决策设备	服务信息	管理部门响应设备、交通服务者	数据分析	决策	人工智能技术	生成商用车运输质量评估报告
		发布商用车运输质量评估报告	商用交通运营管理	管理部门响应设备、交通服务者	服务信息	物流运输服务使用者、交通服务者	信息输出	响应	人工智能技术	发布商用车运输质量评估报告
6.4 商用车远程信息服务	6.4.1 信息服务提供者的监督	采集信息服务提供者资质	交通信息采集	信息存储管理设备、交通服务者	服务设施信息	管理部门学习设备	数据采集	感知	大数据技术	采集录入信息服务提供者资质
		评估信息服务提供者资质	商用交通运营管理	管理部门学习设备	服务设施信息	管理部门决策设备	数据分析	学习	人工智能技术、大数据技术	结合以往信息提供者资质情况，对录入的信息服务提供者资质进行评估
		生成信息经营许可证	商用交通运营管理	管理部门决策设备	服务设施信息	管理部门响应设备、交通管理者	数据分析	决策	人工智能技术	根据判定结果生成信息经营许可证
		管理信息服务提供者	商用交通运营管理	管理部门响应设备、交通管理者	服务设施信息	交通服务者	信息输出	响应	人工智能技术	以信息经营许可证为依据，对信息服务提供者进行相应的管理，清退不合格的信息提供者

续表

服务	子服务	功能	所属功能域	功能提供者	过程信息	服务对象	实现途径	逻辑环节	技术	作用
6.4 商用车远程信息服务	6.4.2 商用车位置、速度监控	采集商用车运行数据	交通信息采集	车载感知设备、交通服务者	车辆基础信息	管理部门学习设备	数据采集	感知	传感器技术、地理信息技术	采集商用车运行数据，如位置、速度等
		分析商用车状态	商用交通运营管理	管理部门学习设备	车辆基础信息	管理部门决策设备	数据分析	学习	人工智能技术	分析商用车运行状态，记录超速、急刹等异常情况
		生成商用车运行信息报告	商用交通运营管理	管理部门决策设备	车辆基础信息	管理部门响应设备、交通服务者	数据分析	决策	人工智能技术	生成商用车运行信息报告
		发布商用车运行信息	商用交通运营管理	管理部门响应设备、交通服务者	车辆基础信息	交通服务者	信息输出	响应	人工智能技术	发布商用车运行信息报告，督促相关部门或人员进行调整
	6.4.3 商用车质量监控	采集录入商用车基本数据	交通信息采集	信息存储管理设备、交通服务者	车辆基础信息	管理部门学习设备	数据采集	感知	大数据技术	录入商用车基本数据，包括商用车技术等级评定、维护与修理、交通事故记录以及车辆运营信息等
		分析商用车质量	商用交通运营管理	管理部门学习设备	车辆基础信息	管理部门决策设备	数据分析	决策	人工智能技术	根据商用车基本数据，综合分析商用车质量，预测潜在风险及使用年限
		生成商用车质量报告	商用交通运营管理	管理部门学习设备	车辆基础信息	管理部门响应设备、交通服务者	数据分析	学习	大数据技术	根据分析情况，形成商用车质量综合报告，包括对不合格商用车的处置方案

续表

服务	子服务	功能	所属功能域	功能提供者	过程信息	服务对象	实现途径	逻辑环节	技术	作用
6.4 商用车远程信息服务	6.4.3 商用车质量监控	输出商用车质量报告	商用交通运营管理	管理部门、响应设备、交通服务者	车辆基础信息	驾驶者、交通服务者	信息输出	响应	人工智能技术	将质量报告发布至有需求的对象，并责令管理、服务部门对不合格车辆进行处理
		采集驾驶者工作数据	交通信息采集	信息存储管理设备、交通服务者	驾驶者信息	管理部门、学习设备	数据采集	感知	大数据技术	采集驾驶者工作数据，包括个人基本信息及工作日志等
	6.4.4 驾驶者信息	分析驾驶者工作情况	公共交通信息管理	管理部门、学习设备	驾驶者信息	管理部门、学习设备	数据分析	学习	人工智能技术	处理驾驶者工作日志数据，分析其是否符合标准
		生成驾驶者信息报告	交通信息采集	管理部门、学习设备	驾驶者信息	管理部门、响应设备、交通服务者、驾驶者	数据分析	决策	大数据技术	根据分析情况，形成驾驶者综合报告，供驾驶员将其提供给相关监管机构或其他服务提供商
	6.4.5 车辆进出管理	识别车辆车牌	载运工具数据采集	路侧感知设备	车辆基础信息	管理部门、响应设备	数据采集	感知	传感器技术	通过传感器和摄像头识别车牌号，判断通行资质
		车辆进出许可判定	载运工具运行与控制	管理部门、学习设备	车辆基础信息	管理部门、响应设备、交通服务者	数据分析	决策	人工智能技术	判定车辆是否允许出入
		发放车辆进出许可	载运工具运行与控制	管理部门、响应设备、交通服务者	车辆基础信息	驾驶者	信息输出	响应	人工智能技术	对允许出入的车辆发放进出许可

续表

服务	子服务	功能	所属功能域	功能提供者	过程信息	服务对象	实现途径	逻辑环节	技术	作用
6.4 商用车远程信息服务	6.4.5 车辆进出管理	登记车辆进出	载运工具运行与控制	信息存储管理设备、交通服务者	车辆基础信息	交通服务者	数据采集	感知	人工智能技术	登记进出车辆，便于有效追踪行车路径
		采集紧急情况相关信息	交通信息采集	路侧感知设备、交通服务者	事件信息	管理部门学习设备	数据采集	感知	传感器技术	当发生紧急情况时，实时采集现场相关数据
	6.4.6 紧急信息发布	分析紧急情况	公共交通信息管理	管理部门学习设备	事件信息	管理部门决策设备	数据分析	学习	人工智能技术	对采集到的数据进行分析处理
		生成紧急情况分析报告	公共交通信息管理	管理部门决策设备	事件信息	管理部门响应设备、交通服务者	数据分析	决策	人工智能技术	根据数据分析结果生成紧急情况报告
		发布紧急情况分析报告	交通运输管理	管理部门响应设备、交通服务者	事件信息	交通使用者	信息输出	响应	人工智能技术	向有关人员或部门发布紧急情况分析报告

表16 公共交通服务域对应的功能

服务	子服务	功能	所属功能域	功能提供者	过程信息	服务对象	实现途径	逻辑环节	技术	作用
7.1 公共交通规划服务	7.1.1 公共交通线路布局	采集居民出行需求信息	交通信息采集	信息存储管理设备、交通服务者	出行者信息	管理部门、学习设备	数据采集	感知	大数据技术	采集居民的公交需求人数、需求时间、始终点等数据，便于进一步对居民出行需求进行分析预测
		处理居民需求信息	公共交通信息管理	管理部门学习设备	出行者信息	管理部门决策设备	数据存储、数据分析	学习	人工智能技术	在城市总体规划、交通规划等规划的指导下，分析处理采集的各种数据，为公共交通线路规划提供第一手资料
		生成公共交通线路规划	公共交通信息管理	管理部门决策设备	出行者信息	管理部门响应设备、交通服务者	数据分析	决策	人工智能技术	在对城市总体规划、城市交通规划、线网规划等基础性文件充分研究的基础上，明确线路功能定位，结合沿线主要客流集散点，确定线路规划方案
		发布公共交通线路布局	交通运输管理	管理部门响应设备、交通服务者	出行者信息	交通使用者、交通管理者	信息输出	响应	人工智能技术	发布公共交通线路布局方案，供交通管理者实施决策
	7.1.2 公共交通载运工具配置	采集居民出行需求信息	交通信息采集	信息存储管理设备、交通服务者	出行者信息	管理部门、学习设备	数据采集	感知	大数据技术	采集居民的公交需求人数、需求时间、始终点等数据，便于进一步对居民出行需求进行分析预测
		处理居民需求信息	公共交通信息管理	管理部门学习设备	出行者信息	管理部门决策设备	数据存储、数据分析	学习	人工智能技术	在城市总体规划、交通规划等规划的指导下，分析处理采集的各种数据，为公交交通载运工具配置提供第一手资料

续表

服务	子服务	功能	所属功能域	功能提供者	过程信息	服务对象	实现途径	逻辑环节	技术	作用
7.1 公共交通规划服务	7.1.2 公共交通载运工具配置	生成公共交通工具配置方案	公共交通信息管理	管理部门、决策设备	设备操作信息	管理部门、响应设备、交通服务者	数据分析	决策	人工智能技术	根据客流情况，配置相应的公交车辆等相关设备以保证运输计划高效完成
		发布公共交通工具配置方案	交通运输管理	管理部门、响应设备、交通服务者	设备操作信息	交通使用者、交通管理者	信息输出	响应	人工智能技术	发布公共交通工具配置方案，供交通管理者实施决策
		采集居民出行需求信息	交通信息采集	信息存储管理设备、交通服务者	出行者信息	管理部门、学习设备	数据采集	感知	大数据技术	采集居民的公共交通需求人数、需求时间、始终点等数据，便于进一步对居民出行需求进行分析预测
		处理居民需求信息	公共交通信息管理	管理部门、学习设备	出行者信息	管理部门、决策设备	数据存储、数据分析	学习	人工智能技术	在城市总体规划、交通规划等规划的指导下，处理采集到的各种数据，分析如何在满足居民需求的情况下设置场站
	7.1.3 公共交通场站设置	生成公共交通场站设置方案	公共交通信息管理	管理部门、决策设备	线路规划信息	管理部门、响应设备、交通服务者	数据分析	决策	人工智能技术	根据客流情况，以及按照城市规范要求，形成公共交通场站设置方案
		发布公共交通场站设置方案	交通运输管理	管理部门、响应设备、交通服务者	线路规划信息	交通使用者、交通管理者	信息输出	响应	人工智能技术	发布公共交通场站设置方案，供交通管理者实施决策

续表

服务	子服务	功能	所属功能域	功能提供者	过程信息	服务对象	实现途径	逻辑环节	技术	作用
7.1 公共交通规划制定服务		收集公共交通法规相关资料及意见	交通信息采集	信息存储管理设备、交通服务者	政策法规信息	管理部门、学习设备、交通服务者	数据采集	感知	大数据技术	收集公共交通法规相关历史数据资料,并征求法律专家、社会公众以及所涉及主要利益各方的意见和建议
	7.1.4 公共交通法规制定	评审法规草案	交通运输管理	管理部门学习设备、交通服务者	政策法规信息	管理部门、决策设备、交通服务者	数据分析	学习	人工智能技术	对规范草案进行分析和评价,综合听取各方意见,还要经过相关政府法制部门的评审
		确定公共交通法规	交通运输管理	管理部门决策设备、交通服务者	政策法规信息	管理部门、响应设备、交通服务者	数据分析	决策	人工智能技术	根据评审结果对法规草案进行相应的修改、补充,进而确定公共交通法规
		发布交通法规	交通运输管理	管理部门响应设备、交通服务者	政策法规信息	用户主体	信息输出	响应	人工智能技术	发布经评审通过的公共交通法规,供交通管理者实施决策
7.2 公共交通运营服务	7.2.1 公共交通调度	采集居民出行需求信息	交通信息采集	信息存储管理设备、交通服务者	出行者信息	管理部门、学习设备	数据采集	感知	大数据技术	采集居民的公交需求人数、需求时间、始终点等数据,便于进一步对居民出行需求进行分析预测
		处理居民需求信息	交通信息采集	管理部门学习设备	出行者信息	管理部门、决策设备	数据分析	学习	人工智能技术	在城市总体规划、交通规划等规划的指导下,分析处理采集到的各种数据,为公共交通调度方案提供第一手资料

续表

服务	子服务	功能	所属功能域	功能提供者	过程信息	服务对象	实现途径	逻辑环节	技术	作用
7.2 公共交通运营服务	7.2.1 公共交通调度	生成公共交通调度方案	公共交通信息管理	管理部门决策设备	出行者信息	管理部门响应设备、交通服务者	数据分析	决策	人工智能技术	根据随时间变化的客流量、出行的需求分布特征以及运输工具的情况,采取适当的数学模型和算法生成公共交通调度方案
		发布公共交通调度方案	交通运输管理	管理部门决策设备、响应设备、交通服务者	出行者信息	乘客	信息输出	响应	人工智能技术	发布公共交通调度方案,方便乘客出行,同时保证公共交通在线路上安全高效地运营
		制定票价方案	公共交通信息管理	管理部门决策设备	设施收费信息	管理部门决策设备	数据分析	感知	人工智能技术	根据公交运营情况,民众消费水平,城市经济发展水平和调整公共交通的票价,可分时段、分距离,分不同出行者制订票价方案
	7.2.2 公共交通收费管理	确定旅客需求	公共交通信息管理	信息存储管理设备	出行者信息	管理部门决策设备	数据采集、数据	感知	人工智能技术、计算技术、大数据技术	根据车辆的当前位置和旅客的目的地确定旅客的旅行路线或旅行时间,为确定票价提供依据
		制定票价方案	公共交通信息管理	管理部门决策设备、交通服务者	设施收费信息	管理部门决策设备	数据分析	决策	人工智能技术	根据公共交通运营发展状况,民众消费水平,城市经济发展水平合理制定公共交通的票价,可分时段、分距离,分不同出行者制订票价方案
		确定乘车票价	公共交通信息管理	管理部门决策设备	出行者信息	车载响应设备	数据分析	决策	计算技术、大数据技术	根据旅客提供的始发地和目的地计算旅客的票价

续表

服务	子服务	功能	所属功能域	功能提供者	过程信息	服务对象	实现途径	逻辑环节	技术	作用
7.2 公共交通运营服务	7.2.2 公共交通收费管理	为旅客提供支付界面	载运工具运行与控制	车载响应设备	设施收费信息	乘客	信息输出、设备控制	响应	控制技术	为车辆上的旅客提供票价支付界面
		存储收费数据	交通数据管理与协同	信息存储管理设备	设施收费信息	交通服务者	数据存储	学习	大数据技术	管理票价收费数据的存储
	7.2.3 公共交通效能评估	收集公共交通运营数据	交通信息采集	信息存储管理设备	运营信息	管理部门学习设备	数据采集	感知	大数据技术	收集公共交通客运量、居民出行需求等数据
		分析公共交通运营情况	公共交通信息管理	管理部门学习设备	运营信息	管理部门决策设备	数据分析	学习	计算技术、大数据技术	对公共交通的载客量、运营时间等数据进行处理，得到公共交通的服务质量、服务水平等效用评估参数
		生成公共交通运营评估报告	公共交通信息管理	管理部门决策设备	运营信息	管理部门响应设备、交通服务者	数据分析	决策	人工智能技术	生成公共交通运营评估报告，针对实际出问题提出方案
		发布公共交通运营评估报告	交通运输管理	管理部门响应设备、交通服务者	运营信息	乘客、交通管理者	信息输出	响应	人工智能技术	发布公共交通运营评估报告

续表

服务	子服务	功能	所属功能域	功能提供者	过程信息	服务对象	实现途径	逻辑环节	技术	作用
7.3 公共交通管理服务	7.3.1 公共交通综合管理	收集公共交通相关法规和运营数据	交通信息采集	信息存储管理设备、交通服务者	运营信息	管理部门学习设备	数据采集	感知	大数据技术	收集公共交通规划和运营数据,以及相关管理条例和法规制度
		分析运营数据管理情况	公共交通信息管理	管理部门学习设备	运营信息	管理部门决策设备	数据分析	学习	计算技术、大数据技术	根据相关管理条例和法规制度,对公共交通的运营数据进行处理分析公共交通运营是否符合规范
		生成公共交通管理方案	公共交通信息管理	管理部门决策设备	运营信息	管理部门响应设备、交通管理者	数据分析	决策	人工智能技术	根据分析结果,生成对公共交通行业人员、道路、车辆、运营公司等对象的管理方案
		发布公共交通管理方案	交通运输管理	管理部门响应设备、交通管理者	政策法规信息	交通管理者、乘客	信息输出、设备控制	响应	人工智能技术、控制技术	将管理方案发布至交通管理者,对公共交通行业的工作人员、道路、运营公司和安全进行综合管理
	7.3.2 无人公共交通管理	采集无人公共交通运营数据	交通信息采集	信息存储管理设备、交通服务者	运营信息	管理部门学习设备	数据采集	感知	大数据技术	采集无人公共交通运营数据,如开行线路、客流量、运行记录等
		分析无人公共交通运营情况	公共交通信息管理	管理部门学习设备	运营信息	管理部门决策设备	数据分析	学习	计算技术、大数据技术	处理运营数据,分析无人公共交通的整体运营情况,如运营是否符合规范、运营是否健康等

续表

服务	子服务	功能	所属功能域	功能提供者	过程信息	服务对象	实现途径	逻辑环节	技术	作用
7.3 公共交通管理服务	7.3.2 无人公共交通管理	生成无人公共交通管理方案	公共交通信息管理	管理部门、决策设备	运营信息	管理部门、响应设备、交通管理者	数据分析	决策	人工智能技术	针对分析情况，生成相应的无人公共交通管理方案，如调整线路、运营收费、强化规范等
		发布无人公共交通管理方案	交通运输管理	管理部门、响应设备、交通管理者	运营信息	交通管理者、乘客	信息输出、设备控制	响应	人工智能技术、控制技术	发布无人公共交通管理方案，对突出问题进行整改
	7.3.3 共享交通管理	采集共享交通运营数据	交通信息采集	信息存储管理设备	出行者信息	管理部门、学习设备	数据采集	感知	大数据技术	采集共享交通运营数据，如每日使用情况、主要分布情况等
		分析交通运营情况	商用交通运营管理	管理部门、学习设备	车辆基础信息	管理部门、决策设备、交通服务者	数据分析	学习	计算技术、大数据技术	根据所采集到的运营数据，分析共享交通运营是否健康、投放是否合理，预测发展趋势，分析共享交通对整体交通的影响等
		生成共享交通管理方案	商用交通运营管理	管理部门、决策设备、交通服务者	站场设施基础信息	管理部门、决策设备、交通服务者	数据分析	决策	人工智能技术	结合分析结果，针对运营过程中的不合规、不合理的地方形成共享交通管理方案，如投放区域、数量等
		发布共享交通管理方案	交通运输管理	管理部门、响应设备、交通管理者	政策法规信息	交通管理者、使用者	信息输出、设备控制	响应	人工智能技术、控制技术	发布共享交通管理方案，对突出问题进行整改，如调整投放区域、工具投放数量等

续表

服务	子服务	功能	所属功能域	功能提供者	过程信息	服务对象	实现途径	逻辑环节	技术	作用
7.3 公共交通管理服务	7.3.4 慢行交通管理	采集居民慢行交通出行相关信息	交通信息采集	信息存储管理设备、交通服务者	出行者信息	管理部门决策设备、交通服务者	数据采集	感知	大数据技术	采集居民对慢行交通的出行需求及使用状况相关的信息
		分析慢行交通出行需求及运行状况	公共交通信息管理	管理部门决策设备、交通服务者	站场设施基础信息	管理部门决策设备	数据分析	学习	人工智能技术、计算技术、大数据技术	分析慢行交通使用情况,检测行交通设施运行是否合规,是否满足出行者需求等
		生成慢行交通管理方案	公共交通信息管理	管理部门决策设备	站场设施基础信息	管理部门响应设备、交通管理者	数据分析	决策	计算技术	根据分析情况,对慢行交通中不合理的情况提出管理方案,完善法规、设施等
		发布慢行交通管理方案	交通运输管理	管理部门响应设备、交通管理者	交通控制信息	行人	设备控制	响应	控制技术	发布慢行交通管理方案,便于有关部门此参照进行管理控制,以提高居民出行效率,进一步完善交通服务
	7.3.5 无障碍公共交通管理	采集无障碍交通出行需求及运行情况	交通信息采集	信息存储管理设备、交通服务者	出行者信息、站场设施基础信息	管理部门、学习设备	数据采集	感知	大数据技术	通过无障碍信息系统有关设备如无障碍服务App、社交平台等,收集老年人、残疾人等弱势群体的出行需求信息,同时采集无障碍交通设施的运行情况

附录3 要素内容

续表

服务	子服务	功能	所属功能域	功能提供者	过程信息	服务对象	实现途径	逻辑环节	技术	作用
7.3 公共交通管理服务		分析无障碍公共交通运行情况	公共交通信息管理	管理部门学习设备	出行者信息、站场基础设施信息	管理部门、响应设备、交通服务者	数据分析	学习	人工智能技术、计算技术、大数据技术	综合分析无障碍公共交通的需求及设施、设备运行情况,分析其中的问题
	7.3.5 无障碍公共交通管理	生成无障碍公共交通管理方案	公共交通信息管理	管理部门决策设备	站场设施基础信息	管理部门、响应设备、交通管理者	数据分析	决策	计算技术	根据分析情况,对无障碍交通中不合理的情况提出管理方案,完善法规、设施等
		发布无障碍公共交通管理方案	公共交通信息管理	管理部门、响应设备、交通服务者	交通控制信息	行人	信息输出	响应	人工智能技术、控制技术	发布慢行交通管理方案,便于有关部门参照此进行管理控制、完善相关设施

表17 交通管理与控制服务域对应的功能

服务	子服务	功能	所属功能域	功能提供者	过程信息	服务对象	实现途径	逻辑环节	技术	作用
8.1 交通监测服务	8.1.1 交通流量监测	采集路网交通状态数据	交通信息采集	路侧感知设备、交通服务者	交通状态信息	管理部门学习设备	数据采集	感知	传感器技术	通过路侧感知设备采集车辆数量、车头时距、路段长度等数据
		分析交通流量	交通数据管理与协同	管理部门学习设备	交通状态信息	管理部门决策设备	数据分析	学习	计算技术、大数据技术	根据采集到的交通数据分析计算得出交通量

续表

服务	子服务	功能	所属功能域	功能提供者	过程信息	服务对象	实现途径	逻辑环节	技术	作用
8.1 交通监测服务	8.1.1 交通流量监测	生成交通量监测报告	交通数据管理与协同	管理部门响应设备、决策设备	交通状态信息	管理部门响应设备、交通管理者	数据分析	决策	人工智能技术	根据交通量分析结果，进一步描述交通拥堵情况、路段通行能力等，生成监测报告
		管理交通	交通运输管理	管理部门响应设备、交通管理者	交通状态信息	交通使用者	信息输出、设备控制	响应	人工智能技术、控制技术、通信及传输技术	根据交通量监测报告进行交通管理
		采集车辆运行数据	交通信息采集	路侧感知设备、交通服务者	交通状态信息	管理部门学习设备	数据采集、数据传输	感知	传感器技术	对车辆个体状态包括位置、速度、加速度、车辆类型和重量等数据进行实时采集
	8.1.2 车辆监测	分析车辆运行状态	交通数据管理与协同	管理部门学习设备	交通状态信息	管理部门决策设备	数据分析	学习	人工智能技术	分析车辆运行状态，对异常情况进行记录，若有特殊信息请求，从车辆监测数据中进行提取
		生成车辆监测报告	交通数据管理与协同	管理部门决策设备	交通状态信息	管理部门响应设备、交通管理者	数据分析	决策	人工智能技术	将路网经过的车辆类型、通行速度和运行状态等分门别类地统计，生成车辆监测数据统计报告
		输出车辆监测报告	交通运输管理	管理部门响应设备、交通管理者	交通状态信息	驾驶者、交通管理者	信息输出、设备控制	响应	通信及传输技术、人工智能技术	输出车辆监测报告，针对其中安全性较差或运行异常的车辆进行管控
	8.1.3 交通事故监测	采集事故发生地及其周围相关数据	交通信息采集	路侧感知设备、交通服务者	交通状态信息	管理部门学习设备	数据采集、数据传输	感知	传感器技术	对事故发生地以及周边交通状况进行监测

续表

服务	子服务	功能	所属功能域	功能提供者	过程信息	服务对象	实现途径	逻辑环节	技术	作用
8.1 交通监测服务	8.1.3 交通事故监测	分析交通事故数据	交通紧急事件应对	管理部门学习设备	交通状态信息	管理部门决策设备	数据分析	学习	人工智能技术	根据收集到的事故状态数据,分析交通事故等级、特点等,以为事故救援和事故恢复提供准确的信息保障
		生成事故检测报告	交通紧急事件应对	管理部门决策设备	交通状态信息	管理部门响应设备、交通管理者	数据分析	决策	人工智能技术	分析交通事故等级之后,特点之后,根据交通事故严重标准,确定事故伤害严重程度
		处理交通事故	交通紧急事件应对	管理部门响应设备、交通管理者	交通状态信息	交通管理者、使用者	信息输出	响应	通信及传输技术、人工智能技术	根据事故检测报告情况以及周边交通情况,调动人员或设备处理交通事故
	8.1.4 交通施工区监测	采集施工区状态数据	交通信息采集	路侧感知设备、交通服务者	站场设施基础信息	管理部门学习设备	数据采集	感知	传感器技术	监测交通施工情况以及周边交通状况
		分析施工区状态数据	交通数据管理与协同	管理部门学习设备	站场设施基础信息	管理部门决策设备	数据分析	学习	人工智能技术	根据采集到的相关数据,分析地质条件、施工区的施工人员、设备状况是否稳定,安全以及周围的车辆行驶是否符合施工区管理规定等
		生成施工区状态监测报告	交通数据管理与协同	管理部门决策设备	站场设施基础信息	管理部门响应设备、交通管理者	数据分析	决策	人工智能技术	根据分析结果生成施工区状态监测报告,当有异常情况时应生成监测预警报告

续表

服务	子服务	功能	所属功能域	功能提供者	过程信息	服务对象	实现途径	逻辑环节	技术	作用
8.1 交通监测服务	8.1.4 交通施工区监测	交通施工区管理	交通运输管理	管理部门、响应设备、交通管理者	站场设施基础信息	交通管理者、交通使用者	信息输出	响应	通信及传输技术、人工智能技术	根据施工区检测报告进行交通施工区管理，包括加强施工过程监督、组织施工安全检测等
8.2 交通需求管理服务		收集需求规划相关数据	交通信息采集	信息存储管理设备、交通服务者	出行者信息	管理部门、学习设备	数据采集、数据传输	感知	传感器技术	采集人口分布、机动车出行特征等数据，调研区域居民出行需求
	8.2.1 交通需求规划	分析交通需求情况	公共交通信息管理	管理部门、学习设备	出行者信息	管理部门、决策设备	数据存储、数据分析	学习	计算技术、人工智能技术	综合处理收集到的数据，并预测需求变化情况
		生成需求规划方案	公共交通信息管理	管理部门、决策设备	线路规划信息	管理部门、响应设备、交通管理者	数据分析	决策	人工智能技术	根据分析情况，结合城市规划对交通需求进行引导，生成交通需求规划管理方案
		应用需求规划方案	公共交通信息管理	管理部门、响应设备、交通管理者	线路规划信息	交通使用者	信息输出	响应	通信及传输技术、人工智能技术	发布需求规划方案并应用，以便在此基础上按照交通系统的实际条件和合理需求进一步制定线网规划、设施规划及运力规划
	8.2.2 车辆限行	收集车辆行驶数据	载运工具数据采集	车载感知设备、交通服务者	交通状态信息	管理部门、学习设备	数据采集	感知	传感器技术	利用路侧感知设备获取车辆出行相关数据，为下一步分析车辆出行特点、高峰时段与地点提供数据基础

续表

服务	子服务	功能	所属功能域	功能提供者	过程信息	服务对象	实现途径	逻辑环节	技术	作用
8.2 交通需求管理服务		处理车辆行驶数据	交通数据管理与协同	管理部门学习设备	交通状态信息	管理部门决策设备	数据分析	学习	计算技术、人工智能技术	将收集到的车辆出行数据进行分析，得到车辆出行段与地点，为制定车辆限行政策提供依据
	8.2.2 车辆限行	制定车辆限行方案	交通运输管理	管理部门决策设备	政策法规信息	管理部门响应设备、交通管理者	数据分析	决策	人工智能技术	根据车辆出行特点、高峰时段与地点，为了缓解高峰时段和路段的交通拥堵，制定合适的车辆限行政策
		实施车辆限行方案	交通运输管理	管理部门响应设备、交通管理者	政策法规信息	驾驶者	信息输出	响应	通信及传输技术、控制技术	根据确定的车辆限行政策，采取合适的限行模式对有关车辆进行限行
		收集车辆行驶数据	载运工具数据采集	车载感知设备、交通服务者	交通状态信息	管理部门学习设备	数据采集	感知	传感器技术	利用路侧感知设备获取车辆出行相关数据，为下一步分析车辆出行特点、高峰时段以及拥堵程度等，提供数据基础
	8.2.3 区域拥堵收费定价	处理车辆行驶数据	交通数据管理与协同	管理部门学习设备	交通状态信息	管理部门决策设备	数据分析	学习	计算技术、人工智能技术	将收集到的车辆出行数据进行分析，得到车辆出行特点、高峰时段与地点、速度分布以及拥堵程度等，为制定拥堵收费政策提供依据
		制定拥堵收费定价方案	交通运输管理	管理部门决策设备	政策法规信息	管理部门响应设备、交通管理者	数据分析	决策	人工智能技术	根据车辆出行特点、高峰时段与地点，为了缓解高峰时段和路段的交通拥堵，制定合适的拥堵收费政策

续表

服务	子服务	功能	所属功能域	功能提供者	过程信息	服务对象	实现途径	逻辑环节	技术	作用
8.2 交通需求管理服务	8.2.3 区域拥堵定价	发布拥堵费定价方案	交通运输管理	管理部门、响应设备、交通管理者	政策法规信息	驾驶者、交通管理者	信息输出	响应	通信及传输技术、人工智能技术、控制技术	发布拥堵收费方案,对有关车辆、通行区域按规实施拥堵收费策略
8.3 交通管理控制服务	8.3.1 城市地面交通管理	采集道路网交通信息	交通信息采集	路侧感知设备、交通服务者	交通状态信息	管理部门、学习设备	数据采集	感知	传感器技术	采集道路网上车辆、行人等交通实体的流量等路网信息,为进一步分析路网上交通量的时空变化以及发生的交通事件提供数据基础
		处理道路网交通信息	交通数据管理与协同	管理部门、学习设备	交通状态信息	管理部门、决策设备	数据存储、数据分析	学习	人工智能技术、计算技术、大数据技术	对采集到相关数据进一步处理,分析城市地面交通状态以及疏解交通拥堵的对策
		生成交通管理方案	交通数据管理与协同	管理部门、决策设备	交通状态信息	管理部门、决策设备	数据分析	决策	人工智能技术	根据分析得出的路网交通情况,针对拥堵或异常情况,生成科学合理的交通管理方案
		管理道路交通	交通运输管理	管理部门、响应设备、交通管理者	交通状态信息	交通使用者	信息输出、设备控制	响应	人工智能技术、控制技术	对所服务的城市地面交通实施相应的管理方案
	8.3.2 高速公路交通控制	采集高速公路交通信息	交通信息采集	路侧感知设备、交通服务者	交通状态信息	管理部门、学习设备	数据采集	感知	传感器技术	采集高速公路网上车流量、运行速度等数据,为进一步分析路网上交通量的时空变化以及发生的交通事件提供数据基础

续表

服务	子服务	功能	所属功能域	功能提供者	过程信息	服务对象	实现途径	逻辑环节	技术	作用
8.3 交通管理控制服务	8.3.2 高速公路交通控制	处理高速公路交通信息	交通数据管理与协同	管理部门学习设备	交通状态信息	管理部门决策设备	数据存储、数据分析	学习	人工智能技术、计算技术、大数据技术	对采集到的相关数据进一步处理，分析高速公路交通状态，记录拥堵路段及异常情况，为采取合适的管理策略提供科学依据
		生成高速公路交通管理方案	交通数据管理与协同	管理部门决策设备	交通状态信息	管理部门响应设备、交通管理者	数据分析	决策	人工智能技术	根据分析出的高速公路交通信息，生成科学合理的交通管理方案
		管理高速公路交通	交通运输管理	管理部门响应设备、路管理者	交通状态信息	交通使用者	信息输出、设备控制	响应	人工智能技术、控制技术	对所服务的高速公路实施相应的管理方案
	8.3.3 城市地面交通和高速交通协同管理	采集城市地面交通和高速公路交通信息	交通信息采集	信息存储管理设备、路侧感知设备、交通服务者	交通状态信息	管理部门学习设备	数据采集	感知	传感器技术	采集城市地面交通和高速公路信息，如车流量、车辆运行速度等
		处理城市地面交通和高速公路交通信息	交通数据管理与协同	管理部门学习设备	交通状态信息	管理部门决策设备	数据存储、数据分析	学习	人工智能技术、计算技术、大数据技术	综合处理城市地面交通信息、高速公路交通信息，分析城市地面交通和高速公路的拥堵情况
		生成城市地面交通和高速公路交通协同管理方案	交通数据管理与协同	管理部门决策设备	交通状态信息	管理部门响应设备、交通管理者	数据分析	决策	人工智能技术	根据分析情况，针对城市地面交通和高速公路的拥堵情况，生成科学合理的交通协同管理方案

续表

服务	子服务	功能	所属功能域	功能提供者	过程信息	服务对象	实现途径	逻辑环节	技术	作用
8.3 交通管理控制服务	8.3.3 城市地面和高速协同管理	管理城市地面交通和高速公路交通	交通运输管理	管理部门、响应设备、交通管理者	交通状态信息	交通使用者	信息输出、设备控制	响应	人工智能技术、控制技术	对所服务的城市地面交通和高速公路交通实施协同管理方案
		采集综合交叉口交通信息	交通信息采集	路侧感知设备、交通管理者	交通状态信息	管理部门、学习设备	数据采集	感知	传感器技术	采集交叉口交通量等交通数据，为进一步分析交叉口交通信息提供数据基础
	8.3.4 综合运输交叉口管理	处理综合交叉口交通信息	交通数据管理与协同	管理部门、学习设备	交通状态信息	管理部门、决策设备	数据存储、数据分析	学习	人工智能技术、计算技术、大数据技术	对采集到的相关数据进一步分析处理，发现现存问题以及交通特征，为进一步制订管理方案提供依据
		生成交通管理方案	交通数据管理与协同	管理部门、决策设备	交通状态信息	管理部门、响应设备、交通管理者	数据分析	决策	人工智能技术	根据分析出交叉口交通信息，生成科学合理的管理方案，以改善或解决交叉口现存问题
		管综合运输交叉口交通方案	交通运输管理	管理部门、响应设备、交通管理者	交通状态信息	交通使用者	信息输出、设备控制	响应	人工智能技术、控制技术	对所服务的交叉口实施相应的管理方案
	8.3.5 施工区管理	采集施工区状态数据	交通信息采集	路侧感知设备、交通服务者	服务设施信息	管理部门、学习设备	数据采集	感知	传感器技术	采集施工区工作人员及设备、施工区周围车辆、行人等的状态数据，为施工区进展及安全情况的分析提供数据基础

续表

服务	子服务	功能	所属功能域	功能提供者	过程信息	服务对象	实现途径	逻辑环节	技术	作用
8.3 交通管理控制服务	8.3.5 施工区管理	分析施工区状态	交通运输管理	管理部门学习设备	路侧设备状态信息	管理部门决策设备	数据分析	学习	人工智能技术、计算技术、大数据技术	对采集到的施工区数据进行处理,生成相关数据分析结果,分析施工区及其周围相关状态及其对交通运行的影响
		生成工作区管理方案	交通运输管理	管理部门决策设备	路侧设备状态信息	管理部门响应设备、交通管理者	数据分析	决策	人工智能技术	根据施工区数据分析结果,生成相应的施工区管理方案,如施工时间安排、限速方案、限行方案等
		管理施工区	交通运输管理	管理部门响应设备、交通管理者	路侧设备状态信息	交通使用者	信息输出、设备控制	响应	人工智能技术、控制技术	根据工作区管理方案对工作区进行管理,规范施工对交通的影响,保障施工区安全,若发现施工违规情况,及时报告给交通、执法机构以及执法机构,维护、施工机构以及执法机构
	8.3.6 车辆电子收费	识别车辆信息	载运工具运行与控制	站场感知设备、站场学习设备	车辆基础信息、设施收费信息	站场响应设备	数据采集、数据分析	感知	传感器技术、大数据技术	采集通行车辆相关信息,以匹配收费管理系数据库内的车辆信息,计算费用
		完成电子收费	载运工具运行与控制	站场响应设备	设施收费信息	驾驶者、交通服务者	信息反馈、设备控制	响应	人工智能技术	根据识别得到的车辆信息,按照收费标准扣除用户余额

·401·

续表

服务	子服务	功能	所属功能域	功能提供者	过程信息	服务对象	实现途径	逻辑环节	技术	作用
8.4 停车管理服务	8.4.1 停车位管理	识别车辆信息	载运工具运行与控制	站场感知设备	车辆基础信息	站场决策设备	数据采集	感知	传感器技术	利用站场感知设备识别进入停车场的车辆信息
		收集停车位预约信息	交通基础设施管理	通信设备	出行者信息	站场决策设备	数据采集	感知	通信及传输技术	收集停车位的预约信息，方便管控管理
		实时识别车位状态	交通基础设施管理	站场感知设备	路侧设备状态信息	站场决策设备	数据采集、数据分析	感知	人工智能技术	通过停车位检测技术获取停车位状态信息，方便管理者进行车位高效管理
		生成车位管理方案	交通基础设施管理	站场决策设备	路侧设备状态信息	站场决策设备	数据分析	决策	人工智能技术	综合考虑收集到的预约信息和识别得到的车位状态信息，生成车位管理方案，即停车位应处于开放还是关闭状态
		实时更新车位管理方案	交通基础设施管理	站场决策设备、交通服务者	路侧设备状态信息	站场响应设备、交通服务者	信息输出、设备控制	响应	通信及传输技术、人工智能技术、控制技术	发布停车位管理方案，同时对停车场车位进行控制管理，让用户获取停车位实时状态信息
	8.4.2 停车收费	收集用户支付和信用信息	交通信息采集	信息存储管理设备	出行者信息	站场学习设备	数据采集	感知	大数据技术	收集停车消费账单、充值记录等用户支付信息、账户余额，以及用户停车预约、失约、停车、取车等停车行为历史数据
		识别和评估用户信用信息	交通基础设施管理	站场学习设备	出行者信息	站场响应设备	数据分析	学习	人工智能技术、大数据技术	根据收集到的用户支付和信用信息，对用户进行信用评估

续表

服务	子服务	功能	所属功能域	功能提供者	过程信息	服务对象	实现途径	逻辑环节	技术	作用
8.4 停车管理服务	8.4.2 停车收费	采集停车费用相关数据	交通基础设施管理	站场感知设备	车辆状态信息	站场学习设备	数据采集	感知	传感器技术、大数据技术	采集车位定价、停车时长等数据，以计算停车费用
		计算停车费用	交通基础设施管理	站场学习设备	设施收费信息	站场响应设备	数据分析	学习	计算技术、大数据技术	根据收集或采集到的数据，计算用户应支付停车费用，包括所关费用
		收取停车费用	交通基础设施管理	站场响应设备	出行者信息	驾驶者	设备控制	响应	人工智能技术	向用户收取停车费用
	8.4.3 效能分析	采集停车数据	交通基础信息采集	信息存储管理设备	服务信息	管理部门学习设备	数据采集	感知	大数据技术	采集停车数据，如停车数量、停车时长等
		分析停车效能	交通基础设施管理	管理部门学习设备	服务信息	管理部门决策设备	数据分析	学习	计算技术、大数据技术	计算车位利用率、周转率等效率指标以及经营收入，分析停车服务对周边交通的影响，分析用户满意程度
		生成效能分析报告	交通基础设施管理	管理部门决策设备	服务信息	管理部门响应设备、交通管理者	信息输出、设备控制	决策	人工智能技术	综合停车效率、交通影响、经营收入、用户满意度等指标生成效能分析报告，针对问题生成效能提升方案
		实施效能提升方案	交通基础设施管理	管理部门响应设备、交通管理者	服务信息	驾驶者、交通服务者	信息输出、设备控制	响应	人工智能技术、控制技术	基于报告显示结果实施停车效能提升方案，如改进相应的收费规则等，以提升停车场效能

续表

服务	子服务	功能	所属功能域	功能提供者	过程信息	服务对象	实现途径	逻辑环节	技术	作用
8.5 交通管理执行服务	8.5.1 交通信息发布与传播	获取交通信息	交通信息采集	路侧感知设备、交通服务者	交通状态信息	路侧学习设备	数据采集	感知	传感器技术	通过路侧设备实时感知交通数据
		有效交通信息识别	交通数据管理与协同	路侧学习设备	交通状态信息	管理部门决策设备	数据分析	学习	人工智能技术	根据感知得到的数据分析出有效、有用的交通信息
		生成交通信息报告	交通数据管理与协同	管理部门决策设备	交通状态信息	管理部门响应设备、交通服务者	数据分析	决策	人工智能技术	基于分析出的信息生成交通信息报告
		发布交通信息	交通运输管理	管理部门响应设备、交通服务者	交通状态信息	用户主体	信息输出	响应	人工智能技术	通过交通指示牌、演示大屏以及多媒体渠道等,对交通管控相关信息进行发布与传播
	8.5.2 车辆区域进出口管理	检查过往交通车辆	交通信息采集	路侧感知设备	车辆基础信息	路侧学习设备	数据采集	感知	传感器技术	识别车辆信息,对进出车辆及驾驶者身份进行检查
		分析过往交通车辆数据	载运工具运行与控制	路侧学习设备	车辆基础信息	路侧决策设备	数据分析	学习	人工智能技术、计算技术、大数据技术	分析采集到的车辆数据,同时分析过往车辆和驾驶者的身份信息是否符合相关标准
		生成车辆管理方案	载运工具运行与控制	路侧决策设备	车辆管理信息	路侧响应设备、交通管理者	数据分析	决策	人工智能技术	根据进出的车辆数据生成相应的车辆管理方案

续表

服务	子服务	功能	所属功能域	功能提供者	过程信息	服务对象	实现途径	逻辑环节	技术	作用
8.5 交通管理执行服务	8.5.2 车辆区域进出管理	管理过往交通车辆	交通运输管理	路侧响应设备、交通管理者	车辆管理信息	驾驶者	信息输出、设备控制	响应	人工智能技术、控制技术	对符合规定的车辆和驾驶者准许进入，不符合规定的车辆和驾驶者不予进入
		采集过往车辆信息	交通信息采集	路侧感知设备	车辆基础信息	路侧学习设备	数据采集	感知	传感器技术	检测专用车道上运行的车辆型号、速度，以及停车时间等数据
		分析过往交通车辆数据	载运工具运行与控制	路侧学习设备	车辆基础信息	路侧决策设备	数据分析	学习	人工智能技术、计算技术、大数据技术	分析专用车道上运行的车辆和驾驶者的身份信息是否符合相关标准
	8.5.3 专用车道管理	生成车道管理方案	载运工具运行与控制	路侧决策设备	车辆管理信息	路侧响应设备、交通管理者	数据分析	决策	人工智能技术	根据过往交通车辆数据生成车道管理方案
		管理车道	交通运输管理	路侧响应设备、交通管理者	车辆管理信息	驾驶者	信息输出、设备控制	响应	控制技术	实现智能化交通管控，包括对执法使用车道行为执行相关处罚等
	8.5.4 限速执行	采集路网交通状态数据	交通信息采集	路侧感知设备	交通状态信息	路侧学习设备	数据采集	感知	传感器技术	实时采集车辆个体状态信息，包括位置、速度、加速度以及车辆类型和发布的请求等
		分析车辆状态	载运工具运行与控制	路侧学习设备	交通状态信息	路侧决策设备	数据分析	学习	人工智能技术、计算技术、大数据技术	分析处理车辆个体状态包括位置、速度、加速度以及车辆类型等数据，并及时对车辆的请求信息进行处理

续表

服务	子服务	功能	所属功能域	功能提供者	过程信息	服务对象	实现途径	逻辑环节	技术	作用
8.5 交通管理执行服务	8.5.4 限速执行	生成车速管理方案	载运工具运行与控制	路侧决策设备	车辆管理信息	路侧响应设备、交通管理者	数据分析	决策	人工智能技术	根据车辆状态信息生成车速管理方案
		管理车速	交通运输管理	路侧响应设备、交通管理者	车辆管理信息	驾驶者、交通管理者	信息输出、设备控制	响应	通信及传输技术、控制技术	监控车辆通过某些限速或管控区域时的速度，确定是否发生了速度违规，并报告给交通、施工机构以及执法机构

表 18 综合交通运输服务域对应的功能

服务	子服务	功能	所属功能域	功能提供者	过程信息	服务对象	实现途径	逻辑环节	技术	作用
9.1 综合交通运输规划服务	9.1.1 综合交通枢纽位置规划	收集区域间运输数据	交通信息采集	信息存储管理设备、交通服务者	交通状态信息	管理部门、学习设备	数据采集	感知	大数据技术	收集城市或区域间客运量、货运量、中转量等运量、运距等数据
		处理区域间运输数据	交通数据管理与协同	管理部门、学习设备	交通状态信息	管理部门、决策设备	数据分析	学习	人工智能技术、计算技术、大数据技术	对采集到的数据进行分析处理，为综合交通枢纽布局方案的制定提供数据支持
		生成综合交通枢纽布局方案	交通基础设施管理	管理部门、决策设备	站场设施基础信息	管理部门、响应设备、交通管理者	数据分析	决策	人工智能技术	根据分析得出的重点客货集散城市和区域并结合国家交通发展相关规划生成综合交通枢纽布局方案

续表

服务	子服务	功能	所属功能域	功能提供者	过程信息	服务对象	实现途径	逻辑环节	技术	作用
9.1 综合交通运输规划服务	9.1.1 综合运输枢纽位置规划	建设综合交通枢纽	交通运输管理	管理部门、响应设备、交通管理者	站场设施基础信息	交通使用者	信息输出	响应	人工智能技术、模拟仿真技术	根据综合交通枢纽布局方案建设综合交通枢纽
		收集区域间运输数据	交通信息采集	信息存储管理设备、交通服务者	交通状态信息	管理部门、学习设备	数据采集	感知	大数据技术	收集城市或区域间客运量、货运量、中转量等运量、运距等数据
		处理区域间运输数据	交通数据管理与协同	管理部门、学习设备	交通状态信息	管理部门、决策设备	数据分析	学习	人工智能技术、计算技术、大数据技术	对采集到的数据进行分析处理，为综合交通枢纽布局方案的制定提供数据支持
		生成综合运输线路规划方案	交通基础设施管理	管理部门、决策设备	站场设施基础信息	管理部门、响应设备、交通管理者	数据分析	决策	人工智能技术	根据区域间运输数据分析结果，生成相应的运输线路规划方案
	9.1.2 综合运输线路规划	建设综合运输线路	交通运输管理	管理部门、响应设备、交通管理者	站场设施基础信息	交通使用者	信息输出	响应	人工智能技术、模拟仿真技术	根据综合运输线路规划方案建设综合运输线路
	9.1.3 综合交通运输规范	收集相关资料及意见	交通信息采集	信息存储管理设备、服务机构	政策法规信息	管理部门、学习设备	数据采集	感知	大数据技术	收集相关历史数据资料，并征求法律专家、社会公众，以及所涉主要的利益各方的意见和建议
		评审规范草案	公共交通信息管理	管理部门、学习设备	政策法规信息	管理部门、决策设备	数据分析	学习	人工智能技术	对规范草案进行分析和评价，综合听取各方的意见，还要经过相关政府法制部门的评审

续表

服务	子服务	功能	所属功能域	功能提供者	过程信息	服务对象	实现途径	逻辑环节	技术	作用
9.1 综合交通运输规划服务	9.1.3 综合交通运输规范	确定综合交通运输规范	公共交通信息管理	管理部门决策设备	政策法规信息	管理部门响应设备、服务机构	数据分析	决策	人工智能技术	评审通过后,即确定相关运输规范
		发布综合交通运输规范	交通运输管理	管理部门响应设备、服务机构	政策法规信息	用户主体	信息输出	响应	人工智能技术	发布已经确定的综合交通运输规范
9.2 综合运输枢纽设计服务	9.2.1 枢纽功能区设计	采集客货运输需求信息	交通信息采集	信息存储管理设备、交通服务者	客货需求信息	管理部门学习设备	数据采集	感知	大数据技术	采集综合交通枢纽的客运需求及综合交通枢纽转运、装卸、配送等货运物流服务需求相关数据
		分析客货运输需求信息	交通数据管理与协同	管理部门决策设备	客货需求信息	管理部门决策设备	数据分析	学习	人工智能技术、计算技术、大数据技术	分析枢纽站客运及货运过程中的需求,分析服务需求的满足程度
		确定功能区配置	交通基础设施管理	管理部门决策设备	站场设施基础信息	管理部门响应设备、交通管理者	数据分析	决策	人工智能技术	根据分析结果,依照枢纽特点,设计较优的综合交通枢纽功能区布置
		管理功能区	交通运输管理	管理部门响应设备、交通管理者	站场设施基础信息	交通使用者	信息输出	响应	人工智能技术、模拟仿真技术	根据功能区配置对功能区进行建设或优化
	9.2.2 客运枢纽内旅客换乘设计	采集客运输需求信息	交通信息采集	信息存储管理设备、交通服务者	客货需求信息	管理部门学习设备	数据采集	感知	大数据技术	采集综合交通枢纽的客运需求

续表

服务	子服务	功能	所属功能域	功能提供者	过程信息	服务对象	实现途径	逻辑环节	技术	作用
9.2 综合运输枢纽设计服务	9.2.2 客运枢纽内旅客换乘设计	分析客运输需求信息	交通数据管理与协同	管理部门、学习设备	客货需求信息	管理部门决策设备、交通管理者	数据分析	学习	人工智能技术、计算技术、大数据技术	分析得到枢纽内搭乘各类交通方式的乘客数量、旅客流线等信息
		确定旅客换乘设计	交通基础设施管理	管理部门决策设备、交通管理者	站场设施基础信息	乘客	数据分析	决策	人工智能技术	依据枢纽的客运量、旅客种类、以及流线等特点,设计较优的综合运枢纽换乘服务区布置
		采集货运输需求信息	交通信息采集	信息管理存储设备、交通服务者	客货需求信息	管理部门决策设备	数据采集	感知	大数据技术	采集综合交通枢纽转运、装卸、配送等货运物流服务需求相关数据
	9.2.3 货运枢纽内货物转运设计	分析货运输需求信息	交通数据管理与协同	管理部门、学习设备	客货需求信息	管理部门学习设备	数据分析	学习	人工智能技术、计算技术、大数据技术	分析得到需要在枢纽内转运的货物种类、数量以及装卸时间等信息
		确定货区配置	交通基础设施管理	管理部门决策设备	站场设施基础信息	管理部门响应设备、交通管理者	数据分析	决策	人工智能技术	依据枢纽的货物运输特点,设计较优的综合货运衔接区、各类交通方式货物装卸区域布置
		管理货区	交通运输管理	管理部门响应设备、交通管理者	站场设施基础信息	物流运输服务使用者	信息输出	响应	人工智能技术、模拟仿真技术	根据确定的货区配置管理货区

续表

服务	子服务	功能	所属功能域	功能提供者	过程信息	服务对象	实现途径	逻辑环节	技术	作用
9.3 综合交通运输运营服务	9.3.1 多式联运车辆调度	获取多式联运车辆信息	交通信息采集	信息存储管理设备、交通服务者	车辆状态信息	管理部门学习设备	数据采集	感知	大数据技术	利用相关设备获取多式联运车辆的相关信息，如运行路线、时间安排等
		分析车辆运行信息与路网状态	交通数据管理与协同	管理部门学习设备	车辆状态信息	管理部门决策设备	数据分析	学习	人工智能技术、计算技术、大数据技术	对采集到数据进行处理，分析运车辆对需求的满足情况，便于进一步生成车辆调度方案
		生成调度方案	商用交通运营管理	管理部门决策设备	设备操作信息	管理部门响应设备、交通管理者	数据分析	决策	人工智能技术	生成多式联运车辆的调度方案
		管理车辆调度	交通运输管理	管理部门响应设备、交通管理者	车辆运行信息	交通使用者	信息输出	响应	人工智能技术、控制技术	根据乘客运输、货物运输状态，对车辆进行合理调配以完成乘客运输、货物运输计划
	9.3.2 综合交通运输收费	收集各类交通方式票价方案	交通信息采集	信息存储管理设备、交通服务者	设施收费信息	管理部门学习设备	数据采集	感知	大数据技术	获取不同交通方式的票价方案，为多式联运收费功能提供数据支撑
		采集货运运输需求信息	交通信息采集	信息存储管理设备、交通服务者	出行者信息	管理部门学习设备	数据分析	感知	大数据技术	采集影响客运货运费用的相关数据，如运输距离、时间、方式等
		计算客货运输票价	公共交通信息管理	管理部门学习设备	出行者信息	管理部门响应设备	数据分析	学习	计算技术	根据旅客提供的始发地计算旅客的票价以及货物运输里程、性质等综合计算客货运输全程的价格

续表

服务	子服务	功能	所属功能域	功能提供者	过程信息	服务对象	实现途径	逻辑环节	技术	作用
9.3 综合交通运输运营服务	9.3.2 综合交通运输收费	提供支付途径	交通运输管理	管理部门、响应设备	设施收费信息	交通使用者	设备控制	响应	人工智能技术、控制技术	为旅客或货主提供统一的票价支付途径，实现运输全程"一次付费"
		收集综合交通枢纽运营数据	交通信息采集	信息存储管理设备、交通服务者	运营信息	管理部门、学习设备	数据采集	感知	大数据技术	收集综合交通枢纽客运量、旅客乘车时间、车辆载客率等数据以及货运量、货物装卸时间、滞留时间等运营数据
	9.3.3 综合交通运输效能分析	分析综合交通枢纽运营情况	公共交通信息管理	管理部门、学习设备	运营信息	管理部门、决策设备	数据分析	学习	人工智能技术、计算技术、大数据技术	对综合交通枢纽的载客量、转运时间以及运货量、运货时间等进行处理，从安全、高效、便捷、绿色、经济等目标分析综合交通枢纽的运营情况
		生成综合交通枢纽效能分析报告	公共交通信息管理	管理部门、决策设备	运营信息	管理部门、响应设备、交通管理者	数据分析	决策	人工智能技术	根据枢纽运营分析情况生成综合交通枢纽效能分析报告，并针对弱化板块提出改进方案
		调整综合交通枢纽运营	交通运输管理	管理部门、响应设备、交通管理者	运营信息	交通使用者	信息输出	响应	人工智能技术、模拟仿真技术	根据综合交通枢纽效能分析报告，调整综合交通运营管理，以提高综合交通运输效率，推进综合交通运输绿色健康可持续发展

续表

服务	子服务	功能	所属功能域	功能提供者	过程信息	服务对象	实现途径	逻辑环节	技术	作用
9.4 综合交通运输管理服务	9.4.1 综合运输枢纽管理	收集综合运输枢纽相关设施及人员情况	交通信息采集	信息存储管理设备、交通服务者	运营信息	管理部门学习设备	数据采集	感知	大数据技术	收集综合运输枢纽设施及相关人员的运作情况，如设施运作效率及其运作效率、人员安排等
		分析联运设施及人员运作情况	公共交通信息管理	管理部门学习设备	运营信息	管理部门决策设备	数据分析	学习	人工智能技术、计算技术、大数据技术	对收集到相关情况进行分析，便于及时发现问题或设施运作效率不高等
		生成联运设施及人员综合管理报告	公共交通信息管理	管理部门决策设备	运营信息	管理部门响应设备、交通管理者	数据分析	决策	人工智能技术	根据分析情况生成相应的管理报告，针对问题生成相应的管理方案
		综合管理联运中心设施及人员	交通运输管理	管理部门响应设备、交通管理者	运营信息	交通使用者	信息输出	响应	人工智能技术、模拟仿真技术	根据生成的报告，对设备及人员进行综合管理，督促突出问题整改
	9.4.2 综合交通运输信息管理	采集客货运需求信息	交通信息采集	信息存储管理设备、交通服务者	出行者信息	管理部门决策设备	数据采集	感知	大数据技术	采集客货运需求信息
		交换客货运数据	商用交通运营管理	管理部门管理设备	出行者信息	管理部门决策设备	数据传输	感知	大数据技术、通信及传输技术	通过出行者信息管理平台上发布的客运数据，各种交通方式运营部门可通过从出行者信息管理平台上获得有关的客运数据

续表

服务	子服务	功能	所属功能域	功能提供者	过程信息	服务对象	实现途径	逻辑环节	技术	作用
9.4 综合交通运输信息管理服务	9.4.2 综合交通运输信息管理	交换货运数据	商用交通运营管理	信息存储管理设备	货物信息	管理部门决策设备	数据传输	感知	大数据技术、通信及传输技术	通过货运信息管理平台上发布的货运数据，各种交通方式运营部门可从货运信息管理平台上获得有关的货运数据
		接收客货运输请求	商用交通运营管理	信息存储管理设备、交通服务者	货物信息	管理部门决策设备	数据采集、数据传输	感知	大数据技术	接收客运或货运需求信息，为配备相应运输设备、资源以及生成运输方案提供依据
		生成客货运输方案	货物运输	管理部门决策设备	货物信息	物流运输服务使用者	数据分析	决策	人工智能技术	根据乘客或货运请求，为运输配置客货运输设备，以进行长途、短途或运输

表19 交通安全管理服务域对应的功能

服务	子服务	功能	所属功能域	功能提供者	过程信息	服务对象	实现途径	逻辑环节	技术	作用
10.1 自然灾害安全管理服务	10.1.1 自然灾害监测与预警	收集自然灾害信息	环境信息管理	路侧感知设备、交通服务者	事件信息	管理部门决策设备	数据采集	感知	传感器技术、地理信息技术	收集交通环境监测信息中心发布的灾害信息以及相关历史资料
		获取现场交通状态信息	交通信息采集	路侧感知设备、交通服务者	交通状态信息	管理部门决策设备	数据采集	感知	传感器技术	获取路网状态信息，了解灾害范围内的出行者情况

413

续表

服务	子服务	功能	所属功能域	功能提供者	过程信息	服务对象	实现途径	逻辑环节	技术	作用
10.1 自然灾害安全管理服务	10.1.1 自然灾害监测与预警	生成灾害预警方案	交通紧急事件应对	管理部门决策设备	紧急响应信息	管理部门响应设备、交通服务者	数据分析	决策	人工智能技术	依照交通突发事件应急预案体系相关的纲领,根据收集到的自然灾害和交通状态信息,生成灾害预警方案
		发布灾害预警方案	交通紧急事件应对	管理部门响应设备、交通服务者	紧急响应信息	交通使用者	信息输出	响应	人工智能技术	发布预警方案,及时提醒所有出行程内可能影响到的灾害情况;对灾害范围内的出行者发送警报或告知可能的安全撤离路线;设置警告标识
	10.1.2 自然灾害响应	识别灾害信息	环境信息管理	路侧感知设备	事件信息	管理部门学习设备	数据采集、数据分析	感知	传感器技术	结合多种识别方法,对道路途径范围内的天气状况出现异常发生(地震、泥石流等)等灾害进行识别,同时获取相关数据信息
		分析灾害信息	环境信息管理	管理部门学习设备	事件信息	管理部门决策设备	数据分析	学习	人工智能技术	利用相关技术或方法,分析得出灾害发生的时间、类型、规模范围、频率等信息
		生成灾害响应方案	交通紧急事件应对	管理部门决策设备	紧急响应信息	交通管理者	数据分析	决策	人工智能技术	根据信息分析结果生成相应的灾害应对方案
	10.1.3 自然灾害应对方案发布	获取灾害应对方案	交通紧急事件应对	信息存储管理设备	紧急响应信息	管理部门学习设备	数据采集	感知	大数据技术	向环境气象信息中心获取灾害应对方案

续表

服务	子服务	功能	所属功能域	功能提供者	过程信息	服务对象	实现途径	逻辑环节	技术	作用
10.1 自然灾害安全管理服务	10.1.3 自然灾害应对方案发布	发布灾害应对方案	交通紧急事件应对	管理部门、响应设备、交通服务者	紧急响应信息	交通管理者	信息输出	响应	通信及传输技术、人工智能技术	向交通管理部门及道路使用者发布相应的灾害应对方案
		报告灾情信息及应急处置进展情况	交通紧急事件应对	管理部门、响应设备、交通服务者	事件信息	交通使用者	信息反馈	响应	通信及传输技术	按照应急预案规定的程序向有关部门实时报告突发灾害信息以及应急处置的进展情况，便于实现应急事件中各种信息、数据和设备等信息的有效关联
	10.1.4 灾后重建与数据管理	收集灾后数据	交通信息采集	路侧感知设备、交通服务者	事件信息	管理部门、学习设备	数据采集	感知	传感器技术	收集灾后现场相关数据，如房屋损坏情况、设施损坏情况等
		分析灾后现场信息	交通紧急事件应对	管理部门、学习设备	事件信息	管理部门、决策设备	数据分析	学习	人工智能技术、计算技术	对收集到的灾后场地数据进行处理，分析其对周边交通的影响并预测恢复情况
		生成灾后重建方案	交通紧急事件应对	管理部门、决策设备	紧急响应信息	管理部门、响应设备、交通服务者	数据分析	决策	人工智能技术	根据数据分析情况生产灾后重建方案
		发布灾后重建方案	交通紧急事件应对	管理部门、响应设备、交通服务者	紧急响应信息	交通管理者	信息输出	响应	人工智能技术、通信及传输技术	发布灾后重建方案，以落实各项重建工作，尽快恢复交通

续表

服务	子服务	功能	所属功能域	功能提供者	过程信息	服务对象	实现途径	逻辑环节	技术	作用
10.2 交通事故安全管理服务	10.2.1 交通事故监测	采集路况信息	交通信息采集	路侧感知设备	路面基础信息	管理部门	数据采集	感知	传感器技术	实时采集路况信息，便于及时识别紧急事件
		分析路况信息	交通信息采集	管理部门学习设备	路面基础信息	管理部门学习设备	数据分析	学习	人工智能技术	对采集到的路况信息进行处理，分析安全隐患
		识别交通事故	交通紧急事件应对	路侧学习设备	路面基础信息	管理部门决策设备	数据分析	学习	人工智能技术	识别路况数据中的交通事故，分析其对交通的影响
		发布交通事故信息	交通紧急事件应对	管理部门响应设备、交通服务者	路面基础信息	交通管理者、交通服务使用者	信息反馈	响应	人工智能技术、通信及传输技术	向出行者及相关救援或管控部门发布交通事故信息
	10.2.2 紧急车辆管理	实时获取紧急车辆调度信息	交通紧急事件应对	路侧感知设备	事件信息	管理部门决策设备	数据采集	感知	传感器技术、地理信息及传输技术	实时获取紧急车辆的位置、事故发生的位置及性质等数据
		分析紧急车辆调度情况	交通紧急事件应对	管理部门学习设备	事件信息	管理部门决策设备	数据分析	学习	人工智能技术	根据事件信息和紧急车辆分布情况，分析调度可行性
		生成紧急车辆管理方案	交通紧急事件应对	管理部门决策设备	紧急响应信息	管理部门响应设备、交通服务者	数据分析	决策	人工智能技术	根据分析情况，生成紧急车辆管理方案，包括紧急车辆调度、应急车辆优先通行线路诱导、应急车辆车队管理、应急交通管理协调四大方面

· 416 ·

续表

服务	子服务	功能	所属功能域	功能提供者	过程信息	服务对象	实现途径	逻辑环节	技术	作用
服务10.2 交通事故安全管理服务	10.2.2 紧急车辆管理	发布紧急车辆管理方案	交通紧急事件应对	管理部门响应设备、交通服务者	紧急响应信息	交通使用者	信息输出	响应	人工智能技术、通信及传输技术	发布紧急车辆管理方案，以高效处理交通事故
		获取救援请求	交通紧急事件应对	通信设备、交通服务者	事件信息	管理部门学习设备	数据采集、数据传输	感知	通信及传输技术	获取救援现场的状况以及救援请求信息
		评估等待救援现场状态	交通紧急事件应对	管理部门学习设备	事件信息	管理部门决策设备	数据分析	学习	人工智能技术	对救援现场的具体情况进行评价估计，便于管理者了解现场情况从而做出救援决策
	10.2.3 交通事故响应	生成救援方案	交通紧急事件应对	管理部门决策设备	紧急响应信息	管理部门响应设备	数据分析	决策	人工智能技术	根据事件现场情况，分析得出合适的救援方案
		提供紧急服务服务信息管理	交通紧急事件应对	管理部门响应设备	紧急响应信息	交通服务者	信息输出	响应	人工智能技术、控制技术	显示可选择的紧急服务人员情况，便于管理者安排救援人员
		维持紧急车辆与用户之间的通信	交通紧急事件应对	管理部门响应设备	紧急响应信息	交通使用者	信息输出、设备控制	响应	控制技术	维持紧急车辆与管理者之间的信息传输，便于管理者实施救援
	10.2.4 交通事故应对方案发布	发布事故应对方案	交通紧急事件应对	管理部门响应设备、交通服务者	事件信息	交通使用者	信息输出	响应	人工智能技术	向有关部门或平台及时发布事故应对方案

续表

服务	子服务	功能	所属功能域	功能提供者	过程信息	服务对象	实现途径	逻辑环节	技术	作用
10.3 公共卫生事件安全管理服务	10.3.1 公共卫生事件预案	获取公共卫生事件历史数据	交通信息采集	路侧感知设备、交通服务者	事件信息	管理部门、学习设备、交通管理者	数据采集	感知	传感器技术	获取公共卫生事件历史数据，如发生时间、影响、处置方式等
		分析公共卫生事件历史数据	交通紧急事件应对	管理部门、学习设备、交通管理者	事件信息	管理部门、决策设备	数据分析	学习	人工智能技术	处理以往的公共卫生事件数据，分析其对交通的影响，对其进行模拟仿真，分析潜在的解决方案
		生成公共卫生事件应对预案	交通紧急事件应对	管理部门、决策设备、交通管理者	事件信息	管理部门、响应设备、交通管理者	数据分析	决策	人工智能技术	根据分析情况以及经验，构建应对预案，并进行模拟验证
		发布公共卫生事件应对预案	交通紧急事件应对	管理部门、响应设备、交通管理者	事件信息	交通管理者、使用者	信息输出	响应	人工智能技术、通信及传输技术	发布应对预案，督促相关部门做好事件应对人员、车辆及物资等方面的准备
	10.3.2 公共卫生事件响应	获取实时事件信息	交通信息采集	路侧感知设备、交通服务者	事件信息	管理部门、学习设备	数据采集	感知	传感器技术	实时获取公共卫生事件信息
		分析事件信息	交通紧急事件应对	管理部门、学习设备	事件信息	管理部门、决策设备	数据分析	学习	人工智能技术	分析公共卫生事件数据，以便安排合适的应急保障车队及管理人员、驾驶者
		生成事件应急方案	交通紧急事件应对	管理部门、决策设备	紧急响应信息	管理部门、响应设备、交通管理者	数据分析	决策	人工智能技术	根据事件信息，生成相应的事件应对方案

续表

服务	子服务	功能	所属功能域	功能提供者	过程信息	服务对象	实现途径	逻辑环节	技术	作用
10.3 公共卫生事件安全管理服务	10.3.2 公共卫生事件响应	实施事件应急方案	交通运输管理	管理部门、响应设备、交通管理者	紧急响应信息	交通使用者	信息输出	响应	人工智能技术、控制技术	有关部门接收发布的应急方案并做出响应
	10.3.3 公共卫生事件应对方案发布	发布公共卫生事件应对方案	交通运输管理	管理部门、响应设备、交通服务者	紧急响应信息	交通使用者、交通管理者	信息输出	响应	人工智能技术、通信及传输技术	及时向交通使用者或交通管理者发布应对方案
10.4 社会安全事件安全管理服务		采集社会安全事件历史数据	交通信息采集	信息存储管理设备	事件信息	管理部门、学习设备、交通管理者	数据采集	感知	传感器技术、人工智能技术	采集以往的社会安全事件数据，为预案的制定提供依据
		分析社会安全事件历史数据	交通紧急事件应对	管理部门、学习设备、交通管理者	事件信息	管理部门、决策设备	数据分析	学习	人工智能技术	处理以往的社会安全事件数据，分析其对交通的影响，对其进行模拟仿真，分析潜在的解决方案
	10.4.1 社会安全事件预案	生成社会安全事件应对预案	交通紧急事件应对	管理部门、决策设备	紧急响应信息	管理部门、响应设备、交通服务者	数据分析	决策	人工智能技术	根据分析情况及以往经验，构建社会安全事件应对预案，并进行模拟验证
		发布社会安全事件应对预案	交通紧急事件应对	管理部门、响应设备、交通服务者	紧急响应信息	交通使用者	信息输出	响应	人工智能技术、通信及传输技术	发布社会安全事件应急预案，以有效整合全社会的人力、物力资源，做好应对准备

续表

服务	子服务	功能	所属功能域	功能提供者	过程信息	服务对象	实现途径	逻辑环节	技术	作用
10.4 社会安全事件安全管理服务		获取等待救援现场信息	交通信息采集	路侧感知设备、交通服务者	过程信息	管理部门学习设备	数据采集	感知	传感器技术	采集现场信息，如发生地点、发生时间、人员伤亡情况等
		根据现场信息确认紧急事件	交通紧急事件应对	管理部门学习设备	事件信息	管理部门决策设备	数据分析	学习	人工智能技术	通过救援信息来确认紧急事件的具体情况
	10.4.2 社会安全事件应急疏散响应	生成应急疏散响应方案	交通紧急事件应对	管理部门决策设备	紧急响应信息	管理部门响应设备、交通管理者	数据分析	决策	人工智能技术	根据现场实际情况，如道路周边环境特征、建筑空间分布情况，结合社会安全事件预案，生成相应的应急疏散方案
		实施应急疏散响应方案	交通紧急事件应对	管理部门响应设备、交通管理者	紧急响应信息	交通管理者、交通使用者	信息输出	响应	人工智能技术、控制技术、通信及传输技术	根据应急疏散方案对相关人员、车辆进行统一的指挥、调度
	10.4.3 社会安全事件疏散路线发布	发布社会安全事件疏散路线	交通紧急事件应对	管理部门响应设备、交通服务者	路径导航信息	交通管理者、交通使用者	信息输出	响应	人工智能技术、通信及传输技术	向相关部门及人员及时发布疏散路线

表20 交通数据管理服务域对应的功能

服务	子服务	功能	所属功能域	功能提供者	过程信息	服务对象	实现途径	逻辑环节	技术	作用
11.1 交通数据感知服务	11.1.1 静态对象信息感知	采集静态对象数据	交通信息采集	车载感知设备、路侧感知设备、场感知设备、交通服务者	交通数据信息	信息存储管理设备	数据采集	感知	传感器技术、地理信息技术	感知交通运输过程中稳定的信息数据，如设施信息、道路周边环境特征等
	11.1.2 动态对象信息感知	采集动态对象数据	交通信息采集	车载感知设备、路侧感知设备、场感知设备、交通服务者	交通数据信息	信息存储管理设备	数据采集	感知	传感器技术、地理信息技术	实时采集交通运行中而产生的数据，如交通控制信息、实时交通流信息等持续变化的信息
11.2 交通数据传输服务	11.2.1 交通数据传输定义标准	制定交通数据传输标准	交通数据管理与协同	管理部门决策设备、交通服务者	交通数据信息	用户主体	数据分析	决策	人工智能技术	规定交通数据传输接口、传输数据类型和传输数据结构标准，为交通数据的规范化、标准化传输提供标准依据
	11.2.2 交通数据传输交换标准	制定交通数据传输标准	交通数据管理与协同	管理部门决策设备、交通服务者	交通数据信息	用户主体	数据分析	决策	人工智能技术	解决多源数据、异质数据共享的同时，减少数据转换、异质数据转换，促进信息资源共享集成，促进信息资源共享
	11.2.3 数据通信服务	传输数据	交通数据管理与协同	通信设备	交通数据信息	用户主体	数据传输	响应	大数据技术	包括实现检测器与控制中心的数据传输、中心之间的数据传输、车联网通信等，应用于交通系统间，能够支撑车辆实时高精度定位、交通态势感知、交通控制与车路协同等应用

续表

服务	子服务	功能	所属功能域	功能提供者	过程信息	服务对象	实现途径	逻辑环节	技术	作用
11.3 交通数据存储服务	11.3.1 数据存储与转换标准	存储数据	交通数据管理与协同	信息存储管理设备	交通数据信息	信息存储管理设备	数据存储	学习	大数据技术	按照一定的数据存储服务方式，流程和服务接口封装方式，将交通相关数据以一定格式存储在一定介质中
		转换标准	交通数据管理与协同	信息存储管理设备	交通数据信息	信息存储管理设备	数据分析	学习	大数据技术	转换数据标准，如数据格式的转换
	11.3.2 交通数据资源库建立	建立资源数据库	交通数据管理与协同	信息存储管理设备	交通数据信息	用户主体	数据存储	学习	大数据技术	根据不同的数据类型、应用场景、指标，交通模型构建交通基础数据资源库，对数据进行分类整合
11.4 交通数据处理服务	11.4.1 多源数据融合	输入多元数据	交通数据管理与协同	信息存储管理设备	交通数据信息	管理部门学习设备	数据采集	感知	大数据技术	输入不同设备的时间、空间及数据处理集的数据，为统一其数据做准备
		分析多元数据	交通数据管理与协同	管理部门学习设备	交通数据信息	用户主体	数据分析	学习	大数据技术	对提取到的不同结构、不同种类的交通数据，采取合适的融合方法进行分析处理
	11.4.2 数据辅助决策	输入分析结果	交通数据管理与协同	信息存储管理设备	交通数据信息	管理部门决策设备	数据采集	感知	大数据技术	向相关设备输入多元交通数据分析处理后的结果
		综合制定决策	交通数据管理与协同	管理部门决策设备	交通数据信息	用户主体	数据分析	决策	人工智能技术、大数据技术	对输入的数据进一步分析挖掘，获取有效信息，为系统的决策提供支持

续表

服务	子服务	功能	所属功能域	功能提供者	过程信息	服务对象	实现途径	逻辑环节	技术	作用
11.5 交通数据共享与应用服务	11.5.1 数据共享	输入共享数据	交通数据管理与协同	信息存储管理设备	交通数据信息	管理部门学习设备	数据采集	感知	大数据技术	将共享数据输入平台,为数据产品分发提供前提保障
	11.5.1 数据共享	发布共享数据	交通数据管理与协同	管理部门、响应设备、交通服务者	交通数据信息	用户主体	信息输出	响应	人工智能技术、大数据技术	为数据应用用户提供数据查询、数据计算等服务功能,确保用户能高效共享数据资源和计算资源
	11.5.2 数据应用	提供数据支持	交通数据管理与协同	管理部门、响应设备	交通数据信息	用户主体	信息输出	响应	大数据技术	根据其他功能的请求,提供相应的数据支持,协助其他功能的顺利运行

表 21 交通数据安全服务域对应的功能

服务	子服务	功能	所属功能域	功能提供者	过程信息	服务对象	实现途径	逻辑环节	技术	作用
12.1 交通数据安全管理制度服务	12.1.1 交通数据安全法规制度	制定数据规章制度	交通数据管理与协同	管理部门、决策设备、服务机构	交通数据信息	管理部门	数据分析、信息输出	决策	人工智能技术	从数据管理角度入手,建立和健全科学合理的管理制度,以保障交通数据安全
	12.1.2 交通数据安全技术标准	建立数据标准体系	交通数据管理与协同	管理部门、决策设备、交通服务者	交通数据信息	管理部门	数据分析、信息输出	决策	人工智能技术	构建一个交通数据标准体系,包括通用基础标准、数据处理标准、业务数据标准、数据应用标准以及数据安全标准

续表

服务	子服务	功能	所属功能域	功能提供者	过程信息	服务对象	实现途径	逻辑环节	技术	作用
12.2 交通数据环境安全服务	12.2.1 数据运行环境可信保障服务	保障数据运行环境	交通数据管理与协同	管理部门响应设备	交通数据信息	用户主体	数据分析	学习	人工智能技术	为数据载体提供可信的基础运行环境,如建立防火墙,采取网络安全协议的方式进行数据传输等,形成高防护壁垒
	12.2.2 数据运行环境风险检测与分析服务	检测数据运行环境	交通数据管理与协同	管理部门学习设备	交通数据信息	管理部门决策设备、管理部门	数据分析	学习	人工智能技术	对数据运行环境进行安全检测,分析预测可能存在的风险并提前给出预案
		识别数据风险	交通数据管理与协同	管理部门学习设备	交通数据信息	管理部门响应设备	数据采集	感知	人工智能技术	及时发现并识别数据风险,为后续安全服务提供支撑
	12.2.3 数据运行环境可信防御服务	分析数据安全	交通数据管理与协同	管理部门学习设备	交通数据信息	管理部门响应设备	数据分析	学习	人工智能技术	分析数据存在何种安全问题,为其后采取安全服务措施提供支撑
		提供数据保护	交通数据管理与协同	管理部门响应设备	交通数据信息	用户主体	信息输出	响应	人工智能技术	针对分析发现的数据安全问题,采取合适的方法进行数据保护,实现主动免疫系统防御机制

续表

服务	子服务	功能	所属功能域	功能提供者	过程信息	服务对象	实现途径	逻辑环节	技术	作用
12.3 交通数据运行安全管理服务	12.3.1 区块链保护	提供区块链技术保护	交通数据管理与协同	管理部门响应设备	交通数据信息	用户主体	信息输出	响应	人工智能技术	利用区块链技术构建数据安全的区块链日志审计和隐私保护系统,实现大数据中心的数据安全防护,防止敏感数据泄露
	12.3.2 交通数据安全分级	划分数据安全级别	交通数据管理与协同	管理部门响应设备	交通数据信息	用户主体	数据分析、信息输出	响应	人工智能技术	对交通数据进行区分和级别划分,以保障交通数据在其生命周期的各个环节应采取的数据安全防护策略和管控措施,做到最大限度保障用户隐私的同时,尽量实现交通数据资源的共享与自由
	12.3.3 交通数据脱敏	交通数据脱敏	交通数据管理与协同	管理部门学习设备	交通数据信息	用户主体	数据分析	学习	人工智能技术、大数据技术	对交通数据中的敏感信息通过敏规则进行处理,实现对敏感隐私数据的可靠保护,同时要尽量保证数据的可用性
	12.3.4 授权保护	设置授权用户设备索取访问权限	交通数据管理与协同	信息存储、管理设备、管理部门	交通数据信息	管理部门响应设备、用户主体	信息输出	感知	人工智能技术	系统授权用户设备,使得用户有权访问和修改其已经提供的数据
				管理部门响应设备	交通数据信息	用户主体	信息反馈	响应	人工智能技术	实现系统使用用户数据必须获得用户的授权,从而更好地保障用户的隐私权
	12.3.5 交通数据审计	记录交通数据库活动管理与协同	交通数据管理与协同	信息存储管理设备	交通数据信息	管理部门学习设备	数据采集	感知	大数据技术	记录交通数据库活动信息,如操作人信息、操作记录灯

续表

服务	子服务	功能	所属功能域	功能提供者	过程信息	服务对象	实现途径	逻辑环节	技术	作用
12.3 交通数据运行安全管理服务	12.3.5 交通数据审计	审查操作合规性	交通数据管理与协同	管理部门、学习设备	交通数据信息	管理部门决策设备	数据分析	学习	人工智能技术	对数据库网络访问进行实时监测，并对数据库审计操作进行合规性分析，记录违规操作
		认定安全责任并进行抵御	交通数据管理与协同	管理部门、响应设备、管理部门	人员信息	用户主体	信息输出	响应	人工智能技术	发现违规操作或风险行为，进行安全预警，并对操作信息进行责任认定，启动安全保障机制

附录3-4 技术发展路线图

传感器技术发展路线图

	辅助自主	高度自主	完全自主
激光雷达	探测距离：250m；测量精度：±3cm 垂直角探测：40度 垂直角分辨率：0.3度 水平角分辨率：0.1度	探测距离：300m；测量精度：±2cm 垂直角探测：60度 垂直角分辨率：0.2度 水平角分辨率：0.05度	探测距离：350m；测量精度：±1cm 垂直角探测：80度 垂直角分辨率：0.1度 水平角分辨率：0.02度
毫米波雷达	探测距离：250m 测量精度：0.2m	探测距离：300m 测量精度：0.1m	探测距离：350m 测量精度：0.05m
车载摄像头	图像分辨率：1280×960 探测距离：120m 水平视场角：120度 垂直视场角：60度 分辨率：25像素/度 帧率：60帧/秒	图像分辨率：1920×1080 探测距离：150m 水平视场角：150度 垂直视场角：90度 分辨率：30像素/度 帧率：80帧/秒	图像分辨率：1920×1080 探测距离：200m 水平视场角：180度 垂直视场角：120度 分辨率：35像素/度 帧率：100帧/秒
视频检测	系统处理速度：15帧/秒 检测区域：10m 处理帧图像耗时：70ms	系统处理速度：20帧/秒 检测区域：15m 处理帧图像耗时：50ms	系统处理速度：25帧/秒 检测区域：20m 处理帧图像耗时：40ms
地感线圈	时间分辨度：1ms 测速范围：20-240km/h	时间分辨度：0.75ms 测速范围：10-240km/h	时间分辨度：0.5ms 测速范围：0-240km/h
技术分析	各类传感器达到较高水平，能实现个普通场景下的交通自主化，自主式与协同式感知融合，突破多无协同感知技术，全面满足CA、部分场景HA系统需求	各类传感器达到领先水平，能实现自主化，分特殊或危险场景下的交通自主化，V2X协同控制下，突破多无协同感知技术，全面满足HA系统需求	传感器技术达到领先水平，传感器技术精度到100%，多无协同感知技术已基本成熟，能实现立体化、智能化、网络化、集成化、实时进的总体要求，V2X协同控制下，可以实现完全自动驾驶（FA）

主要参考资料：
[1] 李克强. 智能网联汽车工程学会. 节能与新能源汽车技术路线图2.0[R]. 2020.
[2] 中国汽车工程学会. 节能与新能源汽车技术路线图2.0[R]. 2020.
[3] 林丽，陈艳梅. 论传感器在交通信息采集中的应用现状[J]. 电子元器件与信息技术. 2021,5(4)：29-30.
[4] 宋瑞. 车载毫米波雷达测试现状分析[J]. 汽车与配件. 2020(7)：4.
[5] 余莹洁. 车载激光雷达的主要技术分支及发展趋势[J]. 科研信息化技术与应用. 2018，9(6)：9.
[6] 杜弥，曹熙. 解析自动驾驶的三大传感器[J]. 汽车与配件. 2018(23)：6.

地理信息技术发展路线图

	辅助自主	高度自主	完全自主
卫星导航定位技术	定位精度：分米级 测速精度：0.2m/s 授时精度：50ns 短报文通信：120汉字/次	定位精度：厘米级 测速精度：<0.2m/s 授时精度：20ns 短报文通信：>120汉字/次	定位精度：毫米级 测速精度：<0.1m/s 授时精度：<10ns 短报文通信：1000汉字/次
移动通信定位技术	定位精度：10~150m 定位延时：>1s	水平<50m，垂直<5m，时延<30s；商业应用定位需求，水平方向的定位误差室内<3m，室外<10m，垂直<3m，时延<1s	工业场景精度<20cm，车联网场景车辆相对位置<50cm，绝对位置<10cm，时延<100ms，特殊场景<下10ms
地理信息系统技术	实现物理空间的数字化投影，把物理世界的地理对象抽象为模型化空间数据，可视化显示	地理传感网、智能网与控制网融合，实现物理世界与信息世界的相互映射与融合	实现跨层级，跨地域，跨系统，跨部门，跨业务的协同管理和服务
技术分析	可提供多种基于位置的信息服务；可实现紧急救援场景下对用户的定位；可实现基于位置信息从物理世界转换为抽象数据并提供基于地理信息的基本服务，达到辅助自主级别	可实现基于位置的信息服务；可实现工业和电子医疗等位置服务；可实现跨领域相关定位服务，道路、铁路、海洋等多种方式定位服务；可实现多种方式定位服务；地理信息系统进一步实现物理世界与信息世界的映射与融合	可实现高度自主状态的所有功能并且各项指标上升达到高精度的自主运行状态；可实现面向密集覆盖面向密集城区室内微蜂窝精确定位。地理信息可以辅助其他技术达到高精度、广覆盖。支撑例如智能交通管理、自主运行状态、自动驾驶车辆服务、个性化出行服务

主要参考资料：

[1] 中华人民共和国国务院新闻办公室. 中国北斗卫星导航系统白皮书. [R].2016.
[2] 交通运输部. 中央军委装备发展部. 北斗卫星导航系统交通运输行业应用专项规划. [R].2017.
[3] 中国卫星导航系统管理办公室. 北斗卫星导航标准体系2.0. [R].2022.
[4] 李健翔. 5G移动通信网的定位技术发展趋势[J]. 移动通信，2022，46(1)：96-100,106.
[5] 王家耀. 关于地理信息系统未来发展的思考[J]. 武汉大学学报(信息科学版)，2022：1-12.
[6] 苏奋振，吴文周，张宇，等. 从地理信息系统到智能地球系统[J]. 地球信息科学学报，2020，22(1)：2-10.

通信与传输技术发展路线图

	辅助自主	高度自主	完全自主
蜂窝移动通信技术	峰值速率：1Gbps； 用户体验：10Mps 延迟：10ms 连接密度：$10^5/km^2$ 移动性能：350km/h	峰值速率：20Gbps； 用户体验：100Mps 延迟：1ms 连接密度：$10^6/km^2$ 移动性能：500km/h	峰值速率：1000Gbps； 用户体验：10Gps 延迟：0.1ms 连接密度：$10^7/km^2$ 移动性能：1000km/h
WiFi	频率范围：？ 支持带宽：20/40/80Mhz 最大物理层速率：866Mbps/6933Mbps 支持最大码流：2ss 80M/8ss 兼容性：兼容802.11a/n	频率范围：1~6Ghz 支持带宽：20/40/80/160Mhz，80+80Mhz 最大物理层速率：1201Mbps/9607Mbps 支持最大码流：2ss 80M/8ss 160M 兼容性：兼容802.11a/n/ac/b/g	频率范围：1~6Ghz 支持带宽：最大可达320Mhz 最大物理层速率：>30Gbps 支持最大码流：2ss 80M/8ss 160M 320M 兼容性：兼容802.11a/n/ac/b/g/ax
蓝牙技术	数据速率：24Mbps 传输距离：50m 增强功能：与4G不构成干扰，通过IPV6连接到物联网，可同时发射和接收数据	数据速率：48Mbps 传输距离：300m 增强功能：传输距离强化，定位准确，物联网	数据速率：>48Mbps 传输距离：>300m 增强功能：功耗更低，传输距离更远，物联网深度综合发展
以太网	数据速率：40/100Gbps 通道：4×25 Gbps	数据速率：200/400Gbps 通道：16×25 Gbps	数据速率：800/1600Gbps 通道：64×25 Gbps
技术分析	蜂窝移动通信技术的数字信息无手交通开始场景使用，蜂窝车联网实现专用车道、停车场等特定区域，港口、矿区应用；Wi-Fi技术传输速率高，相对成本高，产品系列有限，很多产品不能相互兼容；蓝牙技术可以向网络传输数据，但只允许有信住设备匹配；以太网高效节能的数据传输材料，具备快速的数据传输能力	蜂窝移动通信技术达到应对多样化差异化业务要求，满足超低速率、超低时延、高能效和超高流量与连接数密度等多种能力指标；WiFi技术进一步提高传输速率，更低的延迟以及更多兼容，更大的容量，更精细化的流量管理；蓝牙能力得到提升，蓝牙技术传输距离有所增加，定位能力提升；以太网更加适应应云数据中心通道速度的限制，提升了光纤网内光纤行光纤网络入物联网	蜂窝移动通信网络AI处理数据量将会大幅增加，实时数据更多，空天地一体化，数据贡献，互感增强；WiFi技术将支持更多的数据流，更大数据流速的智能互联体验，更加灵活，更大的覆盖范围，更低的功耗更低，传输速度，定位能力更精确，更高效，物联网互融合应用；以太网传输速度更快，以太网传输距离更长了光学通道并行光纤聚合，达利云数据中心传输实时未来数据传输速度

主要参考资料：

[1] 工业和信息化部，交通运输部，国家标准化管理委员会. 国家车联网产业标准体系建设指南（智能交通相关）[R].2021.3.
[2] 工业和信息化部通信等.5G应用"扬帆"行动计划（2021—2023年）[R].2021.7.
[3] 中国通信学会. 通感算一体化网络前沿报告[R].2022.1.
[4] 李克强. 智能网联汽车技术路线图2.0[R].2022.11.
[5] 中国通信学会. 蜂窝车联网（C-V2X）技术与产业发展态势前沿报告[R].2020.
[6] 中国信息通信研究院. 2021年车联网白皮书[R].2021.12.

大数据技术发展路线图

	辅助自主	高度自主	完全自主
大数据云控基础平台技术	形成标准化的通用数据集,数据共享模型,平台效用评价指标体系;建立数据云控基础平台,可实时采集不小于1000套的行驶感知数据和不小于50万辆汽车的行驶感知数据	形成平台数据标准化运营服务,数据安全、数据质量监控、数据交换的数据管理机制;实现大数据云控基础平台,实时采集不小于5000辆汽车的行驶感知数据	形成较为完善的、标准化的全国车路云一体化的全国车路云一体化的大数据与自动驾驶共享与服务体系,构建一个网络全国一个平台、二线全国主要城市全区域和主要覆盖的标准化运营服务机制;实现全国高速公路全路段的大数据云控平台覆盖
数据信息安全技术	实现车、人、车路、车云安全通信及专有加密,边缘云的安全防护、周边防护技术、数学加密的综合安全保障技术,威胁认证多方面功能,基本保证汽车、智能网联汽车系统工作符合信息安全基本标准	实现高度自主级别的信息安全防护体系的技术要求:满足PPDR防护体系构架的保护时长要求;基于数据隐私的保护技术,实现安全防护技术,防护技术全覆盖;另一方面是安全防护层次化,全防护技术相结合:在最大程度上主动安全和被动安全相结合,对于信息和网络节点进行加密处理,防止黑客仿冒等恶意信息攻击	实现智能网联汽车信息安全防护体系的全面实现,构建交通、通信网、车联网三网融合,信息、网络、数据、安全金融安全体系:基于量子等技术的深化防护体系,被动安全控制的综合防护体系,从实现主动预警级相结合,风险阻拦和自动安全转变,进一步完成签名自动验证多方面攻击溯源、防重放、防冒用等关键性问题
数据库技术	构建反映区域交通环境和气候特征的中国典型驾驶典型数据库,结构化和非结构化数据混合存储,初步实现多源异构大数据的数据采集存储、共享,根据不同功能场景开发基于视觉规则模型和AI的智能决策技术	形成较为完整的、行业分级共享的中国典型驾驶场景数据库,实现典型数据库结构、半结构与非结构化数据的混合存储,实现高效进一步平台的数据共享处理、共享服务。进一步实现多源异构大数据资源的多样性,将云端海量决策解决方案的人工智能技术	形成较完整的可支持国家标准、企业自主研发验证、实现所有结构的大数据典型驾驶场景数据库:数据后处理、高效处理、大规模共享处理,基于大规视觉提供整合状态感知和运行态势感知提供服务,全时空以及车云端决策融合实现大量车运输AI深度开发应用:建立适于云端自主决策的智能网联协同决策控制
技术分析	云控基础平台还建立在中,只能实现少量特解决方案;数据存储、传输、处理后的信息技术不完全满足安全服务需求,对自动驾驶技术效果不好,一定程度上继续支持敏感任务支撑,保证驾驶人接管时间	云控基础平台初步形成,能实现典型的服务功能,这一步提升,应用安全服务进一步提升;数据处理后的信息基本满足多项需求,这一阶段数据技术对实时数据处理出现故障时,实现全车阶段自动驾驶技术效果良好,系统可以继续支撑,实现无需驾驶人接管,实现智能自主	云控基础平台得到完善,完全实现所需的各项服务功能;数据存储、传输、处理后的全安全以保证。数据处理后大数据技术对实时数据处理和各项服务完全满足,安全维护全面,实现了系统充分信任的车云融合的多车协同网联决策控制

主要参考资料:

[1] 李克强. 智能网联汽车创新发展的探索与实践[J]. 汽车纵横, 2021(1): 18-19.
[2] 中国汽车工程学会、国汽(北京)智能网联汽车研究院有限公司、中国智能网联汽车产业发展报告[R].2019.
[3] 中国汽车工程研究院股份有限公司、车联网安全联合实验室. 智能网联汽车信息安全发展报告[R].2021.
[4] 郭健, 刘红杰. 5G+智慧交通[M]. 北京: 机械工业出版社, 2021.
[5] 刘晓波, 唐阳优, 蒋华, 等. 综合交通大数据应用技术的发展展望[J]. 大数据, 2019, 5(3): 55-68.

计算技术发展路线图

	辅助自主	高度自主	完全自主
集中式计算技术	CPU：单核或双核 数字信号处理器芯片：800Gbps 资源可调度粒度：粗 云数据中心效率高、成本高、能耗高	CPU：多核 数字信号处理器芯片：1Tbps 资源可调度粒度：中 云数据中心效率高、成本低、能耗低	CPU：众核 数字信号处理器芯片：2Tbps 资源可调度粒度：细 云数据中心效率高、成本极低、能耗极低
分布式计算技术	资源利用率：60% 边缘节点接入距离：>30km 接口规范性：初级 高速大容量光传输设备：800Gbps 网络交换设备：Tbps级 延时：<5ms 安全性：初级	资源利用率：80% 边缘节点接入距离：>50km 接口规范性：中级 高速大容量光传输设备：1Tbps 网络交换设备：Tbps级 延时：<1ms 安全性：中级	资源利用率：95% 边缘节点接入距离：>100km 接口规范性：高级 高速大容量光传输设备：2Tbps 网络交换设备：Pbps级 延时：<0.1ms 安全性：高级
协作式计算技术	计算效率：低 用户体验质量：低 网络交换设备：Tbps级 标准开放程度：低 计算资源、网络资源、存储资源、服务资源较少	计算效率：中 用户体验质量：高 网络交换设备：Tbps级 标准开放程度：中 计算资源、网络资源、存储资源、服务资源较丰富	计算效率：高 用户体验质量：高 网络交换设备：Pbps级 标准开放程度：高 计算资源、网络资源、存储资源、服务资源丰富
技术分析	集中式计算技术基础设施不够完善；分布式计算技术不够成熟；协作式计算技术的资源调配能力较低，这一阶段的计算技术可以辅助人类对系统的决策行为，初步协调计算资源，提供高质量的用户服务，实现系统的初级自主运行决策	集中式计算技术基础设施较完善；分布式计算技术较成熟；协作式计算技术的资源调配能力较高，这一阶段的计算技术可以高效、同步协调计算资源，提供高质量的用户服务，实现系统的高度自主运行决策	集中式计算技术基础设施十分完善；分布式计算技术十分成熟；协作式计算技术的计算能力可以完全调配的资源，这一阶段的计算技术可以代替人类对系统的决策行为，充分协调计算资源，提供极高质量用户服务，实现系统的完全自主运行决策

主要参考资料：

[1] 中国信息通信研究院. 云计算发展白皮书（2020年）[R]. 2020.

[2] 国家制造强国建设战略咨询委员会、中国工程院战略咨询中心、中国制造业重点领域技术创新绿皮书——技术路线图（2019）[M]. 北京：电子工业出版社，2020. 11.

[3] 阿里云计算有限公司、中国电子技术标准化研究院. 边缘云计算技术及标准化白皮书[R]. 2018. 12.

[4] 中国通信学会. 通感算一体化网络前沿报告（2021年）[R]. 2022. 01.

[5] 阿里云计算有限公司、中国电子技术标准化研究院. 边缘云计算技术及标准化白皮书[R]. 2018. 12.

人工智能技术发展路线图

技术	辅助自主	高度自主	完全自主
机器学习技术	响应时间0.1s内，置信度90%以上，准确率较高，可靠性较高	响应时间20ms以内，置信度95%以上，准确率高，可靠性高	响应时间1ms以内，置信度99%以上，准确率极高，可靠性极高
知识图谱技术	知识获取方面数据达到百亿级别，知识表示的严密性、自然性、知识存储的伸缩性和灵活性较差，知识融合效率较低，知识推理和多观性、一致性较低，易用性较差，可扩展性较差，知识计算精度较大，知识运算的粒度较大	知识获取方面数据达到百亿级别，知识表示的严密性、自然性、知识存储的伸缩性较高，通用性较高，知识融合效率较高，知识推理和多观性、一致性较高，易用性较高，知识计算精度较高，知识运算的粒度较小，可控性高	知识获取方面数据达到万亿级别，知识表示的严密性、自然性、通用性极高，知识存储的伸缩性极高，知识融合效率极高，一致性极高，知识推理的明确性和多观性极高，易用性极高，知识计算精度极高，可控性高
自然语言处理技术	无偏性较高，鲁棒性较高，无时性较低，区分性较低，变化性较低，地域性较低，易用性较高，可解释性较低	无偏性较高，鲁棒性较高，无时性较高，区分性较高，变化性较高，地域性较高，易用性较高，可解释性较高	无偏性高，鲁棒性高，科学性极高，全命性极高，挑战性高，区分性极高，变化性极高，易用性极高，可解释性极高
人机交互技术	分辨率较低，灵敏度较差，响应时间长，差图传达精准度差，声图定位较广，抗干扰能力不够强，特征分析分析表征能力弱	分辨率较高，灵敏度较高，差图传达精准度较高，声图定位较广，抗干扰能力较强，特征分析分析表征能力较强	分辨率高，灵敏度高，响应时间极短，动作捕捉、跟踪与跟踪能达精准度高，声定位好，抗干扰能力强，特征分析分析表征能力强
计算机视觉技术	计算成像分辨率较低，计算系统解释图像只能实现浅层理解，三维信息处理做到中层理解，视频编解码为有损压缩	计算成像分辨率较高，计算系统解释图像能实现中层理解，三维信息处理做到中层理解，视频编解码为有损压缩	计算成像分辨率高，计算系统解释图像能实现深层理解，三维信息处理能做到高层理解，视频编解码为无损压缩
生物特征识别技术	普通性较高，持久性较低，可获取性较低，防伪性低，可接受性低，可识别性低	普通性较高，持久性较高，可获取性较高，防伪性高，可接受性高，可识别性高	普通性高，唯一性高，持久性高，可获取性高，防伪性高，可接受性高，可识别性高
技术分析	机器学习技术处于低中级发展水平，知识图谱技术不够完善，还有一系列技术需要突破，自然语言处理技术还不够成熟，人机交互技术发展不够完善，计算机视觉技术发展较慢，生物特征识别技术仍处于发展初期，这一阶段的人工智能技术不以辅助以辅助决策的方式处理事物	机器学习技术处于中级发展水平，知识图谱技术较为完善，自然语言处理能性较高，人机交互综合性能较高，计算机视觉技术发展较完善，生物特征识别技术较为完善，这一阶段的人工智能技术可以以高度自主决策的方式处理事物	机器学习技术处于高级发展水平，知识图谱技术相当完善，自然语言处理技术基本突破，计算机视觉综合性能极高，人机交互视觉技术发展相当成熟，生物特征识别技术发展后期，这一阶段的人工智能技术可以完全自主决策的方式处理事物

主要参考资料：

[1] 中国人工智能开源软件发展联盟. 人工智能 深度学习算法评估体系[R]. 2018.07.
[2] 中国电子技术标准化研究院. 知识图谱标准化白皮书（2019）[R]. 2019.08.
[3] 董青秀, 穗志方, 詹卫东, 等. 自然语言处理评测中的问题与对策[J]. 中文信息学报, 2021, 35(6): 1-15.
[4] 谭征宇, 戴宁一, 张瑞佛, 等. 智能网联汽车人机交互研究现状及发展展望[J]. 计算机集成制造系统, 2020, 26(10): 2615-2632.
[5] 中国电子技术标准化研究院. 人工智能标准化白皮书（2018版）[R]. 2018.01.

控制技术发展路线图

	辅助自主	高度自主	完全自主
控制硬件技术	主控板体积较大，16/32位指令集，灵活性较强，学习效率较低，抗干扰能力弱	主控板体积较小，64位指令集。控制器精度较高，学习效率较高，可靠性高，抗干扰能力较强	主控板在体积较小，定位板广，灵活性较强，128位指令集。控制器在控制精度高，学习效率高，可靠性高，抗干扰能力极强
控制算法技术	上升时间<10s，超调量<10%，峰值时间<30s，稳态误差<0.001，算法准确性低，响应速度慢，稳定性差	上升时间<5s，峰值时间为5s，超调量<5%，调节时间为<10s，稳态误差为0，算法准确性较高，响应速度较快，稳定性较高	上升时间为<0.1s，峰值时间为<1s，超调量<3%，调节时间<1s，稳态误差为0，算法准确性高，响应速度快，稳定性高
控制执行技术	执行速度慢，执行误差<1%，入侵检测纠正确率>90%，故障诊断精度>90%，控制系统自愈度达到初级水平	执行速度快，执行误差<0.1%，入侵检测纠正确率>95%，故障诊断精度>99%，控制系统自愈度达到中级水平	执行速度极快，执行误差<0.01%，入侵检测纠正确率大于99%，故障诊断精度>99.9%，控制系统自愈度达到高级水平
技术分析	控制硬件技术功能不够完善，通用性不强，综合性能较弱；算法处于初级发展水平。这一阶段的控制技术不够成熟，控制执行技术对系统的控制大部分运行控制，实现系统初级的自主入侵保护，并实现检测和修复一般故障	控制硬件技术功能完善，通用性较强，综合性能较强；算法较为成熟，控制执行技术处于中级发展水平。这一阶段的控制技术大部分可以替代人类对系统的大部分控制行为，实现系统高度自主运行控制，抵御大部分入侵攻击，并实现检测和修复大部分故障	控制硬件技术功能完备，通用性高，综合性强；控制算法处于高级发展水平。控制执行技术处于高级发展水平。这一阶段的控制技术可完全替代人类对系统所有的控制行为，实现系统完全自主运行控制，对系统进行全面入侵保护，并检测和修复所有故障

主要参考资料：

[1] 尹逊和, 王忻, 符方舟, 刘成瑞, 等. 自愈控制系统研究的综述、分析与展望[J]. 控制理论与应用, 2021, 38(8): 1145-1158.

[2] 王大轶, 符方舟, 刘成瑞, 等. 控制系统可诊断性的内涵与研究综述[J]. 自动化学报, 2018, 44(9): 1537-1553.

[3] 中国人工智能协会. 中国人工智能系列白皮书——智能驾驶2017[R]. 2017. 10.

[4] 白国振, 俞洁皓. 基于改进模糊神经网络的PID参数自整定[J]. 计算机应用研究, 2016, 33(11): 3358-3363, 3368.

模拟仿真技术发展路线图

技术	辅助自主	高度自主	完全自主
数字孪生技术	建立物理空间的数字孪生，实现信息单向流动，实现实时监测	实现信息双向流动，实现信息监测，联动和控制	实现信息多对多流动，实现监测，全域智能预测，全域动态联动和控制
虚拟现实技术	三维动态基础建模，图像传输达30fps/s，立体显示，实现基本动作和参数的捕捉	三维动态高清建模，图像传输达60fps/s，立体显示兼顾用户体验，精确捕捉动作和参数	三维动态高清建模，图像传输达120fps/s，立体显示支持沉浸式效果，精确捕捉动作和参数
仿真技术	产品可视化呈现，实现满足层级应用的概念、功能、行为规则，加建立产品的工艺和检测过程模型	实现产品全生命周期数据管理，根据物理世界当前状态，预测物理过程未来的状态	实现产品在虚拟环境下的快速迭代和改进，构建高质量低成本产品维护服务，为产品开发提供全生命周期数据支持
增强现实技术	显示组件的刷新率，分辨率达到高清显示效果，硬件计算能力低，人机感知以视觉为主；延迟：人机感知交互视觉为主；可实现单目目标精确定位	显示组件的刷新率，分辨率可达到超高清显示效果（2k~4k），硬件计算能力可达到超高性能，超低延迟：人机感知视觉，听觉为主；可实现多目标精确定位	显示组件的刷新率，分辨率可以达到超高清显示效果（4k以上），硬件计算量质量低成本产品力达到超高性能，超低延迟；人机感知视觉、听觉、触觉等多方面感知；可实现多目标实时精确定位
技术分析	可实现基于GIS二、三维空间呈现及实时的物理状态及人员的监测定位；可实现GIS二维信息管理系统，实现模拟交互模式和技术的辅助自主状态	可实现基于二维、三维的精细空间，智能门禁，如物体AI识别等；可实现基于三维精细空间，交互，物体空间，物体高密度，人机红绿灯，跨域控制，基于L3级精准模型的区域预测推理和判断，实现高度自主	可实现基于三维精细空间，物体进行判断，交互，如L4级甚至更高的无人驾驶，全域红绿灯控制，基于三维精准模型变化的全域自主推理预测和判断，最终实现完全自主的全方位智能"万物智联，数字孪生"

主要参考资料：

[1] Ansys，e-works. 仿真技术支撑产品数字孪生应用白皮书[R]. 2020.
[2] 全国信标委智慧城市标准工作组. 2022城市数字孪生标准化白皮书[R]. 2022.
[3] 李婷婷. 面向交通领域的仿真技术运用综述[J]. 青海交通科技，2021，33(4)：8-12.
[4] 聂蓉梅，周谦推，肖进，等. 数字孪生技术标准分析与发展展望[J]. 宇航总体技术，2022，6(1)：1-6.
[5] 余诗曼，麦霁玲，麦霁莹，等. 虚拟现实技术的应用现状及发展研究[J]. 大众标准化，2021(21)：3.
[6] 张柢. 增强现实技术和产业发展现状及趋势展望[J]. 新材料产业，2021(3)：41-44.

附录4 场景要素关联关系分层复杂网络图

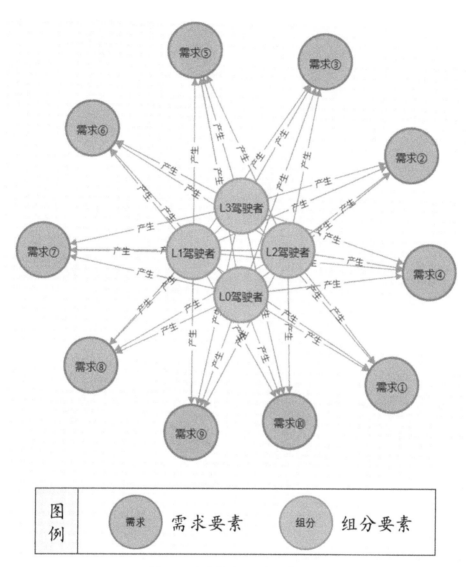

图1 用户主体产生需求要素关系

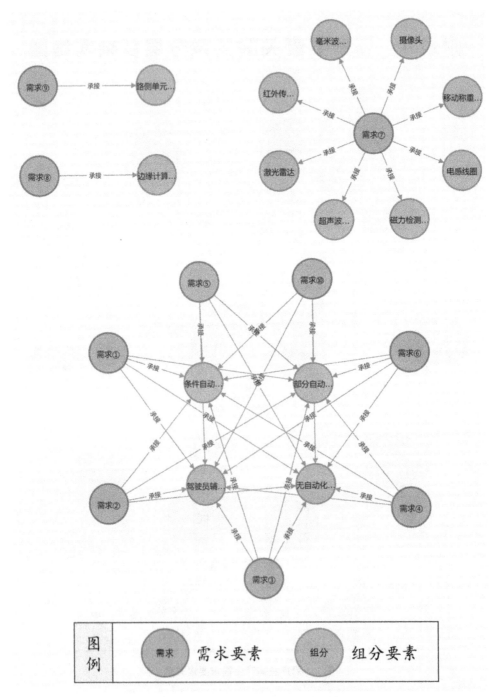

图 2　载运工具和基础设施承接需求要素关系

附录 4　场景要素关联关系分层复杂网络图

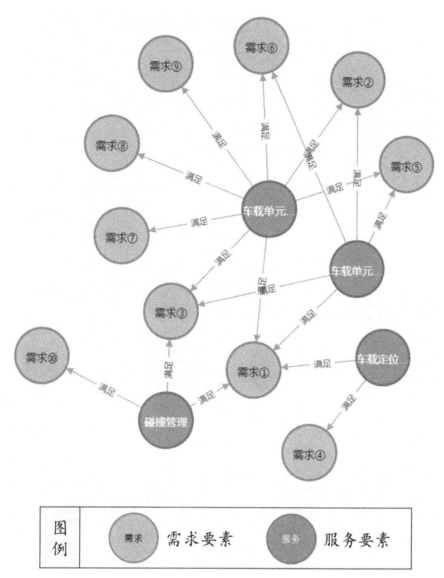

图 3　服务满足需求要素关系

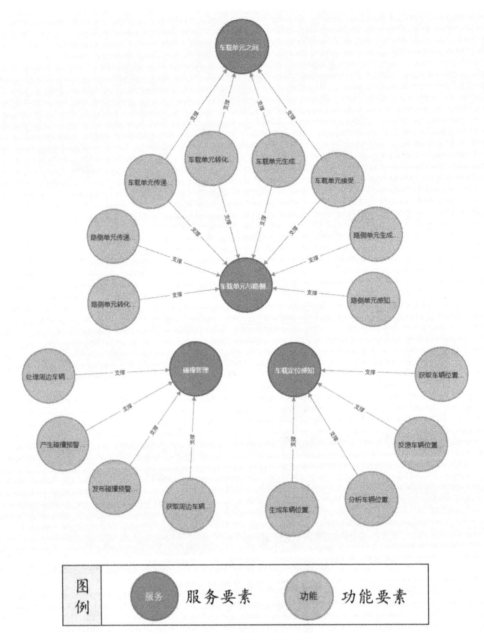

图 4　功能支撑服务要素关系

附录 4 场景要素关联关系分层复杂网络图

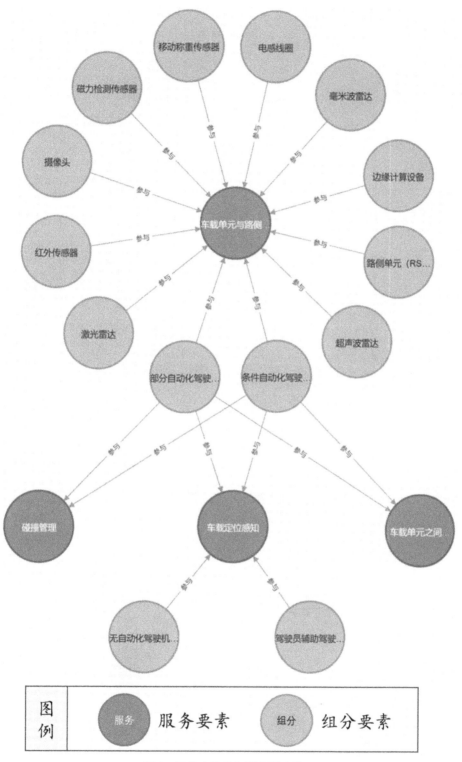

图 5 组分实体参与服务要素关系

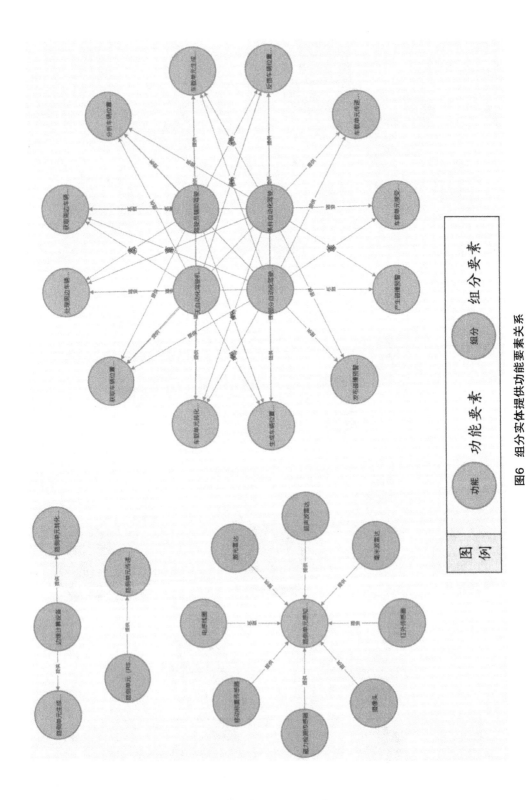

图6 组分实体提供功能要素关系

附录4 场景要素关联关系分层复杂网络图

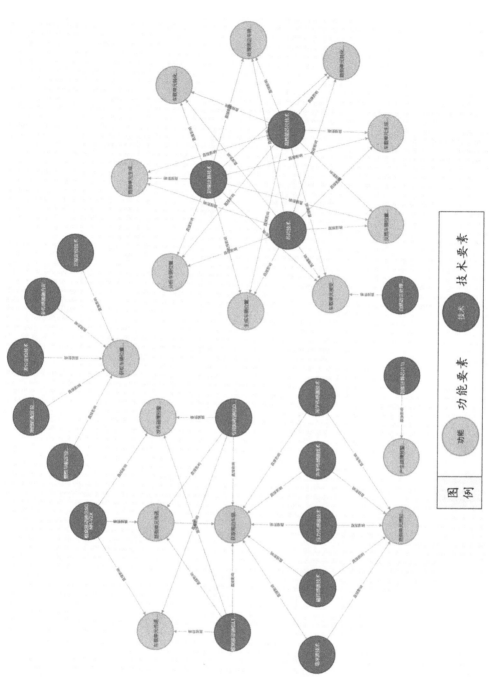

图7 技术直接影响功能要素关系

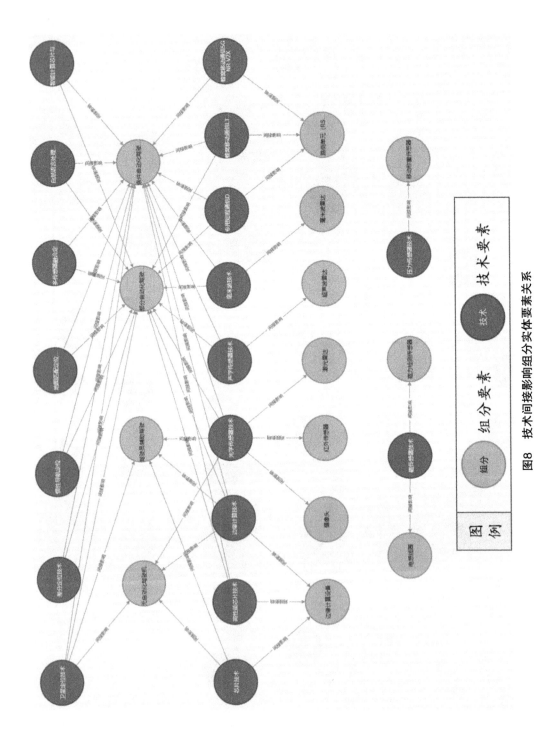

图8 技术间接影响组分实体要素关系

附录4 场景要素关联关系分层复杂网络图

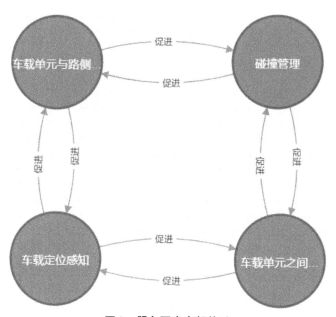

图9 服务要素内部关系

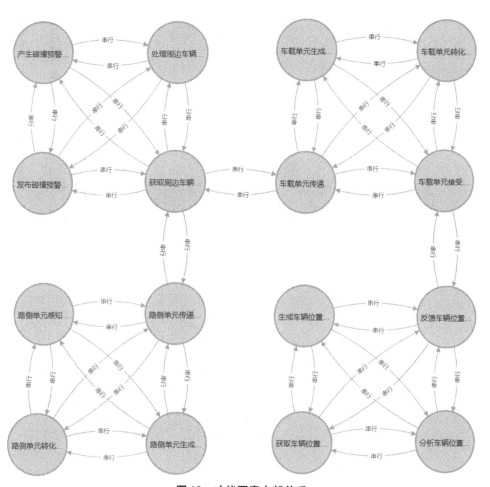

图10 功能要素内部关系

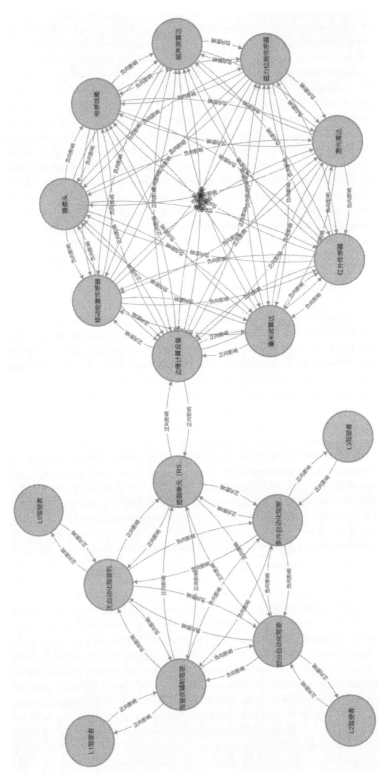

图11 组分实体要素内部关系